Jan Erik Spangenberg

Der Investorbegriff und die Zuständigkeit *ratione personae*

Eine Untersuchung zu Inhalt und prozessualer Bedeutung des Investorbegriffs im internationalen Investitionsschutzrecht

PL ACADEMIC RESEARCH

Bibliografische Information der Deutschen Nationalbibliothek
Die Deutsche Nationalbibliothek verzeichnet diese Publikation in der Deutschen Nationalbibliografie; detaillierte bibliografische Daten sind im Internet über http://dnb.d-nb.de abrufbar.

Zugl.: Hamburg, Bucerius Law School, Diss., 2014

Diese Arbeit wurde von der Bucerius Law School – Hochschule für Rechtswissenschaft – als Dissertation angenommen.

Erstreferent: Prof. Dr. Jörn Axel Kämmerer
Zweitreferent: Prof. Dr. Rüdiger Veil
Tag der Promotion: 24. November 2014

H 360
ISSN 0531-7312
ISBN 978-3-631-66290-8 (Print)
E-ISBN 978-3-653-05524-5 (E-Book)
DOI 10.3726/978-3-653-05524-5

PL Academic Research ist ein Imprint der Peter Lang GmbH.
Peter Lang – Frankfurt am Main · Bern · Bruxelles · New York · Oxford · Warszawa · Wien

Diese Publikation wurde begutachtet.

www.peterlang.com

In Liebe und Dankbarkeit meiner Familie gewidmet

Inhaltsverzeichnis

Abkürzungsverzeichnis ... XIII

Literaturverzeichnis ... XVII

Entscheidungsverzeichnis ... XXXIII

A. Einleitung ... 1

I. Problemstellung, Gegenstand und Ziel der Untersuchung ... 1
II. Gang der Untersuchung ... 3

B. Grundlagen des internationalen Investitionsschutzrechts ... 5

I. Der Begriff der internationalen Investition ... 5
1. Der Investitionsbegriff im internationalen Wirtschaftsrecht ... 5
2. Abgrenzung zum internationalen Handel ... 7
3. Direktinvestitionen und Portfolioinvestitionen ... 7
a) Direktinvestitionen ... 8
b) Portfolioinvestitionen ... 9
4. Private und öffentliche Investitionen ... 10
5. Der Investitionsbegriff in völkerrechtlichen Abkommen ... 11
a) ICSID-Abkommen ... 11
b) Energy Charter Treaty ... 13
c) North American Free Trade Agreement ... 13
d) Mercado Común del Sur ... 15
e) Association of Southeast Asian Nations ... 15
f) Bilaterale Investitionsschutzverträge ... 16
6. Schiedsgerichtsentscheidungen zum Investitionsbegriff ... 19
a) Eigentum ... 20
b) Unternehmensbeteiligungen ... 20
c) Finanzierungs- und Kreditsicherungsinstrumente ... 22
d) Erträge ... 24
e) Öffentlich-rechtliche Konzessionen ... 25
f) Sonstige Rechtspositionen ... 25
7. Zusammenfassung und Definition für die Zwecke der Untersuchung ... 26

II. Der Schutz internationaler Investitionen im Völkerrecht 27
1. Investitionsschutz im allgemeinen Völkerrecht 27
a) Fremdenrecht und Völkergewohnheitsrecht 27
b) Menschenrechte und humanitäres Völkerrecht 31
2. Investitionsschutz durch völkerrechtliche Abkommen 33
a) Internationale Abkommen 34
aa) ICSID-Abkommen 34
bb) Multilateral Investment Gurantee Agency 38
cc) Energy Charter Treaty 40
dd) Welthandelsorganisation 43
ee) Organisation for Economic Co-operation and Development 46
b) Regionale Abkommen 47
aa) North American Free Trade Agreement 47
bb) Mercado Común del Sur 49
cc) Der Schutz von Investitionen im Europarecht 50
dd) Association of Southeast Asian Nations 53
ee) Asia-Pacific Economic Cooperation 54
3. Investitionsschutz durch BITs 54
a) Ursprung und Entwicklung 54
b) Typischer Inhalt von BITs und materieller Schutzstandard 57
c) Streitschlichtungsmechanismen 60
4. Investitionsschutz durch Investor-Staat-Verträge 61
III. Rechtsschutzmöglichkeiten und Verfahren 62
1. Rechtsschutzmöglichkeiten internationaler Investoren 63
a) Innerstaatliche Rechtsschutzmöglichkeiten 63
b) Diplomatischer Schutz 66
c) Zwischenstaatliche Gerichts- und Schiedsgerichtsverfahren 72
d) Alternative Streitbeilegungsverfahren 74
2. Rechtsschutz durch Investor-Staat-Schiedsgerichtsverfahren 75
a) Entwicklung und aktueller Stand 75
b) Schiedsgerichtseinrichtungen und -ordnungen 79
aa) International Centre for Settlement of Investment Disputes 80
bb) UNCITRAL Arbitration Rules 82
cc) International Chamber of Commerce 83
dd) Permanent Court of Arbitration 84
ee) Stockholm Chamber of Commerce 85
ff) Weitere Schiedsgerichtseinrichtungen und -ordnungen 87
c) Zuständigkeitsvoraussetzungen 88

aa) Schiedsvereinbarung und Zuständigkeit ratione voluntatis 89
bb) Zuständigkeit ratione materiae 91
cc) Zuständigkeit ratione personae 94
(1) Staaten 95
(2) Investoren 100
dd) Zuständigkeit ratione temporis 101

C. Der Begriff des Investors im internationalen Investitionsschutzrecht 103

I. Natürliche Personen 103
1. Definitionen des Investorbegriffs in völkerrechtlichen Abkommen 103
a) ICSID-Abkommen 104
b) Energy Charter Treaty 106
c) North American Free Trade Agreement 108
d) Mercado Común del Sur 108
e) Association of Southeast Asian Nations 110
2. Definitionen des Investorbegriffs in BITs 111
a) Definitionen in den BITs der Bundesrepublik Deutschland 111
aa) Aktueller Muster-BIT 112
bb) In Kraft befindliche BITs 113
(1) Die erste Generation 114
(2) Die zweite Generation 120
(3) Die dritte Generation 133
b) Definitionen in den BITs der USA 136
aa) Aktueller Muster-BIT 137
bb) In Kraft befindliche BITs 139
3. Entscheidungen internationaler Schiedsgerichte 143
a) Grundsätze 143
b) Mehrfache Staatsangehörigkeiten 145
c) Wechsel der Staatsangehörigkeit 149
d) Anteilseigner, Gesellschafter und Aktionäre 151
4. Zusammenfassung und Zwischenergebnisse 156
II. Juristische Personen 157
1. Die Stellung juristischer Personen im Völkerrecht 157
a) Rechtspersönlichkeit und Völkerrechtssubjektivität 157
b) Staatszugehörigkeit 159

aa) Gründungs- oder Inkorporationstheorie ... 161
bb) Sitztheorie ... 162
cc) Kontrolltheorie ... 163
2. Definitionen des Investorbegriffs in völkerrechtlichen Abkommen ... 164
a) ICSID-Abkommen ... 164
aa) Juristische Personen anderer Vertragsstaaten ... 165
bb) Juristische Personen des Gaststaates ... 170
b) Energy Charter Treaty ... 174
c) North American Free Trade Agreement ... 177
d) Mercado Común del Sur ... 179
e) Association of Southeast Asian Nations ... 180
3. Definitionen des Investorbegriffs in BITs ... 182
a) Definitionen in den BITs der Bundesrepublik Deutschland ... 182
aa) Aktueller Muster-BIT ... 182
bb) In Kraft befindliche BITs ... 184
(1) Die erste Generation ... 184
(2) Die zweite Generation ... 189
(3) Die dritte Generation ... 197
b) Definitionen in den BITs der USA ... 199
aa) Aktueller Muster-BIT ... 199
bb) In Kraft befindliche BITs ... 203
4. Entscheidungen internationaler Schiedsgerichte ... 208
a) Grundsätze ... 208
b) Mehrfache Staatszugehörigkeit ... 212
c) Wechsel der Staatszugehörigkeit ... 213
d) Unternehmensübernahmen und Joint Ventures ... 216
e) Konzerne, Muttergesellschaften und verbundene Unternehmen ... 217
f) Staaten, staatliche Unternehmen und Staatsfonds ... 218
g) Non-Profit-Organisationen ... 219
h) Investoren in der Insolvenz ... 219
5. Zusammenfassung und Zwischenergebnisse ... 220
III. Konflikte zwischen unterschiedlichen Definitionen ... 221
IV. Entwicklung eines völkergewohnheitsrechtlichen Investorbegriffs ... 223
1. Gibt es einen völkergewohnheitsrechtlichen Investorbegriff? ... 224
2. Auswirkungen auf die Rechtssubjektelehre des Völkerrechts ... 226
V. Übergang zu einem europäischen Investorbegriff ... 228

D. Der Investorbegriff als Ausgangspunkt gezielter Investitionsgestaltung 233

I. Gezielte Investitionsgestaltung durch „*treaty shopping*“ 233
II. Abwehrmaßnahmen gegen unerwünschtes „*treaty shopping*“ 236
III. Gezielte Investitionsgestaltung in der Schiedsgerichtspraxis 237

E. Ein Vorschlag für einen neuen Investorbegriff 241

I. Kritik der deutschen Vertragspraxis 241
1. Zusammenfassung der bisherigen Vertragspraxis 241
2. Probleme der bisherigen Vertragspraxis 242
a) Natürliche Personen 243
b) Juristische Personen 245
II. Ein Vorschlag für einen verbesserten Investorbegriff 247
1. Vorschlag 247
2. Begründung und Diskussion 247

F. Ergebnisse 251

I. Zusammenfassung 251
II. Thesen 252
III. Ausblick 254

Abkürzungsverzeichnis

a. A.	andere Ansicht
ACIA	*ASEAN Comprehensive Investment Agreement* von 2009
AIA	*Framework Agreement on the ASEAN Investment Area* von 1998
AJIL	*American Journal of International Law*
Am. Rev. Int'l Arb.	*American Review of International Arbitration*
APEC	*Asia-Pacific Economic Cooperation*
Arb. Int'l	*Arbitration International*
Art.	Artikel
ASEAN	*Association of Southeast Asian Nations*
AVR	Archiv des Völkerrechts
BB	Betriebs-Berater
Bd.	Band
BGBl.	Bundesgesetzblatt
BIT	*Bilateral Investment Treaty*
BYIL	*British Yearbook of International Law*
CISG	*United Nations Convention on Contracts for the International Sale of Goods*
CLD	*Commonwealth Law Bulletin*
CML Rev.	*Common Market Law Review*
Cornell Int'l L.J.	*Cornell International Law Journal*
ders.	derselbe
ebd.	ebenda
ECT	*Energy Charter Treaty* (BGBl. 1997 II, S. 5)
EGMR	Europäischer Gerichtshof für Menschenrechte
EMRK	Konvention der Menschenrechte und Grundfreiheiten vom 4. November 1950 (BGBl. 2010 II, S. 1998)
EuGH	Europäischer Gerichtshof
EuR	Europarecht
FCN-Abkommen	*Friendship, Commerce and Navigation Treaties*
FDI	*Foreign Direct Investment*
Fn.	Fußnote
FS	Festschrift

Ga. J. Int'l & Comp. L.	*Georgia Journal of International and Comparative Law*
GATS	*General Agreement on Trade in Services*
GATT	*General Agreement on Tariffs and Trade*
Geo. Wash. Int'l L. Rev.	*George Washington International Law Review* (teilweise auch: *Journal of Law and Economic Development*)
GYIL	*German Yearbook of International Law*
Harv. Int'l L.J.	*Harvard International Law Journal*
ICC	*International Chamber of Commerce*
ICSID	*International Centre for Settlement of Investment Disputes*
ICSID-Abkommen	*Convention on the Settlement of Investment Disputes between States and Nationals of other States* (ILM 1965, 524)
ICSID Rev.-FILJ	*ICSID Review - Foreign Investment Law Journal*
IGA	*ASEAN Investment Guarantee Agreement* von 1987
IGH	Internationaler Gerichtshof
ILC	*International Law Commission*
ILM	*International Legal Materials*
IMF	*International Monetary Fund*
Indian J. Int' L.	*Indian Journal of International Law*
Int. A.L.R.	*International Arbitration Law Review*
Int'l & Comp. L. Q.	*International and Comparative Law Quarterly*
Int'l Lawy.	*The International Lawyer*
Int'l Tax & Bus. Lawy.	*International Tax & Business Lawyer*
J. Int'l Arb.	*Journal of International Arbitration*
J. Mar. L. & Com.	*Journal of Maritime Law and Commerce*
JWIT	The Journal of World Investment & Trade
Law & Prac. Int'l Cts. & Tribunals	*The & Law and Practice of International Courts and Tribunals*
LCIA	*London Court of International Arbitration*
LIEI	Legal Issues of Economic Integration

LNTS	*League of Nations Treaty Series*
Mercosur	*Mercado Común del Sur*
MFN	*Most-favoured nation* (Meistbegünstigung)
Mich. J. Int'l L.	*Michigan Journal of International Law*
MIGA	*Multilateral Investment Gurantee Agency*
MIGA Abkommen	*Convention on the Establishing of the Mulitlateral Investment Gurantee Agency* (ILM 1985, 1598)
Minn. J. Int'l L.	*Minnesota Journal of International Law* (teilweise auch: *Minnesota Journal of Global Trade*)
NAFTA	*North American Free Trade Agreement*
Neth. Y.B. Int'l L.	*Netherlands Yearbook of International Law*
NGO	*Non-governmental Organisation*
Nw. J. Int'l L. & Bus.	*Northwestern Journal of International Law & Business*
OECD	*Organisation for Economic Co-operation and Development*
PCA	*Permanent Court of Arbitration*
RIAA	*United Nations Reports of International Arbitral Awards*
RIW	Recht der internationalen Wirtschaft
Rn.	Randnummer
s.	Siehe
SCC	*Arbitration Institute of the Stockholm Chamber of Commerce*
SchiedsVZ	Zeitschrift für Schiedsverfahrensrecht
Tex. Int'l L.J.	*Texas International Law Journal*
TRIMs	*Agreement on Trade-Related Investment Measures*
TRIPs	*Agreement on Trade-Related Aspects of Intellectual Property Rights*
U.S.C.	*United States Code*
UN	*United Nations*
UNCITRAL	*United Nations Commission on International Trade Law*
UNCTAD	*United Nations Conference on Trade and Development*

UNTS	*United Nations Treaty Series*
v.	*versus* (gegen)
Va. J. Int'l L.	*Virginia Journal of International Law*
Vand. J. Transnat'l L.	*Vanderbilt Journal of Transnational Law*
vgl.	Vergleiche
WM	Wertpapier-Mitteilungen Zeitschrift für Wirtschafts und Bankrecht
WTO	*World Trade Organisation* (Welthandelsorganisation)
WVK	Wiener Übereinkommen vom 22. Mai 1969 über das Recht der Verträge (BGBl. 1985 II, S. 927)
Y.B. Comm. Arb'n	*Yearbook of Commercial Arbitration*
YBILC	*Yearbook of the International Law Commission*
ZaöRV	Zeitschrift für ausländisches öffentliches Recht und Völkerrecht
ZVglRWiss	Zeitschrift für Vergleichende Rechtswissenschaft

Literaturverzeichnis

Alenfeld, Justus: Die Investitionsförderungsverträge der Bundesrepublik Deutschland, Frankfurt am Main 1971, zugleich Diss. Köln 1968 (zit.: *Alenfeld*, Investitionsförderungsverträge).

Alexandrov, Stanimir A.: The „baby boom“ of treaty based arbitrations and the jurisdiction of ICSID tribunals: Shareholders as „investors“ and jurisdiction *ratione temporis*, Law & Prac Int'l Cts. & Tribunals 2005, 19–59.

Alvarez, Henri C.: Arbitration Under the North American Free Trade Agreement, Arb. Int'l 2000, 393–430.

Alvarez, Henri C.: Autonomy of International Arbitration Process, in: Mistelis, Loukas A./Lew, Julian D. M. (Hrsg.), Pervasive Problems in International Arbitration, Alphen am Rhein 2006, S. 119–139.

Amerasinghe, Chittharanjan Felix: Jurisdiction rationae personae under the Convention on the Settlement of Investment Disputes between States and Nationals of other States, BYIL 1974–1975, 227–267.

Amerasinghe, Chittharanjan Felix: Submissions to the Jurisdiction of the International Centre for Settlement of Investment Disputes, J. Mar. L. & Com. 1973–1974, 211–250.

Amerasinghe, Chittharanjan Felix: The International Centre for Settlement of Investment Disputes and development through the multinational corporation, Vand. J. of Transnat'l L. 1976, 793–816.

Amerasinghe, Chittharanjan Felix: The interpretation of Art. 25(2)(b) of the ICSID Convention, in: Lillich, Richard B./Brower, Charles N. (Hrsg.), International arbitration in the 21st century: Towards „judicialization“ and uniformity?, New York 1994, S. 223–244.

Amerasinghe, Chittharanjan Felix: The jurisdiction of the International Centre for the Settlement of Investment Disputes, Indian J. Int'l L. 1979, 166–227.

Bader, Tom: Sicherungspotentiale verschiedener Formen transnationaler Investitionen, München 1992, zugleich Diss. Konstanz 1991 (zit.: *Bader*, Sicherungspotentiale).

Banz, Michael: Völkerrechtlicher Eigentumsschutz durch Investitionsschutzabkommen: Insbesondere die Praxis der Bundesrepublik Deutschland seit 1959, Berlin 1988, zugleich Diss. Tübingen 1987 (zit.: *Banz*, Völkerrechtlicher Eigentumsschutz).

Bartkowski, Mareike: Investitionsschutz im internationalen Luftverkehr, Diss. Bonn 2001 (zit.: *Bartkowski*, Investitionsschutz).

Belling, Jan-Frederik: Die Jurisdiktion rationae materiae der ICSID-Schiedsgerichte: Unter besonderer Berücksichtigung des Investitionsbegriffes des Weltbankübereinkommens vom 18.03.1965, Berlin 2008, zugleich Diss. Hamburg 2006 (zit.: *Belling*, Jurisdiktion rationae materiae).

Berger, Klaus Peter: Aufgaben und Grenzen der Parteiautonomie in der internationalen Wirtschaftsschiedsgerichtsbarkeit, RIW 1994, 12–18.

Berger, Klaus Peter: Rechtsprobleme von Eskalationsklauseln, in: Bachmann, Birgit/Breidenbach, Stephan/Coester-Waltjen, Dagmar/Heß, Burkhard/Nelle, Andreas/Wolf, Christian (Hrsg.), Grenzüberschreitungen: Beiträge zum Internationalen Verfahrensrecht und zur Schiedsgerichtsbarkeit; Festschrift für Peter Schlosser zum 70. Geburtstag, Tübingen 2005, S. 19–35.

Bippus, Birgit: Der internationalrechtliche Schutz von Investitionen im Ausland unter besonderer Berücksichtigung des diplomatischen Schutzrechts der Staaten, Konstanz 1989, zugleich Diss. Konstanz 1989 (zit.: *Bippus*, Der internationalrechtliche Schutz von Investitionen).

Blessing, Marc: Introduction to Arbitration: Swiss and International Perspectives, Frankfurt am Main 1999.

Blumenwitz, Dieter: Treaties of Friendship, Commerce and Navigation, in: Bernhardt, Rudolf (Hrsg.), Encyclopedia of Public International Law, Band IV, Amsterdam 1999, S. 953–958.

Böckstiegel, Karl-Heinz: Der Staat als Vertragspartner ausländischer Privatunternehmen, Frankfurt am Main 1971, zugleich Habil. Köln.

Böckstiegel, Karl-Heinz: Die Bestimmung des anwendbaren Rechts in der Praxis internationaler Schiedsverfahren, in: Sandrock, Otto (Hrsg.), Festschrift für Günther Beitzke zum 70. Geburstag am 26. April 1979, Berlin 1979, S. 443–458.

Böckstiegel, Karl-Heinz: Die Internationalisierung der Schiedsgerichtsbarkeit, in: Bachmann, Birgit/Breidenbach, Stephan/Coester-Waltjen, Dagmar/Heß, Burkhard/Nelle, Andreas/Wolf, Christian (Hrsg.), Grenzüberschreitungen: Beiträge zum Internationalen Verfahrensrecht und zur Schiedsgerichtsbarkeit; Festschrift für Peter Schlosser zum 70. Geburtstag, Tübingen 2005, S. 49–58.

Böckstiegel, Karl-Heinz: Die Schiedsgerichtsbarkeit in Deutschland - Standort und Stellenwert, SchiedsVZ 2009, 3–8.

Böckstiegel, Karl-Heinz: The Role of Arbitration within Today's Challenges to the World Community and to the International Law, Arb. Int'l 2006, 165–177.

Braun, Eberhard: Insolvenzordnung, 5. Aufl., München 2012.

Broches, Aron (Hrsg.): Convention on the Settlement of Investment Disputes between States and Nationals of Other States: Documents Concerning the Origin and the Formulation of the Convention, Washington D. C. 1968 (zit.: *Broches*, History of the ICSID Convention).

Broches, Aron: Bilateral Investment Protection Treaties and Arbitration of Investment Disputes, in: Schultsz, Jan C./Van den Berg, Albert Jan (Hrsg.), The Art of Arbitration: Essays on International Arbitration; Liber Amicorum Pieter Sanders 12 September 1918–1982, Deventer 1982.

Broches, Aron: Selected Essays: World Bank, ICSID, and other subjects of public and private international law, Dordrecht 1995 (zit.: *Broches*, Selected Essays).

Brugger, Winfried: Einführung in das öffentliche Recht der USA, 2. Auflage, München 2001.

Bundesministerium für Wirtschaft und Technologie: Übersicht über die bilateralen Investitionsförderungs- und schutzverträge (IFV) der Bundesrepublik Deutschland vom 27. April 2012, abrufbar unter http://www.bmwi.de/DE/Themen/Aussenwirtschaft/investieren-in-deutschland,did=194058.html (zuletzt abgerufen am 20. Februar 2013).

Bungenberg, Marc: Außenbeziehungen und Außenhandelspolitik, in: Schwarze, Jürgen/Hatje, Armin (Hrsg.), Der Reformvertrag von Lissabon, EuR Beiheft 1/2009, S. 194–216.

Burkhardt, Hans Martin: Auslandsinvestitionsschutz durch bilaterale Verträge und Risikoabsicherung, in: Esser, Jakob/Meessen, Karl M. (Hrsg.), Kapitalinvestitionen im Ausland - Chancen und Risiken, Köln 1984, S. 125–134.

Camp Jr., Hope H./Kontrimas, Andrius: Direct Investment Issues (Including Competition And U.S./Mexico Taxation Treaty), in: Norton, Joseph J./Bloodworth, Thomas L. (Hrsg.), NAFTA and Beyond, A New Framework for Doing Business in the Americas, Dordrecht 1995.

Ceyssens, Jan: Towards a Common Foreign Investment Policy? - Foreign Investment in the European Constitution, LIEI 2005, 259–291.

Chartered Institute of Arbitrators: Who we are, abrufbar unter http://www.ciarb.org/about/who-we-are/ (zuletzt abgerufen am 24. Februar 2013).

Civello, Paul: The TRIMs Agreement: A Failed Attempt at Investment Liberalization, Minn. J. Int'l L. 1999, 97–126.

Clasen, Thomas F.: Foreign Trade and Investment: A Legal Guide, Wilmette 1978.

Comeaux, Paul E./Kinsella, Norman Stephan: Protecting foreign investment under international law, New York 1997 (zit.: *Comeaux/Kinsella*, Protecting foreign investment under international law).

Cremades, Bernardo M.: Arbitration in Investment Treaties: Public Offer of Arbitration in Investment-Protection Treaties, in: Briner, Robert/Fortier, L. Yves/Berger, Klaus Peter/Bredow, Jens (Hrsg.), Law of International Business and Dispute Settlement in the 21st Century, Liber Amicorum Karl-Heinz Böckstiegel, Köln 2001, S. 149–164.

Delaume, Georges R.: ICSID arbitration and the courts, AJIL 1983, 784–803.

Delaume, Georges R.: ICSID arbitration in practice, Int'l Tax & Bus. Lawy. 1984, 58–78.

Delbrück, Jost/Wolfrum, Rüdiger: Völkerrecht, Band I/2, 2. Auflage, Berlin 2002.

Doehrin, Karl: Völkerrecht, 2. Auflage, Heidelberg 2004.

Dolzer, Rudolf: Formen der Streitbeilegung im multilateralen Wirtschaftsrecht, in: Hailbronner, Karl (Hrsg.), Staat und Völkerrechtsordnung, Festschrift für Karl Doehring, Berlin 1989, S. 143–177.

Dolzer, Rudolf: Meistbegünstigungsklauseln in Investitionsschutzverträgen, in: Bröhmer, Jürgen/Langenfeld, Christine/Bieber, Roland/Weber, Stefan/Callies, Christian/Wolf, Joachim (Hrsg.), Internationale Gemeinschaft und Menschenrechte; Festschrift für Georg Ress zum 70. Geburtstag am 21. Januar 2005, Köln 2005, S. 47–54.

Dolzer, Rudolf: Wirtschaft und Kulur, in: Graf Vitzthum, Wolfgang (Hrsg.), Völkerrecht, 5. Aufl., Berlin 2010, S. 491–578.

Dolzer, Rudolf/Bloch, Felix: Der rechtliche Schutz ausländischer Investitionen, in: Kronke, Herbert/Melis, Werner/Schnyder, Anton K. (Hrsg.), Handbuch internationales Wirtschaftsrechts, Köln 2005, S. 1043–1110 (zit.: *Dolzer/Bloch*, in: Kronke/Melis/Schnyder, Wirtschaftsrecht).

Dolzer, Rudolf/Schreuer, Christoph: Principles of International Investment Law, Oxford 2008.

Dolzer, Rudolf/Stevens, Margarete: Bilateral Investment Treaties, Den Haag 1995.:

Dore, Isaak I.: Arbitration and Conciliation Under the UNCITRAL Rules: A Textual Analysis, Boston 1986.

Douglas, Zachary: The International Law of Investment Claims, Cambridge 2009.

Duchesne, Matthew S.: The continous-nationality-of-claims principle: I[st] historical development and current relevance to investor-state investment disputes, Geo. Wash. Int'l L. Rev. 2004, 783–815.

Ebenroth, Carsten Thomas/Bader, Tom: Wirksame Staatenbindung in internationalen Investitionsverträgen, WM 1991, 661–667.

Ebenroth, Carsten Thomas/Bippus, Birgit: Führen bilaterale Investitionsförderungsverträge zu einer Abkehr vom Sitzprinzip?, RIW 1988, 336–343.

Ebenroth, Carsten Thomas/Grashoff, Dietrich: Das Investitionsschutzrecht in der Transformationsphase neuentstandener Staaten aus sukzessionsrechtlicher Sicht, RIW 1993, Beilage 3 zu Heft 7/1993.

Ebenroth, Carsten Thomas/Karl, Joachim: Multilaterale Investitions-Garantie-Agentur (MIGA), RIW 1989, 1–6.

Eklund, Cheri D.: A Primer on the Arbitration of NAFTA Chapter Eleven Investor-State Disputes, J. Int'l Arb. 1994, Ausg. 4, 135–158.

Elshihabi, Saamir: The Difficulty Behind Securing Sector-Specific Investment Establishment Rights: The Case of the Energy Charter Treaty, Int'l Lawy. 2001, 137–158.

Epping, Volker/Hillgruber, Christian (Hrsg.): Beck'scher Online-Kommentar GG, München 1. Januar 2013.

Escher, Alfred: Current Developments, Legal Challenges and Definition of FDI, in: Bradlow, Daniel D./Escher, Alfred, Legal Aspects of Foreign Direct Investment, Den Haag 1999, S. 3–25.

Escher, Alfred: Weltbank-Schiedszentrum: Zuständigkeit für die Beilegung von Investitionsstreitigkeiten, RIW 2001, 20–30.

Fatouros, Arghyrios A.: Government Guarantees to Foreign Investors, New York 1962.

Fatouros, Arghyrios A.: National Legal Persons in International Law, in: Bernhardt, Rudolf (Hrsg.), Encyclopedia of Public International Law, Band III, Amsterdam 1999, S. 495–501.

Fischer, Peter: Concessions, in: Bernhardt, Rudolf (Hrsg.), Encyclopedia of Public International Law, Band I, Amsterdam 1992, S. 715–721.

Fischer, Peter: Some Recent Trends and Developments in the Law of Foreign Investment, in: Böckstiegel, Karl-Heinz/Folz, Hans-Ernst/Mössner, Jörg Manfred/Zemanek, Karl (Hrsg.), Völkerrecht, Recht der Internationalen Organisationen, Weltwirtschaftsrecht, Festschrift für Ignaz Seidl-Hohenveldern, Köln 1988, S. 95–108.

Follak, Klaus Peter: Kapital- und Zahlungsverkehr, in: Dauses, Manfred A., Handbuch des EU-Wirtschaftsrechts, München 2010.

Fonteyne, Jean-Pierre: Acts of State, in: Bernhardt, Rudolf (Hrsg.), Encyclopedia of Public International Law, Band I, Amsterdam 1992, S. 17–20.

Frick, Helmut: Bilateraler Investitionsschutz in Entwicklungsländern, Ein Vergleich der Vertragssysteme der Vereinigten Staaten von Amerika und der Bundesrepublik Deutschland, Berlin 1975, zugleich Diss. Heidelberg 1974.

Fuders, Felix: Die Wirtschaftsverfassung des MERCOSUR: Eine rechtsvergleichende Darstellung unter besonderer Berücksichtigung des Rechts der Europäischen Union, Berlin 2008, zugleich Diss. Erlangen-Nürnberg 2006.

Gallus, Nick/Peterson, Luke Eric: International Investment Treaty Protection of NGOs, Arb. Int'l 2006, 527–548.

Görs, Benjamin: Internationales Investitionsrecht, Vom völkerrechtlichen Enteignungsschutz zum Europäischen Binnenmarkt, Frankfurt am Main 2005, zugleich Diss. Münster 2003.

Gramlich, Ludwig: Rechtsgestalt, Regelungstypen und Rechtsschutz bei grenzüberschreitenden Investitionen, Baden-Baden 1984 (zit.: *Gramlich*, Rechtsgestalt, Regelungstypen und Rechtsschutz).

Griebel, Jörn: Internationales Investitionsrecht, München 2008.

Großfeld, Bernhard: Internationales und Europäisches Unternehmensrecht, Heidelberg 1995.

Großfeld, Bernhard/König, Thomas: Das Internationale Gesellschaftsrecht in der Europäischen Gemeinschaft, RIW 1992, 433–440.

Häde, Ulrich: Der völkerrechtliche Schutz von Direktinvestitionen im Ausland, AVR 1997, 181–212.

Hailbronner, Kay/Kau, Marcel: Der Staat und der Einzelne als Völkerrechtssubjekte, in: Graf Vitzthum, Wolfgang (Hrsg.), Völkerrecht, 5. Aufl. 2010, S. 157–264.

Hansen, Timothy B.: The Legal Effect Given Stabilization Clauses in Economic Development Agreements, Va. J. Int'l L. 1987–1988, 1015–1041.

Happ, Richard: Dispute Settlement Under the Energy Charter Treaty, German Yearbook of International Law 2000, 331–362.

Happ, Richard: Rechtsprechung der ICSID-Schiedsgerichte 2005–2007, SchiedsVZ 2008, 19–30.

Happ, Richard: Schiedsverfahren zwischen Staaten und Investoren nach Artikel 26 Energiechartavertrag, Eine Studie zum Wandel der Streitbeilegung im Investitionsschutzrecht unter den Bedingungen einer globalen Weltwirtschaft, Frankfurt am Main 2000, zugleich Diss. Kiel (zit.: *Happ*, Schiedsverfahren nach Art. 26 ECT).

Hemmer, Hans-Rimbert/Krüger, Ralf/Seith, Jennifer: Ausländische Direktinvestitionen, Flankierende Maßnahmen des Staates in: Dolzer, Rudolf/Herdegen, Matthias/Vogel, Bernhard (Hrsg.), Auslandsinvestitionen, Freiburg 2006, S. 34–74.

Hemmer, Hans-Rimbert/Lüder, Klas: Auslandsinvestition in: Dichtl, Erwin/Issing, Otmar, Vahlens Großes Wirtschaftslexikon, Band 1, München 1993, S. 155.

Herdegen, Matthias: Internationales Wirtschaftsrecht, 7. Auflage, München 2008.

Herdegen, Matthias: Völkerrecht, 9. Aufl., München 2009.

Herdegen, Matthias: Wirkung von Schiedssprüchen in Streitigkeiten zwischen Privatpersonen und fremden Staaten, RIW 1989, 329–337.

Hesse, Peter: Das rechtliche Umfeld für ausländische Direktinvestitionen in Entwicklungsländern, Frankfurt am Main 2006, zugleich Diss. Hamburg 2006.

Hindelang, Steffen: Wie viel Freiheit wagen? Das Verhältnis von EG Kapitalverkehrs- und Niederlassungsfreiheit und die Reglementierung von Direktinvestitionen in und aus Drittstaaten, in: Knahr, Christina/Reinisch, August (Hrsg.), Aktuelle Probleme und Entwicklungen im Internationalen Wirtschaftsrecht, Stuttgart 2008, S. 79–104.

Hirsch, Moshe: The Arbitration Mechanism of the International Centre for the Settlement of Investment Disputes, Dordrecht 1993 (zit.: *Hirsch*, Arbitration Mechanism).

Hoffmeister, Frank: Outsider or frontrunner? Recent developments under International and European law on the status of the European Union in international organizations and treaties, CML Rev. 2007, 41–68.

Horlick, Gary N./Marti, Alicia L.: NAFTA Chapter 11B - A Private Right of Action to Enforce Market Access through Investments, J. Int'l Arb. 1997, Ausg. 1, 43–54.

ICSID: Additional Facility Rules, ICSID/11/Rev. 1, Januar 2003, abrufbar unter https://icsid.worldbank.org/ICSID/FrontServlet?requestType=ICSIDDocRH&actionVal=AdditionalFacilityRules (zuletzt abgerufen am 20. Februar 2013).

ICSID: Background Paper on Annulment For the Administrative Council of ICSID, 10. August 2012, abrufbar unter https://icsid.worldbank.org/ICSID/Fro

ntServlet?requestType=ICSIDNewsLettersRH&actionVal=ShowDocument&DocId=DCEVENTS11 (zuletzt abgerufen am 21. Februar 2013).

ICSID: List of Contracting States and other Signatories to the convention, ICSID/3, 25. Juli 2012, abrufbar unter https://icsid.worldbank.org/ICSID/FrontServlet?requestType=ICSIDDocRH&actionVal=ContractingStates&ReqFrom=Main (zuletzt abgerufen am 20. Februar 2013).

ICSID: The ICSID Caseload - Statistics, Ausgabe 2013-1, S. 7 abrufbar unter https://icsid.worldbank.org/ICSID/FrontServlet?requestType=ICSIDDocRH&actionVal=CaseLoadStatistics (zuletzt abgerufen am 21. Februar 2013).

ICSID (Hrsg.): Report of the Executive Directors of the IBRD on the Convention on the Settlement of Investment Disputes between States and Nationals of Other States vom 18. März 1965, in: ICSID (Hrsg.), ICSID Convention, Regulation and Rules, ICSID/15/Rev. 1, Januar 2003, abrufbar unter https://icsid.worldbank.org/ICSID/FrontServlet?requestType=ICSIDDocRH&actionVal=RulesMain (zuletzt abgerufen am 20. Februar 2013), S. 35–50.

ILC: Draft Articles on Diplomatic Protection with Commentaries, Report of the International Law Commission, Fifty-eight session, YBILC 2006, Bd. II, Teil 2, S. 20, abrufbar unter http://untreaty.un.org/ilc/texts/instruments/english/commentaries/9_8_2006.pdf (zuletzt abgerufen am 16. November 2012).

ILC: Draft Articles on Responsibility of States for Internationally Wrongful Acts, Report of the International Law Commission, Fifty-third session, YBILC 2002, Bd. II, Teil 2, S. 26, abrufbar unter http://untreaty.un.org/ilc/texts/instruments/english/draft%20articles/9_6_2001.pdf (zuletzt abgerufen am 9. März 2013).

IMF (Hrsg.): Balance of Payments Manual, 5. Aufl., Washington 1993.

Ipsen, Knut: Völkerrecht, 5. Auflage, München 2004.

Kämmerer, Jörn Axel: Der Schutz des Eigentums im Völkerrecht, in: Bitburger Gespräche Jahrbuch 2004/I, München 2004, S. 143–167.

Karl, Joachim: Aktuelle Probleme des Investitions- und Enteignungsschutzes am Beispiel des Internationalen Komzessionsvertrages, in: Baur, Jürgen F./Hobe, Stephan (Hrsg.), Rechtsprobleme von Auslandsinvestitionen, Baden-Baden 2003., S. 37–61.

Karl, Joachim: Das Multilaterale Investitionsabkommen (MAI), RIW 1998, 432–440.

Karl, Joachim: Internationaler Investitionsschutz - Quo vadis?, ZVglRWiss 2000, 143–169.

Karl, Joachim: Neue Entwicklungen beim internationalen Investitionsschutz, RIW 1994, 809–817.

Karl, Joachim: The Competence for Foreign Direct Investment, New Powers for the European Union, JWIT 2004, 413–448.

Karl, Joachim: The Protection and Promotion of German Foreign Investment Abroad, ICSID Rev.-FILJ 1996, 1–36.

Kicker, Renate: Staatszugehörigkeit, in: Seidl-Hohenveldern, Ignaz (Hrsg.), Lexikon des Rechts / Völkerrecht, 3. Auflage, Neuwied, Kriftel 2001.

Kishoiyian, Bernard: The Utility of Bilateral Investment Treaties in the Formulation of Customary International Law, Nw. J. Int'l L. & Bus. 1993–1994, 327–375.

Köpernik, Gerhard: Das Instrumentarium des Bundes zur Förderung privater Direktinvestitionen in Entwicklungsländern, RIW 1979, 669–675.

Krajewski, Markus: Wirtschaftsvölkerrrecht, Heidelberg 2006.

Kreindler, Richard H.: The Law Applicable to International Investment Disputes, in: Horn, Norbert (Hrsg.), Arbitrating Foreign Investment Disputes, Den Haag 2004, S. 401–424.

Kreutzfeld, Jörg: Investitionsschutz für einen deutschen Investor in der Republik Südafrika: Insbesondere das bilaterale Investitionsschutzabkommen zwischen der Bundesrepublik Deutschland und der Republik Südafrika, Münster 2000, zugl. Diss. Hamburg 2000 (zit.: *Kreutzfeld*, Investitionsschutz in Südafrika).

Kriebaum, Ursula: Eigentumsschutz im Völkerrecht. Eine vergleichende Untersuchung zum internationalen Investitionsschutz sowie zum Menschenrechtsschutz, Berlin 2008, zugleich Habil. Wien 2008.

Lalive, Pierre: The first „World Bank" Arbitration (Holiday Inn v. Morocco) - some legal problems, BYIL 1980, 123–161.

Larsen, Clifford: ICSID Jurisdiction: The Relationship of Contracting States to Sub-States Entities, in: Horn, Norbert (Hrsg.), Arbitrating Foreign Investment Disputes, Den Haag 2004, S. 353–386.

LCIA: History of the LCIA, abrufbar unter http://www.lcia.org/LCIA/Our_History.aspx (zuletzt agerufen am 24. Februar 2013).

Lew, Julian D. M.: Fundamental Problems in International Arbitration, in: Mistelis, Loukas A./Lew, Julian D. M. (Hrsg.), Pervasive Problems in International Arbitration, Alphen am Rhein 2006, S. 1–8.

Lew, Julian D. M./Mistelis, Loukas A./Kröll, Stefan M.: Comparative International Commercial Arbitration, Den Haag 2003.

Lionnet, Klaus/Lionnet, Annette: Handbuch der internationalen und nationalen Schiedsgerichtsbarkeit, 3. Aufl., Stuttgart 2005.

Lörcher, Torsten: Neue Verfahren der Internationalen Streiterledigung in Wirtschaftssachen: Verfahren vor dem Internationalen Seegerichtshof, WTO-Panelverfahren, ICSID- und WIPI-Schiedsverfahren, Frankfurt am Main 2001, zugleich Diss. Köln 1999.

Lowenfeld, Andreas F.: International Economic Law, 2. Aufl., Oxford 2008.

Lüder, Klaus: Investition in: Dichtl, Erwin/Issing, Otmar, Vahlens Großes Wirtschaftslexikon, Band 1, München 1993, S. 1032–1033.

Maunz, Theodor/Düring, Günter (Begr.): Grundgesetz, Kommentar, München 2012.

McGhie, Terese: Bilateral and Multilateral Investment Treaties, in: Bradlow, Daniel D./Escher, Alfred (Hrsg.), Legal Aspects of Foreign Direct Investment, Den Haag 1999, S. 107–136 (zit.: *McGhie*, in Bradlow/Escher, Foreign Direct Investment).

Meifort, Cornelia: Der Begriff der Enteignung nach der Rechtsprechung der internationalen Schiedsgerichte zum internationalen Investitionsschutzrecht, Frankfurt am Main 2010, zugleich Diss. Hamburg, Bucerius Law School 2009.

Mengel, Hans-Joachim: Erhöhter völkerrechtlicher Schutz durch Stabilisierungsklauseln in Investitionsverträgen zwischen Drittstaaten und privaten Investoren, RIW 1983, 739–745.

Merkt, Hanno: Investitionsschutz durch Stabilisierungsklauseln, Heidelberg 1990, zugleich Diss. Münster 1988.

Metje, Tim Martin: Der Investitionsschutz im internationalen Anlagenbau, Tübingen 2008, zugleich Diss. Gießen 2007 (zit. *Metje*, Investitionsschutz).

Moore, John Basset: A Digest of International Law as Embodied in Diplomatic Discussions, Treaties and Other International Agreements, International Awards, the Decisions of Municipal Courts, and the Writings of Jurists, and Especially in Documents, Published and Unpublished, Issued by Presidents and Secretaries of State of the United States, the Opinions of the Attorneys-General, and the Decisions of Courts, Federal and State, Washington 1906.

Newcombe, Andrew/Paradell, Luís: Law and Practice of Investment Treaties, Alphen aan den Rijn 2009.

Nicklisch, Fritz: BOT-Projekte: Vertragsstrukturen, Risikoverteilung und Streitbeilegung, BB 1998, 2–9.

Norton, Patrick M.: A law of the future or a law of the past? Modern Tribunals and the international law of expropriation, AJIL 1991, 474–505.

Obadia, Eloïse: L'evolution de l'activité du CIRDI, Revue de l'Arbitrage 2001, 633–635.

OECD (Hrsg.): OECD Benchmark Definition of Foreign Direct Investment, 3. Aufl., Paris 1999.

Ohlhoff, Stefan: Streitbeilegung in der WTO, in: Prieß, Hans-Joachim/Berrisch, Georg M. (Hrsg.), WTO-Handbuch, München 2003, S. 677–750.

Oschmann, Friedrich: Investitionsschutzverträge in Lateinamerika, RIW 1996, 494–496.

Parra, Antonio R.: The scope of new investment laws and international instruments, Transnational Corporations 1995, 27–47.

Parra, Antonio R.: Provisions on the Settlement of Investment Disputes in Modern Investment Laws, Bilateral Investment Treaties and Multilateral Instruments, ICSID Rev.-FILJ 1997, 287–364.

Patzina, Reinhard: Rechtlicher Schutz ausländischer Privatinvestitionen gegen Enteignungsrisiken in Entwicklungsländern, Heidelberg 1981, zugleich Diss. Frankfurt am Main (zit.: *Patzina*, Schutz ausländischer Privatinvestitionen).

Paulsson, Jan: Arbitration Without Privity, ICSID Rev.-FILJ 1995, 232–257.

Perera, Rohan A.: The Role and Implications of Bilateral Investment Treaties, CLB 2000, 607–622.

Perkams, Markus: „Piercing the Corporate Veil" in Investitionsförderungsverträgen, Indirekte Klagen von Beteiligungsinhabern auf der Grundlage von Investitionsförderungsverträgen, in: Knahr, Christina / Reinisch, August, Aktuelle Probleme und Entwicklungen im Internationalen Wirtschaftsrecht, Stuttgart 2008, S. 143–162.

Peters, Paul: Dispute Settlement Arrangements in Investment Treaties, Neth. Y.B. Int'l L. 1991, S. 91–162.

Peters, Richard (Hrsg.): The Public Statutes at large of the United States of America, from the organization of the Government in 1789, to March 3, 1845, Boston 1867.

Pfaff, Christina: Investitionsschutz durch regionalen menschenrechtlichen Eigentumsschutz am Beispiel der Europäischen Menschenrechtskonvention (EMRK), in: Knahr, Christina/Reinisch, August (Hrsg.), Aktuelle Probleme und Entwicklungen im Internationalen Wirtschaftsrecht, Stuttgart u. a. 2008, S. 163–192.

Pirrung, Jörg: Die Schiedsgerichtsbarkeit nach dem Weltbankübereinkommen für Investitionsstreitigkeiten, Berlin 1972.

Reed, Lucy/Paulsson, Jan/Blackaby, Nigel: Guide to ICSID Arbitration, Den Haag 2004.

Reinisch, August: Internationales Investitionsschutzrecht, in: Tietje, Christian (Hrsg.), Internationales Wirtschaftsrecht, Berlin 2009, S. 346–374.

Reinisch, August/Malintoppi, Loretta: Methods of Dispute Resolution, in: Muchlinski, Peter/Ortino, Federico/Schreuer, Christoph (Hrsg.), The Oxford Handbook of International Investment Law, Oxford 2008, S. 691–720 (zit.: *Reinisch/Malintoppi*, in: Muchlinski/Ortino/Schreuer, International Investment Law).

Riesenfeld, Stefan A.: Foreign Investments, in: Bernhardt, Rudolf (Hrsg.), Encyclopedia of Public International Law, Bd. II, Amsterdam 1999, S. 435–439.

Rubins, Noah: The Notion of „Investment" in International Investment Arbitration, in: Horn, Norbert (Hrsg.), Arbitrating Foreign Investment Disputes, Den Haag 2004, S. 283–324.

Sacerdoti, Giorgio: Bilateral treaties and multilateral instruments on investment protection, in: Recueil des Cours 1997 (Bd. 269), Den Haag 1998, S. 251–320.

Salacuse, Jeswald W.: BIT by BIT: The Growth of Bilateral Investment Treaties and Their Impact on Foreign Investment in Developing Countries, Int'l Lawy. 1990, 655–675.

Schäfer, Martin: Der Entschädigungsstandard im allgemeinen Völkerrecht, RIW 1998, 199–204.

Schill, Stephan: Völkerrechtlicher Investitions- und Eigentumsschutz in der ICSID-Entscheidung TECMED, RIW 2005, 330–336.

Schlemmer, Engela C.: Investment, Investor, Nationality and Shareholders, in: Muchlinski, Peter/Ortino, Federico/Schreuer, Christoph (Hrsg.), The Oxford Handbook of International Investment Law, Oxford 2008, S. 47–88 (zit.: *Schlemmer* in: Muchlinski/Ortino/Schreuer, International Investment Law).

Schmidt, John T.: Arbitration under the Auspices of the International Centre for the Settlement of Investment Disputes (ICSID): Implications of the Decision on Jurisdiction in Alcoa Minerals of Jamaica, Inc. v. Government of Jamaica, Harv. Int'l L. J. 1976, 90–109.

Schreuer, Christoph H.: Shareholder Protection in International Investment Law, in: Dupuy, Pierre-Marie/Fassbender, Bardo/Shaw, Malcolm N./Sommermann, Karl-Peter (Hrsg.), Völkerrecht als Wertordnung, Festschrift für Christian Tomuschat, Kehl 2006, S. 601–619.

Schreuer, Christoph H.: The ICSID Convention: A Commentary, A Commentary on the Convention on the Settlement of Investment Disputes between States and Nationals of Other States, 2. Aufl., Cambridge 2009.

Schwab, Karl Heinz/Walter, Gerhard: Schiedsgerichtsbarkeit, 7. Aufl., München u. a. 2005.

Schwartmann, Rolf: Beteiligung privater Unternehmen im Wirtschaftsvölkerrecht, ZVglRWiss 2003, 75–100.

Seidl-Hohenveldern, Ignaz: International Economic Law, Dordrecht 1989.

Semler, Franz-Jörg: Schiedsverfahren im Rahmen von Investitionsschutzabkommen der Bundesrepublik Deutschland, SchiedsVZ 2003, 97–102.

Shaw, Malcolm N.: International Law, 5. Aufl., Cambridge 2003.

Shifman, Bette E.: Maritime International Nominees Establishment v. Republic of Guinea: Effect on U.S. Jurisdiction of an agreement by a foreign sovereign to arbitrate before the International Centre for Settlement of Investment Disputes, Geo. Wash. J. Int'l L. Rev. 1981–1982, 451–470.

Shihata, Ibrahim F. I.: The World Bank in a Changing World, Dordrecht 1991.

Shihata, Ibrahim F. I./Parra, Antonio R.: The Experience of the International Centre for Settlement of Investment Disputes, ICSID Rev.-FILJ 1999, 299–361.

Sidhu, Karl: Die Regelung von Direktinvestitionen in der WTO: Das TRIMs-Abkommen und das GATS, Göttingen 2004, zugleich Diss. Osnabrück 2003 (zit: *Sidhu*, Direktinvestitionen in der WTO).

Siebel, Ulf R. (Hrsg.): Handbuch Projekte und Projektfinanzierung, München 2001.

Sinclair, Anthony C.: Nationality of individual investors in ICSID arbitration, Int. A.L.R. 2004, 191–195.

Sinclair, Anthony C.: The Substance of Nationality Requirements in Investment Treaty Arbitration, ICSID Rev.-FILJ 2005, 357–388.

Sornarajah, M.: The International Law on Foreign Investment, 2. Aufl., Cambridge 2004 (zit.: *Sornarajah*, Foreign Investment).

Stein, Torsten/von Buttlar, Christian: Völkerrecht, 11. Aufl., Köln u. a. 2005.

Sturma, Pavel: Decision on Jurisdiction of the ICSID Tribunal in the Case Československa obchodní banka v. Slovak Republic, ZaöRV 2000, 151–162.

Sutherland, Philip F.: The World Bank Convention on the settlement of disputes, Int'l & Comp. L. Q. 1979, 367–400.

Swaak-Goldman, Olivia Q.: The Dispute Resolution Procedures of the Energy Charter Treaty: Made to Measure, Am. Rev. Int'l Arb. 1995, 317–337.

Szasz, Paul C.: The Investment Disputes Convention - Opportunities and Pitfalls (How to submit disputes to ICSID), Geo. Wash. Int'l L. J. 1970–1971, 23–44.

Theodorou, Heleni: Investitionsschutzverträge vor Schiedsgerichten, Berlin 2001, zugleich Diss. Regensburg 1999.

Tietje, Christian: Außenwirtschaftsrechtliche Dimensionen der europäischen Wirtschaftsverfassung, in: Fastenrath, Ulrich/Nowak, Carsten (Hrsg.), Der Lissabonner Reformvertrag: Änderungsimpulse in einzelnen Rechts- und Politikbereichen, S. 237–255.

Tietje, Christian: Bilaterale Investitionsschutzverträge zwischen EU-Mitgliedstaaten (Intra-EU-BITs) als Herausforderung im Mehrebenensystem des Rechts, in: ders./Kraft, Gerhard/Sethe, Rolf (Hrsg.), Beiträge zum Transnationalen Wirtschaftsrecht, Heft 104, Halle an der Saale 2011.

Tietje, Christian: Die Argentinien-Krise aus rechtlicher Sicht: Staatsanleihen und Staateninsolvenz in: ders./Kraft, Gerhard/Sethe, Rolf (Hrsg.), Beiträge zum Transnationalen Wirtschaftsrecht, Heft 37, Halle an der Saale 2005.

Tietje, Christian: Die Beilegung internationaler Investitionsstreitigkeiten, in: Marauhn, Thilo (Hrsg.), Streitbeilegung in den internationalen Wirtschaftsbeziehungen, Tübingen 2005, S. 47–62.

Trakman, Leon E.: Arbitrating Investment Disputes Under the NAFTA, J. Int'l Arb. 2001, 385–416.

Tribe, Laurence H.: American Constitutional Law, 3. Aufl., New York 2000.

UNCTAD (Hrsg.): Bilateral Investment Treaties in the Mid-1990s, New York 1998.

UNCTAD (Hrsg.): World Investment Report 2009, New York und Genf 2009

Vandevelde, Kenneth J.: The Bilateral Investment Treaty Program of the United States, Cornell Int'l L. J. 1988, 201–276.

Vandevelde, Kenneth J.: U.S. Bilateral Investment Treaties: The second wave, Mich. J. Int'l L. 1992–1993, 621–704.

Verdross, Alfred/Simma, Bruno: Universelles Völkerrecht: Theorie und Praxis, 3. Aufl. 1984, Berlin 1984.

von Reyher, Christoph: Die bilateralen Konzepte der Bundesrepublik Deutschland und der Vereinigten Staaten von Amerika sowie deren Bedeutung für die Entwicklung des Schutzes von Auslandsinvestitionen, Frankfurt am Main 2005, zugleich Diss. Leipzig 2004 (zit.: *von Reyher*, Bilaterale Konzepte).

Vuylsteke, Charles: Foreign investment protection and ICSID arbitration, Ga. J. Int'l & Comp. L. 1974, 343–361.

Wälde, Thomas W.: Energy Charter Treaty-based Investment Arbitration, Controversial Issues, JWIT 2004, 373–412.

Wälde, Thomas W.: Investment Arbitration Under the Energy Charter Treaty - From Dispute Settlement to Treaty Implementation, Arb. Int'l 1996, 429–466.

Wälde, Thomas W. (Hrsg.): The Energy Charter Treaty: An East-West Gateway for Investment & Trade, London 1996.

Wälde, Thomas W./Ndi, George: Stabilizing International Investment Commitments: International Law Versus Contract Interpretation, Tex. Int'l L.J. 1996, 215–268.

Weiniger, Matthew: Jurisdiction Challenges in BIT Arbitrations - Do you read a BIT by reading a BIT or by reading into a BIT?, in: Mistelis, Loukas A./Lew, Julian D. M. (Hrsg.), Pervasive Problems in International Arbitration, Alphen am Rhein 2006, S. 235–256.

Werner, Jacques: Arbitration of Investment Disputes: The First NAFTA Award - Introductory comments on the Ethyl Corporation Case, J. Int'l Arb. 1999, Ausg. 3, 139–140.

Wiedemann, Herbert: Gesellschaftsrecht, Band I, Grundlagen, München 1980.

Wolfgram, Susann: Investitionsschiedsgerichtsbarkeit nach dem Vertrag über die Energiecharta, Münster 2001, zugl. Diss. Hamburg 2001 (zit.: *Wolfgram*, Investitionsschiedsgerichtsbarkeit).

Wurst, Dagmar: Eigentums- und Investitionsgüterschutz im Völkerrecht: Das Beispiel der Landenteignung in Zimbabwe, Frankfurt am Main 2006, zugleich Diss. Würzburg 2005 (zit.: *Wurst*, Eigentums- und Investitionsgüterschutz).

Zagel, Gudrun: Auslandsinvestitionen in Lateinamerika, Völkerrechtliche und staatliche Regelungen zwischen Protektionismus und Neoliberalismus, Berlin 1999, zugleich Diss. Salzburg 1996 (zit.: *Zagel*, Auslandsinvestitionen).

Zamora, Stephen: Is There Customary International Economic Law?, GYIL 1989, 9–42.

Ziegler, Karl-Heinz: Völkerrechtsgeschichte, 2. Aufl., München 2007.

Zimmer, Reinhard: Investitionsschutz für deutsche Kapitalanlagen in den Republiken der ehemaligen Sowjetunion, RIW 1994, 25–27.

Zimmer, Reinhard/Karl, Joachim: Bilaterale Investitionsschutzverträge - ein auslaufendes Modell?, in: Gesellschaft zur Förderung des Schutzes von Auslandsinvestitionen e.V., Festschrift zum vierzigjährigen Bestehen, Köln 1996, S. 41–50.

Entscheidungsverzeichnis

Soweit nicht anders angegeben, sind alle nachstehend aufgeführten Entscheidungen auf der Internetseite des ICSID (http://icsid.worldbank.org), des PCA (http://www.pca-cpa.org/), des IGH (http://www.icj-cij.org) oder der Internetseite *Investment Treaty Arbitration (ita)* von Prof. Andrew Newcombe, University of Victoria (http://www.italaw.com) erhältlich.

Investor-Staat-Schiedsgerichtsverfahren

Abaclat and others (formerly known as Giovanna a Beccara and others) v. The Argentine Republic, ICSID Case No. ARB/07/5, Decision on Jurisdiction and Admissibility, 4 August 2011.

Abaclat and others (formerly known as Giovanna a Beccara and others) v. The Argentine Republic, ICSID Case No. ARB/07/5, Procedural Order No. 17, 8. Februar 2013.

AES Corporation v. The Argentine Republic, ICSID Case No. ARB/02/17, Decision on Jurisdiction, 26 April 2005.

AGIP S.p.A. v. People's Republic of the Congo, ICSID Case No. ARB/77/1, Award, 30. November 1979, ILM 1982, 726.

Aguas del Tunari, S.A. v. Republic of Bolivia, ICSID Case No. ARB/02/3, Decision on Respondent's objection to jurisdiction, 21. Oktober 2005.

Alex Genin, Eastern Credit Limited, Inc. and A.S. Baltoil v. The Republic of Estonia, ICSID Case No. ARB/99/2, Award, 25. Juni 2001.

Amco Asia Corporation and others v. Republic of Indonesia, ICSID Case No. ARB/81/1, Award, 20. November 1984, ILM 1985, 1022.

Amco Asia Corporation and others v. Republic of Indonesia, ICSID Case No. ARB/81/1, Decision on the Application for Annulment Submitted by the Republic of Indonesia Against the Arbitral Award Rendered on 20 November 1984, 16. Mai 1986, ILM 1986, 1439.

Amco Asia Corporation and others v. Republic of Indonesia, ICSID Case No. ARB/81/1, Decision on Jurisdiction (Resubmission Proceeding), 10. Mai 1988.

Autopista Concesionada de Venezuela, C.A. v. Bolivarian Republic of Venezuela, ICSID Case No. ARB/00/5, Decision on Jurisdiction, 27. September 2001.

Azurix Corp. v. The Argentine Republic, ICSID Case No. ARB/01/12, Decision on jurisdiction, 8. Dezember 2003.

Banro American Resources, Inc. and Société Aurifère du Kivu et du Maniema S.A.R.L. v. Democratic Republic of Congo, ICSID Case No. ARB/98/7, Award, 1. September 2000.

Bayindir Insaat Turizim Ticaret Ve Sanayi A.Ş. v. Islamic Republic of Pakistan, ICSID Case No. ARB/03/29, Decision on Jurisdiction, 14. November 2005.

Cable Television of Nevis Ltd. and Cable Television of Nevis Holdings, Ltd. v. The Federation of St. Christopher (St. Kitts) and Nevis, ICSID Case No. ARB/95/2, Award, 13. Januar 1997.

Cementownia „Nowa Huta“ S.A. v. Republic of Turkey, ICSID Case No. ARB(AF)/06/2, Award, 17. September 2009.

Československa Obchodní Banka, A.S. v. The Slovak Republic, ICSID Case No. ARB/97/4, Decision of the Tribunal on Objections to Jurisdiction, 24. Mai 1999.

Champion Trading Company, Ameritrade International, Inc., James T. Wahba, John B. Wahba, Timothy T. Wahba v. Arab Republic of Egypt, ICSID Case No. ARB/02/09, Decision on Jurisdiction, 21. Oktober 2003.

Churchill Mining PLC v. Republic of Indonesia, ICSID Case No. ARB/12/14, Procedural Order No. 2, 5. Februar 2013.

CMS Gas Transmission Company v. The Republic of Argentina, ICSID Case No. ARB/01/8, Decision of the Tribunal on Objections to Jurisdiction, 17. Juli 2003.

Compañia de Aguas del Aconquija, S.A. & Compagnie Générale des Eaux v. Argentine Republic, ICSID Case No. ARB/97/3, Award, 21. November 2000.

El Paso Energy International Company v. Argentine Republic, ICSID Case No. ARB/03/15, Decision on Jurisdiction, 27. April 2006.

Emilio Augustín Maffezini v. The Kingdom of Spain, ICSID Case No. ARB/97/7, Decision of the Tribunal on Objections to Jurisdiction, 25. Januar 2000.

Empresas Luchetti, S.A. and Lucchetti Peru, S.A. v. Republic of Peru, ICSID Case No. ARB/03/4, Award, 7. Februar 2005.

EnCana Corporation v. The Republic of Ecuador, LCIA Case No. UN3481 (UNCITRAL), Award, 3. Februar 2006.

Enron Corporation and Ponderosa Assets, L.P. v. The Argentine Republic, ICSID Case No. ARB/01/3, Decision on jurisdiction, 14. Januar 2004.

Ernesto Augustín Maffezini v. The Kingdom of Spain, ICSID Case No. ARB/97/7, Decision of the Tribunal on objections to jurisdiction, 25. Januar 2000.

Ethyl Corporation v. The Government of Canada, NAFTA (UNCITRAL), Award on Jurisdiction, 24. Juni 1998.

Eudoro Armando Olguín v. Republic of Paraguay, ICSID Case No. ARB/98/5, Award, 26. Juli 2001.

Fedax N.V. v. The Republic of Venezuela, ICSID Case No. ARB/96/3, Decision of the Tribunal on Objections to Jurisdiction, 11. Juni 1997.

GEA Group Aktiengesellschaft v. Ukraine, ICSID Case No. ARB/08/16, Award, 31. März 2011.

Generation Ukraine Inc. v. Ukraine, ICSID Case No. ARB/00/9, Award, 16. September 2003.

Gustav F W Hamester GmbH & Co KG v. Republic of Ghana, ICSID Case No. ARB/07/24, Award, 18. Juni 2010.

Holiday Inns v. Morocco, ICSID Case No. ARB/72/1, unveröffentlicht, aber in Auszügen wiedergegeben und erörtert bei *Lalive*, BYIL 1980, S. 123.

Hussein Nuaman Soufraki v. The United Arab Emirates, ICSID Case No. ARB/02/07, Award, 7. Juli 2004.

Impreglio S.p.A. v. Islamic Republic of Pakistan, ICSID Case No. ARB/03/3, Decision on Jurisdiction, 22. April 2005.

Ioan Micula, Viorel Micula, and others v. Romania, ICSID Case No. ARB/05/20, Decision on Jurisdiction and Admissibility, 24. September 2008.

Jan de Nul N.V. and Dredging International N.V. v. Arab Republic of Egypt, ICSID Case No. ARB/04/13, Award, 6. November 2008.

Joy Mining Machinery Limited v. The Arab Republic of Egypt, ICSID Case No. ARB/03/11, Award on Jurisdiction, 6. August 2004.

Klöckner Industrie-Anlagen and others v. United Republic of Cameroon and Société Camerounaise des Engrais, ICSID Case No. ARB/81/2, Decision on the application for annulment submitted by Klöckner against the Arbitral Award rendered on 21 October 1983, 3. Mai 1985.

Lanco International Inc. v. The Argentine Republic, ICSID Case No. ARB/97/6, Preliminary Decision: Jurisdiction of the Arbitral Tribunal, 8. Dezember 1998.

LG&E Energy Corp., LG&E Capital Corp., and LG&E International, Inc. v. Argentine Republic, ICSID Case No. ARB/02/1, Decision of the Arbitral Tribunal on Objections to Jurisdiction, 30. April 2004.

Liberian Eastern Timber Corporation (LETCO) v. The Government of the Republic of Liberia, ICSID Case No. ARB/83/2, Award, 31. März 1986, ILM 1987, 647–679.

Maritime International Nominees Establishment v. The Republic of Guinea, ICSID Case No. ARB/84/4, Award, 6. Januar 1988, auszugsweise abgedruckt in: Y.B. Comm. Arb'n 1989, 82.

Marvin Roy Feldman Karpa v. United Mexican States, ICSID Case No. ARB(AF)/99/1, Interim decision on preliminary jurisdictional issues, 6. Dezember 2000.

Metalclad Corporation v. The United Mexican States, ICSID Case No. ARB(AF)/97/1, Award, 30. August 2001.

Middle East Cement Shipping and Handling Co., S.A. v. Arab Republic of Egypt, ICSID Case No. ARB/99/6, Award, 12. April 2002.

Mihaly International Corporation v. Democratic Socialist Republic of Sri Lanka, ICSID Case No. ARB/00/2, Award, 15. März 2002

Mondev International Ltd v. United States of America, ICSID Case No. ARB(AF)/99/2, Award, 11. October 2002.

Noble Ventures, Inc. v. Romania, ICSID Case No. ARB/101/11, Award, 12. Oktober 2005

Nykomb Synergetics Technology Holding AB v. The Republic of Latvia, SCC, Award, 16. Dezember 2003.

Occidental Exploration and Production Company v. The Republic of Ecuador, LCIA Case No. UN3467 (UNCITRAL), Award, 1. Juli 2004.

Philippe Gruslin v. Malaysia, ICSID Case No. ARB/99/3, Award, 27. November 2000.

Phoenix Action, Ltd. v. The Czech Republic, ICSID Case No. ARB/06/5, Award, 15. April 2009.

Plama Consortium Limited v. Republic of Bulgaria, ICSID Case No. ARB/03/24, Decision on Jurisdiction, 8. Februar 2005.

Robert Azinian, Kenneth Davitian, & Ellen Baca v. The United Mexican States, ICSID Case No. ARB(AF)/97/2, Award, 1. November 1999.

Salini Construttori S.p.A and Italtrade S.p.A. v. Kingdom of Morocco, ICSID Case No. ARB/00/4, Decision on Jurisdiction, 23. Juli 2001

Salini Costruttori S.p.A. and Italstrade S.p.A. v. The Hashemite Kingdom of Jordan, ICSID Case No. ARB/02/13, Decision on Jurisdiction, 9. November 2004.

Saluka Investments BV (The Netherlands) v. The Czech Republic, PCA (UNCITRAL), Partial Award, 17. März 2006.

SGS Société Générale de Surveillance S.A. v. Islamic Republic of Pakistan, ICSID Case No. ARB/01/13, Decision of the Tribunal on Objections to Jurisdiction, 6. August 2003.

Siemens AG v. The Argentine Republic, ICSID Case No. ARB/02/8, Decision on Jurisdiction, 3. August 2004.

Société Générale de Surveillance S.A. v. Republic of the Philippines, ICSID Case No. ARB/02/06, Decision of the Tribunal on Objections to Jurisdiction, 29. Januar 2004.

Société Ouest-Africaine des Bétons Industriels v. The Republic of Senegal, ICSID Case No. ARB/82/1, Decision on Jurisdiction, 1. August 1984, auszugsweise abgedruckt in: Y.B. Comm. Arb'n 1989, 42–47.

Tanzania Electric Supply Company Limited v. Independent Power Tanzania Limited, ICSID Case No. ARB/98/8, Final Award, 12. Juli 2001.

Técnicas Medioambientales Tecmed S.A. v. The United Mexican States, ICSID Case No. ARB(AF)/00/02, Award, 29. Mai 2003.

Telenor Mobile Communications A.S. v. The Republic of Hungary, ICSID Case No. ARB/04/15, Award, 13 September 2006.

Texaco Overseas Petroleum Company and California Asiatic Oil Company v. The Government of the Libyan Arab Republic, Preliminary Award, 27. November 1975, ILM 1978, 1.

The Loewen Group, Inc. and Raymond L. Loewen v United States of America, 26. Juni 2003, ICSID ARB(AF)/98/3, Award, 26. Juni 2003.

The Loewen Group, Inc. and Raymond L. Loewen v. United States of America, ICSID Case No. ARB(AF)/98/3, Decision on hearing of Respondent's objection to competence and jurisdiction, 5. Januar 2001.

Tokios Tokelés v. Ukraine, ICSID Case No. ARB/02/18, Decision on Jurisdiction, 29. April 2004.

Tokios Tokelés v. Ukraine, ICSID Case No. ARB/02/18, Dissent of Prosper Weil attached to the Decision on Jurisdiction, 29. April 2004.

Tradex Hellas S.A. v. Republic of Albania, ICSID Case No. ARB/94/2, Award, 29. April 1999.

TSA Spectrum de Argentinia S.A. v. Argentine Republic, ICSID Case No. ARB/05/5, Award, 19. Dezember 2008.

Vacuum Salt Products Limited v. Republic Ghana, ICSID Case No. ARB/92/1, Award, 16. Februar 1994.

Waguih Elie George Siag and Clorida Vecchi v. The Arab Republic of Egypt, ICSID Case No. ARB/05/15, Decision on Jurisdiction, 11. April 2007.

Wena Hotels Limited v. Arab Republic of Egypt, ICSID Case No. ARB/98/4, Award, 8. Dezember 2000.

Yaung Chi Oo Trading Pte Ltd v. Government of the Union of Myanmar, ASEAN I.D. Case No. ARB/01/1, Award, 31. März 2003.

Internationaler Gerichtshof und Ständiger Internationaler Gerichtshof

Anglo-Iranian Oil Co. Case (United Kingdom v. Iran), Judgment (Preliminary Objection), 22. Juli 1952, ICJ Reports 1952, S. 93.

Case concerning Ahmadou Sadio Diallo (Republic of Guinea v. Democratic Republic of the Congo), Judgment (Preliminary Objections), 24. Mai 2007, ICJ Reports 2007, S. 582.

Case concerning Ahmadou Sadio Diallo (Republic of Guinea v. Democratic Republic of the Congo), Judgment, 30. November 2010, ICJ Reports 2010, S. 639.

Case concerning certain property (Liechtenstein v. Germany), Judgment, 10. Februar 2005, ICJ Reports 2005, S. 6.

Case concerning East Timor (Portugal v. Australia), Judgment, 30. Juni 1999, ICJ Reports 1995, S. 90.

Case concerning Elettronica Sicula S.p.A. (ELSI) (United States of America v. Italy), Judgment, 20. Juli 1989, ICJ Reports 1989, S. 15.

Case concerning Elettronica Sicula S.p.A. (ELSI) (United States of America v. Italy), Separate Opinion of Judge Oda, 20. Juli 1989, ICJ Reports 1989, S. 83.

Case concerning the Barcelona Traction, Light and Power Co., Limited (Belgium v. Spain), Judgment (Second Phase), 5. Februar 1970, ICJ Reports 1970, S. 3.

Factory at Chorzów Case (Germany v. Poland), Judgment, 15. Mai 1926, PCIJ Ser. A, No. 7.

Interpretation of the Peace Treaties wih Bulgaria, Hungary and Romania, Advisory Opinion, 30. März 1950, ICJ Reports 1950, S. 65.

Mavrommatis Palestine Concessions Case (Greece v. UK), Judgment, 30. August 1924, PCIJ Ser. A, No. 2.

Nottebohm Case (Liechtenstein v. Guatemala), Judgment (second phase), 6. April 1995, ICJ Reports, 1995, S. 4.

Oscar Chinn Case (UK v. Belgium), Judgment, 12. Dezember 1934, PCIJ Ser. A/B, No. 63.

Schiedsgerichte

Case concerning the Delimitation of the Continental Shelf between the United Kingdom of Great Britan and Northern Ireland and the French Republic, Decision, 30. Juni 1077, ILM 1979, 397.

Case concerning the delimitation of the maritime boundary between Guinea and Guinea-Bissau, Decision, 14. Februar 1985, ILM 1986, 252.

Concilliation Commission on the Continental Shelf Area between Iceland and Jan Mayen, Report and recommendations to the governments of Iceland and Norway, Juni 1981, ILM 1981, 797.

Decision in Case No. A/18 Concerning the Question of Jurisdiction over Claims of Persons with Dual Nationality, Iran-United States Claims Tribunal, ILM 1984, 489.

Norwegian shipowners' claims (Norway v. USA), Award, 13. Oktober 1922, RIAA 1948 (Bd. I), S. 307.

The Ambatielos Claim (Greece v. United Kingdom of Great Britain and Northern Ireland), RIAA 1963 (Bd. XII), S. 83.

Nationale und europäische Gerichte

Tribunal de grande instance de Paris, *Braden Copper Company v. Le Groupment d'Importation des Metaux*, Urt. v. 29. November 1972, ILM 1973, 182.

Supreme Court of British Columbia, *The United Mexican States v. Metalclad Corporation*, Reasons for judgment, 2. Mai 2001, BCSC 2001, S. 664.

Supreme Court of the United States, *Banco Nacional de Cuba v. Sabbatino*, United States Reports 1964 (Bd. 376), S. 398.

Supreme Court of the United States, *Underhill v. Hernandez*, Urt. v 29. November 1987, United States Reports 1897 (Bd. 168), S. 250.

EGMR, *Case of Lithgow and Others v. The United Kingdom*, Urt. v. 8. Juli 1986, EuGRZ 1980, 350.

House of Lords, *Daimler Company, Ltd. v. Continental Tyre and Rubber Company, Ltd.*, Appeals Cases 1916, Bd. 2, S. 307.

BGH, Urt. v. 30. Januar 1970, V ZR 139/68, BGHZ 53, 181.

LG Hamburg, Urt. v. 22. Januar 1973, ILM 1973, 251 - chilenischer Kupferstreit.

EuGH, Urt. v. 13. Dezember 1979, Slg. 1979, 03727 - Hauer.

EuGH, Urt. v. 13. Juli 1989, Slg. 1989, 02609 - Wachauf.

EuGH, Urt. v. 25. Juli 1991, Slg. 1991, I-03905 - Factortame.

EuGH, Urt. v. 30. November 1995, Slg. 1995, I-04165 - Gebhard.

EuGH, Urt. v. 4. Juli 2000, Slg. 2000, I-05171 - Kommission/Portugal.

EuGH, Urt. v. 4. Juli 2000, Slg. 2000, I-05171 - Kommission/Portugal.

BGH, Urt. v. 1. Juli 2002, II ZR 380/00, BGH NJW 2002, 3539.

EuGH, Urt. v. 5. November 2002, Slg. 2002, I-09919 - Überseering.

EuGH, Urt. v. 5. November 2002, Slg. 2002, I-09919 (EuZW 2002, 754) - Überseering.

BGH, Urt. vom 13. März 2003, VII ZR 370/98, NZG, 431, 432.

EuGH, Urt. v. 12. Dezember 2006, Slg. 2006, I-11753 - FII Group Litigation.

A. Einleitung

„There is no principle of the law of nations more firmly established than that, which entitles the property of strangers within the jurisdiction of another country in friendship with their own to the protection of its sovereign by all efforts in his power.“[1]

I. Problemstellung, Gegenstand und Ziel der Untersuchung

Grenzüberschreitende Investitionen sind im Zeitalter der Globalisierung zur Selbstverständlichkeit geworden.[2] Sie reichen von der einfachen Anteilshaberschaft an einem ausländischen Unternehmen über komplexe technische Großprojekte bis hin zu Rohstoff- oder Infrastrukturkonzessionen.[3] Aufgrund des Umfangs einzelner Investitionen, die sich teilweise erst nach vielen Jahren rentieren und der Tatsache, dass Investitionen in den Gaststaaten häufig Kernbereiche der nationalen Wirtschaft berühren, sind grenzüberschreitende Investitionen anfällig für beeinträchtigende staatliche Eingriffe, bis hin zur Enteignung.[4]

Um dieses sogenannte nicht-kommerzielle Risiko ausländischer Investitionen und die sie daher begleitende Unsicherheit abzufangen und die Export- und Investitionstätigkeit privater Unternehmen zu fördern, haben Staaten zum Schutz internationaler Investitionen ein dichtes Netz von bilateralen Investitionsschutzabkommen (*bilateral investment treaties*) („**BITs**“) und weitere multilaterale internationale und regionale Abkommen abgeschlossen. Gegenwärtig gibt es etwa 2.500 BITs; weitere Abkommen kommen fortlaufend hinzu.[5]

---

1 Der amerikanische Außenminister und spätere Präsident John Quincy Adams im Jahr 1818 zum spanischen Gesandten Luis de Onís, *Moore*, A Digest of International Law, Bd. IV, S. 5.

2 *Lew/Mistelis/Kröll*, Comparative International Commercial Arbitration, Rn. 28-1.

3 *Griebel*, Internationales Investitionsrecht, S. 2.

4 *Lew/Mistelis/Kröll*, Comparative International Commercial Arbitration, Rn. 28-2.

5 Vgl. *Dolzer/Schreuer*, Principles of International Investment Law, S. 8; *Herdegen*, Völkerrecht, § 54 Rn. 6. Im Jahr 2008 wurden weltweit 59 weitere BITs abgeschlossen, 2007 insgesamt 65, vgl. *UNCTAD*, World Investment Report 2009, S. 31 f. Allein die Bundesrepublik Deutschland hat 131 so genannte bilaterale Investitionsförderungs und -schutzverträge (IFV) abgeschlossen, sowie acht weitere Verträge unterzeichnet, die noch nicht in Kraft getreten sind, vgl. *Bundesministerium für Wirtschaft und Technologie*, Übersicht über die bilateralen Investitionsförderungs- und schutzverträge (IFV) der Bundesrepublik Deutschland vom 27. April 2012, abrufbar unter http://www.

Die meisten Investitionsschutzabkommen sehen zur Streitbeilegung Schiedsgerichtsverfahren vor, in der Regel durch *ad hoc* gebildete Schiedsgerichte oder bei anerkannten internationalen Schiedsgerichtsinstitutionen, wie der Internationalen Handelskammer (*International Chamber of Commerce*) („**ICC**“), dem *Arbitration Institute of the Stockholm Chamber of Commerce* („**SCC**“) und insbesondere dem *International Centre for Settlement of Investment Disputes* („**ICSID**“), der durch die *Convention on the Settlement of Investment Disputes between States and Nationals of other States* („**ICSID-Abkommen**“)[6] geschaffenen Schiedsgerichtsinstitution der Weltbankgruppe. Das ICSID-Abkommen wurde mittlerweile von 147 Staaten ratifiziert.[7]

Für den Schutz und die Förderung von Investitionen ist diese Art der Streitbeilegung von entscheidender Bedeutung, da Investoren oft wenig Vertrauen in die nationale Gerichtsbarkeit der Gaststaaten haben und Gaststaaten in der Regel nicht bereit sind sich einer ausländischen Gerichtsbarkeit zu unterwerfen.[8]

Das sich aus diesen materiellen Normen und Streitbeilegungsregeln mittlerweile herausgebildete internationale Investitionsschutzrecht[9] ist eine faszinierende Materie. Es liegt an der Schnittstelle unterschiedlicher Rechtsordnungen sowie zwischen internationalem Wirtschaftsrecht und Völkerrecht; es verbindet eigene schiedsgerichtliche Elemente mit Elementen der Handelsschiedsgerichtsbarkeit und wird sowohl von internationalen Wirtschaftsrechtlern als auch von Völkerrechtlern praktiziert.[10]

Die Begriffe des Investors und der Investition sind die Schlüsselbegriffe dieses Rechtsgebietes. Sie begrenzen den persönlichen und sachlichen Anwendungsbereich der einschlägigen Normen und sind im Rahmen der hieraus folgenden Zuständigkeit *ratione personae* und *ratione materiae* die Voraussetzung für den

---

bmwi.de/DE/Themen/Aussenwirtschaft/investieren-in-deutschland,did=194058.html (zuletzt abgerufen am 20. Februar 2013).

6 *Convention on the Settlement of Investment Disputes between States and Nationals of other States* vom 14. Oktober 1966, ILM 1965, 524.

7 *ICSID*, List of Contracting States and other Signatories to the convention, 25. Juli 2012.

8 Vgl. *Lew/Mistelis/Kröll*, Comparative International Commercial Arbitration, Rn. 28-5, 28-6, 28-23; *Lörcher*, Neue Verfahren der Internationalen Streiterledigung in Wirtschaftssachen, S. 156; *Griebel*, Internationales Investitionsrecht, S. 11.

9 Häufig wird auch vom „internationalen Investitionsrecht“ oder vom „Investitionsvölkerrecht“ gesprochen. Die Begriffe werden synonym verwandt.

10 *Griebel*, Internationales Investitionsrecht, S. 1; vgl. auch *Krajewski*, Wirtschaftsvölkerrecht, § 3 Rn. 539.

Zugang zur internationalen Investitionsschiedsgerichtsbarkeit.[11] Die Definitionen dieser Begriffe und der hierdurch bestimmte Umfang des Investitionsschutzes sind daher für Investoren und Staaten gleichermaßen von großer Bedeutung. Sie bestimmen die Antworten auf die beiden Kernfragen des internationalen Investitionsschutzrechtes: Welche Investitionen und welche Investoren sollen durch das internationale Investitionsschutzrecht völkerrechtlichen Schutz erfahren und dadurch gleichsam ein Stück weit der nationalen Jurisdiktion entzogen und auf völkerrechtliche Ebene gehoben werden?

Während der Begriff der Investition bereits vielfach Gegenstand umfassender Untersuchungen war, führt der Begriff des Investors demgegenüber in Forschung und Literatur vergleichsweise noch ein Schattendasein. Über den Begriff der Investition herrscht in Literatur und Schiedsgerichtsbarkeit inzwischen weitgehend Einigkeit; bei der Frage, welche Investoren den Schutz des internationalen Investitionsschutzrechtes genießen, haben sich die Differenzen demgegenüber eher verstärkt.[12]

Die vorliegende Arbeit unternimmt vor diesem Hintergrund eine umfänglichere Betrachtung des Investorbegriffs, insbesondere im Hinblick auf die für den Investorbegriff wesentliche Frage der Staatszugehörigkeit. Der Gegenstand der Arbeit soll dabei auf das internationale Investitionsschutzrecht begrenzt werden. Eine umfängliche Theorie des Investorbegriffs im Völkerrecht oder der Staatszugehörigkeit im Allgemeinen ist nicht beabsichtigt. Auch eine europarechtliche Untersuchung des Investorbegriffs soll nicht Gegenstand dieser Arbeit sein. Ziel ist vielmehr ein völkerrechtlicher Beitrag zur Untersuchung und umfassenden Beschreibung des internationalen Investitionsschutzrechtes und damit zur Schließung der bestehenden Lücken in der Diskussion dieses, in seiner heutigen Ausprägung noch jungen und dynamischen, völkerrechtlichen Teilrechtsgebiets.

II. Gang der Untersuchung

Im Zentrum der Arbeit stehen die Untersuchung des Investorbegriffs im internationalen Investitionsschutzrecht und seiner Funktion in internationalen Investitionsschiedsgerichtsverfahren, insbesondere für die Zuständigkeit *ratione personae*. Dazu sollen zunächst die völkervertraglichen Regelungen in BITs und anderen internationalen Abkommen und die Entscheidungspraxis internationaler Schiedsgerichte untersucht werden. Sodann soll ein Versuch unternommen

11 Vgl. *Sidhu*, Direktinvestitionen in der WTO, S. 46; *Belling*, Jurisdiktion rationae materiae, S. 41; *Frick*, Bilateraler Investitionsschutz in Entwicklungsländern, S. 175.

12 Vgl. auch *Karl*, RIW 1994, 809, 811.

werden, hierauf aufbauend, allgemeine Lehren zu beschreiben und zu erörtern, ob sich im internationalen Investitionsschutzrecht die Annahme eines völkergewohnheitsrechtlichen Investorenbegriffs rechtfertigen lässt.

Der Gang der Untersuchung gestaltet sich wie folgt:

Im ersten Teil (B) wird zunächst den Grundlagen des internationalen Investitionsschutzrechtes nachgegangen um den Kontext des Investorbegriffs festzuhalten. Dazu wird zunächst in der gebotenen Kürze auch auf den Begriff der Investition eingegangen, um den Untersuchungsgegenstand ausreichend abzugrenzen (B.I). Sodann werden die Grundlagen des Schutzes von internationalen Investitionen im Völkergewohnheitsrecht und Völkervertragsrecht dargestellt (B.II). Das Verständnis dieser Grundlagen ist Grundvoraussetzung für die Analyse des Investorbegriffs. Einen ersten Schwerpunkt bildet die daran anschließende Erörterung der zur Verfügung stehenden Rechtsschutzmöglichkeiten, die das prozessuale Umfeld des Investorbegriffs darstellen (B.III).

Der zweite Teil der Arbeit (C) untersucht sodann den Begriff des Investors im internationalen Investitionsschutzrecht. Dabei wird grundsätzlich zwischen natürlichen Personen (C.I) und juristischen Personen (C.II) unterschieden werden. Gegenstand der Untersuchung sind jeweils zunächst die völkervertraglichen Regelungen in internationalen Abkommen und - am Beispiel Deutschlands und der Vereinigten Staaten von Amerika - in BITs sowie insbesondere auch die Entscheidungen internationaler Schiedsgerichte, die mittlerweile eine reichhaltige Judikatur gebildet haben.[13] Im Anschluss werden Konflikte zwischen unterschiedlichen Definitionen untersucht (C.III) und versucht, aus der Untersuchung des Investorbegriffs resultierende allgemeine Lehren zu beschrieben. Zudem soll der Frage nach einem etwaigen völkergewohnheitsrechtlichen Investorbegriff im internationalen Investitionsschutzrecht nachgegangen werden (C.IV). Ein den zweiten Teil der Arbeit abschließender Exkurs erörtert den Übergang zu einem europäischen Investorbegriff (C.V).

Die Konsequenzen der gefundenen Ergebnisse für die gezielte Gestaltung internationaler Investitionen unter dem Gesichtspunkt des bestmöglichen Investitionsschutzes untersucht der vierte Teil dieser Arbeit (D).

In einem fünften Teil (E) werden schließlich die Konsequenzen der gefundenen Ergebnisse für die Gestaltung zukünftiger bilateraler Investitionsschutzverträge aufgezeigt und ein eigener Vorschlag für einen verbesserten Investorbegriff dargelegt.

13 Vgl. *Griebel*, Internationales Investitionsrecht, S. 12.

B. Grundlagen des internationalen Investitionsschutzrechts

Eine Auseinandersetzung mit der Bedeutung des Investors im internationalen Investitionsschiedsgerichtsverfahren erfordert zunächst ein Eingehen auf die Grundlagen des Schutzes von Investitionen im Völkerrecht. Nur so ist es möglich den Untersuchungsgegenstand zutreffend innerhalb des Gesamtsystems des völkerrechtlichen Eigentumsschutzes einzuordnen und zu diskutieren.

Hierzu ist zunächst auf den Begriff der Investition einzugehen (I). Sodann sollen der völkerrechtliche Schutz dieser Investitionen (II) und die vorhandenen Rechtsschutzmöglichkeiten erörtert werden, insbesondere durch Investor-Staat-Schiedsgerichtsverfahren (III).

I. Der Begriff der internationalen Investition

Die Möglichkeiten unternehmerischer Betätigung im Ausland und die Arten grenzüberschreitender Transaktionen sind vielfältig. Dem internationalen Investitionsschutzrecht unterliegen jedoch nur „Investitionen". Der untrennbar mit dem Begriff des Investors verbundene Investitionsbegriff, muss daher in der gebotenen Kürze einleitend festgehalten werden, da er - auch wenn er im Weiteren nicht Gegenstand dieser Arbeit sein soll - den Untersuchungsgegenstand eingrenzt.

1. Der Investitionsbegriff im internationalen Wirtschaftsrecht

Ein allgemeiner Konsens über den Begriff der Investition existiert nicht.[14] In der wirtschaftswissenschaftlichen Literatur finden sich unterschiedliche Definitionen, denen gemeinsam ist, dass es um die längerfristige Bindung finanzieller Mittel und einen wertmäßigen Zuwachs geht.[15] Der wirtschaftswissenschaftliche

---

14 Vgl. *Fischer*, FS für Seidl-Hohenveldern, S. 95; *Belling*, Jurisdiktion rationae materiae, S. 35 und 36; *Gramlich*, Rechtsgestalt, Regelungstypen und Rechtsschutz, S. 122 f.

15 Unterschieden werden im Einzelnen der zahlungsorientierte Investitionsbegriff, der auf den längerfristigen Zahlungsstrom abstellt, der wirkungsorientierte Investitionsbegriff, der auf die längerfristige Wirkung abstellt und der vermögensorientierte Investitionsbegriff, der auf die längerfristige Bindung finanzieller Mittel abstellt, vgl. hierzu *Lüder*, Vahlens Großes Wirtschaftslexikon, S. 1032; vgl. zu weiteren Unterscheidungen in der Wirtschaftswissenschaft auch *Belling*, Jurisdiktion rationae materiae, S. 37.

Begriffsgebrauch dient dann häufig als Anknüpfungspunkt für die juristische Erörterung des Begriffs.[16] In der Folge gibt es weder im internationalen Wirtschaftsrecht noch insgesamt im Völkerrecht eine allgemein anerkannte Definition des Begriffs der internationalen Investition.[17]

Sogar die Begrifflichkeit wird in der rechtswissenschaftlichen Literatur und in der Praxis uneinheitlich verwendet:[18] Die verwendeten Begriffe - Auslandsinvestition, ausländische Investition, Kapitalanlage, *foreign (direct) investment*, internationale Investition - sind jedoch im Ergebnis synonym. In dieser Arbeit wird einheitlich von internationalen oder ausländischen Investitionen gesprochen, da dieser Begriff das entscheidende Element des Überschreitens nationalstaatlicher Grenzen betont.

Allen Differenzen zum Trotz hat die Definition der *Encyclopedia of Public International Law* jedenfalls als praktischer Ausgangspunkt der Diskussion weitgehende Anerkennung gefunden.[19] Hiernach sind ausländische oder internationale Investitionen ein

> „transfer of funds or materials from one country (called the capital exporting country) to another country (called the host country) to be used in the conduct of an enterprise in that country in return for a direct or indirect participation in the earnings of the enterprise."[20]

Neben dem begriffsnotwendigen grenzüberschreitenden Element ist damit vor allem der Verwendungszweck ein wesentliches Element des Begriffs. Die Verwendung der investierten Mittel beim Betreiben eines Unternehmens im Gaststaat unterscheidet internationale Investitionen von anderen grenzüberschreitenden Waren- und Kapitalflüssen und grenzt sie somit vom Welthandel ab.[21]

---

16 Vgl. *Gramlich*, Rechtsgestalt, Regelungstypen und Rechtsschutz, S. 122. So teilweise auch zutreffend die Ansicht bei der Diskussion des Entwurfs des ICSID-Abkommens, vgl. *Broches*, History of the ICSID Convention, Bd. II Teil 1, S. 492.

17 *Belling*, Jurisdiktion rationae materiae, S. 35; *Metje*, Investitionsschutz, S. 6; vgl. auch *Hemmer/Krüger/Seith*, Ausländische Direktinvestitionen, S. 35; *Sidhu*, Direktinvestitionen in der WTO, S. 27.

18 *Gramlich*, Rechtsgestalt, Regelungstypen und Rechtsschutz, S. 121, spricht von einem „Begriffswirrwarr."

19 Vgl. etwa *Metje*, Investitionsschutz, S. 6; *Zagel*, Auslandsinvestitionen, S. 16.; *Belling*, Jurisdiktion rationae materiae, S. 41; *Fischer*, FS für Seidl-Hohenveldern, S. 96.

20 *Riesenfeld*, in: Bernhardt, Encyclopedia of Public International Law, S. 435.

21 *Belling*, Jurisdiktion rationae materiae, S. 41.

2. Abgrenzung zum internationalen Handel

Der internationale Handel mit Waren, Kapital und Dienstleistungen unterliegt dem nationalen Im- und Exportrecht und dem internationalen Handelsrecht, aber in der Regel nicht dem internationalen Investitionsschutzrecht.[22] Zwischen internationalen Investitionen und internationalem Handel gibt es jedoch keine starre Grenze; in der Unternehmenswirklichkeit ist der Übergang von der vorübergehenden Handelsbeziehung zum längerfristigen Engagement fließend.

Internationaler Handel setzt sich aus einer Vielzahl einzelner, vorübergehender Transaktionen zusammen. Sie erfordern regelmäßig keinen dauerhaften Bezug zwischen dem ausländischen Handelspartner und dem Heimatstaat des jeweiligen anderen Handelspartners. Internationale Investitionen erfordern demgegenüber eine dauerhaftere Beziehung zwischen Investor und Gaststaat.

Internationale Investoren zeichnen sich demgegenüber durch eine längerfristige Präsenz im Gaststaat aus.[23] Ihre Investitionen sollen auf längere, nicht nur vorübergehende Zeit als zu ihnen zugehörig im Gaststaat verbleiben, während beim internationalen Handel gerade der Wechsel der Zugehörigkeit beabsichtigt ist, bei Waren üblicherweise der Eigentumsübergang.[24] Der ausländische Investor wird damit ein Teil der inländischen Wirtschaft des Gaststaates und spielt in dieser je nach Art und Umfang der Investition teilweise auch eine wichtige Rolle, während der bloße Handel in der Regel unabhängig von inländischen Ereignissen im Gastland bleibt.[25]

3. Direktinvestitionen und Portfolioinvestitionen

In der Literatur wird regelmäßig anhand des Grades des unternehmerischen Einflusses des Investors zwischen zwei unterschiedlichen Arten internationaler Investitionen unterschieden, Direktinvestitionen (*foreign direct investment*) („**FDI**“) und Portfolioinvestitionen.[26]

---

22 So für den internationalen Warenhandel etwa die *United Nations Convention on Contracts for the International Sale of Goods* (CISG) vom 11. April 1980.

23 *Belling*, Jurisdiktion rationae materiae, S. 41.

24 *Metje*, Investitionsschutz, S. 7; *Bartkowski*, Investitionsschutz, S. 8–9.

25 Vgl. *Sornarajah*, Foreign Investment, S. 17.

26 Vgl. *Riesenfeld*, in: Bernhardt, Encyclopedia of Public International Law, S. 435; *Metje*, Investitionsschutz, S. 7; *Sornarajah*, Foreign Investment, S. 7 f.; *Zagel*, Auslandsinvestitionen, S. 18; *Alenfeld*, Investitionsförderungsverträge, S. 29; *Krajewski*, Wirtschaftsvölkerrecht, § 3 Rn. 530.

a) *Direktinvestitionen*

Die Merkmale des Begriffs der Direktinvestition sind in einer Definition der Organisation für wirtschaftliche Zusammenarbeit und Entwicklung (*Organisation for Economic Co-operation and Development*) („**OECD**") und des Internationalen Währungsfonds (*International Monetary Fund*) („**IMF**") wie folgt zusammengefasst:

> „Foreign direct investment reflects the objective of obtaining a lasting interest by a resident entity in one economy (‚direct investor') in an entity resident in an economy other than that of the investor (‚direct investment enterprise'). The lasting interest implies the existence of a long-term relationship between the direct investor and the enterprise and a significant degree of influence on the management of the enterprise. Direct investment involves both the initial trans-action between the two entities and all subsequent capital transactions between them and affiliated enterprises both incorporated and unincorporated."[27]

Entscheidend für das Vorliegen einer Direktinvestition ist demnach ein hinreichender direkter Einfluss auf die Geschäftsführung des ausländischen Unternehmens und die Langfristigkeit der Investition.[28] Der Investor muss unmittelbaren Einfluss auf die Unternehmenstätigkeit haben und das unternehmerische Risiko mittragen; er muss im Ergebnis also selbst unternehmerisch tätig werden.[29]

Direktinvestitionen können sowohl durch die Gründung neuer Unternehmen als auch durch die Übernahme bestehender Unternehmen erfolgen, solange der Investor die teilweise oder vollständige Kontrolle über das Unternehmen erhält.[30] Maßgeblich ist die tatsächliche Einflussnahme, nicht ein bestimmter Anteil. In der Praxis gestalten Investoren ihre Investitionen in der Regel so, dass über qualifizierte Mehrheiten oder Tochtergesellschaften ausreichender Einfluss genommen werden kann.[31]

---

27 *OECD*, OECD Benchmark Definition of Foreign Direct Investment, Ziff. 5; *IMF*, Balance of Payments Manual, Ziff. 360 ff., insb. Ziff. 362. Vgl. hierzu *Sidhu*, Direktinvestitionen in der WTO, S. 27; zur inhaltlich identischen wirtschaftswissenschaftlichen Definition s. *Hemmer/Lüder*, Vahlens Großes Wirtschaftslexikon, S. 155.

28 *Sidhu*, Direktinvestitionen in der WTO, S. 28; *Krajewski*, Wirtschaftsvölkerrecht, § 3 Rn. 531.

29 *Metje*, Investitionsschutz, S. 7.

30 *Vgl. Riesenfeld*, in: Bernhardt, Encyclopedia of Public International Law, S. 435. Hierfür wird teilweise bereits eine Kapitalbeteiligung oder ein Stimmrechtsanteil von 10 % für ausreichend erachtet, so lautet etwa die Empfehlung der OECD, s. *Sidhu*, Direktinvestitionen in der WTO, S. 28.

31 Vgl. *Sidhu*, Direktinvestitionen in der WTO, S. 28; *IMF*, Balance of Payments Manual, Ziff. 364.

b) *Portfolioinvestitionen*

Portfolioinvestitionen werden nicht direkt im Gastland sondern über den internationalen Kapitalmarkt vorgenommen.[32] Sie können unmittelbar über Kreditinstrumente oder Wertpapiere in Form von Anteilen oder Aktien oder mittelbar über Fonds, Investmentzertifikate oder Beteiligungsgesellschaften erfolgen, so lange der Investor hierüber keinen erheblichen Stimmrechtsanteil an dem Unternehmen erhält, also im Regelfall unterhalb einer Schwelle von 25 % bleibt.[33]

Im Vordergrund steht bei einer Portfolioinvestition die Anlageabsicht und die Kapitalbeteiligung oder der Kapitalertrag des Erwerbers, der selbst keine unternehmerische Tätigkeit übernimmt.[34] Der Portfolioinvestor hat üblicherweise kein Interesse an der Mitwirkung in der Geschäftsführung des Unternehmens, auch wenn er faktisch durchaus Einfluss erlangen kann.[35] Portfolioinvestitionen sind damit dadurch gekennzeichnet, dass Management und Kontrolle/Anteilseigentum an dem Unternehmen auseinanderfallen.[36]

Ob und inwieweit Portfolioinvestitionen völkerrechtlichen Schutz genießen, ist in der Literatur umstritten.[37] Dieser Streit muss für die vorliegende

---

32 *Zagel*, Auslandsinvestitionen, S. 19.

33 Vgl. *Riesenfeld*, in Bernhardt, Encyclopedia of Public International Law, S. 435; Die OECD lässt in ihrer Definition der Direktinvestition bereits eine Kapitalbeteiligung oder einen Stimmrechtsanteil von 10 % für den für eine Direktinvestition erforderlichen maßgeblichen Einfluss ausreichen, vgl. *OECD*, OECD Benchmark Definition of Foreign Direct Investment, Ziff. 8.; *Sidhu*, Direktinvestitionen in der WTO, S. 29.

34 *Metje*, Investitionsschutz, S. 7; *Zagel*, Auslandsinvestitionen, S. 17; *Krajewski*, Wirtschaftsvölkerrecht, § 3 Rn. 532.

35 *Zagel*, Auslandsinvestitionen, S. 19.

36 *Sornarajah*, Foreign Investment, S. 7.

37 Teilweise wird vertreten, dass das Völkerrecht im Bereich der Portfolioinvestitionen nur eingeschränkten Schutz biete, da Investitionsschutzabkommen nur Direktinvestitionen umfassen würden, so z. B. *Alenfeld*, Investitionsförderungsverträge, S. 29 f. und 33 f.; *Karl*, RIW 1998, 432, 433; vgl. auch *Burkhardt* in: Esser/Meesen, Kapitalinvestitionen im Ausland - Chancen und Risiken, S. 131; *Bippus*, Der internationalrechtliche Schutz von Investitionen, S. 206. Es sei allgemein anerkannt, dass der Investor für diese Art von Investment grundsätzlich die Risiken selber tragen muss, so z. B. *Sornarajah*, Foreign Investment, S. 7. Dies wird vor allem damit begründet, dass Portfolioinvestitionen ihrer Natur nach schnell wieder abzuziehen und umzuschichten sind und nicht die physische Präsenz des Investors oder von Personal und Einrichtungen des Investors im Gastland voraussetzen, vgl. *Karl*, RIW 1998, 432, 433 f. Im Gegensatz zu Direktinvestitionen, bei denen der Investor eine Vielzahl von Verpflichtungen im Gaststaat eingegangen sei und ein entsprechendes Bedürfnis nach Rechtsschutz und

Untersuchung nicht im Einzelnen erörtert werden. Mit neueren Investitionsformen, wie beispielsweise *Joint ventures* ist jedenfalls der Bedarf nach völkerrechtlichem Schutz auch im Bereich der Portfolioinvestitionen gestiegen. Die klassische Zweiteilung zwischen beiden Investitionsarten lässt sich daher wohl ohnehin nicht mehr vollständig aufrechterhalten.[38] Der Wortlaut der meisten Investitionsschutzabkommen deckt einen Ausschluss der Portfolioinvestitionen jedenfalls nicht; eine Auslegung, die Portfolioinvestitionen nicht grundsätzlich vom Anwendungsbereich des internationalen Investitionsschutzrechts ausschließt, erscheint daher überzeugender und praktikabler.[39]

4. Private und öffentliche Investitionen

Ihrer Art nach lassen sich Investitionen ferner je nach Herkunft der investierten Mittel in private und öffentliche Investitionen unterteilen.[40]

Öffentliche Investitionen werden direkt von Staaten oder durch internationale Organisationen durchgeführt und erfolgen in Form von staatlicher Entwicklungshilfe oder durch die Vergabe von Darlehen und Krediten.[41] Ihr

---

Rechtssicherheit habe, trage der Portfolioinvestor nur das Zinsrisiko und das Risiko der Bonität, so z. B. *Zagel*, Auslandsinvestitionen, S. 19.

38 Vgl. *Sornarajah*, Foreign Investment, S. 9. Zu *Joint ventures* als Organisationsform für Auslandsinvestitionen vgl. *Clasen*, Foreign Trade and Investment, S. 223 ff. Vgl. auch zur ohnehin bestehenden Schwierigkeit der Abgrenzung *Bader*, Sicherungspotentiale, S. 87; *Patzina*, Schutz ausländischer Privatinvestitionen, S. 109; *Bippus*, Der internationalrechtliche Schutz von Investitionen, S. 207.

39 So im Ergebnis auch *Sidhu*, Direktinvestitionen in der WTO, S. 47; a. A. *Sornarajah*, Foreign Investment, S. 9; *Bader*, Sicherungspotentiale, S. 87; *Frick*, Bilateraler Investitionsschutz in Entwicklungsländern, S. 183; *Bippus*, Der internationalrechtliche Schutz von Investitionen, S. 208; *Parra*, Transnational Corporations 1995, 27; *Belling*, Jurisdiktion rationae materiae, S. 163 f.; *Wiedemann*, Gesellschaftsrecht, S. 864 f. Ein Ausschluss der Portfolioinvestitionen würde den Regelungsgehalt von Investitionsschutzabkommen zudem verwässern, vgl. *Bader*, Sicherungspotentiale, S. 87 f.; *Frick*, Bilateraler Investitionsschutz in Entwicklungsländern, S. 182 f. Die Einbeziehung der Portfolioinvestitionen entspricht im Übrigen auch den Interessen der Vertragsparteien, eine solche teleologische Auslegung ist in Art. 31(1) WVK ausdrücklich als völkerrechtliche Auslegungsmethode anerkannt, ebenso die Auslegung nach dem ursprünglichen Willen der Vertragsparteien, Art. 31(4) WVK; vgl. auch *Frick*, Bilateraler Investitionsschutz in Entwicklungsländern, S. 184.

40 Vgl. *Riesenfeld*, in: Encyclopedia of Public International Law, S. 435.

41 *Belling*, Jurisdiktion rationae materiae, S. 33. Öffentliche Investitionen spielten daneben insbesondere eine Rolle zu Zeiten des Kalten Krieges, als die Staaten des Ostblocks

gemeinsamer Zweck ist in der Regel die Entwicklungshilfe und nicht die Gewinnerzielung.[42]

Private Investitionen sind alle übrigen Investitionen, die von Privatpersonen oder privatwirtschaftlich handelnden Unternehmen und nicht von der öffentlichen Hand oder einer internationalen Organisation getätigt werden.[43] Sie verfolgen jedenfalls mittelfristig die Absicht, durch die Investition einen Gewinn zu erzielen.[44]

Beteiligt sich die öffentliche Hand an einem privatwirtschaftlichen Unternehmen, ohne dass diesem dadurch eine besondere hoheitliche Stellung oder marktwidrige Privilegien zukommen, ändert dies an der Natur der privatwirtschaftlichen Investitionen zunächst nichts.[45] Handelt es sich jedoch um ein öffentliches Unternehmen, also ein Unternehmen, dass zwar privatwirtschaftlich organisiert ist und privatwirtschaftlich agiert, aber vollständig in staatlichem Besitz steht, gelten zwar immer noch die gleichen Rechte und Pflichten wie für einen privaten Unternehmer. Da sich aber letztlich zwei Staaten und damit zwei Völkerrechtssubjekte gegenüber stehen, ist die direkte Anwendung klassischer völkerrechtlicher Streitbeilegungsinstrumente ohne Weiteres möglich.[46]

5. Der Investitionsbegriff in völkerrechtlichen Abkommen

In vielen multilateralen völkerrechtlichen Abkommen und BITs finden sich ausdrückliche Definitionen des Investitionsbegriffes.

a) ICSID-Abkommen

Art. 25 Abs. 1 des ICSID-Abkommens, der die Zuständigkeit des ICSID regelt, verwendet den Begriff der Investition ohne ihn näher auszuführen („*any legal dispute arising directly out of an investment, between a Contracting State* […] *and a national of another Contracting State*"). Auf eine nähere Umschreibung des Investitionsbegriffs wurde bei der Schaffung des Abkommens bewusst verzichtet,

---

noch ein Außenwirtschaftsmonopol vorsahen, vgl. *Gramlich*, Rechtsgestalt, Regelungstypen und Rechtsschutz, S. 150 f.

42 *Escher*, in: Bradlow/Escher, Foreign Direct Investment, S. 20; *Belling*, Jurisdiktion rationae materiae, S. 33.

43 *Belling*, Jurisdiktion rationae materiae, S. 35.

44 *Escher*, in: Bradlow/Escher, Foreign Direct Investment, S. 20.

45 *Patzina*, Schutz ausländischer Privatinvestitionen, S. 11 Fn. 56; *Gramlich*, Rechtsgestalt, Regelungstypen und Rechtsschutz, S. 156.

46 *Zagel*, Auslandsinvestitionen, S. 20 Fn. 18.

da die Zuständigkeit maßgeblich von der Einwilligung der Parteien abhängen sollte. Die Ausgestaltung des Investitionsbegriffs wurde vielmehr der Spruchpraxis der Schiedsgerichte überlassen:

> „No attempt was made to define the term ‚investment' given the essential requirement of consent by the parties, and the mechanism through which Contracting States can make known in advance, if they so desire, the classes of disputes which they would or would not consider submitting to the Centre [...]."[47]

Dieses bedeutet jedoch nicht, dass der Begriff ohne objektive Bedeutung wäre und es allein den Parteien oder Schiedsgerichten überlassen wäre, ihn näher zu definieren. Das folgt schon daraus, dass sowohl der Generalsekretär des ICSID unmittelbar nach Eingang der Schiedsklage, als auch das Schiedsgericht aufgrund fehlender Zuständigkeit die verfahrenseröffnende Registrierung oder Streitentscheidung ablehnen können.[48] Inwieweit hierbei ein objektiver - vom Willen der Parteien losgelöster - Maßstab Anwendung findet, ist in der Schiedsgerichtspraxis umstritten und soll hier nicht weiter ausgeführt werden. Im Ergebnis sprechen jedenfalls überzeugende Argumente für die Annahme und Anwendung eines objektiven Begriffsinhalts.[49]

Für die *ICSID Additional Facility*[50] ist eine Investition im Sinne des ICSID-Abkommens nach Art. 2(b) *Additional Facility Rules*[51] nicht erforderlich. Art. 4 Abs. 3(b) *Additional Facility Rules* stellt jedoch klar, dass das streitgegenständliche Geschäft sich von einem gewöhnlichen Handelsgeschäft (*ordinary commercial transaction*) abgrenzen muss. Die Entscheidung hierüber obliegt dem

---

47 Vgl. *ICSID*, Report of the Executive Directors of the IBRD on the Convention on the Settlement of Investment Disputes between States and Nationals of Other States vom 18. März 1965, Rn. 27; Tatsächlich hat es bei der Schaffung des Abkommens zunächst eine Reihe von erfolglosen Versuchen gegeben, den Begriff näher zu definieren. Die Delegierten konnten sich jedoch auf keine einheitliche Definition einigen und kamen schließlich überein, dass eine Definition bloß zu Unklarheiten und Schwierigkeiten führen würde und es daher besser sei die Frage offen zu lassen und so letztlich die Einwilligung der Vertragsstaaten in den Vordergrund zu stellen, vgl. im Einzelnen zur Entstehungsgeschichte *Schreuer*, The ICSID Convention, Art. 25 Rn. 113 ff.; *Schmidt*, Harv. Int'l L.J. 1976, 90, 98 f.

48 Vgl. *Belling*, Jurisdiktion rationae materiae, S. 210.

49 Vgl. *Douglas*, The International Law of Investment Claims, S. 263 ff.

50 Die *ICSID Additional Facility* wurde 1978 geschaffen, um Schieds- Schlichtungs- und Untersuchungsverfahren in Fällen durchzuführen, die außerhalb der regulären Zuständigkeit des ICSID lagen, vgl. hierzu *Belling*, Jurisdiktion rationae materiae, S. 104 ff.

51 *ICSID*, Additional Facility Rules, Januar 2003.

ICSID-Generalsekretär, der damit konstitutiv die Zuständigkeit des Schiedsgerichts begründet.[52]

b) *Energy Charter Treaty*

Der *Energy Charter Treaty* („**ECT**") von 1994[53] ist ein auf den Energiesektor bezogenes Handels- und Investitionsschutzabkommen zwischen der Europäischen Union und 51 weiteren Staaten.[54] Der ausdrücklich definierte Investitionsbegriff des ECT in Art. 1 Nr. 6 ECT umfasst „jede Art von Vermögenswerten" (*every kind of asset*) und ist damit denkbar weit.[55] Allerdings darf nicht übersehen werden, dass der ECT insgesamt trotz dieser weiten Definition des Investitionsbegriffs gemäß Art. 1 ECT auf den Energiesektor beschränkt ist, sodass im Ergebnis nur Investitionen die der wirtschaftlichen Betätigung auf diesem Sektor dienen, vom Schutzbereich umfasst sind.[56] Nichtsdestotrotz gilt der ECT, auch auf Grund dieser weiten Definition, als das am weitesten reichende multilaterale Investitionsschutzabkommen.[57]

c) *North American Free Trade Agreement*

Das *North American Free Trade Agreement* („**NAFTA**")[58] von 1992 regelt umfassend den Handel mit Waren und Dienstleistungen, sowie den Schutz grenzüberschreitender Investitionen innerhalb der durch das Abkommen zwischen

---

52 Obwohl der Verwaltungsrat des ICSID zur Abgrenzung nach diesen Regelungen Richtlinien erlassen hat, bleibt der Investitionsbegriff der *Additional Facility* damit im Ergebnis weitgehend unbestimmt, was in der Praxis durch die Zuständigkeitsentscheidung des Generalsekretärs kompensiert wird.

53 In Kraft getreten am 16. April 1998; abgedruckt in ICSID Rev.-FILJ 1995, 258, BGBl. 1997 II, S. 5.

54 Ursprünglich wurde der ECT zur Verbindung der Energiemärkte West- und Osteuropas nach dem Ende der Sowjetunion geschaffen. Daher gehörten ihm nur mittel-, west- und osteuropäische Staaten an. Mittlerweile geht der ECT jedoch über den kontinentaleuropäischen Raum hinaus und umfasst u. a. auch Australien, Japan und die Mongolei, vgl. *Swaak-Goldman*, Am. Rev. Int'l Arb. 1995, 317, 317.

55 Vgl. *Kreutzfeld*, Investitionsschutz in Südafrika, S. 102; *Happ*, Schiedsverfahren nach Art. 26 ECT, S. 121; *Wälde*, JWIT 2004, 373, 409.

56 Zutreffend *Belling*, Jurisdiktion rationae materiae, S. 171.

57 Vgl. auch *Wälde*, in: Ders., The Energy Charter Treaty, S. 270 f.

58 In Kraft getreten am 1. Januar 1994; abrufbar unter http://www.nafta-sec-alena.org/en/view.aspx?conID=590&mtpiID=ALL (zuletzt abgerufen am 20. Februar 2013).

den Vertragsparteien Kanada, Vereinigte Mexikanische Staaten („**Mexiko**") und Vereinigte Staaten von Amerika („**USA**") geschaffenen Freihandelszone.

In Kapitel XI des NAFTA findet sich ein Investitionsbegriff der eine Reihe von Investitionsarten einschließt, die in anderen Abkommen und Verträgen üblicherweise ausgenommen sind.[59] Nach der Definition des Art. 1139 NAFTA[60] unterfallen dem Investitionsbegriff die Gründung oder der Erwerb von Unternehmen, sowie von Eigen- oder Fremdkapitalanteilen an Unternehmen und Unternehmensbeteiligungen an Umsatz oder Gewinn. Eingeschlossen sind ferner auch Sicherheiten, Darlehen und Kredite an Unternehmen sowie Kapital- und Ressourceneinsatz. Die Aufzählung einzelner Rechtspositionen ist abschließend.[61]

Art. 1139 NAFTA schließt dann im nächsten Absatz in einer Negativklausel bestimmte Tatbestände wieder vom Schutzbereich aus und engt so den weiten Anwendungsbereich ein.[62] Die Geltendmachung von Ansprüchen auf Geld aus

59 Vgl. *Lew/Mistelis/Kröll*, Comparative International Commercial Arbitration, Rn. 28–31.

60 Art. 1139 NAFTA lautet auszugsweise: „*investment means: (a) an enterprise; (b) an equity security of an enterprise; (c) a debt security of an enterprise (i) where the enterprise is an affiliate of the investor, or (ii) where the original maturity of the debt security is at least three years, but does not include a debt security, regardless of original maturity, of a state enterprise; (d) a loan to an enterprise (i) where the enterprise is an affiliate of the investor, or (ii) where the original maturity of the loan is at least three years, but does not include a loan, regardless of original maturity, to a state enterprise; (e) an interest in an enterprise that entitles the owner to share in income or profits of the enterprise; (f) an interest in an enterprise that entitles the owner to share in the assets of that enterprise on dissolution, other than a debt security or a loan excluded from subparagraph (c) or (d); (g) real estate or other property, tangible or intangible, acquired in the expectation or used for the purpose of economic benefit or other business purposes; and (h) interests arising from the commitment of capital or other resources in the territory of a Party to economic activity in such territory, such as under (i) contracts involving the presence of an investor's property in the territory of the Party, including turnkey or construction contracts, or concessions, or (ii) contracts where remuneration depends substantially on the production, revenues or profits of an enterprise*".

61 Vgl. *Rubins*, in: Horn, Arbitrating Foreign Investment Disputes, S. 283, 293.

62 Art. 1139 NAFTA lautet auszugsweise weiter: „*but investment does not mean, (i) claims to money that arise solely from (i) commercial contracts for the sale of goods or services by a national or enterprise in the territory of a Party to an enterprise in the territory of another Party, or (ii) the extension of credit in connection with a commercial transaction, such as trade financing, other than a loan covered by subparagraph (d); or (j) any other claims to money, that do not involve the kinds of interests set out in subparagraphs (a) through (h)*".

Kauf- und Dienstleistungsverträgen und den dazugehörigen Finanzierungshilfen, die nicht im Zusammenhang mit einer unternehmerischen Aktivität im Gaststaat stehen, ist hiernach grundsätzlich ausgeschlossen.

Im Ergebnis ist die Definition des NAFTA jedoch immer noch sehr weit.[63]

d) *Mercado Común del Sur*

Durch den Vertrag von Asunción vom 26. März 1991[64] wurde zwischen Argentinien, Brasilien, Paraguay und Uruguay ein gemeinsamer Binnenmarkt, der *Mercado Común del Sur* („**Mercosur**") geschaffen. 2012 trat Venezuela dem Mercosur bei. Als assoziierte Mitglieder haben sich auch Bolivien, Chile, Peru, Kolumbien und Ecuador angeschlossenen.

In den 1994 geschlossenen, aber nie in Kraft getretenen Protokollen von Colonia[65] und Buenos Aires[66] finden sich Regelungen über den Schutz von Investitionen innerhalb des Binnenmarktes. Der Begriff der Investition ist in beiden Protokollen sehr weit gefasst und schließt zunächst generalklauselartig jeden Vermögenswert (*every kind of asset*) mit ein. Mit einer sich anschließenden Aufzählung einzelner geschützter Investitionen sollen außerdem explizit eine Reihe bestimmter Transaktionsformen abgedeckt werden.[67]

e) *Association of Southeast Asian Nations*

Der *Association of Southeast Asian Nations* („**ASEAN**") gehören mittlerweile Brunei, Indonesien, Kambodscha, Laos, Malaysia, Myanmar, die Philippinen,

---

63 *Meifort*, Der Begriff der Enteignung nach der Rechtsprechung der internationalen Schiedsgerichte zum internationalen Investitionsschutzrecht, S. 62.

64 Abgedruckt in ILM 1991, 1041.

65 *Protocolo de Colonia para la Promoción y Protección Recíproca de Inversiones en el MERCOSUR* vom 17. Januar 1994, Mercosur Common Market Council Decision No. 11/93, abrufbar unter http://www.mercosur.int/t_ligaenmarco.jsp?contentid=4823&site=1&channel=secretaria (zuletzt abgerufen am 12. November 2012). Eine englische Übersetzung hat Brasilien unter http://www.cvm.gov.br/ingl/inter/mercosul/coloni-e.asp (zuletzt abgerufen am 20. Februar 2013) veröffentlicht.

66 *Protocolo sobre Promoción y Protección de Inversiones Provenientes de Estados No Partes del MERCOSUR* vom 5. August 1994, Mercosur Common Market Council Decision No. 11/94, abrufbar unter http://www.mercosur.int/t_ligaenmarco.jsp?contentid=4823&site=1&channel=secretaria (zuletzt abgerufen am 12. November 2012). Eine englische Übersetzung hat Brasilien unter http://www.cvm.gov.br/ingl/inter/mercosul/buenos-e.asp (zuletzt abgerufen am 20. Februar 2013) veröffentlicht.

67 *Belling*, Jurisdiktion rationae materiae, S. 169.

Singapur, Thailand und Vietnam an. Die ASEAN hat ihr Investitionsschutzabkommen bereits mehrfach reformiert.

Das *ASEAN Investment Guarantee Agreement* von 1987 („**IGA**")[68] verwendete in Art. 1 Nr. 3 einen weiten Investitionsbegriff nach dem generalklauselartig jede Art von Vermögenswert (*every kind of asset*) einbezogen und eine Reihe von nicht-abschließenden Fallgruppen ausdrücklich erwähnt werden, darunter auch Aktien, geistiges Eigentum und der gute Ruf eines Unternehmens (*goodwill*).[69] Das nachfolgende *Framework Agreement on the ASEAN Investment Area* von 1998 („**AIA**")[70] enthielt keine weitergehende Definition, schloss aber Portfolioinvestitionen ausdrücklich aus (Art. 2). Das aktuelle *ASEAN Comprehensive Investment Agreement* von 2009 („**ACIA**")[71] verwendet in Art. 4(c) wieder eine an das IGA angelehnte Definition, weist in einer Fußnote jedoch ausdrücklich darauf hin, dass eine Investition, die nicht die für eine Investition typischen Charakterzüge aufweist, unabhängig von ihrer Form nicht als Investition gilt.[72]

f) Bilaterale Investitionsschutzverträge

BITs enthalten in der Regel einen Abschnitt mit Definitionen ihrer zentralen Begriffe.[73] In fast allen BITs ist der Begriff der Investition ausdrücklich definiert.[74] Eine allgemein gültige einheitliche Definition hat sich jedoch in der Vertragspraxis

---

68 *Agreement Among the Governments of Brunei Darussalam, The Republic of Indonesia, Malaysia, The Republic of the Philippines, The Republic of Singapore and The Kingdom of Thailand for the Promotion and Protection of Foreign Investments*, ILM 1988, 612.

69 Art. 1 Nr. 3 lautet: „*The term ‚investment' shall mean every kind of asset and in particular shall include, though not exclusively: a) movable and immovable property and any other proper rights such as mortages, liens and pledges; b) shares, stocks and debentures of companies or interests in the property of such companies; c) claims to money or to any performed under contract having a financial value; d) intellectual property rights and goodwill; e) business concessions conferred by law or under contract, including concessions to search for, cultivative, extract, or exploit natural resources.*".

70 *Framework Agreement on the ASEAN Investment Area*, abrufbar unter http://www.aseansec.org/7994.pdf (zuletzt abgerufen am 12. November 2012).

71 *ASEAN Comprehensive Investment Agreement*, abrufbar unter http://www.aseansec.org/20632.htm (zuletzt abgerufen am 12. November 2012).

72 Fn. 2 zum ACIA lautet: „*Where an asset lacks the characteristics of an investment, that asset is not an investment regardless of the form it may take. The characteristics include the commitment of capital, the expectation of gain or profit, or the assumption of risk.*"

73 *Dolzer/Bloch*, in: Kronke/Melis/Schnyder, Handbuch, Teil J, Rn. 64.

74 Eine Ausnahme bilden lediglich einiger älterer Verträge, vgl. *Belling, Jurisdiktion rationae materiae*, S. 160.

nicht durchsetzen können. Zwar umschreiben die meisten modernen BITs den Begriff trotz bestehender Unterschiede im Detail in sehr ähnlicher Weise.[75] Dies liegt unter anderem darin begründet, dass oft Musterinvestitionsschutzabkommen als Verhandlungsgrundlage dienen.[76] Hieraus folgt jedoch nicht, dass den BITs ein universalgültiges Konzept der internationalen Investition zu Grunde liegt; vielmehr werden gerade vor dem Hintergrund einer fehlenden allgemeingültigen Definition weite und nicht abschließende Definitionen verwendet.[77]

Die Mehrzahl der Verträge vermeidet bewusst eine ihren Anwendungsbereich begrenzende abschließende Aufzählung der erfassten Investitionen.[78] Die verwendeten Definitionen umfassen vielmehr häufig ohne, oder nur mit geringen Einschränkungen, jeden Vermögenswert.[79] Sie umschreiben Investitionen in einem einleitenden Teil zunächst als „Kapitalanlagen jeder Art" („*every kind of asset*" oder „*all assets*") und fügen dann in einem zweiten Teil eine nicht abschließende Aufzählung einzelner Rechtspositionen an.[80]

Einige BITs schließen alle Streitigkeiten über solche Investitionen mit ein, andere umfassen nur bestimmte Investitionen oder nur den Schutz gegen bestimmte Eingriffe, wie beispielsweise Enteignungen.[81] Regelmäßig vom Begriff der Investition umfasst sind das Mobiliar- und Immobiliareigentum, sonstige dingliche Rechte, Anteilsrechte an Gesellschaften, Ansprüche auf Geld oder

---

75 *Belling*, Jurisdiktion rationae materiae, S. 160.

76 Vgl. *Theodorou*, Investitionsschutzverträge vor Schiedsgerichten, S. 496 ff.; zur Entwicklung der deutschen Muster-BITs, vgl. *Banz*, Völkerrechtlicher Eigentumsschutz, S. 24. ff.; *Köpernik*, RIW 1979, 669, 671; Int'l Law. 1990, 655, 662; *UNCTAD*, Bilateral Investment Treaties in the Mid-1990s, S. 23.

77 *Belling, Jurisdiktion rationae materiae*, S. 160; *Oschmann*, RIW 1996, 494, 494; *Reinisch*, in: Tietje, Internationales Wirtschaftsrecht, § 8 Rn. 30.

78 *McGhie*, in: Bradlow/Escher, Foreign Direct Investment, S. 111; *Bippus*, Der internationalrechtliche Schutz von Investitionen, S. 203; *Zimmer/Karl*, in: Gesellschaft zur Förderung des Schutzes von Auslandsinvestitionen e.V., Festschrift, S. 44.

79 *Dolzer/Bloch*, in: Kronke/Melis/Schnyder, Wirtschaftsrecht, Teil J, Rn. 65; *Sidhu*, Direktinvestitionen in der WTO, S. 46; *Zagel*, Auslandsinvestitionen, S. 20.; *Karl*, ZvglRWiss 2000, 143, 166 f.; *Krajewski*, Wirtschaftsvölkerrecht, § 3 Rn. 592–595.

80 So z. B. die deutschen, österreichischen und schweizerischen (Muster)-BITs, vgl. *Dolzer/Bloch*, in: Kronke/Melis/Schnyder, Wirtschaftsrecht, Teil J, Rn. 65. Genauso die Muster-BITs Großbritanniens und der Niederlande. Die Verträge der USA sprechen stattdessen von „*all kinds of an investment*" und führen den Begriff dann auch mit einer nicht-abschließenden Aufzählung weiter aus, vgl. *Belling, Jurisdiktion rationae materiae*, S. 161.

81 *Lew/Mistelis/Kröll*, Comparative International Commercial Arbitration, Rn. 28–22; *Paulsson*, ICSID Rev.-FILJ 1995, 232, 236 ff.

andere Leistungen und Rechte des geistigen Eigentums sowie Konzessionsrechte.[82] Regelmäßig wird zusätzlich zur Bedingung gemacht, dass die Investition in Übereinstimmung mit den Gesetzen des Gaststaates erfolgt sein muss und erforderlichenfalls auch vom Gaststaat genehmigt wurde.[83]

Das deutsche Musterinvestitionsschutzabkommen vom 5. Dezember 2008[84] definiert Investitionen in Art. 1 Nr. 1 wie folgt:

> „Im Sinne dieses Vertrags
>
> 1. umfasst der Begriff ‚Kapitalanlagen' Vermögenswerte jeder Art, die von Investoren des einen Vertragsstaats direkt oder indirekt im Hoheitsgebiet des anderen Vertragsstaats angelegt werden. Zu den Kapitalanlagen zählen insbesondere
>   a) Eigentum an beweglichen und unbeweglichen Sachen sowie sonstige dingliche Rechte wie Hypotheken und Pfandrechte;
>   b) Anteilsrechte an Gesellschaften und andere Arten von Beteiligungen an Gesellschaften;
>   c) Ansprüche auf Geld, das verwendet wurde, um einen wirtschaftlichen Wert zu schaffen, oder Ansprüche auf Leistungen, die einen wirtschaftlichen Wert haben;
>   d) Rechte des geistigen Eigentums, wie insbesondere Urheberrechte und verwandte Schutzrechte, Patente, Gebrauchsmuster, gewerbliche Muster und Modelle, Marken, Sortenschutzrechte;
>   e) Handelsnamen, Betriebs- und Geschäftsgeheimnisse, technische Verfahren sowie Know-how und Goodwill;
>   f) öffentlich-rechtliche Konzessionen einschließlich Aufsuchungs- und Gewinnungs-konzessionen für natürliche Ressourcen;
>
> eine Änderung der Form, in der Vermögenswerte angelegt werden, lässt ihre Eigenschaft als Kapitalanlage unberührt. Im Falle der indirekten Investitionen sollen grundsätzlich nur solche indirekten Investitionen erfasst werden, die der Investor über eine in dem anderen Vertragsstaat belegene Gesellschaft durchführt;"

Die Definition folgt dem beschriebenen international gebräuchlichen Muster einer weiten Definition mit einer nicht-abschließenden Aufzählung einzelner

---

82 *Bader, Sicherungspotentiale*, 85; *McGhie*, in: Bradlow/Escher, Foreign Direct Investment, S. 110; *Siebel*, in: ders., Projekte und Projektfinanzierung, S. 579; *Schreuer*, The ICSID Convention, Art. 25 Rn. 140–143.

83 Vgl. *Broches*, Liber Amicorum Sanders, S. 71.

84 Das Muster-BIT wird vom Bundesministerium für Wirtschaft und Technologie, Referat Auslandsinvestition VC3 gepflegt und ist dem Verfasser auf Anfrage dankenswerterweise zur Verfügung gestellt worden. Die englische Version ist auch abrufbar unter http://italaw.com/sites/default/files/archive/ita1025.pdf (zuletzt abgerufen am 20. Februar 2013).

Vermögenswerte.[85] Grundsätzlich fallen damit alle rechtmäßig erworbenen vermögenswerten Rechtspositionen unter den Investitionsbegriff.[86] Die breite Definition soll den Anwendungsbereich so weit wie möglich machen.[87]

6. Schiedsgerichtsentscheidungen zum Investitionsbegriff

In einer stetig wachsenden Vielzahl von Entscheidungen haben sich Schiedsgerichte mit dem Investitionsbegriff beschäftigt. Auch wenn es im Völkerrecht keine Präzedenz- und Bindungswirkung von Schiedsentscheidungen gibt,[88] formen die einzelnen Entscheidungen die Konturen des Investitionsbegriffs weiter aus. Sie sind außerdem als Beleg für die Staatenpraxis eine relevante Völker-

---

85 Vgl. auch *Alenfeld, Investitionsförderungsverträge*, S. 28 f.; *Bippus*, Der internationalrechtliche Schutz von Investitionen, S. 203.

86 *Bippus*, Der internationalrechtliche Schutz von Investitionen, S. 203 f. In der Literatur wird teilweise diskutiert, ob aus Art. 1 Nr. 2 des Muster-BITs („bezeichnet der Begriff ‚Erträge' diejenigen Beträge, die auf eine Kapitalanlage für einen bestimmten Zeitraum anfallen, wie Gewinnanteile, Dividenden, Zinsen, Lizenz- oder andere Entgelte") Einschränkungen abzuleiten sind. Die Erläuterung des Begriffs Erträge („*returns*") im Zusammenhang mit der Investitionsdefinition soll nach einer Auffassung verdeutlichen, dass nur wirtschaftlich motivierte Investitionen vom Schutzbereich erfasst sind, vgl. *Bader*, Sicherungspotentiale, S. 86; *Karl*, RIW 1998, 432, 433; *Belling*, Jurisdiktion rationae materiae, S. 162; a. A. *Pirrung*, Die Schiedsgerichtsbarkeit nach dem Weltbankübereinkommen für Investitionsstreitigkeiten, S. 58. Rechtmäßig erworbene rein private Rechtspositionen, wie beispielsweise private Forderungen oder die private Eigentumsnutzung, sollen demnach nicht geschützt sein, Rechtspositionen die zu Investitionszwecken, also jedenfalls zur mittelbaren Erzielung von Erträgen erworben oder durch eine Investition erwirtschaftet wurden, hingegen geschützt sein, vgl. *Bader*, Sicherungspotentiale, S. 86; *Köpernik*, RIW 1979, 669, 671; *Banz*, Völkerrechtlicher Eigentumsschutz, S. 42.

87 *Karl*, ICSID Rev.-FILJ 1996, 1, 6, der sich allerdings auf eine frühere Fassung des Muster-BITs bezieht.

88 Auf diese Feststellung legen die Schiedsgerichte auch Wert, so führte das Tribunal in *Société Générale de Surveillance S.A. v. Republic of the Philippines*, ICSID Case No. ARB/02/06, Decision of the Tribunal on Objections to Jurisdiction, 29. Januar 2004, Rn. 97 aus: „*There is no doctrine of precedent in international law, if by precedent is meant the rule of the binding effect of a single decision. There is no hierarchy of international tribunals, and even if there were, there is no good reason for allowing the first tribunal in time to resolve issues for all later tribunals*". Vgl. auch *Bayindir Insaat Turizim Ticaret Ve Sanayi A.Ş. v. Islamic Republic of Pakistan*, ICSID Case No. ARB/03/29, Decision on Jurisdiction, 14. November 2005, Rn. 76.

rechtsquelle im Sinne von Art. 31(3)(b) der Wiener Vertragsrechtskonvention („**WVK**").[89]

Die Schiedsgerichtspraxis bestätigt den festgestellten weiten Investitionsbegriff:[90]

a) Eigentum

Sowohl klassische Eigentumsrechte an beweglichen und unbeweglichen Sachen, als auch geistige Eigentumsrechte zählen als traditionelle Investitionsformen in der Rechtsprechung der Schiedsgerichte unstreitig zu den geschützten Investitionen. Die Zahl der Schiedsgerichtsverfahren in denen der Schutz dieser Rechtspositionen problematisch wurde, ist gering, da die klassische direkte Enteignung, bei der unmittelbar Eigentum entzogen wird, mittlerweile die Ausnahme darstellt.[91]

b) Unternehmensbeteiligungen

Die in der Praxis häufigste Investitionsform ist wohl die Unternehmensbeteiligung. Die Möglichkeiten der Beteiligung an einem Unternehmen sind nach ihrer Art und ihrem Ausmaß vielfältig. Nicht alle Formen erfüllen die Kriterien des Investitionsbegriffes. Insgesamt tendieren die Schiedsgerichte jedoch zu einer weiten „investorenfreundlichen" Auslegung der ohnehin oft weiten Definitionen in den BITs.[92]

---

89 Vgl. *Schmidt*, Harv. Int'l L.J. 1976, 90, 98; Wiener Übereinkommen vom 22. Mai 1969 über das Recht der Verträge (Wiener Vertragsrechtskonvention), BGBl. 1985 II, S. 927.

90 Vgl. *Metje*, Investitionsschutz, S. 6; *Tietje* in: Tietje/Kraft/Sethe, Die Argentinien-Krise aus rechtlicher Sicht: Staatsanleihen und Staateninsolvenz, S. 14.

91 Vgl. ausführlich *Meifort*, Der Begriff der Enteignung nach der Rechtsprechung der internationalen Schiedsgerichte zum internationalen Investitionsschutzrecht, S. 64. In *Middle East Cement Shipping and Handling Co., S.A. v. Arab Republic of Egypt*, ICSID Case No. ARB/99/6, Award, 12. April 2002, stritten die Parteien um ein beschlagnahmtes Schiff. Das Schiedsgericht entschied auf den Einwand der Beklagten, das Schiff sei lediglich geleast, dass auch das geleaste Schiff eine Investition darstelle, ebd., Rn. 136. In *Bayindir Insaat Turizim Ticaret Ve Sanayi A.Ş. v. Islamic Republic of Pakistan*, ICSID Case No. ARB/03/29, Decision on Jurisdiction, 14. November 2005, entschied das Schiedsgericht, dass beim Bau einer Autobahn auch Beiträge wie Know-how, Ausrüstung und Personal eine Investition darstellen können, ebd., Rn. 116.

92 *Meifort*, Der Begriff der Enteignung nach der Rechtsprechung der internationalen Schiedsgerichte zum internationalen Investitionsschutzrecht, S. 76; *Alenfeld*, Investitionsförderungsverträge, S. 30 f.

Unproblematisch als Investition einzuordnen sind mehrheitliche Unternehmensbeteiligungen. In *Autopista Concesionada v. Venezuela*[93] war die Klägerin, ein mit der Durchführung einer Straßenbaukonzession beauftragtes Unternehmen venezolanischen Rechts, zunächst von der mexikanischen Holding eines amerikanischen Konzerns gemeinsam mit einem anderen Investor gegründet worden. Später übertrug die mexikanische Holding 75 % ihres ursprünglichen 99 %-Anteils an die amerikanische Muttergesellschaft. Nachdem die Parteien sich über die Erhöhung der Straßennutzungsgebühren zerstritten, leitete die Klägerin das Schiedsgerichtsverfahren ein. Das Schiedsgericht stellte fest, dass der direkte Anteilsbesitz in Höhe von 75 % unproblematisch ausreiche, um eine Kontrolle durch die Muttergesellschaft anzunehmen[94] und dass Bau, Betrieb und Instandhaltung der Straße durch diese eine Investition darstellen.[95]

Auch die Beteiligung an einem Unternehmen mit lediglich einer Minderheit der Anteile kann ausreichen, um eine Investition darzustellen.[96] In *Lanco v. Argentina*[97] war die amerikanische Klägerin mit 17,4 % der Aktien im Rahmen eines internationalen Konsortiums an einer argentinischen Gesellschaft beteiligt, die eine Konzession für die Entwicklung und den Betrieb von Terminals im Hafen von Buenos Aires erworben hatte und nur zu diesem Zwecke gegründet worden war.[98] Die Klägerin machte aus dem BIT zwischen den USA und Argentinien von 1991 Schadensersatz für die Ungleichbehandlung gegenüber anderen Hafenterminalbetreibern durch die argentinischen Behörden geltend. Argentinien wandte unter anderem ein, die Klägerin sei nicht aktivlegitimiert, da sie lediglich eine Minderheit der Aktien hielt. Lediglich die Hafenbetriebsgesellschaft selbst könne Ansprüche geltend machen, jedoch, da sie eine Gesellschaft argentinischen Rechts sei, nicht vor dem ICSID.[99] Das Tribunal entschied, dass die Definition in Art. 1 des BITs nicht verlange, dass der Investor eine Mehrheitsbeteiligung halte.[100]

---

93 *Autopista Concesionada de Venezuela, C.A. v. Bolivarian Republic of Venezuela*, ICSID Case No. ARB/00/05, Decision on Jurisdiction, 27. September 2001.

94 Ebd., Rn. 121 und 126.

95 Ebd., Rn. 101.

96 *Sacerdoti*, Recueil des Cours 1997 (Bd. 269), S. 312.

97 *Lanco International Inc. v. The Argentine Republic*, ICSID Case No. ARB/97/6, Preliminary Decision: Jurisdiction of the Arbitral Tribunal, 8. Dezember 1998.

98 Zusätzlich hielt die Klägerin ein Nießbrauchrecht an weiteren 13 % der Aktien, ebd., Rn. 5.

99 Ebd., Rn. 7.

100 *Lanco International Inc. v. The Argentine Republic*, ICSID Case No. ARB/97/6, Preliminary Decision: Jurisdiction of the Arbitral Tribunal, 8. Dezember 1998, Rn. 10. Art. 1 des *Bilateral Treaty between the United States of America and the Argentine*

Die mittelbare Beteiligung an Unternehmen über einen Investmentfonds reicht indes in der Regel nicht aus, um die Voraussetzungen einer internationalen Investition zu erfüllen.

In *Philippe Gruslin v. Malaysia*[101] hielt der belgische Kläger Fondsanteile im Wert von 2,3 Mio. US Dollar an einem Fonds der zu 52 % in Aktien investierte, die an der *Kuala Lumpur Stock Exchange* gelistet waren.[102] Nachdem Malaysia Geldhandelsbestimmungen zum Nachteil ausländischer Anleger geändert hatte, machte der Kläger die in dieser Höhe erlittenen anteiligen Verluste seiner Fondsanteile als Schaden geltend. Malaysia entgegnete, als Fondsanteilseigner habe der Kläger kein Eigentum an den malaysischen Aktien oder Unternehmen des Fonds erhalten. Das Schiedsgericht entschied unter Berufung auf die vergleichsweise enge Definition des BITs, dass keine Investition vorlag.[103]

c) *Finanzierungs- und Kreditsicherungsinstrumente*

Neben traditionellen Investitionen in Form von klassischen Eigentumsrechten und Unternehmensbeteiligungen beschäftigen zunehmend sogenannte neue Investitionsformen (*new forms of investment*) die Schiedsgerichte, insbesondere

---

Republic concerning the Reciprocal Encouragement and Protection of Investment vom 14. November 1991, abrufbar auf der Internetseite des amerikanischen *State Department* unter http://2001-2009.state.gov/documents /organization/43475.pdf (zuletzt abgerufen am 21. Februar 2013) lautet auszugsweise: „[...] *‚investment' means every kind of investment in the territory of one Party owned or controlled directly or indirectly by nationals or companies of the other Party, such as equity, debt, and service and investment contracts* [...]". Dieser Entscheidung folgte später auch das Schiedsgericht in *CMS Gas Transmission Company v. The Republic of Argentina*, ICSID Case No. ARB/01/8, Decision of the Tribunal on Objections to Jurisdiction, 17. Juli 2003, Rn. 63 und 65. In diesem Verfahren hielt die Klägerin 29,42 % der Anteile an einer privatisierten argentinischen Gasgesellschaft, ebd., Rn. 19. Vgl. auch *Weiniger*, in: Mistelis/Lew, Pervasive Problems in International Arbitration, S. 240 ff.

101 *Philippe Gruslin v. Malaysia*, ICSID Case No. ARB/99/3, Award, 27. November 2000.

102 Ebd., Rn. 8.

103 Ebd., Rn. 25.7 und 26.2. Art. 1 Abs. 3 des *Agreement between the Belgo-Luxembourg Economic Union and the State of Malaysia on Encouragement and reciprocal Protection of Investment* vom 22. November 1979, UNTS 1982 (Bd. 1284), 122–126 lautet auszugsweise: „*The term ‚investment' shall comprise every kind of assets [...] provided that such assets when invested: (i) in Malaysia, are invested in a project classified as an ‚approved project' by the appropriate Ministry of Malaysia, in accordance with the legislation and the administrative practice based thereon*".

Finanzierungsinstrumente wie Schuldverschreibungen und Kredite oder Kreditsicherungs-instrumente.[104] Hierzu sind unterschiedliche Entscheidungen ergangen:

In *Fedax v. Venezuela*[105] hatte Venezuela einem venezolanischen Unternehmen als Entgelt für einen Dienstvertrag Schuldverschreibungen (*promissory notes*) ausgestellt. Die niederländische Klägerin erwarb diese Schuldverschreibungen und leitete ein Schiedsgerichtsverfahren ein, als die Beklagte bei Fälligkeit der Schuldverschreibungen die Zahlung verweigerte.[106] Diese wandte ein, die Schuldverschreibungen begründeten lediglich einen schuldrechtlichen Anspruch, der jedoch keine Investition darstelle.[107] Das Schiedsgericht folgte diesem Einwand nicht und entschied, dass Anleihen sowohl nach dem ICSID-Abkommen, als auch nach dem BIT zwischen Venezuela und den Niederlanden Investitionen seien.[108] Sie erfüllten die anerkannten Merkmale, nach denen Investitionen von gewisser Dauer seien, regelmäßig Gewinn und Erträge abwerfen, ein Risiko tragen, erhebliches Engagement voraussetzen und von Bedeutung für die Entwicklung des Gaststaates sind.[109]

In *CSOB v. Slovakia*[110] gewährte die tschechische Klägerin einer slowakischen Gesellschaft ein Darlehen, für dessen Rückzahlung die Beklagte bürgte.[111] Nachdem diese sich weigerte für die Rückzahlung einzuspringen, erhob die Klägerin unter Berufung auf den BIT zwischen Tschechien und der Slowakei Schiedsklage und argumentierte die ursprüngliche Darlehensvergabe sei eine Investition gewesen, mit der die slowakische Bürgschaft in unmittelbarem Zusammenhang stünde. Das Schiedsgericht entschied, dass die Zahlungsgarantie allein zwar keine Investition darstelle.[112] Im vorliegenden Falle bestehe jedoch ein unmittelbarer Zusammenhang zwischen dem ursprünglichen Darlehen und der Garantie,

---

104 Vgl. *Belling*, Jurisdiktion rationae materiae, S. 250.

105 *Fedax N.V. v. The Republic of Venezuela*, ICSID Case No. ARB/96/3, Decision of the Tribunal on Objections to Jurisdiction, 11. Juni 1997. Vgl. hierzu auch *Sturma*, ZaÖRV 2000, 151, 161.

106 Ebd., Rn. 13.

107 Ebd., Rn. 19.

108 Ebd., Rn. 22 f. und 32 f.

109 Ebd., Rn. 43.

110 *Československa Obchodní Banka, A.S. v. The Slovak Republic*, ICSID Case No. ARB/97/4, Decision of the Tribunal on Objections to Jurisdiction, 24. Mai 1999; vgl. auch *Sturma*, ZaÖRV 2000, 151, 152.

111 Ebd., Rn. 1–3.

112 Ebd., Rn. 69.

sodass eine einheitliche Transaktion vorläge.[113] Bei Gesamtbetrachtung habe diese Transaktion den Charakter einer Investition.[114]

In *Joy Mining v. Egypt*[115] war die englische Klägerin beauftragt, die Ausrüstung für ein Mienenprojekt zur Gewinnung von Phosphaten zu erneuern und weitere Maschinen zu installieren.[116] Zur Absicherung ihrer Verpflichtungen stellte sie Bankgarantien für die unterschiedlichen Vertragsphasen, die nach Erreichung bestimmter Zwischenziele jeweils freigegeben werden sollten.[117] Nachdem es zu Streitigkeiten über die Erfüllung des Vertrags kam und die Garantien nicht freigegeben wurden, erhob die Klägerin Schiedsklage auf Freigabe der Garantien. Die Beklagte wandte sich gegen die Zuständigkeit des Schiedsgerichts und machte unter anderem geltend, es mangele an einer Investition. Das Schiedsgericht gab der Beklagten recht und entschied, dass Bankbürgschaften weder nach dem BIT zwischen dem Vereinigten Königreich und Ägypten, noch nach dem ICSID-Abkommen Investitionen seien.[118] Der Gesamtcharakter der Transaktion sei der eines Handelsgeschäfts.[119]

Zusammenfassend lässt sich feststellen, dass Finanzierungs- und Kreditsicherungsinstrumente Investitionen darstellen können, soweit sie selbst die Merkmale einer Investition erfüllen oder in unmittelbarem Zusammenhang mit einer Transaktion stehen, die insgesamt als Investition einzuordnen ist; werden sie hingegen im Zusammenhang mit regulären Handelsgeschäften ohne Investitionscharakter getätigt, bleiben sie außerhalb des Investitionsbegriffs.[120]

d) Erträge

Nach den meisten BITs fallen auch die Erträge einer Investition unter den Investitionsbegriff.[121] Auch dieser Aspekt hat zu Entscheidungen internationaler Schiedsgerichte über die Grenzen des Investitionsbegriffs geführt.

---

113 Ebd., Rn. 75.

114 Ebd., Rn. 83.

115 *Joy Mining Machinery Limited v. The Arab Republic of Egypt*, ICSID Case No. ARB/03/11, Award on Jurisdiction, 6. August 2004.

116 Ebd., Rn. 16.

117 Ebd., Rn. 17.

118 Ebd., Rn. 63.

119 Ebd., Rn. 56 f.

120 So im Ergebnis auch *Meifort*, Der Begriff der Enteignung nach der Rechtsprechung der internationalen Schiedsgerichte zum internationalen Investitionsschutzrecht, S. 82.

121 Vgl. etwa Art. 2(4) des deutschen Muster-BITs (s. Fn. 84), nach dem „Erträge aus der Kapitalanlage […] den gleichen Schutz wie die Kapitalanlage" genießen.

In *Occidental v. Ecuador*[122] und in *EnCana v. Ecuador*[123] machten die Kläger jeweils Ansprüche auf Zurückzahlung von bereits entrichteter Mehrwertsteuer geltend. In *EnCana v. Ecuador* entschied das Schiedsgericht, dass Steuerrückzahlungen grundsätzlich zu den Erträgen einer Investition nach der Definition des BITs gehören würden und dass die rückwirkende Änderung der Steuergesetze, die die Rückzahlungen entfallen lässt, insoweit eine Enteignung darstellt.[124] In *Occidental v. Ecuador* war das Schiedsgericht hingegen der Ansicht, dass der Rückzahlungsanspruch keine Investition darstelle.[125]

Die Schiedspraxis zur Berücksichtigung von Erträgen ist insoweit nicht einheitlich, jedenfalls soweit es sich nicht um die klassische Erträge wie den Gewinn oder Wertzuwachs einer Investition handelt.

e) Öffentlich-rechtliche Konzessionen

Der Investitionsbedarf in Gaststaaten steht häufig im Zusammenhang mit der Erschließung natürlicher Ressourcen und mit Infrastrukturprojekten. In diesem Bereich erfolgen Investitionen oft in Form von öffentlich-rechtlichen Konzessionen. Auch Konzessionen fallen daher regelmäßig unter den Investitionsbegriff.[126] So entschied das Schiedsgericht in *Telenor v. Ungarn*[127], dass neben der eigentlichen Konzession die dem norwegischen Telekommunikationsunternehmen erteilt worden war, auch das Telekommunikationsnetzwerk, der Kundenstamm und Einkommenserwartungen unter den Investitionsbegriff fielen.[128]

f) Sonstige Rechtspositionen

In der Rechtsprechung internationaler Schiedsgerichte finden sich eine Vielzahl weiterer Entscheidungen zu individuellen Rechtspositionen und der Frage, inwieweit diese dem Investitionsbegriff unterfallen. So bejahten und verneinten

---

122 *Occidental Exploration and Production Company v. The Republic of Ecuador*, LCIA Case No. UN3467 (UNCITRAL), Award, 1. Juli 2004.

123 *EnCana Corporation v. The Republic of Ecuador*, LCIA Case No. UN3481 (UNCITRAL), Award, 3. Februar 2006.

124 Ebd., Rn. 183.

125 *Occidental Exploration and Production Company v. The Republic of Ecuador*, LCIA Case No. UN3467 (UNCITRAL), Award, 1. Juli 2004, Rn. 86.

126 Vgl. *Alenfeld*, Investitionsförderungsverträge, S. 32 f.

127 *Telenor Mobile Communications A.S. v. The Republic of Hungary*, ICSID Case No. ARB/04/15, Award, 13 September 2006.

128 Ebd., Rn. 61 f.

Schiedsgerichte hinsichtlich der Kosten für die Vorbereitung von Investitionsprojekten das Vorliegen einer Investition.[129] Einzelne großvolumige Bauvorhaben ohne ein sich anschließendes Engagement beim Betrieb der Bauten können nach der Ansicht anderer Schiedsgerichte bereits eine Investition darstellen.[130] Auch lediglich das Erbringen von Dienstleistungen in Form von Managementverträgen kann eine Investition sein.[131]

Die Spruchpraxis ist insofern teilweise uneinheitlich; der Investitionsbegriff bietet jedenfalls an seinen „Rändern" noch hinreichend Raum zu weiterer Diskussion.

7. Zusammenfassung und Definition für die Zwecke der Untersuchung

Eine allgemein anerkannte, umfassende Definition der internationalen Investition existiert demnach im geltenden Investitionsschutzrecht nicht. Über die wesentlichen Merkmale des Begriffs herrscht jedoch trotz aller Differenzen im Detail weitest gehende Einigkeit. Erforderlich ist jedenfalls der grenzüberschreitende Transfer von privatwirtschaftlichen Ressourcen zum Zweck des längerfristigen wirtschaftlichen Engagements in einer Unternehmung im Gastland. Weitere einschränkende Elemente, wie ein bestimmter Grad der Kontrolle über das ausländische Unternehmen oder eine Gewinnerzielungsabsicht können hinzukommen, sind aber nicht gleichermaßen einhellig anerkannt.

Für die Zwecke dieser Arbeit wird im Folgenden eine weite Definition des Begriffs verwendet. Dies entspricht nicht nur der letztlich maßgeblichen Praxis internationaler Schiedsgerichte, sondern vor allem auch dem Zweck dieser Arbeit, der es erforderlich macht, dass nicht bereits durch eine zu enge Fassung

---

129 Bejaht wurde eine Investition in *SGS Société Générale de Surveillance S.A. v. Islamic Republic of Pakistan*, ICSID Case No. ARB/01/13, Decision of the Tribunal on Objections to Jurisdiction, 6. August 2003, Rn. 140; vgl. hierzu auch *Weiniger*, in: Mistelis/Lew, Pervasive Problems in International Arbitration, S. 244 ff. In *Mihaly International Corporation v. Democratic Socialist Republic of Sri Lanka*, ICSID Case No. ARB/00/2, Award, 15. März 2002, Rn. 32 ff., insb. Rn. 61, verneinte das Tribunal hingegen das Vorliegen einer Investition in Bezug auf Entwicklungskosten.

130 So in *Salini Costruttori S.p.A and Italtrade S.p.A. v. Kingdom of Morocco*, ICSID Case No. ARB/00/4, Decision on Jurisdiction, 23. Juli 2001, Rn. 50–58.

131 So in *Société Générale de Surveillance S.A. v. Islamic Republic of Pakistan*, ICSID Case No. ARB/01/13, Decision of the Tribunal on Objections to Jurisdiction, 6. August 2008 und *Société Générale de Surveillance S.A. v. Republic of the Philippines*, ICSID Case No. ARB/02/06, Decision of the Tribunal on Objections to Jurisdictions, 29. Januar 2004.

des Begriffs der Investition relevante Lebenssachverhalte von der Untersuchung ausgeschlossen werden.[132] Abgegrenzt werden soll lediglich gegenüber bloßen Waren- oder Finanztransaktionen vorübergehender Natur, soweit sie allein dem internationalen Handelsrecht und nicht dem Investitionsschutzrecht unterliegen.

Internationale oder ausländische Investitionen sind demnach der grenzüberschreitende Transfer von privatwirtschaftlichen Geld-, Sach- und/oder Personalmitteln aus dem Heimatstaat in einen Gaststaat zum Zweck des längerfristigen wirtschaftlichen Engagements in einer Unternehmung in dem Gaststaat.

II. Der Schutz internationaler Investitionen im Völkerrecht

Aus dem Grundsatz staatlicher Souveränität folgt, dass kein Staat völkerrechtlich verpflichtet ist, die im vorangegangenen Abschnitt umrissenen internationalen Investitionen auf seinem Territorium zuzulassen.[133] Lässt er sie jedoch zu, stellt sich die Frage, wie sie zu behandeln sind, insbesondere, ob und wie sie vor Engriffen des Gaststaates geschützt werden. Der Schutz internationaler Investitionen im geltenden Völkerrecht soll daher in diesem Abschnitt überblicksartig festgehalten werden, denn er bildet den Rahmen zur Anknüpfung an den Investorbegriff. Dessen Bedeutung kann ohne einen Blick auf den Stand des Investitionsschutzes im Völkerrecht nicht erörtert werden.

1. Investitionsschutz im allgemeinen Völkerrecht

a) Fremdenrecht und Völkergewohnheitsrecht

Der Schutz ausländischen Eigentums erfolgte ursprünglich vornehmlich über das völkergewohnheitsrechtliche zwischenstaatliche Fremdenrecht.[134] Das Fremdenrecht umfasst all diejenigen Regeln, die ausländischen Staatsangehörigen und ausländischen juristischen Personen einen gewissen Mindestschutz gegenüber ihrem Gaststaat gewähren; es schützt nicht speziell Investoren, sondern allgemein den Fremden.[135] Dennoch ergibt sich aus dem Fremdenrecht ein

---

132 Vgl. auch *Reinisch*, in: Tietje, Internationales Wirtschaftsrecht, § 8 Rn. 30.

133 *UNCTAD*, Bilateral Investment Treaties in the Mid-1990s, S. 2 f.; *Salacuse*, Int'l Law. 1990, 655, 660; *Dolzer/Bloch*, in: Kronke/Melis/Schnyder, Wirtschaftsrecht, Teil J, Rn. 70; *Häde*, AVR 1997, 180, 193; *Sacerdoti*, Recueil des Cours 1997 (Bd. 269), S. 321.

134 *Metje*, Investitionsschutz, S. 73; *Reinisch*, in: Tietje, Internationales Wirtschaftsrecht, § 8 Rn. 8. Die Regeln des völkerrechtlichen Fremdenrechts sind bis heute nicht umfassend kodifiziert worden, *Görs*, Internationales Investitionsrecht, S. 27.

135 *Griebel*, Internationales Investitionsrecht, S. 14.

völkergewohnheitsrechtlicher Mindeststandard, der internationale Investitionen jedenfalls rudimentär schützt.[136]

Zum Grundbestand der geschützten Rechte gehören im Wesentlichen das Recht auf Rechtsfähigkeit, Leben, körperliche Unversehrtheit und Schutz der Person, das Recht auf ein geordnetes Verfahren und rechtliches Gehör, Schutz vor willkürlicher Haft, Diskriminierung und unrechtmäßiger Enteignung; die Existenz darüber hinaus gehender Rechte, wie das Gebot der Inländergleichbehandlung oder der billigen und gerechten Behandlung, sind im Einzelnen umstritten und nicht allgemein anerkannt.[137]

Für den Schutz von Investitionen ist vor allem das Verbot unrechtmäßiger Enteignung von Bedeutung. Denn die allgemeinen Regeln des völkerrechtlichen Fremdenrechts setzen der Enteignung Fremder Schranken und schützen somit auch Investitionen.[138] Allerdings besteht völkergewohnheitsrechtlich kein Schutz gegen die Enteignung selbst. Unstreitig ist nämlich, dass die Enteignung ausländischen Eigentums nicht *per se* rechtswidrig ist; ein Staat hat Kraft seiner territorialen Souveränität grundsätzlich das Recht, Ausländer zu enteignen.[139] Für die Enteignung gelten jedoch - soweit keine speziellen vertraglichen Regelungen vorgehen - die strengen Voraussetzungen des völkergewohnheitsrechtlichen Mindeststandards.[140]

Eine Enteignung muss hiernach (1) im öffentlichen Interesse stehen, sie darf (2) keinen diskriminierenden Charakter haben und sie muss (3) mit einer angemessenen Entschädigung verknüpft sein.[141] Die mit diesem Enteignungsstandard lange Zeit konkurrierende Theorie, die sogenannte *Calvo*-Doktrin, verlangte stattdessen die Gleichbehandlung mit Inländern. Sie hat sich nicht durchsetzen können, da sie letztlich das Risiko der Rechtlosstellung birgt.[142]

---

136 *Dolzer* in: Vitzthum, Völkerrecht, 6. Abschnitt, Rn. 42; *Metje, Investitionsschutz*, S. 73.

137 *Griebel*, Internationales Investitionsrecht, S. 15 f.; *Krajewski*, Wirtschaftsvölkerrecht, § 3 Rn. 542–543.

138 Vgl. *Herdegen*, Völkerrecht, § 54 Rn. 3.

139 Vgl. *Kriebaum*, Eigentumsschutz im Völkerrecht, S. 23; *Metje, Investitionsschutz*, S. 73; *Görs*, Internationales Investitionsrecht, S. 35; *Zagel*, Auslandsinvestitionen, S. 201; *Patzina*, Schutz ausländischer Privatinvestitionen, S. 41.

140 *Zagel*, Auslandsinvestitionen, S. 201.

141 Vgl. *Herdegen*, Völkerrecht, § 54 Rn. 1; *Schäfer*, RIW 1998, 199, 201; *Mengel*, RIW 1983, 739, 740; *Hesse*, Das rechtliche Umfeld für ausländische Direktinvestitionen in Entwicklungsländern, S. 8; *Griebel*, Internationales Investitionsrecht, S. 16.

142 *Stein/von Buttlar*, Völkerrecht, Rn. 580; nach der *Calvo*-Doktrin des argentinischen Historikers *Carlos Calvo*, unterliegen Streitigkeiten zwischen Ausländern und dem

Auch wenn der Grundsatz der Entschädigung völkergewohnheitsrechtlich anerkannt ist, sind die Einzelheiten der Bemessung der Entschädigung nach wie vor umstritten.[143] Nach der von dem ehemaligen amerikanischen Außenminister Cordell Hull geprägten *Hull*-Formel, muss die Entschädigung unverzüglich, dem vollen Eigentumswert angemessen und in konvertierbarer Währung geleistet werden (*prompt, adequate and effective compensation*).[144] Demgegenüber verlangt die von der UN-Generalversammlung beschlossene *Charta der wirtschaftlichen Rechte und Pflichten der Staaten* von 1974[145] nur, dass die Entschädigung nach der Einschätzung des enteignenden Staates „geeignet" sein soll.[146]

Im Völkergewohnheitsrecht hat sich mittlerweile die *Hull*-Formel wohl durchgesetzt.[147] Hierfür spricht ihre durchgängige Verwendung in BITs.[148] Auch internationale Schiedsgerichte haben Investoren volle Entschädigung nach der *Hull*-Formel zugesprochen, soweit ihre Entscheidungen allein auf allgemeinem Völkerrecht fußten.[149] In *Amco Asia v. Indonesia*[150] entschied das Schiedsgericht,

---

Gastland der Jurisdiktion des Gastlandes, um Ausländer insoweit mit Inländern gleichzustellen; sie wurde lange Zeit in Südamerika praktiziert.

143 Vgl. *Sornarajah*, Foreign Investment, S. 74; *Stein/von Buttlar*, Völkerrecht, Rn. 581; *Metje*, Investitionsschutz, S. 74; *Görs*, Internationales Investitionsrecht, S. 27; *Schäfer*, RIW 1998, 199, 201.

144 Vgl. *Herdegen*, Völkerrecht, § 54 Rn. 2; *Stein/von Buttlar*, Völkerrecht, Rn. 581. Die *Hull*-Formel wird auf den Brief Cordell Hulls an den mexikanischen Botschafter Francisco Castillo Nájera in Washington vom 21. Juli 1938 zurückgeführt, abgedruckt in AJIL 1938, Supplement, 181.

145 *Charta of Economic Rights and Duties of States*, UN General Assembly Resolution A/RES/39/163 vom 17. Dezember 1984, UNYB 1974, S. 403 ff.

146 Ebd., Art. 2 Abs. 2 lit. c; vgl. auch *Görs*, Internationales Investitionsrecht, S. 36.

147 Vgl. *Herdegen*, Völkerrecht, § 54 Rn. 3; *Stein/von Buttlar*, Völkerrecht, Rn. 581; *Norton*, AJIL 1991, 474, 475; *Häde*, AVR 1997, 181, 186; *Schäfer*, RIW 1998, 199, 201; a. A. *Zagel*, Auslandsinvestitionen, S. 206; *Griebel*, Internationales Investitionsrecht, S. 18; *Comeaux/Kinsella*, Protecting foreign investment, S. 81 f. Vgl. auch *Hesse*, Das rechtliche Umfeld für ausländische Direktinvestitionen in Entwicklungsländern, S. 11 und 18, der zwar davon ausgeht, dass sich die *Hull*-Formel als Rechtssatz durchgesetzt hat, allerdings eine völkergewohnheitsrechtliche Wirkung ablehnt.

148 Vgl. *Belling*, Jurisdiktion rationae materiae, S. 58, der darauf hinweist, dass die ausdrückliche Nennung in BITs nicht als Beleg für das Fehlen eines internationalen Mindeststandards missverstanden werden kann, sondern vielmehr die Aufgabe der *Calvo*-Doktrin bestätigt.

149 Vgl. *Belling*, Jurisdiktion rationae materiae, S. 59.

150 *Amco Asia Corporation and others v. Republic of Indonesia*, ICSID Case No. ARB/81/1, Award, 20. November 1984, ILM 1985, 1022.

dass der Grundsatz der vollen Entschädigung einem allgemeinen Rechtsgrundsatz entspreche:

> „[...] full compensation [...] is a principle common to the main systems of municipal law, and therefore, a general principle of law, which may be considered as a source of international law."[151]

Eine entgegen diesen Grundsätzen vorgenommene Enteignung stellt ein völkerrechtliches Delikt dar.[152] Drittstaaten sind jedoch grundsätzlich nicht verpflichtet einer rechtswidrigen Enteignung die Anerkennung zu versagen; auch deutsche Gerichte sind daher völkerrechtlich frei und kontrollieren ausländische Enteignungsakte nur gemessen am Maßstab des *ordre public* (vgl. Art. 6 EGBGB, Art. 25 GG) und wenn ein hinreichender Bezug zu Deutschland besteht.[153]

Traditionell oblag es allein den souveränen Staaten selbst die Rechte ihrer Bürger im Ausland gegenüber anderen Staaten durch Gewährung diplomatischen Schutzes zu verteidigen; das Individuum wurde mediatisiert.[154] Das Fremdenrecht dient dem Ausgleich zwischen der Gebietshoheit des Gaststaates und der Personalhoheit des Heimatstaates des Fremden und nicht wirtschaftlichen Überlegungen oder gar dem Schutz von Investitionen.[155]

Einen eigenen Streitbeilegungsmechanismus gibt es im völkergewohnheitsrechtlichen Fremdenrecht nicht. Insbesondere steht kein Streitbeilegungsmechanismus zur Verfügung über den ein Investor in eigenem Namen unmittelbar gegenüber dem Gaststaat die Verletzung seiner Fremdenrechte geltend machen könnte.[156] Die Verletzung dieser Rechte kann in der Regel nur zwischenstaatlich im Wege des diplomatischen Schutzes durch den Heimatstaat des Investors gegenüber dem Gaststaat geltend gemacht werden.[157]

Die beteiligten Staaten können sich allerdings *ad hoc* oder im Voraus auf eine förmlichere Art der Streitbeilegung einigen. Der Heimatstaat kann auch auf sein Recht zur Ausübung diplomatischen Schutzes verzichten und der Gaststaat im Gegenzug dem Investor ein Klagerecht verleihen, das diesem völkerrechtlich

151 Ebd., 1036.

152 *Griebel*, Internationales Investitionsrecht, S. 18.

153 *Herdegen* in: Maunz/Düring, Grundgesetz, Art. 25 Rn. 40; vgl. auch *Görs*, Internationales Investitionsrecht, S. 50.

154 Vgl. *Kämmerer* in: Bitburger Gespräche Jahrbuch 2004/I, S. 144.

155 *Görs*, Internationales Investitionsrecht, S. 26.

156 Vgl. *Griebel*, Internationales Investitionsrecht, S. 19.

157 Vgl. *Metje*, Investitionsschutz, S. 74; zu den Einzelheiten des diplomatischen Schutzes s. unten Abschnitt B.III.1.b); *Duchesne*, Geo. Wash. Int'l L. Rev. 2004, 783, 783.

eigentlich gar nicht zusteht.[158] In dem bekanntesten Fall eines solchen Abkommens vereinbarten die USA und Iran 1981 im Abkommen von Algier[159], die Errichtung des *Iran-United States Claims Tribunal*, dem die Aufgabe zukam, über die Ansprüche amerikanischer Unternehmen aus im Zuge der islamischen Revolution verletzter und gestörter Verträge mit dem iranischen Staat zu entscheiden.[160] Seine Entscheidungen sind eine wichtige Quelle zur Interpretation des allgemeinen Fremdenrechts geworden.[161]

Der reine völkergewohnheitsrechtliche Schutz von Investitionen hat inzwischen nur noch eine vergleichsweise geringe Bedeutung, da das internationale Investitionsschutzrecht mittlerweile ganz überwiegend völkervertragsrechtlicher Natur ist und nur noch in sehr geringem Maße auf seine gewohnheitsrechtlichen Wurzeln zurückgegriffen werden muss.[162] Wenn eine Investition nicht unter den Schutzbereich eines Investitionsschutzabkommens fällt und ohne weitere Absicherungsinstrumente vorgenommen wird, bleibt der gewohnheitsrechtsrechtliche Investitionsschutz jedoch nach wie vor relevant; er gewährleistet dann nach wie vor den völkerrechtlichen Mindeststandard.[163]

b) Menschenrechte und humanitäres Völkerrecht

Auch in menschenrechtlichen Regelungen wird der Schutz des Eigentums gewährleistet. Der menschenrechtliche Eigentumsschutz ist jedoch nur schwach ausgeprägt.[164] Mit internationaler Reichweite ist der Schutz des Eigentums allein in Art. 17 der Allgemeinen Erklärung der Menschenrechte verankert.[165] Ihm

---

158 *Görs*, Internationales Investitionsrecht, S. 29.

159 *Declaration of the Government of the Democratic and Popular Republic of Algeria Concerning the Settlement of Claims by the Government of the United States of America and the Government of the Islamic Republic of Iran* vom 19. Januar 1981, ILM 1981, 230.

160 Vgl. *Görs*, Internationales Investitionsrecht, S. 30.

161 Teilweise griff das Tribunal dabei neben dem allgemeinen Fremdenrecht allerdings auch auf die Bestimmungen eines iranisch-amerikanischen Freundschaftsvertrages zurück, vgl. *Görs*, Internationales Investitionsrecht, S. 30.

162 Vgl. *Sornarajah*, Foreign Investment, S. 74; genauso für das gesamte internationale Wirtschaftsrecht *Herdegen*, Völkerrecht, § 53 Rn. 3.

163 Vgl. *Griebel*, Internationales Investitionsrecht, S. 6.

164 Vgl. *Griebel*, Internationales Investitionsrecht, S. 16.

165 Art. 17 der *Universal Declaration of Human Rights*, UN General Assembly Resolution 217 A (III) vom 10. Dezember 1948 lautet: „1. Jeder hat das Recht, sowohl allein als auch in Gemeinschaft mit anderen Eigentum innezuhaben. 2. Niemand darf willkürlich seines Eigentums beraubt werden." (Deutsche Übersetzung des *UN*

kommt allerdings, wie der Erklärung insgesamt, keine unmittelbare Verbindlichkeit zu.[166] Zudem schützt Art. 17 nur vor willkürlicher Enteignung, nicht jedoch vor entschädigungsloser Enteignung.[167] Im Gegensatz zu anderen in der Allgemeinen Erklärung der Menschrechte niedergelegten Rechten wurde das Eigentumsrecht auf internationaler Ebene bislang auch nicht anderweitig vertraglich verankert.[168]

Ausdrücklich geschützt wird das Eigentum auf regionaler Ebene in Art. 1 des 1. Zusatzprotokolls zur Europäischen Menschenrechtskonvention[169], in Art. 21 der Amerikanischen Menschenrechtskonvention[170] und in Art. 14 der *African Charter on Human and People's Rights*[171]. Der Eigentumsschutz der Menschenrechtskonventionen ist verfassungsrechtlich geprägt, da die Vertragsparteien mit ihnen ihren verfassungsrechtlichen Grundrechtsschutz auf völkerrechtliche Ebene bringen wollten.[172] Die Streitbeilegung erfolgt durch eigene Kommissionen oder Gerichtshöfe (Europäischer Gerichtshof für Menschenrechte, Interamerikanischer Gerichtshof oder Interamerikanische Kommission für Menschenrechte, Afrikanischer Gerichtshof für Menschenrechte), die bislang jedoch - wenn überhaupt - nur spärlich mit Fragen des Eigentumsschutzes befasst waren.[173]

Department for General Assembly and Conference Management German Translation Service, http://www.ohchr.org/EN/UDHR/Documents /UDHR_Translations/ger.pdf, zuletzt abgerufen am 6. April 2008). S. auch UN General Assembly Resolution A/RES/45/98 vom 14. Dezember 1990, Nr. 3 und 4, in der die Generalversammlung die Staaten unter Bezug auf die *Allgemeine Erklärung der Menschenrechte* auffordert, nationale Maßnahmen zum Eigentumsschutz zu ergreifen.

166 *Herdegen*, Völkerrecht, § 47 Rn. 3; *Görs*, Internationales Investitionsrecht, S. 52.

167 *Griebel*, Internationales Investitionsrecht, S. 16.

168 So findet sich das Eigentumsrecht insbesondere nicht in den beiden UN Pakten über bürgerliche und politische Rechte sowie über wirtschaftliche soziale und kulturelle Rechte, vgl. *Kriebaum*, Eigentumsschutz im Völkerrecht, S. 33; *Görs*, Internationales Investitionsrecht, S. 51.

169 *Convention for the Protection of Human Rights and Fundamental Freedoms* vom 4. November 1950, BGBl. 1952 II, S. 686; *Protocol to the Convention for the Protection of Human Rights an Fundamental Freedom* vom 20. März 1952, BGBl. 1956 II, S. 1880.

170 *American Convention on Human Rights* vom 22. November 1969, UNTS 1979 (Bd. 1144), 144.

171 *African Charter on Human and Peoples' Rights* (*Banjul Charter*) vom 27. Juni 1981, UNTS 1988 (Bd. 1520), 219.

172 *Kriebaum*, Eigentumsschutz im Völkerrecht, S. 36.

173 Ebd.

Die Bedeutung der regionalen Menschenrechtskonventionen für den völkerrechtlichen Eigentumsschutz ist daher begrenzt geblieben.[174] Eine übergreifende menschenrechtliche Deutung des völkerrechtlichen Eigentumsschutzes gibt es nicht.[175] Für die Behandlung ausländischer Investoren und Investitionen ergibt sich gegenüber dem fremdenrechtlichen Mindeststandard im Ergebnis durch menschenrechtliche Abkommen kein erweiterter Schutz.[176]

Auch das humanitäre Völkerrecht enthält Regelungen zum Schutz des Eigentums. Der Funktion des humanitären Völkerrechts nach beschränkt sich dieser Schutz jedoch auf die Geltung in der Ausnahmesituation des internationalen bewaffneten Konflikts. Das humanitäre Völkerrecht kann insoweit nur komplementären Schutz zum Investitionsschutz in Friedenszeiten bieten uns soll daher hier ausgeklammert bleiben.

2. Investitionsschutz durch völkerrechtliche Abkommen

Inzwischen hat sich der Eigentums- und Investitionsschutz von seinen Grundpfeilern im Fremden- und Völkergewohnheitsrecht weiterentwickelt.[177] Denn die unzureichende völkergewohnheitsrechtliche Absicherung von Investitionen macht die ergänzende Absicherung von Investitionen auf völkervertraglicher Basis notwendig.[178]

Spezielle Regelungen zum Schutz von Investitionen finden sich inzwischen in einer großen Zahl von völkerrechtlichen Abkommen. Gemeinsam bilden diese Regelungen den Ausgangspunkt für das internationale Investitionsschutzrecht, das sich mittlerweile als eigenständiger Bereich des Völkerrechts etabliert hat.[179] Es bildet heute die rechtlichen Rahmenbedingungen für den Schutz ausländischer Investitionen, ohne die eine effektive internationale wirtschaftliche Zusammenarbeit zwischen privaten Investoren und Staaten nicht mehr möglich erscheint.[180]

Das internationale Investitionsschutzrecht ist ganz überwiegend völkervertragsrechtlicher Natur. Unterscheiden lassen sich anhand ihrer Reichweite

---

174 So im Ergebnis auch *Görs*, Internationales Investitionsrecht, S. 54 und 64.

175 *Kämmerer* in: Bitburger Gespräche Jahrbuch 2004/I, S. 145.

176 *Krajewski*, Wirtschaftsvölkerrecht, § 3 Rn. 545.

177 *Metje*, Investitionsschutz, S. 9.

178 Vgl. *Metje, Investitionsschutz*, S. 75; *Kreutzfeld, Investitionsschutz in Südafrika*, S. 81.; *Bader*, Sicherungspotentiale, S. 71.

179 Vgl. *Sidhu*, Direktinvestitionen in der WTO, S. 44; *Griebel*, Internationales Investitionsrecht, S. 8; *Krajewski*, Wirtschaftsvölkerrecht, § 3 Rn. 523.

180 *Metje*, Investitionsschutz, S. 9.

multilaterale internationale und regionale Abkommen sowie bilaterale Investitionsschutzabkommen.

a) Internationale Abkommen

Multilaterale Investitionsschutzabkommen haben gegenüber regionalen und bilateralen Abkommen den Vorteil, dass sie Investoren erlauben in allen Vertragsstaaten unter den gleichen rechtlichen Bedingungen zu investieren. Sie schaffen einen einheitlichen Schutzstandard und ein Maß an Rechtssicherheit, das durch bilaterale und regionale Verträge nicht erreicht werden kann. Da alle Vertragsstaaten eines internationalen Abkommens gegen einen Vertragsstaat der gegen das Abkommen verstößt vorgehen können, ist der Druck das Abkommen zu befolgen zudem ungleich höher als bei anderen Investitionsschutzinstrumenten.[181]

Trotz dieser Vorteile gibt es auf internationaler Ebene nur wenige Abkommen die sich mit dem Schutz von Investitionen befassen. Alle Versuche ein umfassendes multilaterales Investitionsschutzabkommen zu schaffen, das auch materiellrechtliche Schutzregelungen enthält, sind bisher erfolglos geblieben.[182]

aa) ICSID-Abkommen

Mit dem ICSID-Abkommen wurde 1965 im Rahmen der Weltbankgruppe[183] das mit eigener Völkerrechtspersönlichkeit ausgestattete *International Centre*

---

181 *Kreutzfeld*, Investitionsschutz in Südafrika, S. 81 f.; *Bader*, Sicherungspotentiale, S. 71.

182 Bereits die *Havanna Charta* von 1945 sah im Entwurf für eine *International Trade Organisation* (ITO) Regelungen zum Schutz von Investitionen vor. Die sehr investitionsfreundlichen Regelungen wollte die USA jedoch nicht unterzeichnen, was mit dazu führte, dass die ITO scheiterte und die *Havanna Charta* nicht in Kraft trat, vgl. *Kreutzfeld*, Investitionsschutz in Südafrika, S. 82. Der letzte und wohl ehrgeizigste Ansatz waren die von der *Organisation für wirtschaftliche Zusammenarbeit und Entwicklung* (*Organisation for Economic Co-operation and Development*, OECD) initiierten Verhandlungen über ein *Multilateral Agreement on Investment* (MAI), die 1995 ohne Ergebnis abgebrochen wurden, vgl. *Metje*, Investitionsschutz, S. 87 und 94 f; *Bader*, Sicherungspotentiale, S. 72; *von Reyher*, Bilaterale Konzepte, S. 20. Zu den Gründen für das Scheitern vgl. *Wurst*, Eigentums- und Investitionsgüterschutz, S. 210. Zu weiteren gescheiterten Kodifikationsversuchen vgl. *Wurst*, Eigentums- und Investitionsgüterschutz, S. 194 f.

183 Zur sog. Weltbankgruppe mit Sitz in Washington gehören die Weltbank (*International Bank for Reconstruction and Development*) (IBRD), der Internationale Währungsfonds (*International Monetary Fund*) (IMF), die *International Finance*

for Settlement of Investment Disputes (ICSID) gegründet. Ziel war es durch die Schaffung einer globalen, neutralen Schiedsgerichtsinstitution Investitionen zu fördern und ein effektives und entpolitisiertes Verfahren zur Beilegung von Investitionsstreitigkeiten zu schaffen.[184] 1978 schuf das ICSID dann selbst die *ICSID Additional Facility* als ergänzende Schiedsgerichtseinrichtung für Streitigkeiten, die außerhalb des Anwendungsbereichs des ICSID-Abkommens lagen.[185]

Das ICSID-Abkommen enthält keine materiell-rechtlichen Regelungen zum Schutz von Investitionen sondern schafft mit dem ICSID und den dazugehörigen Verfahrensregeln einen institutionellen Rahmen für die Streitbeilegung zwischen Staaten und Investoren.[186] Die entscheidende Innovation des ICSID-Abkommens ist es, dem Investor hierzu im Konfliktfall die Möglichkeit zu geben, selbstständig den Gaststaat zur Streitbeilegung vor einem Schiedsgericht zu zwingen.[187]

Multilaterale Investitionsschutzabkommen, eine große Zahl von BITs und auch nationale Investitionsschutzgesetze enthalten zu diesem Zweck entsprechende Investor-Staat-Schiedsklauseln, die zur Streitbeilegung auf das ICSID oder die *ICSID Additional Facility* verweisen.[188] Der Investor wird damit auf völkerrechtliche Ebene gehoben und kann dem Gaststaat auf derselben rechtlichen

---

Corporation (IFC), die *International Development Agency* (IDA) und die *Multilateral Investment Guarantee Agency* (MIGA) (s. unten B.II.2.a)bb)). Ziel der Weltbankgruppe ist die wirtschaftliche Entwicklung der Mitgliedsstaaten, die Förderung internationaler Investitionen und die langfristige ausgewogene Ausdehnung des internationalen Handels (vgl. etwa Präambel des ICSID-Abkommens). Die einzelnen Organisationen nehmen dabei jeweils unterschiedliche Aufgaben war: Die IFC unterstützt private Entwicklungsvorhaben durch die Gewährung von Krediten und die Beteiligung am Eigenkapital privater Unternehmen, die IDA gewährt Entwicklungsländern zinslose Darlehen, die MIGA versichert ausländische Investitionen, vgl. im Einzelnen *Görs*, Internationales Investitionsrecht, S. 71 f.

184 Vgl. *Schreuer*, The ICSID Convention, Preamble, Rn. 11 ff.

185 Vgl. *Lew/Mistelis/Kröll*, Comparative International Commercial Arbitration, Rn. 28–38; *Wurst*, Eigentums- und Investitionsgüterschutz, S. 206.

186 *Metje*, Investitionsschutz, S. 89; *Patzina*, Schutz ausländischer Privatinvestitionen, S. 135; *Bippus*, Der internationalrechtliche Schutz von Investitionen, S. 217.; *Escher*, RIW 2001, 20, 21; *von Reyher*, Bilaterale Konzepte, S. 21.

187 *von Reyher*, Bilaterale Konzepte, S. 21.

188 Insgesamt verweisen etwa 1.500 bi- und multilaterale Investitionsschutzabkommen hinsichtlich der Streitbeilegung auf das ICSID, vgl. *Obadia*, L'evolution de l'activité du CIRDI, Revue de l'Arbitrage 2001, 633, 633; Vgl. auch *Parra*, ICSID Rev.-FILJ 1997, 287, 323 ff.; *Cremades* in: Briner/Fortier/Berger/Bredow, Law of International Business and Dispute Settlement in the 21st Century, S. 160–161.

Stufe entgegentreten.[189] ICSID-Schiedsgerichtsverfahren ersetzen durch diesen Mechanismus, in Abkehr vom Prinzip der Mediatisierung durch den Heimatstaat den herkömmlichen, fremdenrechtlichen diplomatischen Schutz.[190]

Mittlerweile haben 147 Staaten das ICSID-Abkommen ratifiziert und den ICSID-Schiedsgerichten seit Gründung des ICSID bis Ende 2012 insgesamt 410 Schiedsgerichtsverfahren zur Streitentscheidung zugewiesen.[191] Die Streitbeilegungsmechanismen des ICSID haben damit weltweit Anerkennung gefunden.[192]

Das materielle Recht wird gem. Art. 42 Abs. 1 ICSID-Abkommen als Teil der Parteiautonomie von den Beteiligten bestimmt.[193] Die Parteien der Schiedsgerichtsvereinbarung können das gesamte Recht des Gaststaates oder eines anderen Staates, das Völkerrecht oder andere Rechtsgrundsätze auswählen und zum anwendbaren Recht bestimmen.[194] Treffen die Parteien keine Regelung gilt gem. Art. 42 Abs. 1 S. 2 ICSID-Abkommen das Recht des Gaststaates und subsidiär einschlägiges allgemeines Völkerrecht.[195] Hierzu gehören auch die allgemeinen Rechtsgrundsätze gem. Art. 38 Abs. 1 lit. c IGH-Statut, beispielsweise die

189 *Broches*, Selected Essays, S. 166; *von Reyher*, Bilaterale Konzepte, S. 21; *Wurst*, Eigentums- und Investitionsgüterschutz, S. 204.

190 *Wurst*, Eigentums- und Investitionsgüterschutz, S. 204.

191 Dies sind 369 ICSID Schiedsgerichtsverfahren und 41 *ICSID Additional Facility* Verfahren, vgl. *ICSID*, The ICSID Caseload – Statistics, Ausgabe 2013-1, S. 8 abrufbar unter https://icsid.worldbank.org/ICSID/FrontServlet?requestType=ICSIDDocRH&actionVal=CaseLoadStatistics (zuletzt abgerufen am 21. Februar 2013). Die Mitgliedsstaaten sind veröffentlicht in *ICSID*, List of Contracting States and other Signatories to the convention, ICSID/3, 25. Juli 2012, abrufbar unter https://icsid.worldbank.org/ICSID/FrontServlet?requestType=ICSIDDocRH&actionVal=ContractingStates&ReqFrom=Main (zuletzt abgerufen am 20. Februar 2013).

192 *Görs*, Internationales Investitionsrecht, S. 75.

193 *Kreutzfeld*, Investitionsschutz in Südafrika, S. 84.

194 *Görs*, Internationales Investitionsrecht, S. 78.

195 Vgl. *Wurst*, Eigentums- und Investitionsgüterschutz, S. 205. Die nur subsidiäre Geltung des allgemeinen Völkerrechts unterstrichen *ad hoc* Komitees in *Klöckner Industrie-Anlagen and others v. United Republic of Cameroon and Société Camerounaise des Engrais*, ICSID Case No. ARB/81/2, Decision on the application for annulment submitted by Klöckner against the Arbitral Award rendered on 21 October 1983, 3. Mai 1985, Rn. 57–79 und in *Amco Asia Corporation and others v. Republic of Indonesia*, ICSID Case No. ARB/81/1, Decision on the Application for Annulment Submitted by the Republic of Indonesia Against the Arbitral Award Rendered on 20 November 1984, 16. Mai 1986, ILM 1986, S. 1439 ff. Wollen die Parteien hingegen die alleinige Anwendung völkerrechtlicher Regelungen, müssen sie dies ausdrücklich vereinbaren, vgl. *Görs*, Internationales Investitionsrecht, S. 81.

Grundsätze *pacta sunt servanda* oder Treu und Glauben (*good faith, bonne foi*).[196] Alternativ können sich die Parteien darauf einigen, das Schiedsgericht eine Billigkeitsentscheidung *ex aequo et bono* zu treffen lassen (Art. 42 Abs. 3 ICSID-Abkommen).

Entscheidungen der ICSID-Schiedsgerichte sind richterliche Entscheidungen im Sinne von Art. 38 Abs. 1 lit. d IGH-Statut.[197] Sie sind völkerrechtlich bindend und grundsätzlich unanfechtbar (vgl. Art. 53 f und Art. 26 ICSID-Abkommen). Nur unter bestimmten Umständen können sie durch ein gesondertes Aufhebungsverfahren (*Annulment*) gem. Art. 52 ICSID-Abkommen wieder aufgehoben werden.[198]

1992 hat die Weltbank darüber hinaus Richtlinien zur Behandlung internationaler Investitionen, die *Guidelines on the Treatment of Foreign Direct Investment*, verabschiedet.[199] Diese sind zwar unverbindlich; sie leisten jedoch einen Beitrag zur Entwicklung des Völkergewohnheitsrechts in diesem Bereich und dienen als Vorbild bei der Entwicklung völkervertraglicher Regelungen.[200] Im Einzelnen sehen die Richtlinien vor, dass ausländischen Investoren der Marktzugang und die Niederlassung erleichtert werden, dass Investitionen nach den Prinzipien der Inländergleichbehandlung und der Meistbegünstigung behandelt werden und dass Enteignungen nur nicht-diskriminierend, zu öffentlichen Zwecken und gegen Entschädigung nach der *Hull*-Formel erfolgen dürfen.[201]

Insgesamt bietet das ICSID-Abkommen privaten Investoren ein hohes Maß an Sicherheit und gewährleistet als geschlossenes und vollständiges System zur Streitentscheidung auch prozessual den Schutz internationaler Investitionen.[202] Aus Investorensicht fehlt allerdings ein einheitlicher materiell-rechtlicher

---

196 *Görs*, Internationales Investitionsrecht, S. 80 f.

197 *Görs*, Internationales Investitionsrecht, S. 71.

198 In 2012 hat das ICSID, auf eine Forderung der Philippinen hin, eine umfangreiche Auswertung der bisherigen Aufhebungsverfahren veröffentlicht, *ICSID*, Background Paper on Annulment For the Administrative Council of ICSID, 10. August 2012, abrufbar unter https://icsid.worldbank.org/ICSID/FrontServlet?requestType=ICSIDNewsLettersRH&actionVal=ShowDocument&DocId=DCEVENTS11 (zuletzt abgerufen am 21. Februar 2013).

199 *Guidelines on the Treatment of Foreign Direct Investment*, abrufbar unter http://italaw.com/documents/WorldBank.pdf (zuletzt abgerufen am 21. Februar 2013).

200 Dies ist auch eines der Ziele bei ihrer Schaffung gewesen, vgl. *Görs*, Internationales Investitionsrecht, S. 79, zur Vorbildfunktion S. 94.

201 Vgl. im Einzelnen *Görs*, Internationales Investitionsrecht, S. 91 f.

202 *Kreutzfeld*, Investitionsschutz in Südafrika, S. 86 und 88.

Schutzstandard.[203] Dieser hängt von den jeweils anwendbaren Investitionsschutzabkommen ab.

bb) Multilateral Investment Gurantee Agency

Mit der *Convention on the Establishing of the Mulitlateral Investment Gurantee Agency* („**MIGA-Abkommen**")[204] wurde 1985 die *Multilateral Investment Gurantee Agency* („**MIGA**") geschaffen.[205] Sie nahm 1988 die Arbeit auf und bietet als selbstständiger Teil der Weltbankgruppe die Versicherung von Investitionen gegen nichtkommerzielle politische Risiken an.[206] Hierzu zählen das Transferrisiko (das Risiko des Währungsumtausches in eine frei verwendbare Währung), das Enteignungsrisiko, das Vertragsverletzungsrisiko (nur subsidiär soweit kein Rechtsschutz durch Gerichte oder Schiedsgerichte gegeben ist) sowie das militärische Risiko (Schäden durch militärische Handlungen oder zivile Unruhen).[207] Wirtschaftliche Risiken, wie sie auch bei Investitionen im Inland bestehen, werden hingegen nicht abgedeckt.[208] Den bedeutendsten Teil am Deckungsvolumen der versicherten Risiken nimmt das Enteignungsrisiko ein.[209]

Durch die MIGA sollen Lücken geschlossen werden, die nationale Investitionsversicherungssysteme offen lassen und Versicherungsschutz in Ländern gewährt werden, die über keine solchen Systeme verfügen.[210] Darüber hinaus

---

203 Vgl. *Wurst*, Eigentums- und Investitionsgüterschutz, S. 207.

204 *Convention on the Establishing of the Multilateral Investment Guarantee Agency* vom 11. Oktober 1985, abgedruckt in ILM 1985, 1598, BGBl. 1987 II, S. 454.

205 Vgl. *Ebenroth/Karl*, RIW 1989, 1, 1; vgl. auch *Shihata*, The World Bank in a Changing World, S. 325 ff.

206 *Gloria* in: Ipsen, Völkerrecht, § 47 Rn. 8; *von Reyher*, Bilaterale Konzepte, S. 17; *Görs*, Internationales Investitionsrecht, S. 82; *Reinisch*, in: Tietje, Internationales Wirtschaftsrecht, § 8 Rn. 87. Die Selbstständigkeit der MIGA drückt sich auch in ihrer eigenen Rechtspersönlichkeit aus (vgl. Art. 1(b) MIGA Abkommen).

207 *Gloria* in: Ipsen, Völkerrecht, § 47 Rn. 9; *von Reyher*, Bilaterale Konzepte, S. 18.; *Görs*, Internationales Investitionsrecht, S. 86.

208 *Bader*, Sicherungspotentiale, S. 160.

209 *Wurst*, Eigentums- und Investitionsgüterschutz, S. 200.

210 *Ebenroth/Karl*, RIW 1989, 1, 1; *Kreutzfeld*, Investitionsschutz in Südafrika, S. 89; *Bader*, Sicherungspotentiale, S. 157. In Deutschland gibt es mit den Investitionsgarantien der Bundesrepublik, die von der Pricewaterhouse Coopers AG und der Euler Hermes Deutschland AG im Auftrag der Bundesregierung bearbeitet werden, ein gut ausgebautes nationales Risikoabsicherungssystem; vergleichbar gut ausgebaute nationale Sicherungsmöglichkeit gibt es in Österreich durch die Exportgarantien der Österreichischen Kontrollbank AG (OeKB) und in den USA durch die *Political Risk Insurance* der (staatlichen) *Overseas Private Investment Corporation*

hat die MIGA den Auftrag Investitionen in und zwischen Entwicklungsländern zu fördern (Art. 2 MIGA-Abkommen) und die Gaststaaten zu beraten und zu unterstützen (Art. 23 MIGA-Abkommen).[211] In der Präambel findet sich zudem auch das Ziel materiellen Investitionsschutzes wieder, denn die Vertragsstaaten verpflichten sich, den Kapital- und Technologiefluss in Entwicklungsländer „auf der Grundlage gerechter und dauerhafter Normen für die Behandlung ausländischer Investitionen" zu verstärken.[212]

Versichert werden können nur bereits getätigte Investitionen die förderungswürdig sind, indem sie einen Beitrag zur Entwicklung des Gaststaates beisteuern und wirtschaftlich solide sind.[213] Auf eine Definition des Begriffs der Investition wurde im Übrigen bewusst verzichtet.[214]

Der Gaststaat muss allerdings von der MIGA als Entwicklungsland eingestuft sein (Art. 3(c), 14 MIGA-Abkommen) und der Deckung der Garantie durch die MIGA zustimmen (Art. 15 MIGA-Abkommen).[215] Ferner muss gewährleistet sein, dass in dem Gaststaat ein angemessener Rechtsschutz für die Investition besteht (Art. 12(d)(iv) MIGA-Abkommen). Stellt die MIGA fest, dass dies nicht der Fall ist, schließt sie eine eigene Investitionsschutzvereinbarung mit dem Gaststaat ab (Art. 23(b)(ii) MIGA-Abkommen). Diese Vereinbarungen enthalten in der Regel Meistbegünstigungsklauseln, die Investoren den gleichen Schutz

(OPIC), vgl. auch *Reinisch*, in: Tietje, Internationales Wirtschaftsrecht, § 8 Rn. 84. MIGA Garantien werden daher von deutschen Investoren nicht so häufig nachgefragt, vgl. *von Reyher*, Bilaterale Konzepte, S. 18; *Wurst*, Eigentums- und Investitionsgüterschutz, S. 197.

211 Vgl. *Ebenroth/Karl*, RIW 1989, 1, 2.

212 *Wurst*, Eigentums- und Investitionsgüterschutz, S. 201.

213 Vgl. *Kreutzfeld*, Investitionsschutz in Südafrika, S. 90. Hierdurch soll auch das souveräne Recht der Gaststaaten auf freie Entscheidung über die Zulassung der Investition geschützt werden, vgl. *Shihata*, The World Bank in a Changing World, S. 328. Das MIGA Abkommen ist dazu bewusst flexibel ausgestaltet. Sowohl die versicherten Risiken, als auch die Arten der versicherten Investitionen können jederzeit an künftige Entwicklungen angepasst werden. Das Direktorium der MIGA kann gem. Art. 12(a) MIGA Abkommen festlegen, welche Formen von Investitionen berücksichtigt werden können und gem. Art. 11 lit. b entscheiden, auch für nicht ausdrücklich in Art. 11(a) genannte politische Risiken die Garantie zu übernehmen. Es hat von dieser Befugnis durch die Verabschiedung der *Operational Regulations* Gebrauch gemacht, vgl. *Bader*, Sicherungspotentiale, S. 158.

214 Vgl. *Wurst*, Eigentums- und Investitionsgüterschutz, S. 198.

215 Vgl. *Bader*, Sicherungspotentiale, S. 162.

wie in anderen Investitionsschutzabkommen sichern.[216] Auch wenn das MIGA Abkommen selbst vor allem Verfahrensregeln enthält, besteht hiermit ein Anknüpfungspunkt zum materiell-rechtlichen Investitionsschutz.[217]

Tritt der Versicherungsfall ein, muss ein Investor bevor er sich an die MIGA wendet, alle angemessenen und leicht zugänglichen Rechtsmittel im Gaststaat ergriffen haben.[218] Die Auszahlung der Versicherungssumme erfolgt dann nur gegen Abtretung aller Ansprüche des Investoren gegen den Gaststaat (Art. 18 MIGA-Abkommen). Die MIGA kann die übergegangenen Ansprüche dann in einem an das ICSID-Abkommen angelehnten eigenen Streitbeilegungsverfahren oder gemäß einer im Einzelfall vorher vereinbarten Schiedsgerichtsklausel gegen den Gaststaat geltend machen.[219]

Im Ergebnis gewährleistet das MIGA-Abkommen durch diese Mechanismen innerhalb seines Anwendungsbereichs auch eine gewisse Art des materiell-rechtlichen Investitionsschutzes.[220]

cc) Energy Charter Treaty

Der ECT wurde 1994 von den Europäischen Gemeinschaften und 49 west- und osteuropäischen Staaten, Japan und Australien unterzeichnet und trat 1998 in Kraft.[221] Der ursprüngliche Zweck des Vertrags, der den Schlussakt der Europäischen Energie Charta Konferenz (*Final Act of the European Energy Charter Conference*) vom 17. Dezember 1991[222] umsetzte, war die Integration der

---

216 Vgl. *Wurst*, Eigentums- und Investitionsgüterschutz, S. 199, 202.

217 *Metje*, Investitionsschutz, S. 90; *Dolzer*, FS für Doehring, S. 160–161.

218 Der Ausschöpfung des vollen Instanzenzuges bedarf es hingegen nicht, *Wurst*, Eigentums- und Investitionsgüterschutz, S. 201.

219 Hierfür gelten gem. Art. 57(b) MIGA Abkommen i. V. m. Anlage II zum MIGA Abkommen spezielle Streitbeilegungsmechanismen. Bisher ist es jedoch noch zu keinem Schiedsgerichtsverfahren nach diesen Regeln gekommen, vgl. *Görs*, Internationales Investitionsrecht, S. 83.

220 Vgl. *Kreutzfeld*, Investitionsschutz in Südafrika, S. 92; *Bader*, Sicherungspotentiale, S. 164; Eher kritisch *Görs*, Internationales Investitionsrecht, S. 90; Vgl. auch *Ebenroth/Karl*, RIW 1989, 1, 6.

221 Allg. zum ECT *Wälde*, Investment Arbitration Under the Energy Charter Treaty, Arb. Int'l 1996, 429, 429 ff.; Zur Entstehungsgeschichte vgl. auch *Happ*, Schiedsverfahren nach Art. 26 ECT, S. 115 f.

222 *Final Act of the European Energy Charter Conference*, 17. Dezember 1994, http://www.encharter.org/fileadmin/user_upload/document/EN.pdf#page=211 (zuletzt abgerufen am 12. November 2012).

Energiesektoren der ehemaligen Ostblockstaaten und die Schaffung fairer Zugangsmöglichkeiten zu den neuen Märkten.[223] Die Ausdehnung des ECTs über Europa hinaus und seine internationale Bedeutung rechtfertigen jedoch mittlerweile die hier vorgenommene Einordnung als internationales Abkommen.[224]

Hintergrund war ferner, dass in BITs der Energiesektor auf Grund seiner politischen und wirtschaftlichen Bedeutung oft ausgeklammert worden war. Der ECT schließt diese Lücken und regelt speziell die Förderung und den Schutz von Investitionen im Energiesektor. Es handelt sich insofern um einen sektorspezifischen Investitionsschutzvertrag.[225]

Zu den materiellen Schutzrechten des ECTs gehören u. a. ein Diskriminierungsverbot, die Grundsätze der Inländergleichbehandlung (Art. 10 Abs. 3 ECT) und Meistbegünstigung (Art. 10 Abs. 7 ECT) sowie eine Entschädigungspflicht für staatliche Eingriffe und Enteignungen (Art. 13 ECT). Enteignungen sind hiernach nur zulässig, wenn die Maßnahme im öffentlichen Interesse steht, nicht diskriminierend ist und entschädigt wird. Die Entschädigung muss nach der *Hull*-Formel angemessen, prompt und effektiv sein und bestimmt sich nach dem Marktwert der Investition. Internationalen Investitionen ist eine faire und gerechte Behandlung zu gewähren, die nicht ungünstiger sein darf, als der völkerrechtliche Mindeststandard (Art. 10 Abs. 1 ECT). Profite und sogar das Gründungskapital dürfen ohne jede Beschränkung jederzeit zurückgeführt werden (14 ECT).[226]

Im Ergebnis sind Investitionen unter dem ECT gegen jede staatliche Einflussnahme geschützt, die sie wirtschaftlich unrentabel machen.[227] Investitionen im Energiesektor wird damit im Wesentlichen derselbe Schutz gewährt, den Investitionen in anderen Industriesektoren durch BITs erhalten.[228]

---

223 Vgl. *Wälde*, in: Ders., The Energy Charter Treaty, S. 254 f.; *Lew/Mistelis/Kröll*, Comparative International Commercial Arbitration, Rn. 28–34; *von Reyher*, Bilaterale Konzepte, S. 30.

224 In der Literatur wird dies überwiegend noch anders gehandhabt; vgl. bspw. *Krajewski*, Wirtschaftsvölkerrecht, § 3 Rn. 556.

225 *Elshihabi*, Int'l Lawy. 2001, 137, 137 ff.

226 Vgl. hierzu auch *Lew/Mistelis/Kröll*, Comparative International Commercial Arbitration, Rn. 28–34; *Kreutzfeld*, Investitionsschutz in Südafrika, S. 103; *Görs*, Internationales Investitionsrecht, S. 162 f.; *Metje*, Investitionsschutz, S. 92.

227 Vgl. *Happ*, GYIL 2002, 331, 341.

228 *Kreutzfeld*, Investitionsschutz in Südafrika, S. 104.

Der ECT zeichnet sich darüber hinaus auch durch seinen Streitbeilegungsmechanismus aus.[229] Denn er gibt dem Investor das Recht, ein verbindliches Streitbeilegungsverfahren herbeizuführen, ohne dass es dazu der gesonderten Zustimmung des Gaststaates bedarf.[230] Nach Art. 26 Abs. 2 ECT hat ein Investor, der einen Verstoß gegen die verbindlichen Verpflichtungen der Staaten aus Abschnitt III ECT behauptet, das Recht, einen direkten Anspruch gegen den Gaststaat gelten zu machen. Er hat dabei die Wahl, den Anspruch vor den nationalen Gerichten oder Verwaltungsbehörden des Gaststaates oder in einem Investor-Staat-Schiedsgerichtsverfahren oder nach einem vorher vereinbarten abweichenden Streitbeilegungsverfahren geltend zu machen.[231]

Der Investor ist bei der Wahl zwischen diesen Möglichkeiten nicht an eine vorherige vertragliche Vereinbarung gebunden.[232] Er kann sich selbst dann noch für ein Investor-Staat-Schiedsgerichtsverfahren entscheiden, wenn er vorher in einem Vertrag mit dem Gaststaat eine andere Gerichtsstands- oder Schiedsvereinbarung getroffen hat.[233] Gemäß Art. 26 Abs. 1 und 3(a) ECT i. V. m. Art. 10 Abs. 1 ECT erteilen die Vertragsparteien nämlich bereits mit der Unterzeichnung des ECT ihre Zustimmung zur Durchführung eines Schiedsgerichtsverfahrens - einer zusätzlichen Schiedsvereinbarung bedarf es nicht.[234] Dieser Streitbeilegungsmechanismus ist bindend, eine abweichende Schiedsabrede darf nicht vereinbart werden.[235]

Entscheidet sich der Investor für ein Schiedsgerichtsverfahren, hat er die Wahl zwischen einem ICSID- oder *ICSID Additional Facility*-Verfahren, einem Schiedsverfahren bei dem SCC oder einem *ad hoc* Verfahren nach UNCITRAL-Regeln (Art. 26 Abs. 4 ECT).[236] Materiell-rechtliche Entscheidungsgrundlage

229 Vgl. *Lew/Mistelis/Kröll*, Comparative International Commercial Arbitration, Rn. 28–35; Vgl. auch *Swaak-Goldman*, Am. Rev. Int'l Arb. 1995, 317, 318 f.

230 Vgl. *Kreutzfeld*, Investitionsschutz in Südafrika, S. 104; *Happ*, Schiedsverfahren nach Art. 26 ECT, S. 131; *Häde*, AVR 1997, 181, 207.

231 *Görs*, Internationales Investitionsrecht, S. 163.

232 Vgl. *Lew/Mistelis/Kröll*, Comparative International Commercial Arbitration, Rn. 28–35.

233 So *Paulsson*, ICSID Rev.-FILJ 1995, 232, 249; kritisch dazu *Wälde*, Investment Arbitration Under the Energy Charter Treaty, Arb. Int'l 1996, 429, 445.

234 *Happ*, GYIL 2002, 331, 358; *Tietje* in: Marauhn, Streitbeilegung in internationalen Wirtschaftsbeziehungen, S. 58.

235 Dies wird teilweise als unflexibel kritisiert, vgl. etwa *Blessing*, Introduction to Arbitration, Rn. 343 m. w. N.

236 Die *UNCITRAL Arbitration Rules* wurden 1976 durch die *United Nations Commisson on International Trade Law* („**UNCITRAL**") verabschiedet. Die UNCITRAL stellt

sind der ECT selbst, sowie die jeweils anwendbaren Normen und Prinzipien internationalen Rechts (Art. 26 Abs. 6 ECT).[237] Der Schiedsspruch ist für die Parteien verbindlich und unanfechtbar (*final and binding upon the parties*) (Art. 26 Abs. 8 ECT).

Zur Vollstreckung von Schiedssprüchen sieht der ECT keine eigenen Vorschriften vor, sodass ein Schiedsspruch auf herkömmliche Art und Weise innerstaatlich vollstreckt werden muss, wenn nicht die Möglichkeit eines ICSID-Schiedsgerichtsverfahrens gewählt wurde. Verweigert ein Staat die Befolgung eines Schiedsspruchs stellt dies allerdings auch einen Vertragsbruch seitens des Staates dar, der dann auch Gegenstand eines zwischenstaatlichen Schiedsgerichtsverfahrens gemäß Art. 27 ECT sein kann.[238]

Auf den Energiesektor beschränkt wurde mit dem ECT im Ergebnis ein umfassendes Investitionsschutzregime geschaffen, das sich durch seine verbindlichen materiell-rechtliche Regelungen und seinen innovativen Streitbeilegungsmechanismus auszeichnet.[239] Der ECT hat damit für moderne Investitionsschutzabkommen und etwaige weitere sektor-spezifische Abkommen, Modellcharakter.[240]

dd) Welthandelsorganisation

Die Welthandelsorganisation (*World Trade Organisation*) („**WTO**")[241] beschäftigt sich zwar primär mit Fragen des Handels. Sie hat aber auch eine zunehmende

damit Parteien eine Schiedsgerichtsordnung für *ad hoc*-Schiedsgerichtsverfahren oder Verfahren bei anderen Schiedsgerichtsinstitutionen zur Verfügung, führt selbst aber keine Schiedsgerichtsverfahren durch.

237 Vereinzelt wird angenommen, die Regelung des Art. 26 Abs. 6 ECT könne von den Parteien abbedungen werden. Dagegen jedoch *Wälde*, in: Ders., The Energy Charter Treaty, S. 308 f.; vgl. auch *Happ*, Schiedsverfahren nach Art. 26 ECT, S. 83.

238 Vgl. *Lew/Mistelis/Kröll*, Comparative International Commercial Arbitration, Rn. 28–36.

239 Vgl. *Metje, Investitionsschutz*, S. 92; *Tietje* in: Marauhn, Streitbeilegung in internationalen Wirtschaftsbeziehungen, S. 58; *Happ*, GYIL 2002, 331, 331 f; vgl. auch *Bartkowski*, Investitionsschutz, S. 24.

240 *Elshihabi*, Int'l Lawy. 2001, 137, 137, geht davon aus, dass Sektor-spezifische Investitionsschutzabkommen eine große Zukunft haben werden. Der ECT ist allerdings bis heute einzigartig geblieben.

241 Neu gegründet durch das *Marrakesh Agreement Establishing the World Trade Organisation* vom 15. April 1994, ILM 1994, 1 (Übereinkommen über die Errichtung der Welthandelsorganisation (WTO), BGBl. 1994 II, S. 1625).

Bedeutung für internationale Investitionen.[242] Denn staatliche Maßnahmen, die auf die Regulierung von Investitionen zielen, können mittelbar auch Einfluss auf den Handel haben und so dem WTO-Recht, etwa dem *General Agreement on Tariffs and Trade* 1994 („**GATT**")[243], oder für den Bereich der Dienstleistungen dem *General Agreement on Trade in Services* („**GATS**")[244], unterfallen.[245] Zudem gibt es einige Regelungen innerhalb des WTO-Systems, die unmittelbaren Bezug zu Investitionen haben.

Im *Agreement on Trade-Related Investment Measures* („**TRIMs**")[246] adressierte die WTO zum ersten Mal ausdrücklich Maßnahmen, die auf die Regulierung internationaler Investitionen zielen und sich auf den Handel auswirken.[247] Das TRIMs gilt nur im Bereich des Güterhandels (Art. 1 TRIMs). Es verweist auf das Gebot der Inländergleichbehandlung in Art. 3 GATT und das Verbot der mengenmäßigen Beschränkung in Art. 11 GATT (Art. 2 Abs. 1 TRIMs).[248] Maßnahmen, die gegen diese Gebote und Verbote verstoßen sind unzulässig und müssen dem WTO Rat für den Handel mit Waren gemeldet werden.[249] Im Ergebnis bestätigt das TRIMs Abkommen damit lediglich die materielle Rechtslage nach dem GATT.[250]

---

242 *Dolzer/Bloch*, in: Kronke/Melis/Schnyder, Wirtschaftsrecht, Teil J, Rn. 119.; vgl. auch allgemein zur WTO im Investitionsschutzkontext *Görs*, Internationales Investitionsrecht, S. 95 f.

243 Allgemeines Zoll- und Handelsabkommen 1994 (*General Agreement on Tariffs and Trade 1994*), Anhang 1 A des Übereinkommens zur Errichtung der Welthandelsorganisation (WTO), Abl. EG Nr. L 339 vom 23. Dezember 1994, S. 11.

244 Allgemeines Übereinkommen über den Handel mit Dienstleistungen (*General Agreement on Trade in Services 1994*), Anhang 1 B des Übereinkommens zur Errichtung der Welthandelsorganisation (WTO), Abl. EG Nr. L 339 vom 23. Dezember 1994, S. 190.

245 Vgl. zum GATS in diesem Kontext *von Reyher*, Bilaterale Konzepte, S. 32 f.

246 Übereinkommen über handelsbezogene Investitionsmaßnahmen (*Agreement on Trade-Related Investment Measures*) vom 15. April 1994, Anhang 1 A des Übereinkommens zur Errichtung der Welthandelsorganisation (WTO), Abl. EG Nr. L 339 vom 23. Dezember 1994, S. 100. Das TRIMs ist kein eigenständiger Text, sondern Teil des GATT von 1994.

247 Vgl. *Kreutzfeld*, Investitionsschutz in Südafrika, S. 95; *Bader*, Sicherungspotentiale, S. 78; *Görs*, Internationales Investitionsrecht, S. 100.

248 Zum Schutzstandard vgl. auch *Civello*, Minn. J. Int'l L. 1999, 97, 107 ff.

249 *Dolzer/Bloch*, in: Kronke/Melis/Schnyder, Wirtschaftsrecht, Teil J, Rn. 120; *Wurst*, Eigentums- und Investitionsgüterschutz, S. 212 f. Für Entwicklungsländer gelten teilweise Ausnahmen, vgl. *Kreutzfeld*, Investitionsschutz in Südafrika, S. 98.

250 *Görs*, Internationales Investitionsrecht, S. 100; *Civello*, Minn. J. Int'l L. 1999, 97, 98 hält es daher sogar für überflüssig.

Das GATS erstreckt sich direkt auf Investitionen.[251] Einen besonders hohen Schutzstandard sieht das WTO-System ferner mit dem *Agreement on Trade-Related Aspects of Intellectual Propery Rights* („**TRIPs**“)[252] im Bereich des Schutzes geistigen Eigentums vor.[253] Auch hier kann es zu Überschneidungen mit dem internationalen Investitionsschutzrecht kommen.[254] Denn das TRIPs gewährleistet für geistiges Eigentum einen Mindeststandard, der jedenfalls mittelbar auch internationale Investitionen schützt.[255] Jeder WTO-Vertragsstaat ist verpflichtet, den Schutz des geistigen Eigentums privater Personen anderer Mitgliedsstaaten zu gewährleisten.[256]

Das WTO-System sieht eigene Streitbeilegungsverfahren vor.[257] Sie können nur von Vertragsstaaten initiiert werden. Private Personen und Staaten, die nicht WTO-Mitglieder sind, können das Streitbeilegungsverfahren nicht nutzen.[258] Soweit eine Überschneidung zwischen Investitionsschutzrecht und WTO-Recht vorliegt, könnte es daher dazu kommen, dass ein Investor ein Schiedsgerichtsverfahren gegen den Gaststaat nach einem Investitionsschutzvertrag einleitet, während gleichzeitig sein Heimatstaat gegenüber dem Gaststaat die Verletzung von WTO-Recht in einem separaten WTO-Verfahren geltend macht.[259]

Im Ergebnis gibt es innerhalb des WTO-Systems nach wie vor keinen vollwertigen Investitionsschutzmechanismus.[260] Das WTO-Recht hilft jedoch beim Abbau von Wettbewerbsverzerrungen und -beschränkungen für ausländische

---

251 *Krajewski*, Wirtschaftsvölkerrecht, § 3 Rn. 561.

252 Übereinkommen über handelsbezogene Aspekte der Rechte des geistigen Eigentums (*Agreement on Trade-Related Aspects of Intellectual Propery Rights*) vom 15. April 1994, Anhang 1 C des Übereinkommens zur Errichtung der Welthandelsorganisation (WTO), ABl. EG Nr. L 339 vom 23. Dezember 1994, S. 213.; BGBl. 1994 II, S. 1730.

253 Vgl. *Görs*, Internationales Investitionsrecht, S. 98.

254 *Dolzer/Bloch*, in: Kronke/Melis/Schnyder, Wirtschaftsrecht, Teil J, Rn. 123; *Krajewski*, Wirtschaftsvölkerrecht, § 3 Rn. 562.

255 Vgl. *von Reyher*, Bilaterale Konzepte, S. 33; *Belling*, Jurisdiktion rationae materiae, S. 67.

256 *Kreutzfeld*, Investitionsschutz in Südafrika, S. 94.

257 Art. 12 und Art. 13 GATT, Art. 64 TRIPs, Art. 8 TRIMs; vgl. *Ohlhoff*, in: Prieß/Berrisch, WTO-Handbuch, Teil C.I.2, Rn. 18; *Dolzer*, FS für Doehring, S. 149 ff; *Ohlhoff*, in: Prieß/Berrisch, WTO-Handbuch, Teil C.I.2, Rn. 18.

258 *Ohlhoff*, in: Prieß/Berrisch, WTO-Handbuch, Teil C.I.2, Rn. 48 und 55; *Schwartmann*, ZVglRWiss 2003, 75, 97 und 99.

259 *Dolzer/Bloch*, in: Kronke/Melis/Schnyder, Wirtschaftsrecht, Teil J, Rn. 123.

260 *Wurst*, Eigentums- und Investitionsgüterschutz, S. 213.

Investitionen und trägt damit auch zur Absicherung und Förderung der Investitionen bei.[261]

2001 beschloss die WTO in Doha einen neuen Anlauf hin zu einem umfassenden multilateralen Investitionsschutzabkommen zu nehmen.[262] Die mehrfach unterbrochenen Verhandlungen haben jedoch bis heute zu keinem Ergebnis geführt.[263]

ee) Organisation for Economic Co-operation and Development

Auch im Rahmen der *Organisation for Economic Co-operation and Development* („**OECD**")[264] wurden Vereinbarungen mit Bezug zum Schutz von Investitionen geschaffen, insbesondere die verbindlichen Kodizes zur Liberalisierung des Kapitalverkehrs und zur Liberalisierung der laufenden unsichtbaren Transaktionen von 1961.[265]

Beide Kodizes berühren auch internationale Investitionen.[266] Sie sehen unter anderem vor, dass Investoren Inländergleichbehandlung zu gewähren ist und dass die Zurückführung von Erlösen sichergestellt wird.[267] Weitergehende Rechte zum Schutz von Investitionen, insbesondere zum Schutz vor Enteignungen, enthalten sie jedoch nicht.[268] Die Kodizes umfassen auch nicht alle Dienstleistungsbereiche und viele Mitgliedsstaaten haben von der Möglichkeit Gebrauch

---

261 *Kreutzfeld*, Investitionsschutz in Südafrika, S. 101 f.

262 *Ministerial Declaration* der 4. Ministerkonferenz der WTO in Doha, 14. November 2001, WT/MIN(01)/DEC/W/1, Abs. 20, http://www.wto.org/english /thewto_e/ minist_e/ min01_e/ mindecl_e.pdf (zuletzt abgerufen a, 12. November 2012).

263 Vgl. *Karl*, in Baur/Hobe, Rechtsprobleme von Auslandsinvestitionen, S. 42; *Sornarajah*, Foreign Investment, S. 314; *McGhie* in Bradlow/Escher, Legal Aspects of Foreign Direct Investment, S. 136.

264 Vgl. Allgemein zu OECD in diesem Kontext *Görs*, Internationales Investitionsrecht, S. 122 f.

265 *OECD Code of Liberalisation of Capital Movements*, http://www.oecd.org /daf/ internationalinvestment/investmentpolicy/39664826.pdf (zuletzt abgerufen am 12. November 2012); *OECD Code Liberalisation of Current Invisible Operations*, http://www.oecd.org/daf/financialmarketsinsuranceandpensions/privatepensions/ invisible%20operations_web%20english.pdf (zuletzt abgerufen am 12. November 2012).

266 Vgl. *Kreutzfeld*, Investitionsschutz in Südafrika, S. 83; *Wurst*, Eigentums- und Investitionsgüterschutz, S. 207.

267 Vgl. *von Reyher*, Bilaterale Konzepte, S. 35.

268 *Krajewski*, Wirtschaftsvölkerrecht, § 3 Rn. 570.

gemacht, durch Vorbehalte die Wirksamkeit vertraglicher Verpflichtungen im Einzelnen auszuschließen (Art. 2(b) der Kodizes).[269]

1976 wurden von der OECD zudem die OECD-Leitsätze für multinationale Unternehmen verabschiedet.[270] In ihnen wird das Inländergleichbehandlungsprinzip für ausländisch kontrollierte Unternehmen festgeschrieben.[271] Die Leitsätze sind allerdings lediglich eine Absichtserklärung ohne völkerrechtliche Verbindlichkeit.[272]

Die OECD Instrumente haben für das Investitionsschutzrecht damit kaum Bedeutung.

b) Regionale Abkommen

Auch eine Reihe von regionalen völkerrechtlichen Abkommen enthalten Regelungen zum Schutz von internationalen Investitionen. Diejenigen, die von besonderer Bedeutung sind, sollen im Folgenden auszugsweise kurz beleuchtet werden.

aa) North American Free Trade Agreement

Das NAFTA wurde 1992 abgeschlossen und hat einen liberalisierten gemeinsamen Markt zwischen den Vereinigten Staaten von Amerika, Kanada und Mexico geschaffen.[273] Es enthält in Kapitel 11 A ein eigenes Investitionsschutzkapitel.

Die Vertragsstaaten garantieren Inländergleichbehandlung (Art. 1102 NAFTA) oder Meistbegünstigung (Art. 1103 NAFTA) (das jeweils günstigere Prinzip gilt), Schutz vor Leistungsanforderungen (*performance requirements*, Art. 1106 Abs. 1 NAFTA), das Recht die Investition mit eigenem Management jeglicher Staatsangehörigkeit zu steuern und Gewinne uneingeschränkt

---

269 Vgl. *von Reyher*, Bilaterale Konzepte, S. 35; zum System der Vorbehalte im Einzelnen, vgl. *Görs*, Internationales Investitionsrecht, S. 130 f.

270 *OECD Declaration on International Investment and Multinational Enterprises* vom 21. Juni 1976, abgedruckt in ILM 1976, S. 961; OECD-Leitsätze für multinationale Unternehmen, Neufassung 2011, http://www.oecd.org /daf/internationalinvestment/guidelinesformultinationalenterprises/48808708.pdf (zuletzt abgerufen am 12. November 2012).

271 OECD-Leitsätze für multinationale Unternehmen, Neufassung 2011, S. 10 „Inländerbehandlung" (s. fn. 270); vgl. auch *Häde*, AVR 1997, 181, 205.

272 *Görs*, Internationales Investitionsrecht, S. 132.

273 Vgl. *Lew/Mistelis/Kröll*, Comparative International Commercial Arbitration, Rn. 28-26; zur Geschichte der Handelsabkommen zwischen den USA und Kanada vgl. *von Reyher*, Bilaterale Konzepte, S. 27, Fn. 115.

zurückzuführen.[274] Enteignungen müssen dem Gemeinwohl dienen und dürfen nur gegen Entschädigung in Höhe des angemessenen Marktwertes (*fair market value*) erfolgen.[275] Regelungen mit Investitionsschutzbezug enthält auch das Kapitel 5 zum Schutz geistiger Eigentumsrechte.

Für Verletzungen der Verpflichtungen des Investitionsschutzkapitels sieht das NAFTA einen Investor-Staat-Streitbeilegungsmechanismus vor (Kapitel 11 B). Es war das erste mehrseitige Investitionsschutzabkommen, das die Möglichkeit einer solchen Individualklage vorsah.[276] Zunächst soll ein friedlicher Einigungsversuch erfolgen (Art 1138 NAFTA). Scheitert dieser, kann der Investor nach einer letzten Fristsetzung von 90 Tagen und wenn mindestens sechs Monate seit den Ereignissen, die Anlass zur Klage geben, vergangen sind, ein Schiedsgerichtsverfahren einleiten.[277] Der Kläger hat grundsätzlich die Wahl zwischen ICSID, *ICSID Additional Facility* oder einem *ad hoc*-Verfahren nach UNCITRAL-Regeln.[278]

Das Schiedsgericht wendet das NAFTA sowie anwendbare Regeln des Völkerrechts an (Art. 1131 NAFTA). Der Schiedsspruch ist bindend, jeder Mitgliedsstaat hat für die Vollstreckung auf seinem Hoheitsgebiet zu sorgen (Art. 1136 NAFTA).[279] Soweit ein Mitgliedsstaat dieser Verpflichtung nicht nachkommt, lebt das diplomatische Schutzrecht des Heimatstaats wieder auf

---

274 *Eklund*, A Primer on the Arbitration of NAFTA Chapter Eleven Investor-State Disputes, J. Int'l Arb. 1994, Ausg. 4, 135, 136 ff.; *Horlick/Marti*, NAFTA Chapter 11B - A Private Right of Action to Enforce Market Access through Investments, J. Int'l Arb. 1997, Ausg. 1, 43, 45 f.; *Alvarez*, Arb. Int'l 2000, 393, 396 ff.; s. auch *Trakman*, J. Int'l Arb. 2001, 385, 388 ff.

275 Insoweit haben sich die USA gegenüber Mexiko nicht durchsetzen können explizit die *Hull*-Formel aufzunehmen, wobei sie diese ohnehin für zwingendes internationales Recht halten, vgl. vgl. *von Reyher*, Bilaterale Konzepte, S. 8 m. w. N.

276 Vgl. *Görs*, Internationales Investitionsrecht, S. 157.

277 Art. 1119 NAFTA und Art. 1120 NAFTA (sog. *Cooling-off period*); *Trakman*, J. Int'l Arb. 2001, 385, 393 ff.; In *Ethyl Corp. v Canada*, Abs. 85 verzichtete das Schiedsgericht allerdings pragmatisch auf die Einhaltung dieser Frist, da die Frist jedenfalls im Entscheidungszeitpunkt abgelaufen wäre; *Görs*, Internationales Investitionsrecht, S. 158.

278 Art. 1120(1) NAFTA; vgl. auch *Alvarez*, Arb. Int'l 2000, 393, 403; *Blessing*, Introduction to Arbitration, Rn. 335; Allerdings sind lediglich die USA Vertragspartei des ICSID-Abkommens, sodass Verfahren mit Beteiligung der USA in der Regel vor der *ICSID Additional Facility* oder alternativ nach UNCITRAL-Regeln stattfinden werden; für Verfahren zwischen Kanada und Mexico bleiben allein die UNCITRAL-Regeln, vgl. *Görs*, Internationales Investitionsrecht, S. 158.

279 Vgl. *Görs*, Internationales Investitionsrecht, S. 159.

(Art. 1136 Abs. 5 NAFTA). Für diesen Fall sieht das NAFTA auch einen zwischenstaatlichen Streitbeilegungsmechanismus vor (Kapitel 20).

Die Regelungen des NAFTA sind weitreichend und weitentwickelt und insofern von erheblicher Bedeutung im Rahmen des internationalen Investitionsschutzes.[280] Das NAFTA gehört damit zu den praktisch bedeutsamsten regionalen Investitionsschutzinstrumenten.[281] Allerdings darf nicht übersehen werden, dass sein Anwendungsbereich insgesamt auf die drei Vertragsstaaten begrenzt ist. Außerdem sieht auch das NAFTA zahlreiche Möglichkeiten zur Geltendmachung von Vorbehalten vor.[282]

bb) Mercado Común del Sur

Für den Bereich des Mercosur finden sich in den 1994 geschlossenen, aber nie in Kraft getretenen Protokollen von Colonia[283] und Buenos Aires[284] Regelungen über den Schutz von Investitionen innerhalb des Binnenmarktes. Hiernach gelten Schutzstandards, die sich an das NAFTA anlehnen: Investitionen sind „fair und billig" zu behandeln, es gelten die Grundsätze der Inländergleichbehandlung und Meistbegünstigung. Nach Art. 9 Abs. 2–6 des Protokolls von Colonia kann ein aus einem Mercosur-Staat stammender Investor bei Verletzung dieser

---

280 *Von Reyher*, Bilaterale Konzepte, S. 28 bewertet die Regelungen des NAFTA sogar als „auf multilateraler Ebene größten und wichtigsten Schritt hin zu einer internationalen Regelung von Auslandsinvestitionen". *Metje, Investitionsschutz*, S. 88 spricht davon, dass das „Investitionskapitel des NAFTA auch heute noch die Standards für die völkerrechtliche Behandlung von Investitionen definiert".

281 Vgl. *Krajewski*, Wirtschaftsvölkerrecht, § 3 Rn. 554.

282 Vgl. *Görs*, Internationales Investitionsrecht, S. 154 f., insbesondere zu den sog. Negativlisten, in denen die Vertragsstaaten u. a. Maßnahmen auflisten, die den Vertragsverpflichtungen zuwiderlaufen, aber dennoch vorläufig aufrechterhalten werden sollen.

283 *Protocolo de Colonia para la Promoción y Protección Recíproca de Inversiones en el MERCOSUR* vom 17. Januar 1994, Mercosur Common Market Council Decision No. 11/93, abrufbar unter http://www.mercosur.int/t_ligaenmarco.jsp?contentid=4823&site=1&channel=secretaria (zuletzt abgerufen am 12. November 2012). Eine englische Übersetzung hat Brasilien unter http://www.cvm.gov.br/ingl/inter/mercosul/coloni-e.asp (zuletzt abgerufen am 20. Februar 2013) veröffentlicht.

284 *Protocolo sobre Promoción y Protección de Inversiones Provenientes de Estados No Partes del MERCOSUR* vom 5. August 1994, Mercosur Common Market Council Decision No. 11/94, abrufbar unter http://www.mercosur.int/t_ligaenmarco.jsp?contentid=4823&site=1&channel=secretaria (zuletzt abgerufen am 12. November 2012). Eine englische Übersetzung hat Brasilien unter http://www.cvm.gov.br/ingl/inter/mercosul/buenos-e.asp (zuletzt abgerufen am 20. Februar 2013) veröffentlicht.

Pflichten entweder Rechtsschutz vor den Gerichten des Gaststaates suchen oder ein Schiedsgerichtsverfahren vor dem ICSID, der *ICSID Additional Facility*, einem *ad hoc*-Schiedsgericht nach UNCITRAL-Regeln oder einer noch zu schaffenden permanenten Schiedsinstanz initiieren.

Materiell-rechtlich entspricht der Schutz von Investitionen weitestgehend dem NAFTA. Allerdings haben die Mitgliedstaaten für zahlreiche Sektoren umfangreiche Vorbehalte angebracht, die den Schutz entsprechend einschränken.[285] Solange die Abkommen nicht ratifiziert werden, bleiben sie allerdings ohne verbindliche Wirkung.

cc) Der Schutz von Investitionen im Europarecht

Im Europarecht gibt es Regelungen mit Bezug zu internationalen Investitionen.

Nach der Rechtsprechung des Europäischen Gerichtshofs („**EuGH**") besteht zunächst ein gemeinschaftsrechtliches Eigentumsgrundrecht, das allerdings im Hinblick auf seine soziale Funktion beschränkt werden kann.[286] Es umfasst das Mobiliar- und Immobiliareigentum, sowie die Immaterialgüterrechte natürlicher und juristischer Personen.[287]

Die Charta der Grundrechte der Europäischen Union[288] schützt in Art. 17 das Eigentum und erlaubt Enteignungen nur auf gesetzlicher Grundlage, aus Gründen des öffentlichen Interesses und gegen eine rechtzeitige, angemessene Entschädigung. Dieser Maßstab soll auch für Eingriffe in das gemeinschaftsrechtliche Eigentumsgrundrecht gelten. Der EuGH hatte diese Frage jedoch noch nicht zu entscheiden.[289]

Stellt der Eingriff in das Eigentum lediglich eine Nutzungsregelung dar, muss er dem Allgemeinwohl dienen, verhältnismäßig sein und den Wesensgehalt des Eigentums nicht antasten.[290] Auch für die Nutzungsbeschränkung wird unter Berufung auf die gemeinsamen Verfassungsüberlieferungen der Mitgliedsstaaten

---

285 Vgl. *Görs*, Internationales Investitionsrecht, S. 166.

286 EuGH, Urt. v. 13. Dezember 1979, Slg. 1979, 03727, 03744 ff. - Hauer; vgl. *Dolzer/Bloch*, in: Kronke/Melis/Schnyder, Wirtschaftsrecht, Teil J, Rn. 40.

287 *Dolzer/Bloch*, in: Kronke/Melis/Schnyder, Wirtschaftsrecht, Teil J, Rn. 42.

288 Charta der Grundrechte der Europäischen Union, ABl. EU Nr. C 83 vom 20. März 2010, S. 389.

289 *Dolzer/Bloch*, in: Kronke/Melis/Schnyder, Wirtschaftsrecht, Teil J, Rn. 44.

290 EuGH, Urt. v. 13. Dezember 1979, Slg. 1979, 03727, 03744 ff - Hauer; EuGH, Urt. v. 13. Juli 1989, Slg. 1989, 02609 - Wachauf, Rn. 18.

jedenfalls bei Sonderopfern und besonders belastenden Regelungen eine Entschädigung gefordert.[291]

Für Investitionen aus einem EU-Mitgliedsstaat in einen anderen EU-Mitgliedsstaat gelten zudem die Grundfreiheiten, insbesondere die Kapitalverkehrsfreiheit, die Niederlassungsfreiheit und die Dienstleistungsfreiheit.[292] Von der Kapitalverkehrsfreiheit sind auch Kapitalbewegungen im Zusammenhang mit Direktinvestitionen umfasst, z. B. zur Gründung und zum Erwerb von sowie zur Beteiligung an Unternehmen.[293]

Die Niederlassungsfreiheit schützt „die Gründung und Leitung von Unternehmen". Nach der Rechtsprechung des EuGH ist unter Niederlassung die „tatsächliche Ausübung einer wirtschaftlichen Tätigkeit mittels einer festen Einrichtung in einem anderen Mitgliedstaat auf unbestimmte Zeit" zu verstehen.[294] Auf die Unternehmensfreiheit können sich daher nur unternehmerisch tätige Direkt-Investoren berufen.[295] Erforderlich ist ein „sicherer Einfluss" auf die Investitions-Gesellschaft.[296] Portfolioinvestitionen sind damit vom Schutzbereich ausgenommen.

---

291 *Dolzer/Bloch*, in: Kronke/Melis/Schnyder, Wirtschaftsrecht, Teil J, Rn. 45.

292 *Follak* in: Dauses, Handbuch des EU-Wirtschaftsrechts, Teil F.II., Rn. 2 und 5 ff.; vgl. auch *Karl*, JWIT 2004, 413, 414. Der Anwendungsbereich der einzelnen Grundfreiheiten ist teilweise überlappend, ob und inwieweit sie sich dabei gegenseitig verdrängen, ist im Einzelnen umstritten, vgl. *Hindelang*, in: Knahr/Reinisch, Aktuelle Probleme und Entwicklungen im internationalen Investitionsrecht, S. 87 ff. Einiges spricht für eine parallele Anwendung ohne Einschränkungen, die Frage ist jedoch letztlich nicht von wesentlicher Relevanz für die vorliegende Arbeit und soll daher nicht vertieft werden. Für eine parallele Anwendung im Ergebnis mit überzeugenden Argumenten auch *Hindelang*, in: Knahr/Reinisch, Aktuelle Probleme und Entwicklungen im internationalen Investitionsrecht, S. 104.

293 Vgl. Anhang I zur Richtlinie des Rates 88/361/EWG vom 24. Juni 1988, ABl. EG Nr. L 178 vom 8. Juli 1988, S. 5; *von Reyher*, Bilaterale Konzepte, S. 25; *Hindelang*, in: Knahr/Reinisch, Aktuelle Probleme und Entwicklungen im internationalen Investitionsrecht, S. 81.

294 EuGH, Urt. v. 25. Juli 1991, Slg. 1991, I-03905 - Factortame, Rn. 20; s. auch EuGH, Urt. v. 30. November 1995, Slg. 1995, I-04165 - Gebhard, Rn. 25.

295 *Hindelang*, in: Knahr/Reinisch, Aktuelle Probleme und Entwicklungen im internationalen Investitionsrecht, S. 84 f.

296 EuGH, Urt. v. 12. Dezember 2006, Slg. 2006, I-11753 - FII Group Litigation, Rn. 37–38.

In der Europäischen Konvention zum Schutz der Menschenrechte und Grundfreiheiten („**EMRK**")[297] ist das Eigentumsrecht in Art. 1 des Ersten Zusatzprotokolls[298] verankert. Der in der Rechtsprechung des Europäischen Gerichtshofs für Menschenrechte („**EGMR**") entwickelte, weite Schutzbereich umfasst neben dem Eigentum auch jedes andere, private, vermögenswerte Recht, also auch Gesellschaftsanteile und Aktienrechte.[299] Enteignungen sind zulässig, soweit sie gesetzlich vorgesehen, im öffentlichen Interesse und verhältnismäßig sind und den allgemeinen Grundsätzen des Völkerrechts Rechnung getragen wird, insbesondere eine Entschädigung gezahlt wird.[300] Für Nutzungsbeschränkungen reicht es aus, wenn mit dem Eingriff ein im öffentlichen Interesse liegender Zweck verfolgt wird und der Eingriff verhältnismäßig ist, wobei in diesem Rahmen eine Entschädigung erforderlich sein kann, um die Verhältnismäßigkeit zu wahren.[301]

Die EMRK schützt damit jedenfalls im Hinblick auf das Eigentum auch internationale Investitionen.[302] Ein privater Investor kann die Verletzung des Eigentumsrechts nach Erschöpfung des innerstaatlichen Rechtswegs auch im Wege der Individualbeschwerde beim EGMR geltend machen (Art. 34 EMRK).

In jüngerer Zeit hat sich eine intensive wissenschaftliche und politische Debatte über die BITs der EU-Mitgliedstaaten und ihre Vereinbarkeit mit Europarecht entsponnen. Im Kern betrifft die Diskussion vor allem die BITs zwischen Mitgliedstaaten und dritten Staaten, da die Europäische Union insoweit durch den Vertrag von Lissabon die Kompetenz von den Mitgliedstaaten übernommen hat. Bei BITs zwischen zwei EU-Mitgliedstaaten wird diskutiert, ob diese vom Europarecht überlagert werden. Aus völkerrechtlicher Sicht sprechen die überzeugenderen Argumente dagegen. Denn auch bei den Intra-EU-BITs handelt es

---

297 Konvention der Menschenrechte und Grundfreiheiten vom 4. November 1950, BGBl. 2010 II, S. 1998.

298 Zusatzprotokoll zur Konvention zum Schutz der Menschenrechte und Grundfreiheiten vom 2. März 1952, BGBl. 2010 II, S. 1218.

299 *Dolzer/Bloch*, in: Kronke/Melis/Schnyder, Wirtschaftsrecht, Teil J, Rn. 53; *Pfaff* in: Knahr/Reinisch, Aktuelle Probleme und Entwicklungen im internationalen Investitionsrecht, S. 170; EGMR, *Case of Lithgow and Others v. The United Kingdom*, Urt. v. 8. Juli 1986, EuGRZ 1980, 350.

300 *Dolzer/Bloch* in: Kronke/Melis/Schnyder, Wirtschaftsrecht, Teil J, Rn. 56; *Pfaff* in: Knahr/Reinisch, Aktuelle Probleme und Entwicklungen im internationalen Investitionsrecht, S. 174.

301 *Dolzer/Bloch*, in: Kronke/Melis/Schnyder, Wirtschaftsrecht, Teil J, Rn. 57.

302 *Pfaff* in: Knahr/Reinisch, Aktuelle Probleme und Entwicklungen im internationalen Investitionsrecht, S. 185 ff.

sich um völkerrechtliche Abkommen, die dem Europarecht, das wie innerstaatliches Recht zu behandeln ist, vorgehen.[303]

dd) Association of Southeast Asian Nations

Die ASEAN-Mitgliedsstaaten schlossen 1987 mit dem IGA das erste verbindliche regionale Investitionsschutzabkommen ab.[304] In diesem wurden allgemeine Schutzverpflichtungen für internationale Investitionen aufgestellt, ohne dass konkrete Diskriminierungsverbote vereinbart wurden.[305] Enteignungen waren nach den Grundsätzen der *Hull*-Formel zu entschädigen. Zur Streitbeilegung verwies Art. 10 IGA wahlweise auf ICSID-Schiedsgerichtsverfahren, *ad hoc*-Schiedsgerichtsverfahren nach den UNCITRAL-Regeln oder Schiedsverfahren beim *Kuala Lumpur Regional Centre for Arbitration* (KLRC).

1998 wurde der Investitionsschutz durch das AIA ergänzt und schließlich 2009 im ACIA konsolidiert und auf eine neue umfassende Basis gestellt. Das ACIA übernimmt den typischen Schutzstandard vieler BITs (Entschädigung von Enteignungen (Art. 14), Inländergleichbehandlung und Meistbegünstigungsprinzip (Art. 5 und 6), das Gebot „angemessener und billiger Behandlung" (*fair and equitable treatment*) und die Verpflichtung zum umfassenden Schutz der Investition (*full protection and security*) (Art. 11)). Es enthält darüber hinaus einige spezielle Schutzrechte, wie das Verbot, diskriminierende Regelungen zur Besetzung von Managementorganen zu erlassen (Art. 8) oder Schlüsselpersonen bei Einreise und Aufenthalt zu behindern (Art. 22). Das ACIA enthält ferner Regelungen zur Förderung und Erleichterung internationaler Investitionen (Art. 24 ff.).

Der Streitbeilegungsmechanismus des ACIA entspricht im Ergebnis demjenigen des AIA. Der Investor hat die Wahl zwischen nationalen Gerichten, ICSID, *ICSID Additional Facility*, einem *Ad hoc*-Schiedsgerichtsverfaren (UNCITRAL), der regionalen Schiedsgerichtsinstitution *Kuala Lumpur Regional Centre for Arbitration* (KLRC) oder jeder anderen Schiedsgerichtsinstitution, auf welche die Streitparteien sich einigen (Art. 33). Bemerkenswert ist dabei die verjährungsähnliche Regelung in Art. 34(1)(a), nach der eine Schiedsklage (nicht jedoch ein Verfahren vor staatlichen Gerichten) nur innerhalb von drei Jahren nach Kenntnis des Investors von einer Vertragsverletzung oder fahrlässiger Unkenntnis von

---

303 Vgl. ausführlich *Tietje*, Bilaterale Investitionsschutzverträge zwischen EU-Mitgliedsstaaten (Intra-EU-BITs) als Herausforderung im Mehrebenensystem des Rechts, S. 12 ff.

304 Vgl. oben, Abschnitt B.I.5.e.

305 *Görs*, Internationales Investitionsrecht, S. 166.

einer solchen Vertragsverletzung (*should reasonably have become aware*) geltend gemacht werden kann.

ee) Asia-Pacific Economic Cooperation

Die Staats- und Regierungschefs der *Asia-Pacific Economic Cooperation* („**APEC**")[306] haben 1994 die völkerrechtlich unverbindlichen *APEC Non-Binding Investment Principles*[307] aufgestellt. Hiernach gelten in erster Linie Transparenzvorschriften bei der nationalen Investitionsgesetzgebung, die von den Mitgliedstaaten durch regelmäßige Berichte zu erfüllen sind. Materiell-rechtlicher Investitionsschutz wird durch sie nicht gewährleistet.

3. Investitionsschutz durch BITs

BITs sind völkerrechtliche Verträge zwischen dem Heimatstaat des Investors und dem Gaststaat der Investition über die Förderung und den Schutz von gegenseitigen Investitionen. Sie sind der Ursprung des völkervertragsrechtlichen Investitionsschutzrechtes und in der heutigen Staatenpraxis nach wie vor von zentraler Bedeutung.[308]

a) Ursprung und Entwicklung

Die Vorläufer der heutigen BITs waren die im 18. Jahrhundert aufkommenden Freundschafts-, Handels-, und Schifffahrtsverträge (*Friendship, Commerce and Navigation Treaties*) („**FCN-Abkommen**"), die erstmalig ausdrücklich das Niederlassungsrecht von ausländischen Investoren und deren Rechtsstellung im Gaststaat regelten.[309] Der von ihnen gewährte Schutz war in der Regel auf die Geltendmachung von Ansprüchen bei staatlichen Eingriffen beschränkt.[310]

---

306 In der APEC sind bis auf wenige Ausnahmen (u. a. USA, Japan und China), alle Anrainerstaaten des Pazifik versammelt.

307 *APEC Non-Binding Investment Principles*, November 1994, http://www.apec.org/Press/News-Releases/2010/~/media/965E37FDA6D848B4A0350D68D2A4BE1C.ashx (zuletzt abgerufen am 14. November 2012).

308 *Krajewski*, Wirtschaftsvölkerrecht, § 3 Rn. 547 bezeichnet sie als das „wichtigste Element" des internationalen Investitionsschutzes.

309 Vgl. *Blumenwitz*, in: Bernhardt, Encyclopedia of Public International Law, S. 953 ff.; *Sornarajah*, Foreign Investment, S. 209 ff.; *Krajewski*, Wirtschaftsvölkerrecht, § 3 Rn. 547.

310 So enthielt bspw. der zwischen den USA und Großbritannien geschlossene *Treaty of Amity, Commerce and Navigation* (*Jay's Treaty*) vom 19. November 1794, abgedruckt in *Peters*, United States Statutes at Large, S. 166 ff. in Art. VI und VII Regelungen

Nach dem Ende des Zweiten Weltkrieges weiteten Unternehmen aus Industrienationen ihre Exporttätigkeit in Entwicklungsländer aus. Dies entsprach auch dem Interesse der Entwicklungsländer, die nach Erlangung der politischen Unabhängigkeit ihren wirtschaftlichen Bedarf nicht aus eigenen Mitteln decken konnten. Industrienationen sahen in der Förderung der Investitionstätigkeit insoweit auch ein Mittel der Entwicklungshilfe („*Aid by Trade*").[311]

Bei den privaten Investoren entstand im Zuge dieser Entwicklung das Bedürfnis nach einem verbesserten völkervertraglichen Schutz ihrer Investitionen, der über den in den FCN-Abkommen gewährleisteten Schutz hinausging.[312] Die kapitalexportierenden Staaten begannen daher, das nichtkommerzielle, politische Risiko von Investitionen durch Bürgschaften, Garantien oder sonstige Gewährleistungen abzusichern. Parallel hierzu begann sich die Idee durchzusetzen, vertraglich zu vereinbaren, dass private Investoren ihre Ansprüche selbst vor einer unabhängigen Instanz geltend machen könnten.[313]

In Deutschland findet sich erstmals 1959 im Haushaltsgesetz eine Klausel, die den Finanzminister berechtigt, Gewährleistungen für Investitionen im Ausland zu geben.[314] Voraussetzung für die Gewährleistung für Auslandsinvestitionen war, dass entweder eine Vereinbarung zum Schutz der Kapitalanlage mit dem fremden Land deren Schutz sicherte oder die Rechtsordnung des betreffenden Landes ausreichenden Schutz in sonstiger Weise sicherstellt. Damit wurde der Abschluss von speziellen Vereinbarungen zum Schutz der Investitionen notwendig. Der Startschuss für das deutsche BIT-Programm war gefallen.

Der erste moderne BIT wurde noch im selben Jahr zwischen Deutschland und Pakistan abgeschlossen.[315] In der Folge wurden die FCN-Abkommen

---

über die Einrichtung von Schiedsgerichten (*commissioners*) die verbindlich über Ansprüche der jeweiligen Staatsangehörigen eines Vertragsstaates gegenüber dem anderen Vertragsstaat entscheiden sollten, vgl. *Metje, Investitionsschutz*, S. 76; *Reinisch*, in: Tietje, Internationales Wirtschaftsrecht, § 8 Rn. 10.

311 *Gloria* in: Ipsen, Völkerrecht, § 47 Rn. 1.

312 Vgl. *Kishoiyian*, Nw. J. Int'l L. & Bus. 1993–1994, 327, 332 f. Der Fokus der vor dem Ende des Zweiten Weltkriegs abgeschlossenen Verträge lag mehr auf dem Schutz des Händlers als auf dem des industriellen Investors, *Fatouros*, Government Gurantees to Foreign Investors, S. 93.

313 *Metje*, Investitionsschutz, S. 75.

314 Gesetz über die Feststellung des Haushaltsplans für das Rechnungsjahr 1959 (Haushaltsgesetz 1959), BGBl. 1959 II, S. 793, § 18 Abs. 1; vgl. auch *Köpernik*, RIW 1979, 669, 672.

315 Vertrag zwischen der Bundesrepublik Deutschland und Pakistan zur Förderung und zum Schutz von Kapitalanlagen, BGBl. 1961 II, S. 793; vgl. auch *Banz*,

zunehmend durch die neuen BITs verdrängt.[316] Auch die USA begannen ein BIT-Programm und schlossen 1982 ihren ersten BIT mit Ägypten ab.[317]

In der modernen Staatenpraxis haben BITs für das Investitionsschutzrecht seitdem eine überragende Bedeutung erlangt.[318] Auch Länder, die zunächst selbst nicht auf BITs als Investitionsschutzinstrument zurückgegriffen hatten, haben ihre Zurückhaltung aufgegeben und nehmen mittlerweile an dieser Entwicklung teil.[319] Heute ist die Zahl der BITs weltweit auf etwa 2.500 angewachsen.[320]

Deutschland verfügt, ebenso wie die meisten westlichen Staaten, über ein dichtgesponnenes Netz von BITs.[321] Aber auch Entwicklungs- und Schwellenländer haben inzwischen untereinander BITs abgeschlossen.[322] Insgesamt ist das weltweite BIT-Netz mittlerweile so dicht, dass die meisten ausländischen Investitionen unter den Schutzbereich mindestens eines BITs oder multilateralen völkerrechtlichen Investitionsschutzabkommens fallen.[323]

Völkerrechtlicher Eigentumsschutz, S. 25; *McGhie*, in: Bradlow/Escher, Legal Aspects of Foreign Direct Investment, S. 107; *Bader*, Sicherungspotentiale, S. 81; *Alenfeld*, Investitionsförderungsverträge, S. 27; *Sacerdoti*, Recueil des Cours 1997 (Bd. 269), S. 299.

316 *Metje*, Investitionsschutz, S. 76.

317 *McGhie*, in: Bradlow/Escher, Legal Aspects of Foreign Direct Investment, S. 108; *Burkhardt* in: Esser/Meesen, Kapitalinvestitionen im Ausland - Chancen und Risiken, S. 126.

318 *Herdegen*, Völkerrecht, § 54 Rn. 6.

319 Insbesondere auch die Staaten Lateinamerikas und die früheren Sowjetrepubliken, vgl. *Oschmann*, RIW 1996, 494, 494.

320 S. o. fn. 5 unter Verweis auf *UNCTAD*, World Investment Report 2009, S. 31 f.

321 Derzeit hat Deutschland 131 Verträge abgeschlossen; 8 weitere Verträge sind unterzeichnet, aber noch nicht in Kraft getreten, vgl. Bundesministerium für Wirtschaft und Technologie, Übersicht über die bilateralen Investitionsförderungs- und -schutzverträge der Bundesrepublik Deutschland, 27. April 2012, http://www.bmwi.de/BMWi/Redaktion/PDF/B/bilaterale-investitionsfoerderungs-und-schutzvertraege-IFV,property=pdf,bereich=bmwi2012,sprache=de,rwb=true.pdf (zuletzt abgerufen am 12. November 2012).

322 Vgl. *Herdegen*, Völkerrecht, § 54 Rn. 6; *Reinisch*, in: Tietje, Internationales Wirtschaftsrecht, § 8 Rn. 12.

323 *Lew/Mistelis/Kröll*, Comparative International Commercial Arbitration, Rn. 28–25. Die BITs und internationale und regionale Investitionsschutzabkommen ergänzen sich insofern, vgl. *Karl*, RIW 1998, 432, 440.

b) *Typischer Inhalt von BITs und materieller Schutzstandard*

In ihren Kernelementen und ihrer Struktur sind sich viele BITs ähnlich, auch wenn es im Detail teilweise erhebliche Unterschiede gibt.[324] Typischerweise enthalten BITs die folgenden Komponenten:[325] Nach der nichtoperativen Präambel folgen zunächst Begriffsbestimmungen der maßgeblichen Begriffe.[326] Sodann folgen materielle Regelungen über die gegenseitige Zulassung von Investitionen, die Behandlung von Investitionen und Investoren, den Schutz vor Enteignungen und die Zahlung von Entschädigungen sowie den freien Transfer von Kapital und Gewinnen.[327] Ergänzt werden diese Regelungen durch einen Streitbeilegungsmechanismus und ggf. weitere Detailbestimmungen, beispielsweise zum zeitlichen Schutzumfang und Anwendungsbereich oder zum Übergang von Ansprüchen.[328]

Von Bedeutung sind zunächst die Bestimmungen über die gegenseitige Zulassung von Investitionen. Da es den Staaten nach dem Völkergewohnheitsrecht grundsätzlich freisteht, Investitionen auf ihrem Staatsgebiet zuzulassen, entsteht erst durch die Aufnahme einer entsprechenden Verpflichtung in BITs ein Anspruch auf Zulassung von Investitionen.[329] Die Regelungen zur Zulassung von Investitionen sind jedoch häufig sehr unbestimmt; für bestimmte

---

324 Vgl. *Reinisch*, in: Tietje, Internationales Wirtschaftsrecht, § 8 Rn. 12; *Comeaux/Kinsella*, Protecting foreign investment, S. 102 f.; *Burkhardt* in: Esser/Meesen, Kapitalinvestitionen im Ausland - Chancen und Risiken, S. 126; *Lowenfeld*, International Economic Law, S. 555. Zur Verhandlung bilateraler Investitionsschutzverträge *UNCTAD*, Bilateral Investment Treaties in the Mid-1990s, S. 21 ff.

325 Vgl. *McGhie*, in: Bradlow/Escher, Legal Aspects of Foreign Direct Investment, S. 109; *Häde*, AVR 1997, 181, 193; *Perera*, CLB 2000, 607, 607; *Bartkowski*, Investitionsschutz, S. 28 ff.; *Metje*, Investitionsschutz, S. 79 ff.; *Lowenfeld*, International Economic Law, S. 555 ff.; *Salacuse*, Int'l Law. 1990, 655, 664.

326 Im deutschen Muster-BIT werden in Art. 1 Nr. 1–4 die Begriffe „Kapitalanlage", „Erträge", „Investor", und „Hoheitsgebiet" definiert. Amerikanische BITs enthalten, der dortigen Gestaltungspraxis entsprechend, teilweise erheblich umfangreichere Definitionskataloge.

327 Vgl. bspw. Art. 2–5 des deutschen Muster-BITs.

328 Vgl. bspw. Art. 9 des deutschen Muster-BITs vom 5. Dezember 2008 zur Streitbeilegung zwischen den Vertragsstaaten und Art. 10 zur Streitbeilegung in Investor-Staat-Auseinandersetzungen, Art. 8 zum zeitlichen Umfang und Anwendungsbereich und Art. 6 zum Übergang von Ansprüchen.

329 S. oben Abschnitt B.II; vgl. auch *Häde*, AVR 1997, 181, 193; *McGhie*, in: Bradlow/Escher, Legal Aspects of Foreign Direct Investment, S. 112.

Wirtschaftssektoren wird die Zulassung von Investitionen zudem oft beschränkt oder abbedungen.[330]

Die Regelungen über die Enteignung von Investitionen und Entschädigungen orientieren sich üblicherweise an den anerkannten Voraussetzungen einer rechtmäßigen direkten Enteignung.[331] Direkte oder indirekte Enteignungen sind danach nur zum Wohle der Allgemeinheit, diskriminierungsfrei und gegen Entschädigung zulässig. Die Vertragspraxis in BITs geht über den völkergewohnheitsrechtlichen Schutz hinaus und erfasst nicht nur förmliche Enteignungen, sondern auch Maßnahmen, die in ihrer Wirkung einer Enteignung gleichkommen (*measures tantamount to expropriation*).[332] Bei der zu leistenden Entschädigung ist die Vertragspraxis nicht vollkommen einheitlich.[333] Überwiegend wird jedoch gemäß der *Hull*-Formel eine Entschädigung verlangt, die dem vollen Wertausgleich entspricht (Marktwert einschließlich Renditeperspektiven).[334]

Neben Entschädigungen bei Enteignungen und einer Verpflichtung zum umfassenden Schutz der Investition (*full protection and security*) werden häufig auch die Grundsätze der Inländergleichbehandlung und Meistbegünstigung (*most favoured nation treatment*) („**MFN**") oder eine Kombination aus beiden vereinbart.[335] Nach dem Grundsatz der Inländergleichbehandlung verpflichten sich die Staaten, die einmal zugelassenen Investitionen und Investoren gegenüber eigenen

---

330 Vgl. bspw. Art. 2 Abs. 1 des deutschen Muster-BITs („Jeder Vertragsstaat fördert nach Möglichkeit in seinem Hoheitsgebiet Kapitalanlagen von Investoren des anderen Vertragsstaats und lässt diese Kapitalanlagen in Übereinstimmung mit seinen Rechtsvorschriften zu.") der den Vertragsstaaten durch die Einschränkung „nach Möglichkeit" und die Bezugnahme auf die nationalen Rechtsvorschriften einen weiteren Regelungs- und Ermessensspielraum eröffnet; vgl. auch *Metje*, Investitionsschutz, S. 80.

331 Wann hingegen eine Enteignung vorliegt und wann möglicherweise nur eine entschädigungslos hinzunehmende Inhaltsbestimmung, ist hingegen auch im Völkerrecht ungeklärt, vgl. *Schill*, RIW 2005, 330, 332; *Metje*, Investitionsschutz, S. 83.

332 *Herdegen*, Völkerrecht, § 54 Rn. 7; *Técnicas Medioambientales Tecmed S.A. v. The United Mexican States*, ICSID Case No. ARB(AF)/00/02, Award, 29. Mai 2003, Rn. 14.

333 *Metje*, Investitionsschutz, S. 83.

334 *Herdegen*, Völkerrecht, § 54 Rn. 3; *Dolzer/Stevens*, Bilateral Investment Treaties, S. 108; *McGhie*, in: Bradlow/Escher, Legal Aspects of Foreign Direct Investment, S. 115/116; *Karl*, RIW 1994, 809, 812.

335 Vgl. *Häde*, AVR 1997, 181, 194; vgl. auch *Ebenroth/Grashoff*, RIW 1993, Beilage 3, S. 10; *Dolzer*, FS für Ress, S. 47, 47; *Zimmer/Karl*, in: Gesellschaft zur Förderung des Schutzes von Auslandsinvestitionen e.V., Festschrift, S. 48.

Staatsangehörigen und deren wirtschaftlichen Aktivitäten nicht schlechter zu stellen.[336] Der Grundsatz der Meistbegünstigung verpflichtet die Vertragsstaaten, Investitionen und Investoren nicht weniger günstig zu behandeln, als diejenigen aus dritten Staaten.

Vor dem Hintergrund des umfangreichen BIT-Netzwerks ist der MFN-Grundsatz inzwischen sehr wirkungsvoll; seine Reichweite ist in diesem Zusammenhang in der Schiedsgerichtspraxis jedoch nicht unumstritten.[337] So stellt sich die Frage, ob sich MFN-Klauseln auch auf den Streitbeilegungsmechanismus erstrecken. Obwohl eine derart weite Wirkung dieser Regelung häufig dem Willen der Vertragsparteien widersprechen dürfte, haben Schiedsgerichte diese Frage unterschiedlich entschieden und eine Erstreckung von MFN-Klauseln auf den Streitbeilegungsmechanismus teilweise bejaht.[338] Anerkannt ist aber wohl, dass eindeutig abweichende Sonderregelungen nicht durch MFN-Klauseln verdrängt werden sollten, sodass den Staaten ein Kernbereich bleibt, indem sie aufgrund des Vorrangs der Parteiautonomie vertragliche Regelungen treffen können, die nicht von MFN-Klauseln erfasst werden.[339] Außerdem muss eine über eine MFN-Klausel einbezogene Regelung überhaupt ein Regelungsgegenstand zwischen den beiden Vertragsparteien sein, um einen Anknüpfungspunkt zu haben (so genannte *ejusdem generis*-Regel).[340]

---

336 Vgl. *Zimmer*, RIW 1994, 25, 26; *Bartkowski*, Investitionsschutz, S. 30; *Häde*, AVR 1997, 181, 194; *Ebenroth/Grashoff*, RIW 1993, Beilage 3, S. 10; *Dolzer/Bloch*, in: Kronke/Melis/Schnyder, Wirtschaftsrecht, Teil J, Rn. 80.

337 *Dolzer/Bloch*, in: Kronke/Melis/Schnyder, Wirtschaftsrecht, Teil J, Rn. 72 ff.; *Metje*, Investitionsschutz, S. 81.

338 Vgl. *Herdegen*, Internationales Wirtschaftsrecht, § 21 Rn. 20. Für Einbeziehung bspw. *Emilio Augustín Maffezini v. The Kingdom of Spain*, ICSID Case No. ARB/97/7, Decision of the Tribunal on Objections to Jurisdiction, 25. Januar 2000, Rn. 38 ff. und Rn. 64 und *Dolzer/Bloch*, in: Kronke/Melis/Schnyder, Wirtschaftsrecht, Teil J, Rn. 82; dagegen: *Salini Costruttori S.p.A. and Italstrade S.p.A. v. The Hashemite Kingdom of Jordan*, ICSID Case No. ARB/02/13, Decision on jurisdiction, 9. November 2004, Rn. 102 ff. und Rn. 119; *Plama Consortium Limited v. Republic of Bulgaria*, ICSID Case No. ARB/03/24, Decision on Jurisdiction, 8. Februar 2005, Rn. 183 ff.

339 *Dolzer*, FS für Ress, S. 47, 49 f.; *Schill*, RIW, 2005, 330, 331; *Herdegen*, Internationales Wirtschaftsrecht, § 21 Rn. 19.; *Técnicas Medioambientales Tecmed S.A. v. The United Mexican States*, ICSID Case No. ARB(AF)/00/02, Award, 29. Mai 2003, Rn. 74.

340 *The Ambatielos Claim (Greece v. United Kingdom of Great Britain and Northern Ireland)*, RIAA 1963 (Bd. XII), S. 83, 107; *Dolzer/Bloch*, in: Kronke/Melis/Schnyder, Wirtschaftsrecht, Teil J, Rn. 82; *Dolzer/Stevens*, Bilateral Investment Treaties, S. 66.

Von großer Bedeutung ist auch die Verpflichtung zu „angemessener und billiger Behandlung“ (*fair and equitable treatment*). Sie wird in der neueren Schiedsgerichtspraxis als Gewährleistung eines Mindestmaßes an Rechtssicherheit und Berechenbarkeit von staatlichem Handeln verstanden und hat damit einen denkbar weiten Schutzbereich.[341]

Von Bedeutung sind schließlich auch die Regelungen über den freien Transfer von Kapital und Erträgen.[342] Die meisten Verträge garantieren in dieser Hinsicht den unbeschränkten Rücktransfer des Kapitals, der Erträge und Erlöse des Investors in konvertierbarer Währung zum aktuellen Wechselkurs.[343]

c) Streitschlichtungsmechanismen

Bilaterale Investitionsschutzverträge enthalten üblicherweise eine Streitschlichtungsklausel für Streitigkeiten zwischen den beiden Vertragsstaaten und eine getrennte Klausel für Streitigkeiten zwischen einem Vertragsstaat und einem Investor aus dem jeweils anderen Vertragsstaat.[344] Zur Streitbeilegung ist in beiden Fällen in der Regel ein mehrstufiges Verfahren vorgesehen, in dem zunächst Konsultationen und Verhandlungen oder andere Möglichkeiten der friedlichen Streitbeilegung erfolglos durchgeführt worden sein müssen, bevor jede der Parteien als letzte Möglichkeit einem internationalen Schiedsgericht den Streit vorlegen kann.[345]

Wie das Schiedsgericht zusammengesetzt ist und welches materielle und prozessuale Recht anzuwenden ist, hängt von den im Einzelfall im BIT getroffenen Regelungen ab. Ein einheitliches Regelungsmuster hat sich nicht herausgebildet.[346] Für Investor-Staat-Schiedsgerichtsverfahren wird oft auf das ICSID

---

341 Vgl. *Técnicas Medioambientales Tecmed S.A. v. The United Mexican States*, ICSID Case No. ARB(AF)/00/02, Award, 29. Mai 2003, Rn. 154.

342 Vgl. hierzu *Karl*, RIW 1994, 809, 813; *Dolzer/Bloch*, in: Kronke/Melis/Schnyder, Wirtschaftsrecht, Teil J, Rn. 86.

343 *McGhie*, in: Bradlow/Escher, Legal Aspects of Foreign Direct Investment, S. 118; *Zimmer/Karl*, in: Gesellschaft zur Förderung des Schutzes von Auslandsinvestitionen e.V., Festschrift, S. 46.

344 Vgl. *Karl*, ZVglRWiss 2000, 143, 160; *Bartkowski*, Investitionsschutz, S. 33; *Lowenfeld*, International Economic Law, S. 570; *McGhie*, in: Bradlow/Escher, Legal Aspects of Foreign Direct Investment, S. 119.

345 Vgl. *Lew/Mistelis/Kröll*, Comparative International Commercial Arbitration, Rn. 28–23; *Blessing*, Introduction to Arbitration, Rn. 332; *Parra*, ICSID Rev.-FILJ 1997, 287, 322.

346 Vgl. *Dolzer*, FS für Doehring, S. 164.

und/oder die *ICSID Additional Facility* verwiesen oder es wird dem Kläger die Wahl zwischen diesen und weiteren Schiedsgerichtsinstitutionen, wie z. B. der ICC, SCC oder einem *ad hoc*-Schiedsgerichtserfahren nach UNCITRAL-Regeln gelassen.[347] Außerdem steht dem Investor daneben auch die Anrufung der nationalen Gerichte des Gaststaates offen. Für Auseinandersetzungen zwischen den Vertragsstaaten wird in der Regel die Bildung eines *ad hoc*-Schiedsgerichts vereinbart.

4. Investitionsschutz durch Investor-Staat-Verträge

Zuweilen reicht der durch die nationale Rechtsordnung und anwendbare völkerrechtlichen Abkommen gewährte Schutzstandard aus der Sicht des Investors, nicht aus, um sein Investitionsvorhaben ausreichend abzusichern. Vor allem bei Großprojekten, besteht zudem ein Interesse, die Pflichten und Rechte von Investor und Staat im Einzelnen konkret und projektbezogen zu regeln.[348] Um dies zu tun greifen Investoren und Staaten in der Praxis regelmäßig zum Instrument des Investor-Staat-Vertrags (*State Contract*).[349]

Investor-Staat-Verträge sind Verträge zwischen Investoren und Gaststaaten, die abgeschlossen werden, bevor mit der Durchführung der Investition begonnen wird, und die die näheren Modalitäten der Investition und deren Absicherung regeln.[350] Die Rechte beider Vertragsparteien und der Schutz der Investition werden durch einen speziell angepassten rechtlichen Rahmen konkretisiert.[351]

Der Schutz von Investitionen wird in Investor-Staat-Verträgen über Rechtswahl- und Internationalisierungsklauseln oder Stabilisierungsklauseln gewährleistet.[352] Ziel dieser Klauseln ist es, die vertraglichen Rechtsbeziehungen zwischen

347 Vgl. *Lew/Mistelis/Kröll*, Comparative International Commercial Arbitration, Rn. 28–23; *Krajewski*, Wirtschaftsvölkerrecht, § 3 Rn. 655.

348 Vgl. *Krajewski*, Wirtschaftsvölkerrecht, § 3 Rn. 576.

349 Vgl. *Metje*, Investitionsschutz, S. 64; *Reinisch*, in: Tietje, Internationales Wirtschaftsrecht, § 8 Rn. 24.

350 Dass Staaten und Private überhaupt Verträge schließen können ist weitestgehend anerkannt, vgl. *Böckstiegel*, Der Staat als Vertragspartner ausländischer Privatunternehmen, S. 91.

351 *Ebenroth/Bader*, WM 1991, 661, 661, die von „Investitionsvertrag" sprechen; *Häde*, AVR 1997, 181, 188; vgl. auch *Mengel*, RIW 1983, 739, 739 ff.

352 *Reinisch*, in: Tietje, Internationales Wirtschaftsrecht, § 8 Rn. 25 f.; vgl. auch *Mengel*, RIW 1983, 739, 742.

Investor und Gaststaat aus der nationalen Rechtsordnung des Gaststaats herauszulösen und einem Rechtsregime zu unterstellen, das nicht einseitig vom Gaststaat der Investition abgeändert werden kann.[353]

Internationalisierungsklauseln bedingen die Rechtsordnung des Gaststaates teilweise oder vollständig ab. Zusätzlich oder statt des nationalen Rechts wird die Anwendung des Völkerrechts vereinbart oder es wird Bezug auf Rechtsgrundsätze, wie das transnationale Recht, allgemeine Vertragsrechtsgrundsätze oder die *lex mercatoria* genommen.[354] In Stabilisierungsklauseln wird vereinbart, dass der Gaststaat auf eine einseitige Änderung der vertraglichen Ansprüche verzichtet.[355] Die Parteien können hierzu auch vereinbaren, dass das Recht des Gaststaates zu einem bestimmten Zeitpunkt (üblicherweise der Vertragsschluss) angewendet werden soll.[356]

Internationalisierungs- und Stabilisierungsklauseln gewährleisten unabhängig voneinander ein relativ hohes Schutzniveau und können zur weiteren Verbesserung des Schutzes von Investitionen auch miteinander kombiniert werden.[357]

III. Rechtsschutzmöglichkeiten und Verfahren

Ohne effektive Rechtsschutzmöglichkeiten ist der dargestellte völkerrechtliche Schutz von Investitionen, wie jedes Recht, dass nicht im Streitfall in einem geordneten Verfahren durchgesetzt werden kann, weitestgehend wertlos.[358] Im Folgenden sollen zunächst die Rechtsschutzmöglichkeiten internationaler Investoren im Überblick dargestellt werden. Anschließend wird insbesondere auf

353 *Herdegen*, Völkerrecht, § 13 Rn. 1.

354 Vgl. *Metje*, Investitionsschutz, S. 66; *Reinisch*, in: Tietje, Internationales Wirtschaftsrecht, § 8 Rn. 26; *Böckstiegel*, FS für Beitzke, S. 443, 448 f.; *Wälde/Ndi*, Tex. Int'l L.J. 1996, 215, 241 ff. Möglich wäre auch die Vereinbarung des Rechts des Gast- oder Heimatstaates. Die Vereinbarung der Anwendung des Rechts des Heimatstaates des Investors wird indes schon unter Souveränitätsgesichtspunkten für den Gaststaat nicht akzeptabel sein, die Vereinbarung seines Rechts scheidet hingegen für den Investor aus, vgl. *Merkt*, Investitionsschutz durch Stabilisierungsklauseln, S. 116–117; vgl. auch *Kreindler*, in: Horn, Arbitrating Foreign Investment Disputes, S. 404.

355 *Mengel*, RIW 1983, 739, 742; *Reinisch*, in: Tietje, Internationales Wirtschaftsrecht, § 8 Rn. 27; *Metje*, Investitionsschutz, S. 66.

356 Vgl. *Hansen*, Va. J. Int'l L. 1987–1988, 1015, 1016; *Metje*, Investitionsschutz, S. 66.

357 Vgl. *Häde*, AVR 1997, 181, 190; *Schreuer*, The ICSID Convention, Art. 42, Rn. 117–119; vgl. auch *Wälde/Ndi*, Tex. Int'l L.J. 1996, 215, 248.

358 *Schwartmann*, ZVglRWiss 2003, 75, 92; *Görs*, Internationales Investitionsrecht, S. 214.

den Rechtsschutz durch internationale Investor-Staat-Schiedsgerichtsverfahren eingegangen. Damit sollen das prozessuale Umfeld und die Funktion des Investorbegriffs verdeutlicht werden, bevor dieser im Einzelnen untersucht wird.

1. Rechtsschutzmöglichkeiten internationaler Investoren

Internationalen Investoren stehen eine Reihe von unterschiedlichen und sich teilweise überlagernden Rechtsschutzmöglichkeiten offen.[359] Neben internationalen Investor-Staats-Schiedsgerichtsverfahren sind dies zunächst, die innerstaatlichen Rechtsschutzmöglichkeiten im Heimat- oder Gaststaat der Investition, der Weg des klassischen diplomatischen Schutzes durch den Heimatstaat und schließlich die Möglichkeit zwischenstaatlicher Schieds- und Gerichtsverfahren.

a) Innerstaatliche Rechtsschutzmöglichkeiten

Soweit keine besondere abweichende Vereinbarung greift, liegt die Zuständigkeit für Investitionsstreitigkeiten zunächst bei nationalen Behörden und Gerichten.[360] Die innerstaatlichen Rechtsschutzmöglichkeiten sind daher der natürliche Ausgangspunkt für Überlegungen zum weiteren Rechtsschutz.

Die Anrufung nationaler Gerichte ist indes mit einer Reihe von Risiken behaftet, die diese Rechtsschutzmöglichkeit für internationale Investoren oft unattraktiv machen.[361] Die Risiken liegen zunächst in der Organisation und Ausübung der Gerichtsbarkeit selbst. Das innerstaatliche Gerichtswesen vieler Entwicklungsländer entspricht in der Praxis nicht immer rechtsstaatlichen Anforderungen.[362] In vielen Staaten existiert keine wirklich unabhängige Justiz. In Investitionsschiedsgerichtsverfahren ist der Anreiz zur Einflussnahme zudem aufgrund der oft hohen Streitwerte und der Bedeutung der Investitionsvorhaben für die wirtschaftliche Entwicklung des Gaststaates besonders groß.[363]

Auch außerhalb der direkten Einflussnahme birgt die Anrufung der nationalen Gerichtsbarkeit Risiken. In einigen Staaten arbeiten die Gerichte so langsam, dass viele Jahre bis zu einer Entscheidung des jeweils höchsten Gerichts vergehen

---

359 Vgl. *Reinisch/Malintoppi*, in: Muchlinski/Ortino/Schreuer, International Investment Law, S. 692.

360 S. auch Abs. 3 der Präambel zum ICSID-Abkommen („*Recognizing that while such disputes would usually be subject to national legal processes* […]“).

361 Vgl. *Reinisch/Malintoppi*, in: Muchlinski/Ortino/Schreuer, International Investment Law, S. 696.

362 *Frick*, Bilateraler Investitionsschutz in Entwicklungsländern, S. 60.

363 *Dolzer/Schreuer*, Principles of International Investment Law, S. 214.

können, was faktisch einer Rechtsverweigerung gleichkommt.[364] Teilweise fehlt nationalen Gerichten auch schlichtweg die notwendige Expertise oder Erfahrung, zur Erörterung und Entscheidung der teilweise komplizierten Fragen des internationalen Investitionsschutzrechtes.[365]

Weitere Risiken sind rechtlicher Natur. Nationale Gerichte des Heimat- oder Gaststaates können daran gebunden sein nationales Recht auch dann anzuwenden, wenn es im Gegensatz zum Völkerrecht steht.[366] In einigen Ländern finden völkerrechtliche Verträge gegenüber dem nationalen Recht keine Berücksichtigung.[367] Auch die Prozessfähigkeit internationaler Investoren ist keine Selbstverständlichkeit und kann in der nationalen Gesetzgebung für Klagen gegen den Gaststaat ausgeschlossen sein.[368]

Weitere Probleme ergeben sich aus dem Grundsatz der Staatenimmunität[369]. Nach diesem, aus dem Grundsatz der souveränen Gleichheit aller Staaten abgeleiteten Grundsatz, darf kein Staat über einen anderen Staat zu Gericht sitzen (*par in parem non habet iuridictionem*). Staaten sind daher vor den Gerichten anderer Staaten grundsätzlich immun.[370] Diese Privilegierung soll jedoch nicht für die rein wirtschaftliche Betätigung der Staaten gelten. Nach der mittlerweile herrschenden restriktiven Immunitätstheorie wird daher zwischen Hoheitsakten (*iure imperii*), die der Immunität unterliegen, und nicht-staatlichem Handeln (*acta iure gestionis*)

---

364 *Metje*, Investitionsschutz, S. 147.

365 Vgl. beispielhaft zu den Vor- und Nachteilen der staatlichen Gerichtsbarkeit in Deutschland *Glossner/Raeschke-Kessler* in: Siebel, Handbuch Projekte und Projektfinanzierung, S. 261 ff.

366 *Reinisch/Malintoppi,* in: Muchlinski/Ortino/Schreuer, International Investment Law, S. 696.

367 In Deutschland sind hingegen nach Art. 25 GG die allgemeinen Regeln des Völkerrechts Bestandteil des Bundesrechts, erzeugen Rechte und Pflichten unmittelbar für die Bewohner des Bundesgebiets und gehen den Gesetzen vor. Zu den allgemeinen Regeln zählen die Regeln des Völkerrechts mit allgemeinem Geltungsbereich in der Völkerrechtsgemeinschaft, insbesondere das universell geltende Völkergewohnheitsrecht und die allgemeinen Rechtsgrundsätze des Völkerrechts, *Herdegen* in: Maunz/Düring, Grundgesetz, Art. 25 Rn. 19. Völkerrechtliche Verträge, die nicht zu den allgemeinen Regeln des Völkerrechts gehören, erlangen über das jeweils nach Art. 59 Abs. 2 GG notwendige Zustimmungsgesetz Gesetzesrang.

368 Vgl. *Banz*, Völkerrechtlicher Eigentumsschutz, S. 99.

369 Dieser Grundsatz ist in Art. 2 Nr. 1 der Charta der Vereinten Nationen vom 26. Juni 1945, BGBl. 1973 II, S. 430 niedergelegt, wonach die Organisation auf dem Grundsatz der souveränen Gleichheit aller ihrer Mitglieder beruht. Vgl. auch *Herdegen*, RIW 1989, 329, 336.

370 Vgl. *Hailbronner/Kau,* in: Vitzthum, Völkerrecht, 3. Abschnitt, Rn. 89.

unterschieden.[371] Gerichte des Heimatstaates oder eines Drittstaates dürfen somit nicht über den Gaststaat urteilen, soweit hoheitliches Handeln streitgegenständlich ist. Dies wird bei Investitionsstreitigkeiten in der Regel der Fall sein. Gaststaaten handeln gegenüber Investoren hoheitlich und nicht privatrechtlich, wenn sie beispielsweise die Investition zulassen, beschränken, regulieren oder enteignen.[372]

Zwar könnten Gaststaaten einen ausdrücklichen Verzicht auf ihre Immunität erklären oder vereinbaren. In der Praxis werden Staaten hierzu jedoch kaum bereit sein.[373] In einigen Ländern kann der Immunitätsverzicht zudem von den Gerichten als sittenwidrig eingestuft werden und dadurch nichtig oder nicht durchsetzbar sein, sodass in jedem Fall eine Unsicherheit für den Investor verbliebe.[374]

Selbst wenn der Grundsatz der Staatenimmunität überwunden werden kann, treffen Investitionsstreitigkeiten vor nationalen Gerichten auf weitere Hürden. Nach der *Act-of-State*-Doktrin des anglo-amerikanischen Rechtsraumes ist es Gerichten beispielsweise untersagt, hoheitliches Handeln ausländischer Staaten in deren eigenem Territorium zu bewerten.[375] Dies gilt selbst dann, wenn geltend gemacht wird, dass das staatliche Handeln nach internationalem Recht rechtswidrig sei.[376] Andere Jurisdiktionen kennen ähnliche Prinzipien, wie die

---

371 Vgl. *Hailbronner/Kau,* in: Vitzthum, Völkerrecht, 3. Abschnitt, Rn. 90, die allerdings darauf hinweisen, dass auch die Unterscheidung zwischen *iure imperii* und *iure gestionis* mangels völkerrechtlicher Regelung dem nationalen Recht und den nationalen Gerichten überlassen ist.

372 Vgl. *Dolzer/Schreuer*, Principles of International Investment Law, S. 215; *Reinisch/Malintoppi*, in: Muchlinski/Ortino/Schreuer, International Investment Law, S. 696.

373 Vgl. *Dolzer/Schreuer*, Principles of International Investment Law, S. 215.

374 *Reinisch/Malintoppi*, in: Muchlinski/Ortino/Schreuer, International Investment Law, S. 697.

375 *Fonteyne*, in: Bernhardt, Encyclopedia of Public International Law, S. 17 unter Verweis auf *Supreme Court of the United States, Underhill v. Hernandez*, Urt. v 29. November 1987, United States Reports 1897 (Bd. 168), S. 250, 252 („*Every sovereign state is bound to respect the independence of every other sovereign state, and the courts of one country will not sit in judgment on the acts of the government of another, done within its own territory.*"). Vgl. auch *Reinisch/Malintoppi*, in: Muchlinski/Ortino/Schreuer, International Investment Law, S. 697.

376 Der *Supreme Court of the United States* führte in *Banco Nacional de Cuba v. Sabbatino*, United States Reports 1964 (Bd. 376), S. 398, 428 einem Präzedenzfall zur *Act-of-State*-Doktrin aus: „[...] *the Judicial Branch will not examine the validity of a taking of property within its own territory by a foreign sovereign government, extant and recognized by this country at the time of suit, in the absence of a treaty or other unambiguous agreement regarding controlling legal principles, even if the complaint alleges that the taking violates customary international law.*"

Grundsätze der Nicht-justiziabilität, politischer Fragen und mangelnder Bezüge zum nationalen Recht.[377]

Insgesamt besteht die Gefahr, dass Investitionsstreitigkeiten vor nationalen Gerichten aus der Sicht des Investors nicht zum Erfolg führen. Sowohl die in der Ausübung und Organisation der Gerichtsbarkeit liegenden Risiken, als auch die Risiken rein rechtlicher Natur, lassen es daher aus Investorensicht ratsam erscheinen, soweit möglich, andere Rechtsschutzmöglichkeiten zu erwägen. Das Beschreiten des nationalen Rechtsweges kann allerdings als Vorstufe notwendig sein, soweit die Erschöpfung des innerstaatlichen Rechtswegs notwendige Verfahrensvoraussetzung für etwa ein nachfolgendes Schiedsgerichtsverfahren ist.[378]

b) Diplomatischer Schutz

Der traditionelle völkerrechtliche Mechanismus zur Beilegung von Streitigkeiten zwischen Staaten und Privaten ist der diplomatische Schutz.[379] Als solcher

---

377 *Dolzer/Schreuer*, Principles of International Investment Law, S. 215.; So machte im sog. chilenischen Kupferstreit ein amerikanisches Unternehmen, dass im Kupferbergbau in Chile tätig gewesen war, nach der Enteignung durch die Regierung Salvador Allende 1971 in Deutschland und Frankreich Ansprüche am bereits importierten Kupfer geltend. Gerichte in Paris (*Tribunal de grande instance de Paris, Braden Copper Company v. Le Groupment d'Importation des Metaux*, Urt. v. 29. November 1972, ILM 1973, 182) und Hamburg (LG Hamburg, Urt. v. 22. Januar 1973, ILM 1973, 251 - chilenischer Kupferstreit) wiesen zwar die Berufung der Beklagten staatlichen chilenischen Kupfer-Import-Export-Gesellschaft auf den Grundsatz der Staatenimmunität zurück, da diese rein privatrechtlich-wirtschaftlich tätig war. In der Sache gingen die Gerichte einer Sachentscheidung jedoch aus dem Weg, da nach dem Territorialitätsprinzip Enteignungen, die sich nur auf im Staatsgebiet belegenes Eigentum beziehen, grundsätzlich als formell rechtmäßig anerkannt werden müssten; vgl. *Reinisch/Malintoppi*, in: Muchlinski/Ortino/Schreuer, International Investment Law, S. 698. Das Landgericht Hamburg führte weiterhin an, dass eine Rückgängigmachung der Anerkennung der chilenischen Enteignung, soweit diese mit den Grundsätzen des deutschen Rechts unvereinbar ist, nur möglich wäre, wenn das deutsche Recht durch die Verletzung dieser Grundsätze erheblich beeinträchtigt wäre und dadurch eine enge Beziehung zu deutschen Interessen bestünde (LG Hamburg, Urt. v. 22. Januar 1973, ILM 1973, 251, 275 ff.); vgl. auch. *Newcombe/Paradell*, Law and Practice of Investment Treaties, S. 5.

378 Vgl. *Lew/Mistelis/Kröll*, Comparative International Commercial Arbitration, Rn. 28–22; *Dolzer/Schreuer*, Principles of International Investment Law, S. 215.

379 Vgl. *Reinisch/Malintoppi*, in: Muchlinski/Ortino/Schreuer, International Investment Law, S. 712.

wird der repressive oder präventive Schutz natürlicher oder juristischer Personen durch ihren Heimatstaat gegenüber der völkerrechtswidrigen Behandlung durch einen anderen Staat bezeichnet.[380] Da Private im traditionellen Völkerrecht grundsätzlich auf internationaler Ebene keine Ansprüche gegen Staaten geltend machen können, sind sie darauf angewiesen, dass ihr jeweiliger Heimatstaat diplomatischen Schutz gewährt und ihre Ansprüche als eigene Ansprüche gegen den ausländischen Staat geltend macht.[381]

Voraussetzungen für die Gewährung diplomatischen Schutzes sind zunächst ein völkerrechtswidriger Akt eines fremden Staates und die Zugehörigkeit der betroffenen Person zur Schutzmacht - dem Staat der diplomatischen Schutz geltend machen will.[382] Die völkerrechtswidrige Behandlung kann sowohl in der Verletzung des völkergewohnheitsrechtlichen Mindeststandards als auch in der Verletzung spezieller vertraglicher Verpflichtungen liegen.[383] Die Zugehörigkeit bestimmt sich bei natürlichen Personen nach der Staatsangehörigkeit, bei juristischen Personen nach der Staatszugehörigkeit.[384] Dabei ist es erforderlich, dass die Staatsangehörigkeit oder -zugehörigkeit kontinuierlich von dem Zeitpunkt

---

380 Vgl. *ILC*, Draft Articles on Diplomatic Protection with Commentaries, Art. 1 („*For the purposes of the present draft articles, diplomatic protection consists of the invocation by a State, through diplomatic action or other means of peaceful settlement, of the responsibility of another State for an injury caused by an internationally wrongful act of that State to a natural or legal person that is a national of the former State with a view to the implementation of such responsibility.*"); vgl. auch *Wurst*, Eigentums- und Investitionsgüterschutz, S. 285; *Herdegen*, Völkerrecht, § 27 Rn. 9; *Bippus*, Der internationalrechtliche Schutz von Investitionen, S. 4.

381 Vgl. *Dolzer/Schreuer*, Principles of International Investment Law, S. 211; Die Zugehörigkeit der geltend gemachten Ansprüche ist allerdings höchst umstritten. Fraglich ist, ob der Staat nur die Verletzung eigener Rechte geltend macht oder aber in Prozessstandschaft auch einen Anspruch seines Staatsangehörigen wegen dessen Verletzung in eigenen Rechten. Der Streit muss im Rahmen dieser Arbeit nicht im Einzelnen entschieden werden. Letztere Auffassung erscheint allerdings überzeugender, da der betroffene Staatsangehörige auf Bestand und Umfang seines Anspruches unstreitig Einfluss hat (beispielsweise durch Mitverschulden oder das Nichtausschöpfen innerstaatlicher Rechtsbehelfe), vgl. *Herdegen*, Völkerrecht, § 27 Rn. 11.

382 Vgl. *ILC*, Draft Articles on Diplomatic Protection with Commentaries, Art. 1; *Wurst*, Eigentums- und Investitionsgüterschutz, S. 285; *Herdegen*, Völkerrecht, § 27 Rn. 9.

383 *Herdegen*, Völkerrecht, § 27 Rn. 9.

384 S. zur Staatszugehörigkeit juristischer Personen im Einzelnen unten Abschnitt C.II.1.

der Entstehung des Anspruches bis zu seiner Geltendmachung besteht.[385] Weiterhin müssen die innerstaatlichen Rechtsschutzmöglichkeiten in dem jeweiligen ausländischen Staat in dem der Anspruch entstanden sein soll, erschöpft sein (*local remedies rule*).[386] Bei Erfüllung dieser Voraussetzungen können daher grundsätzlich auch internationale Investoren diplomatischen Schutz in Investitionsstreitigkeiten erhalten.[387]

Allerdings haben Investoren in der Regel keinen Anspruch gegen ihren Heimatstaat darauf, dass dieser im Wege des diplomatischen Rechtsschutzes seine Ansprüche geltend macht.[388] Investoren sind insofern auf das Wohlwollen ihrer Regierung angewiesen, die sich weigern kann, den Anspruch gelten zu machen.[389]

385 Nach einer Ansicht muss die Staatsangehörigkeit sogar bis zum Zeitpunkt der Beendigung des Rechtsstreits bestehen, vgl. *Dolzer/Schreuer*, Principles of International Investment Law, S. 211.

386 Vgl. *Dolzer/Schreuer*, Principles of International Investment Law, S. 211. Dies gilt jedoch nur, soweit die innerstaatlichen Rechtsbehelfe effektiv sind und Aussicht auf Erfolg versprechen, vgl. *Herdegen*, Völkerrecht, § 27 Rn. 9.

387 Im *Mavrommatis Palestine Concessions Case (Greece v. UK)*, Judgment, 30. August 1924, PCIJ Ser. A, No. 2 klagte Griechenland wegen der Verletzung von Konzessionsrechten eines griechischen Staatsangehörigen in Palästina gegen die damalige Mandatsmacht Großbritannien vor dem Ständigen Internationalen Gerichtshof („**StIGH**"). Zur Geltendmachung der privaten Ansprüche des Investors durch Griechenland stellte der StIGH fest: „*It is an elementary principle of international law that a State is entitled to protect its subjects, when injured by acts contrary to international law committed by another State, from whom they have been unable to obtain satisfaction through the ordinary channels. By taking up the case of one of its subjects and by resorting to diplomatic action or international judicial proceedings on his behalf, a State is in reality asserting its own rights - its right to ensure, in the person of its subjects, respect for the rules of international law.*" (Ebd., S. 12). Eine Ausnahme stellte in der Vergangenheit der lateinamerikanische Raum dar, in dem Staaten nach der *Calvo*-Doktrin eine Besserstellung von Ausländern ablehnten und die Gewährung diplomatischen Schutzes insoweit nicht oder nur ausnahmsweise zuließen und in Vereinbarungen mit anderen Staaten auf einen Verzicht der Schutzgewährung drängten, *Dolzer/Schreuer*, Principles of International Investment Law, S. 212. Mittlerweile haben sich jedoch fast alle lateinamerikanischen Staaten von der *Calvo*-Doktrin abgewandt und im Zuge des Werbens um internationale Investitionen Investitionsschutzabkommen abgeschlossen, nach denen auch die Möglichkeit der Ausübung diplomatischen Schutzes durch den Heimatstaat eines Investors besteht, vgl. *Herdegen*, Völkerrecht, § 27 Rn. 12; *Oschmann*, RIW 1996, 494, 495.

388 *Wurst*, Eigentums- und Investitionsgüterschutz, S. 286.

389 *Comeaux/Kinsella*, Protecting foreign investment, S. 217. Möglicherweise kann ein Investor jedoch auf innerstaatlichem Wege gegen seinen Heimatstaat vorgehen.

Der Heimatstaat kann auf völkerrechtlicher Ebene sogar vollständig auf den Anspruch verzichten oder einem Vergleich über einen Teil der geltend gemachten Ansprüche zustimmen.[390]

Vor dem Hintergrund, dass die Gewährung diplomatischen Schutzes für den Staat selbst erhebliche Nachteile und Störungen in den Beziehungen zwischen den beteiligten Staaten, bis hin zur Verwicklung in bewaffnete Konflikte haben kann, werden Staaten häufig zurückhaltend reagieren, wenn es um die Geltendmachung von Ansprüchen ihrer Investoren geht.[391] Die Möglichkeit diplomatischen Schutzes ist für Investoren daher nur von begrenztem Nutzen und spielt gegenüber den mittlerweile bestehenden direkten Rechtsschutzmöglichkeiten durch internationale Schiedsgerichte kaum noch eine Rolle.[392]

Entscheidet sich ein Staat diplomatischen Schutz zu gewähren, versucht er üblicherweise zunächst Verhandlungen aufzunehmen und diplomatische Mittel wie Vermittlungen und gute Dienste einzusetzen, bevor er formale Streitbeilegungsverfahren anstrebt.[393] Dabei kann er sich seiner diplomatischen und konsularischen Organe vor Ort im Gaststaat bedienen.[394] Sind die diplomatischen

---

Nach deutschem Recht kann die aufgrund pflichtwidriger Ermessensausübung unterlassene Schutzgewährung beispielsweise Staats- und Amtshaftungsansprüche auslösen, vgl. *Wurst*, Eigentums- und Investitionsgüterschutz, S. 286; Vgl. *Reinisch/Malintoppi*, in: Muchlinski/Ortino/Schreuer, International Investment Law, S. 713.

390 *Dolzer/Schreuer*, Principles of International Investment Law, S. 211; Vgl. *Reinisch/Malintoppi*, in: Muchlinski/Ortino/Schreuer, International Investment Law, S. 713. Der Internationale Gerichtshof („**IGH**") führte im *Barcelona Traction* Fall (*Case concerning the Barcelona Traction, Light and Power Co., Limited (Belgium v. Spain)*, Judgment (Second Phase), 5. Februar 1970, ICJ Reports 1970, S. 3) aus, dass es allein Sache des Staates sei zu entscheiden, ob er diplomatischen Rechtsschutz geltend mache und, dass er, wenn er dies tue, dabei vollständig frei sei: „*The State must be viewed as the sole judge to decide whether its protection will be granted, to what extent it is granted, and when it will cease. It retains in this respect a discretionary power the exercise of which may be determined by considerations of a political or other nature, unrelated to the particular case. Since the claim of the State is not identical with that of the individual or corporate person whose cause is espoused, the State enjoys complete freedom of action.*"

391 *Shihata*, The World Bank in a Changing World, S. 309 f.; *Dolzer/Schreuer*, Principles of International Investment Law, S. 212.

392 Vgl. *Dolzer/Schreuer*, Principles of International Investment Law, S. 213.

393 Zu den einzelnen diplomatischen Mitteln vgl. *Fischer* in: Ipsen, Völkerrecht, § 62 Rn. 4 ff. Möglich ist etwa auch der Einsatz von Wirtschaftssanktionen, vgl. *Comeaux/Kinsella*, Protecting foreign investment, S. 219.

394 *Wurst*, Eigentums- und Investitionsgüterschutz, S. 285.

Mittel erfolgreich, kann der Heimatstaat des Investors eine Vereinbarung zugunsten des Investors aushandeln. Häufig wird es sich dabei um ein verbindliches Globalentschädigungsabkommen handeln, das eine Vielzahl kleinerer Ansprüche zusammenfasst.[395] Die Verteilung der Entschädigungssumme auf die einzelnen Investoren obliegt in diesem Fall dem Heimatstaat.[396]

Scheitern Verhandlungen, können Ansprüche vor dem IGH oder, soweit vorgesehen, einem Schiedsgericht geltend gemacht werden.[397] Staaten können daneben auch zu anderen nicht friedlichen Mitteln in Form von Protest, Retorsion und Repressalien zurückgreifen, dürfen dabei allerdings wegen des völkergewohnheitsrechtlichen Gewaltverbots keine Gewalt anwenden.[398] Zulässig sind danach etwa die Einstellung der Handelsbeziehungen, die Nichterfüllung bestehender vertraglicher Verpflichtungen oder das Einfrieren ausländischer Bankguthaben.[399] Zu beachten ist dabei allerdings auch das Gebot zur friedlichen Streitbeilegung, nach dem die Staaten zur vorrangigen Streitbeilegung durch friedliche Streitbeilegungsmechanismen verpflichtet sind.[400]

---

395 *Comeaux/Kinsella*, Protecting foreign investment, S. 218; *Reinisch/Malintoppi*, in: Muchlinski/Ortino/Schreuer, International Investment Law, S. 713; *Gramlich*, Rechtsgestalt, Regelungstypen und Rechtsschutz, S. 517 ff.

396 *Gramlich*, Rechtsgestalt, Regelungstypen und Rechtsschutz, S. 521; *Reinisch/Malintoppi*, in: Muchlinski/Ortino/Schreuer, International Investment Law, S. 713.

397 Beispiele für Verfahren vor dem IGH sind neben dem *Barcelona Traction*-Fall (*Case concerning the Barcelona Traction, Light and Power Co., Limited (Belgium v. Spain)*, Judgment (Second Phase), 5. Februar 1970, ICJ Reports 1970, S. 3), der *ELSI*-Fall, (*Case concerning Elettronica Sicula S.p.A. (ELSI) (United States of America v. Italy)*, Judgment, 20. Juli 1989, ICJ Reports 1989, S. 15 und der *Diallo*-Fall, (*Case concerning Ahmadou Sadio Diallo (Republic of Guinea v. Democratic Republic of the Congo*, Judgment (Preliminary Objections), 24 Mai 2007, ICJ Reports 2007, S. 582).

398 Vgl. *Dolzer/Schreuer*, Principles of International Investment Law, S. 212; Vgl. *Reinisch/Malintoppi*, in: Muchlinski/Ortino/Schreuer, International Investment Law, S. 714. In Art. 1 der *Convention Respecting the Limitation of the Employment of Force for the Recovery of Contract Debts* von 1907 (sog. Drago-Porter Konvention), http://avalon.law.yale.edu/20th_century/hague072.asp (zuletzt abgerufen am 16. November 2012), wurde ein Gewaltverbot bei der Ausübung diplomatischen Schutzes vereinbart, soweit der Heimatstaat des Schuldners sich einem Schiedsangebot des Gläubiger Heimatstaates nicht verweigert.

399 *Wurst*, Eigentums- und Investitionsgüterschutz, S. 287.

400 Vgl. Art. 33 Abs. 1 der Charta der Vereinten Nationen vom 26. Juni 1945, BGBl. 1973 II, S. 430; *Reinisch/Malintoppi*, in: Muchlinski/Ortino/Schreuer, International Investment Law, S. 715.

Die inzwischen vergleichsweise geringe Bedeutung des diplomatischen Schutzes resultiert auch daraus, dass die Möglichkeit diplomatischen Rechtsschutz zu gewähren zugunsten internationaler Schiedsgerichte eingeschränkt worden ist.[401] So darf nach Art. 27 Abs. 1 des ICSID-Abkommens ein Staat keinen diplomatischen Schutz gewähren, wenn die Streitigkeit in einem direkten ICSID-Schiedsgerichtsverfahren zwischen Investor und dem anderen Staat anhängig ist.[402] Hierdurch soll der Streit über eine Investition entpolitisiert und verrechtlicht werden und die Auseinandersetzung auf die Ebene des Investor-Staat-Schiedsgerichtsverfahrens verlagert werden, um die Ausübung diplomatischen Schutzes zwischen den Staaten und die hiermit einhergehenden Spannungen zu vermeiden. Für beide Staaten besteht daher ein Anreiz, Investor-Staat-Schiedsgerichtserfahren zu fördern, um zu vermeiden, dass der jeweils andere Staat diplomatischen Schutz geltend macht oder dass sie selbst für einen Staatsangehörigen diplomatischen Schutz ausüben müssen.[403]

Kommt es zu einem ICSID-Schiedsgerichtsverfahren, schließt das Verbot der Gewährung diplomatischen Schutzes informelle diplomatische Kommunikation zur Herbeiführung einer friedlichen Einigung zwischen den Staaten ausdrücklich nicht aus (Art. 27 Abs. 2 ICSID-Abkommen).[404] Das Recht zur Gewährung diplomatischen Schutzes lebt allerdings wieder auf, wenn der Gaststaat das Schiedsgerichtsurteil missachtet.[405]

---

401 *Dolzer/Schreuer*, Principles of International Investment Law, S. 213.

402 Vgl. *Shihata*, The World Bank in a Changing World, S. 323 f., der zu Recht betont, dass es sich hierbei um eine radikale Abkehr von bisherigen Prinzipen handelt. Bei Streitigkeiten zwischen Staaten über die Auslegung und Anwendung des ICSID-Abkommens selber können Staaten hingegen nach Art. 64 ICSID-Abkommen, wenn Verhandlungen scheitern, den IGH anrufen oder sich auf eine andere Form der zwischenstaatlichen Streitbeilegung einigen. Diese Möglichkeit darf jedoch nicht zur Einmischung in Investor-Staat-Streitigkeiten verwendet werden, vgl. *ICSID*, Report of the Executive Directors of the IBRD on the Convention on the Settlement of Investment Disputes between States and Nationals of Other States vom 18. März 1965, Rn. 45.

403 Vgl. *Dolzer/Schreuer*, Principles of International Investment Law, S. 213.

404 Die Verletzung dieser Norm berührt die Zuständigkeit des ICSID-Schiedsgerichts nicht, vgl. *Banro American Resources, Inc. and Société Aurifère du Kivu et du Maniema S.A.R.L. v. Democratic Republic of the Congo*, ICSID Case No. ARB/98/7, Award, 1. September 2000, Rn. 18–19.

405 *Reinisch/Malintoppi*, in: Muchlinski/Ortino/Schreuer, International Investment Law, S. 714.

c) *Zwischenstaatliche Gerichts- und Schiedsgerichtsverfahren*

Zwar spielen sich Investitionsstreitigkeiten üblicherweise zwischen Staaten auf der einen Seite und privaten Investoren auf der anderen Seite ab. Dies schließt jedoch nicht aus, dass sie sich auch in zwischenstaatlichen Gerichts- und Schiedsgerichtsverfahren fortsetzen, etwa wenn der Heimatstaat Ansprüche eines privaten Investors aufgreift und im Wege der Gewährung diplomatischen Schutzes geltend macht.[406] Soweit im Rahmen einer Investitionsstreitigkeit Völkerrecht, bspw. ein BIT, verletzt wird, ist auch unabhängig von der Gewährung diplomatischen Schutzes der Weg für zwischenstaatliche Streitbeilegungsverfahren zwischen den betroffenen Staaten offen.[407]

Staaten, die sich der Gerichtsbarkeit des IGHs gemäß Art. 36 Abs. 2 IGH-Statut unterworfen haben, können dem IGH auch Investitionsstreitigkeiten mit anderen Staaten, die sich ebenfalls insoweit der Gerichtsbarkeit des IGH unterworfen haben müssen, unterbreiten.[408] Eine Reihe von Staaten hat in der Vergangenheit von dieser Möglichkeit Gebrauch gemacht und vor dem IGH und seinem Vorgänger dem Ständigen Internationalen Gerichtshof („**StIGH**") Investitionsstreitigkeiten anhängig gemacht.[409]

Viele der vor dem IGH oder StIGH anhängig gemachten Investitionsstreitigkeiten scheiterten jedoch an prozessualen Hürden.[410] Teilweise umfassten die Unterwerfungserklärungen nicht den konkreten Streitfall.[411] Teilweise war die

---

406 Vgl. *Comeaux/Kinsella*, Protecting foreign investment, S. 221 f.

407 *Dolzer/Schreuer*, Principles of International Investment Law, S. 213; Vgl. *Reinisch/Malintoppi*, in: Muchlinski/Ortino/Schreuer, International Investment Law, S. 715.

408 Nach Art. 36 Abs. 2 IGH-Statut können Staaten sich der Zuständigkeit des IGHs unterwerfen zu Rechtsstreitigkeiten über (a) die Auslegung eines Vertrags, (b) jede Frage des Völkerrechts, (c) das Bestehen jeder Tatsache, die, wäre sie bewiesen, die Verletzung einer internationalen Verpflichtung darstellt, sowie (d) Art oder Umfang der wegen Verletzung einer internationalen Verpflichtung geschuldeten Wiedergutmachung. Ein Streit über eine internationale Investition kann allen diesen Kategorien unterfallen.

409 Beispiele für derartige Verfahren sind der *Oscar Chinn Case (UK v. Belgium)*, Judgment, 12. Dezember 1934, PCIJ Ser. A/B, No. 63, der *Factory at Chorzów Case (Germany v. Poland)*, Judgment, 15. Mai 1926, PCIJ Ser. A, No. 7 und der bereits angesprochene *Mavrommatis Palestine Concessions Case (Greece v. UK)*, Judgment, 30. August 1924, PCIJ Ser. A, No. 2.

410 Vgl. *Reinisch/Malintoppi*, in: Muchlinski/Ortino/Schreuer, International Investment Law, S. 715 f.

411 So im *Anglo-Iranian Oil Co. Case (United Kingdom v. Iran)*, Judgment (Preliminary Objection), 22. Juli 1952, ICJ Reports 1952, S. 93, 102 ff. in dem der IGH entschied,

Zugehörigkeit zum Heimatstaat problematisch.[412] Selbst wenn die prozessualen Hürden überwunden werden können, blieb es bislang schwierig, einen entschädigungspflichtigen staatlichen Eingriff nachzuweisen.[413]

In der jüngeren Vergangenheit sind Investitionsstreitigkeiten vor dem IGH die Ausnahme geblieben, was unter anderem auch darin begründet ist, dass die weit verbreiteten BITs den Weg zum IGH inzwischen in vielen Fällen durch Schiedsabreden versperrt.

BITs sehen zudem üblicherweise neben einer Schiedsklausel für Investor-Staat-Schiedsgerichtsverfahren in einer weiteren Schiedsklausel auch für die Vertragsstaaten, nach obligatorischen Verhandlungen und Beratungen, die obligatorische Streitbeilegung durch Schiedsgerichtsverfahren vor.[414] Soweit dies nicht der Fall ist, können sich Staaten auch *ad hoc* auf die Streitbeilegung durch ein zwischenstaatliches Schiedsgerichts einigen.

Kommt es zu einem zwischenstaatlichen Schiedsgerichtsverfahren, ist dieses grundsätzlich unabhängig vom Investor-Staat-Schiedsgerichtsverfahren. Aus der Entstehungsgeschichte des ICSID-Abkommens ergibt sich insoweit, dass zwischenstaatliche Schiedsgerichtsverfahren nach dem Willen der Vertragsparteien Investor-Staat-Verfahren vor dem ICSID weder stören, noch deren Endgültigkeit

---

dass die iranische Unterwerfungserklärung nicht auf Streitigkeiten anwendbar war, die, wie im vorliegenden Fall, aus älteren Verträgen herrührten.

412 So bspw. in *Case concerning the Barcelona Traction, Light and Power Co., Limited (Belgium v. Spain)*, Judgment (Second Phase), 5. Februar 1970, ICJ Reports 1970, S. 3, in dem der IGH nicht anerkannte, dass Belgien diplomatischen Schutz für belgische Aktionäre einer in Kanada gegründeten und dort sitzenden Gesellschaft die in Spanien tätig geworden war, ausüben konnte.

413 In *Case concerning Elettronica Sicula S.p.A. (ELSI) (United States of America v. Italy)*, Judgment, 20. Juli 1989, ICJ Reports 1989, S. 15, machten die USA diplomatischen Schutz für zwei amerikanische Unternehmen, die gemeinsam 100 % der Aktien der italienischen ELSI hielten, gegenüber einer Reihe von gerichtlichen und verwaltungsrechtlichen Maßnahmen im Zusammenhang mit einem Insolvenzverfahren geltend. Der IGH folgte zwar nicht den Einwänden Italiens gegen die Zulässigkeit der Klage, konnte aber in den beanstandeten Maßnahmen insgesamt keinen rechtswidrigen Eingriff feststellen. Vgl. auch *Case concerning Ahmadou Sadio Diallo (Republic of Guinea v. Democratic Republic of the Congo)*, Judgment, 30. November 2010, ICJ Reports 2010, S. 639.

414 *Dolzer/Schreuer*, Principles of International Investment Law, S. 213; Vgl. *Reinisch/Malintoppi*, in: Muchlinski/Ortino/Schreuer, International Investment Law, S. 715.

berühren sollten.[415] Dieser Grundsatz wurde auch in der Schiedsgerichtspraxis bestätigt.[416]

Anfang des 20. Jahrhunderts wurde noch eine Reihe von Verfahren durchgeführt, in denen die jeweiligen Heimatsstaaten im Wege des diplomatischen Schutzes Ansprüche privater Investoren geltend machten.[417] Vor dem Hintergrund der direkten Investor-Staat-Schiedsgerichtsbarkeit sind zwischenstaatliche Investitionsschiedsgerichtsverfahren heute jedoch selten geworden.[418]

d) Alternative Streitbeilegungsverfahren

Alternative Streitbeilegungsverfahren gewinnen auch in der Diskussion des internationalen Investitionsschutzrechts an Bedeutung.[419] Neben den Schiedsgerichtsverfahren, die streng genommen auch eine Form der alternativen Streitbeilegung, darstellen, gehören hierzu Mediations- und Schlichtungsverfahren.

Zur Streitbeilegung in Investitionsstreitigkeiten sind förmliche Mediationsverfahren, bei denen die Parteien unter der Anleitung eines Mediators selbst eine einvernehmliche Lösung erarbeiten, allerdings wenig geeignet und daher selten. Investoren und Staaten sind in der Regel meist so aufgestellt und auch beraten, dass Verhandlungen zwischen ihnen keines zwischengeschalteten Mediators bedürfen. Wenn der Streit dann so weit eskaliert ist, dass förmliche Streitbeilegungsmechanismen in Anspruch genommen werden, ist der Spielraum für Verhandlungen erschöpft.

---

415 Vgl. *Broches*, History of the ICSID Convention, Bd. II Teil 1, S. 65 (Rn. 34–35), 273, 434, 527, 576 (Rn. 82–86).

416 In *Empresas Luchetti, S.A. and Lucchetti Peru, S.A. v. Republic of Peru*, ICSID Case No. ARB/03/4, Award, 7. Februar 2005, Rn. 7–9 reichte ein privater Investor Schiedsklage gegen den Gaststaat Peru ein und initiierte ein Investor-Staat-Schiedsgerichtsverfahren. Peru initiierte daraufhin ein zwischenstaatliches Schiedsgerichtsverfahren gegen den Heimatstaat des Investors, Chile, und beantragte im Investor-Staat-Verfahren vor diesem Hintergrund eine Aussetzung des Verfahrens bis zur Beendigung des zwischenstaatlichen Verfahrens. Das Schiedsgericht lehnte dies jedoch ab. Peru verfolgte das zwischenstaatliche Verfahren daraufhin nicht mehr weiter.

417 Vgl. bspw. den Fall *Norwegian shipowners' claims (Norway v. USA)*, Award, 13. Oktober 1922, RIAA 1948 (Bd. I), S. 307, in dem Norwegen in einem zwischenstaatlichen Schiedsgerichtsverfahren Ansprüche norwegischer Staatsangehöriger gegen die USA wegen der Beschlagnahme von Schiffen nach einer Kriegsanordnung der USA von 1917 geltend machte.

418 *Reinisch/Malintoppi*, in: Muchlinski/Ortino/Schreuer, International Investment Law, S. 718.

419 Vgl. *Reed/Paulsson/Blackaby*, Guide to ICSID Arbitration, S. 11.

Schlichtungsverfahren, in denen der oder die Schlichter (meist Experten mit besonderen Sach- und Fachkenntnissen), den Parteien einen eigenen, unverbindlichen Schlichtungsvorschlag machen, sind besser geeignet. Teilweise werden daher bereits zu Beginn eines Investitionsvorhabens Schlichtungskommissionen eingesetzt, um das Vorhaben fortlaufend begleiten zu können.[420] Erfolgreiche Schlichtungsverfahren können dann durchaus zum Erfolg von Investitionen beitragen.[421] Die Gefahr, dass ein einmal begonnenes Schlichtungs- oder Mediationsverfahren nicht mit Erfolg zu Ende geführt wird, ist jedoch hoch, weil es den Parteien frei steht, jederzeit aus den Verfahren auszusteigen.[422] Die gefundenen Lösungen sind zudem nur eingeschränkt verbindlich und nicht vollstreckbar.

Insgesamt bleibt bei Schlichtungs- und Meditationsverfahren die Gefahr recht groß, dass Kosten und Zeit im Ergebnis nutzlos aufgewendet werden und durch das misslungene Verfahren zusätzliche Störungen zwischen den Parteien entstehen.[423]

2. Rechtsschutz durch Investor-Staat-Schiedsgerichtsverfahren

Die Defizite der innerstaatlichen Rechtsschutzmöglichkeiten und der herkömmlichen völkerrechtlichen Streitbeilegungsverfahren bei der Beilegung von Investitionsstreitigkeiten haben zur Entwicklung der internationalen Investor-Staat-Schiedsgerichtsbarkeit geführt.[424] Im Folgenden sollen, nach einem einleitenden Überblick über die Entwicklung dieses Zweiges der internationalen Schiedsgerichtsbarkeit, die zur Durchführung von Investor-Staat-Schiedsgerichtsverfahren zur Verfügung stehenden Schiedsgerichtseinrichtungen und -ordnungen und insbesondere die Zuständigkeits- und Verfahrensvoraussetzungen erörtert werden.

a) Entwicklung und aktueller Stand

Die Investor-Staat-Schiedsgerichtsbarkeit ist Teil der internationalen Schiedsgerichtsbarkeit. Sie ist von der zwischenstaatlichen Schiedsgerichtsbarkeit (zu

---

420 *Nicklisch*, BB 1998, 2, 6; *Metje*, Investitionsschutz, S. 155.

421 *Reed/Paulsson/Blackaby*, Guide to ICSID Arbitration, S. 11.

422 *Berger*, FS für Schlosser, S. 30.

423 *Nicklisch*, BB 1998, 2, 6; *Metje*, Investitionsschutz, S. 156. Nachteilige Auswirkungen sollen teilweise durch die Trennung des vorgeschalteten Schlichtungs- und des nachfolgenden Schiedsgerichtsverfahrens verhindert werden, vgl. *Berger*, in: FS für Schlosser, S. 34. Hiernach soll es dann etwa unzulässig sein, sich in dem streitigen Verfahren auf Äußerungen aus dem Schlichtungsverfahren zu berufen.

424 *Belling*, Jurisdiktion rationae materiae, S. 70.

völkerrechtliche Ansprüchen zwischen Staaten) und der privaten Handelsschiedsgerichtsbarkeit (zu zivilrechtlichen Ansprüchen zwischen Privaten) abzugrenzen.

Die Geschichte der Investor-Staat-Schiedsgerichtsbarkeit ist erheblich jünger als die der zwischenstaatlichen Schiedsgerichtsbarkeit und der privaten Handelsschiedsgerichtsbarkeit. Während die Existenz zwischenstaatlicher Schiedsgerichtsverfahren bereits für die altgriechisch-persische Zeit und das zweite vorchristliche Jahrtausend belegt ist, waren Privatpersonen lange Zeit darauf angewiesen, dass ihr Heimatstaat ihre Rechte für sie geltend machte.[425] Der direkte Zugang zu einem *ad hoc*-Schiedsgericht wurde privaten Investoren wohl erstmals 1840 im Sizilianischen Schwefelmonopol-Fall zwischen Großbritannien und dem Königreich beider Sizilien (*Regno delle Due Sicilie*) ermöglicht. Danach kam es vereinzelt in der *ad hoc*-Schiedsgerichtspraxis des 19. Jahrhunderts zur Partei- und Prozessfähigkeit von Privatpersonen.[426]

Mit dem 1907 gegründeten Ständigen Schiedsgerichtshof (*Permanent Court of Arbitration*) („**PCA**") in Den Haag wurde zunächst nur die zwischenstaatliche Schiedsgerichtsbarkeit institutionalisiert.[427] Durch die Schaffung eines internationalen Schiedsgerichtshofs (*International Court of Arbitration*) bei der nach dem Ersten Weltkrieg gegründeten Internationalen Handelskammer (*International Chamber of Commerce*) („**ICC**") im Jahre 1922 erhielt dann auch die private internationale Schiedsgerichtsbarkeit erheblichen Aufschwung.[428]

Nach dem Zweiten Weltkrieg wurde in Art. 33 Abs. 1 Var. 5 der Charta der Vereinten Nationen von 1945 die zwischenstaatliche Schiedsgerichtsbarkeit ausdrücklich als ein Weg der friedlichen Streitbeilegung erwähnt und damit international anerkannt.

In den Folgejahren förderten internationale Abkommen über die Anerkennung von Schiedsverträgen und die Vollstreckung von Schiedssprüchen auch

---

425 Vgl. *Ziegler*, Völkerrechtsgeschichte, S. 24, 29, 30, 33.

426 *Belling*, Jurisdiktion rationae materiae, S. 72 f.

427 Der Ständige Schiedsgerichtshof in Den Haag wurde durch Art. 20 des Abkommens zur friedlichen Erledigung internationaler Streitfälle vom 29. Juli 1899 und Art. 41 des I. Haager Abkommens zur friedlichen Erledigung internationaler Streitfälle vom 18. Oktober 1907, RGBl. 1907, S. 5, geschaffen. Er führte nicht selber Schiedsgerichtsverfahren durch, sondern stellte lediglich den Rahmen zur Durchführung von *ad hoc*-Schiedsgerichtsverfahren zur Verfügung, vgl. *Broches*, Selected Essays, S. 166.

428 *Schwab/Walter*, Schiedsgerichtsbarkeit, Kap. 41, Rn. 1 und 13; *Belling*, Jurisdiktion rationae materiae, S. 74.

die Weiterentwicklung der privaten Schiedsgerichtsbarkeit.[429] Das bis heute wichtigste Abkommen ist die *Convention on the Recognition and Enforcement of Foreign Arbitral Awards* von 1958 („**New York Convention**")[430] in der sich die Vertragsstaaten zur gegenseitigen Anerkennung und Vollstreckung internationaler Schiedssprüche verpflichtet haben.[431]

1962 ermöglichten die Mitgliedsstaaten des PCA unter bestimmten Umständen auch die Durchführung von Schieds- und Vergleichsverfahren in Streitigkeiten zwischen Staaten und privaten Parteien.[432] Die neuen Verfahrensarten waren jedoch nicht speziell auf Investitionsstreitigkeiten zugeschnitten und stießen insbesondere bei den Entwicklungsländern nur auf geringes Interesse.[433]

Der entscheidende historische Durchbruch zur Schaffung einer institutionalisierten Investor-Staat-Schiedsgerichtsbarkeit erfolgte schließlich 1966 mit dem im Rahmen der Weltbank ausgearbeiteten ICSID-Abkommen und der Gründung des ICSID in Washington D.C.[434]

Ein weiterer wesentlicher Entwicklungsschritt wurde etwas später durch die 1966 gegründete *United Nations Commission on International Trade Law* („**UNCITRAL**")[435] gemacht, die 1976 die *UNCITRAL Arbitration*

429 *Schwab/Walter*, Schiedsgerichtsbarkeit, Kap. 41, Rn. 2–12.

430 *Convention on the Recognition and Enforcement of Foreign Arbitral Awards* vom 10. Juni 1958, BGBl. 1961 II, S. 122.

431 Art. 43 S. 1 New York Convention konstituiert die entsprechende völkerrechtliche Verpflichtung: „*Each Contracting State shall recognize arbitral awards as binding and enforce them in accordance with the rules of procedure of the territory where the award is relied upon, under the conditions laid down in the following articles*". Der New York Convention waren bereits das Genfer Protokoll vom 24. September 1923, RGBl. 1925 II, S. 47, und das Genfer Abkommen vom 26. September 1927, RGBl. 1930 II, S. 1068, vorausgegangen, die erste Versuche zur Regelung der internationalen Schiedsgerichtsbarkeit und zur Vollstreckbarerklärung von Schiedssprüchen im Ausland enthielten; vgl. auch *Herdegen*, RIW 1989, 329, 335.

432 Hierzu wurde die Schiedsgerichts- und Vergleichsordnung des Ständigen Schiedshofe für Streitigkeiten zwischen einem Staat und einer nichtstaatlichen Partei vom Februar 1962 erlassen, abgedruckt (französische Fassung) in AVR 1964/1965, 187–196. Die aktuelle Fassung, eine modifizierte Version der UNCITRAL-Regeln, ist abrufbar unter http://www.pca-cpa.org/showpage.asp?pag_id=1188 (zuletzt abgerufen am 24. Februar 2013).

433 *Theodorou*, Investitionsschutzverträge vor Schiedsgerichten, S. 57.

434 *Belling*, Jurisdiktion rationae materiae, S. 75.

435 Die UNCITRAL mit Sitz in Wien wurde durch die Resolution A/RES/2205(XXI) der UN Generalversammlung vom 17. Dezember 1966 geschaffen und hat den Auftrag das internationale Handelsrecht zu harmonisieren und zu vereinheitlichen.

Rules[436] und 1985 das *UNCITRAL Model Law*[437] verabschiedete. Im Gegensatz zum ICSID führt die UNCITRAL jedoch selbst keine Schiedsgerichtsverfahren durch und verwaltet diese auch nicht. Mit den *UNCITRAL Arbitration Rules* hat sie den Parteien vielmehr eine umfassende Schiedsordnung zur Verfügung gestellt, die im Rahmen eines institutionalisierten oder *ad hoc*-Schiedsgerichtsverfahrens verwendet werden können. Das *UNCITRAL Model Law* ist ein Mustergesetz für nationale Gesetzgebungen zur Schiedsgerichtsbarkeit, das dazu dient, die nationalen Schiedsverfahrensrechtsregime anzugleichen.[438]

Von großer Bedeutung für die Entwicklung der internationalen Investitionsschiedsgerichtsbarkeit war schließlich auch die Einrichtung des *Iran-United States Claims Tribunal*, das seit 1981 fast 4.000 Verfahren zwischen Angehörigen der beiden Staaten und den Staaten selbst entschieden hat und dessen Schiedssprüche nach wie vor erheblichen Einfluss auf die Schiedspraxis im Investitionsschutzrecht haben.[439]

Heute hat die internationale Schiedsgerichtsbarkeit in allen Bereichen große Akzeptanz als effektiver Streitbeilegungsmechanismus gefunden: Im zwischenstaatlichen Bereich haben *ad hoc*-Schiedsgerichte eine Reihe von Auseinandersetzungen erfolgreich beigelegt, insbesondere Grenzstreitigkeiten.[440] Im

---

436 Die ursprünglichen *UNCITRAL Arbitration Rules* wurden mit Resolution A/RES/31/98 der UN-Generalversammlung vom 15. Dezember 1976 zur Verwendung empfohlen. Die aktuelle, im Jahr 2010 veröffentliche, überarbeitete Fassung wurde mit Resolution A/RES/65/22 der UN-Generalversammlung vom 6. Dezember 2010 empfohlen.

437 Das UNCITRAL Model Law wurde mit Resolution A/RES/40/27 der UN-Generalversammlung vom 11. Dezember 1985 angenommen. Die aktuelle, im Jahr 2006 veröffentliche, überarbeitete Fassung wurde mit Resolution A/RES/61/33 der UN-Generalversammlung vom 4. Dezember 2006 angenommen.

438 *Lionnet/Lionnet*, Handbuch der internationalen und nationalen Schiedsgerichtsbarkeit, S. 128 ff.

439 Das Tribunal wurde durch die *Declaration of the Government of the Democratic and Popular Republic of Algeria Concerning the Settlement of Claims by the Government of the United States of America and the Government of the Islamic Republic of Iran* vom 19. Januar 1981, ILM 1981, 230 geschaffen.

440 Vgl. bspw. *Case concerning the Delimitation of the Continental Shelf between the United Kingdom of Great Britan and Northern Ireland and the French Republic*, Decision, 30. Juni 1977, ILM 1979, 397; *Concilliation Commission on the Continental Shelf Area between Iceland and Jan Mayen*, Report and recommendations to the governments of Iceland and Norway, Juni 1981, ILM 1981, 797; *Case concerning the delimitation of the maritime boundary between Guinea and Guinea-Bissau,* Decision, 14. Februar 1985, ILM 1986, 252.

internationalen Wirtschaftsleben hat sich die Handelsschiedsgerichtsbarkeit weitestgehend gegenüber der staatlichen nationalen Gerichtsbarkeit durchgesetzt, etwa 90 % aller internationalen Verträge enthalten heute Schiedsgerichtsklauseln.[441]

Die überragende Akzeptanz der ICSID-Schiedsgerichtsbarkeit für den Bereich der Investor-Staat-Schiedsgerichtsverfahren lässt sich schon an der Zahl der Mitgliedstaaten des ICSID-Abkommens ablesen. Mit 158 Signatarstaaten, von denen 147 das Abkommen ratifiziert haben, sind etwa 3/4 aller Mitgliedsstaaten der Vereinten Nationen (193 Mitglieder) auch Mitgliedsstaaten des ICSID-Abkommens. Auch die überwiegende Mehrheit der BITs verweist heute auf das ICSID.[442] Darüber hinaus werden Investor-Staat-Schiedsgerichtsverfahren auch vor anderen etablierten Schiedsgerichtsinstitutionen, wie der ICC, dem *London Court of International Arbitration* („**LCIA**") oder dem SCC durchgeführt.[443]

Im Ergebnis ist die Investor-Staat-Schiedsgerichtsbarkeit mittlerweile so erfolgreich, dass sie heute allgemein als der effektivste Weg angesehen wird, den materiellen Regelungen des Investitionsschutzes Wirkung zu verschaffen.[444]

b) Schiedsgerichtseinrichtungen und -ordnungen

Die konkrete Ausgestaltung des Investor-Staat-Schiedsgerichtsverfahrens wird durch die vereinbarte oder gewählte Schiedsgerichtsinstitution und Schiedsgerichtsordnung geprägt. Die meisten modernen Schiedsgerichtsordnungen weisen dabei in den wesentlichen Verfahrensregeln große Gemeinsamkeiten auf.[445] Üblich ist, dass die Parteien die Zusammensetzung des Schiedsgerichts und das von diesem anzuwendende Recht bestimmen können; ferner, dass das Schiedsgericht selbst über seine Zuständigkeit entscheidet, das Verfahrensrecht festlegt, soweit die Parteien dies nicht getan haben und, dass das Verfahren grundsätzlich vertraulich ist.[446] Einige Unterschiede existieren hingegen hinsichtlich der Beweisaufnahme, der Kostenregelungen und der Anforderungen an Schiedsrichter und Parteivertreter.[447]

---

441 *Berger*, RIW 1994, 12, 12.

442 *Görs*, Internationales Investitionsrecht, S. 75.

443 Vgl. *Böckstiegel*, in: FS Schlosser, 49, 52.

444 *Görs*, Internationales Investitionsrecht, S. 214; *Parra*, ICSID Rev.-FILJ 1997, 287, 287 f.

445 *Böckstiegel*, Arb. Int. 2006, 165, 173–174; *Böckstiegel*, SchiedsVZ 2009, 3, 5.

446 *Dolzer/Schreuer*, Principles of International Investment Law, S. 226.

447 Vgl. im Einzelnen *Alvarez* in: Mistelis/Lew, Pervasive Problems in International Arbitration, S. 124 ff.

Trotz dieser wesentlichen Gemeinsamkeiten konnten sich aus der großen Zahl der theoretisch für Investor-Staat-Schiedsgerichtsverfahren zur Verfügung stehenden Schiedsgerichtseinrichtungen und -ordnungen nur wenige Institutionen wirklich etablieren.[448] Ihre grundlegenden Verfahrensregeln sollen in diesem Abschnitt beleuchtet werden.

aa) International Centre for Settlement of Investment Disputes

Das ICSID ist weltweit die einzige Schiedsgerichtsinstitution die sich ausschließlich mit investitionsrechtlichen Individualklagen befasst.

Zur Einleitung eines Verfahrens vor dem ICSID ist eine schriftliche Einigung (Schiedsvereinbarung) zwischen Investor und Gaststaat notwendig (Art. 25 Abs. 1 S. 1 ICSID-Abkommen). Diese kann vor oder nach dem konkreten Streitfall vereinbart werden, insbesondere kann das staatliche Angebot zu einer derartigen Schiedsvereinbarung auch in der nationalen Investitionsschutzgesetzgebung oder in einem multi- oder bilateralen Investitionsschutzabkommen enthalten sein.[449] In letzteren Fällen bedarf es zur Einleitung des ICSID-Verfahrens lediglich noch der Einwilligung des Investors. Diese kann auch in dem Antrag auf Einleitung des Schiedsgerichtsverfahrens (*request vor arbitration*) liegen. Eine einmal erteilte Einwilligung kann nicht mehr widerrufen werden (Art. 25 Abs. 1 S. 2 ICSID-Abkommen).

Das ICSID-Schiedsgericht besteht, soweit die Parteien keine abweichende Vereinbarung getroffen haben, entweder aus einem Einzelrichter oder einer ungeraden Zahl von Schiedsrichtern (Art. 37 Abs. 2(a) ICSID-Abkommen). Im Regelfall werden drei Schiedsrichter benannt: Jede Partei benennt dann einen Schiedsrichter allein und der dritte Schiedsrichter, der gleichzeitig zum Vorsitzenden bestimmt ist, wird von beiden Parteien gemeinsam bestimmt (Art. 37 Abs. 2(b) ICSID-Abkommen).

Können sich die Parteien nicht einigen, bestimmt der Vorsitzende des ICSID Verwaltungsrats (dies ist *ex officio* der Vorsitzende der Weltbank) die fehlenden Schiedsrichter.[450] Diese Regelung und weitere Einzelheiten des Verfahrens sind in einer eigenen Schiedsgerichtsordnung, den *Rules of Procedure for Arbitral Proceedings* („**ICSID Arbitration Rules**")[451], geregelt. Sie sind flexibel ausgestaltet

448 *Belling*, Jurisdiktion rationae materiae, S. 76.

449 Zur Schiedsvereinbarung im Einzelnen s. unten B.III.2.c)aa). Vgl. auch *Görs*, Internationales Investitionsrecht, S. 75.

450 Art. 5 ICSID-Abkommen und Rule 4 ICSID Arbitration Rules.

451 ICSID Rules of Procedure for Arbitration Proceedings, abgedruckt in: ICSID Convention, Regulation and Rules, S. 101–127, abrufbar unter https://icsid.worldbank.

und erlauben auch abweichende Vereinbarungen über das Verfahren.[452] Das anwendbare Recht ergibt sich aus der dem Verfahren zugrunde liegenden Parteivereinbarung (Art. 42 ICSID-Abkommen).

Die Schiedssprüche sind verbindlich und können mit innerstaatlichen Rechtsmitteln nicht mehr angegriffen werden (Art. 53 Abs. 1 ICSID-Abkommen). Sie entsprechen nach innerstaatlichem Recht einem Vollstreckungstitel; die Staaten sind völkerrechtlich verpflichtet sie wie rechtskräftige Urteile ihrer eigenen innerstaatlichen Gerichte zu behandeln (Art. 54 Abs. 1 ICSID-Abkommen).

Nach Art. 52 des ICSID-Abkommens ist zudem ein eigenes Aufhebungsverfahren (*annulment*) für erlassene Schiedssprüche möglich.[453] Art. 26 des ICSID-Abkommens schließt die Inanspruchnahme aller anderen Rechtsschutzmöglichkeiten hingegen ausdrücklich aus.

Die *ICSID Additional Facility* und die dazugehörige Schiedsgerichtsordnung *Additional Facility Rules wurden* geschaffen, um eine Möglichkeit der Streitbeilegung für Investor-Staat-Auseinandersetzungen in Fällen zu schaffen, die nicht in den Anwendungsbereich des ICSID-Abkommens fielen.[454] Art. 2(a) *Additional Facility Rules* sieht daher vor, dass lediglich entweder der Heimatstaat des Investors oder der Gaststaat in dem die Investition erfolgt, Vertragspartei des ICSID-Abkommens sein muss. Nach Art. 2(b) und Art. 4 Abs. 3 *Additional Facility Rules* ist es ferner nicht erforderlich, dass Streitgegenstand eine „Investition" im Sinne des ICSID-Abkommens ist. Erforderlich ist lediglich eine Transaktion, die nach dem Willen der Parteien nach ihrer Dauer oder Bedeutung über ein gewöhnliches Handelsgeschäft hinausgeht.

Die *Additional Facility Rules* ähneln im Übrigen eher den Regeln der Schiedsgerichtsinstitutionen der Handelsschiedsgerichtsbarkeit.[455] Insbesondere unterliegen Schiedssprüche in Ermangelung eines eigenen und endgültigen Systems der Überprüfung der Anfechtung vor nationalen Gerichten.[456]

---

org/ICSID/FrontServlet?requestType=ICSIDDocRH&actionVal=RulesMain (zuletzt abgerufen am 16. November 2012).

452 Vgl. *Shihata*, The World Bank in a Changing World, S. 317 f;

453 Vgl. *Görs*, Internationales Investitionsrecht, S. 216; *Dolzer*, FS für Doehring, S. 161.

454 *Lew/Mistelis/Kröll*, Comparative International Commercial Arbitration, Rn. 28–117; vgl. auch *Görs*, Internationales Investitionsrecht, S. 77; s. im Übrigen oben B.II.2.a) aa). Zur Geschichte der *ICSID Additional Facility*, vgl. *Broches*, Selected Essays, S. 249/250.

455 *Lew/Mistelis/Kröll*, Comparative International Commercial Arbitration, Rn. 28–118.

456 So bspw. der *Supreme Court of British Columbia*, in *The United Mexican States v. Metalclad Corporation*, Reasons for judgment, 2. Mai 2001, BCSC 2001, S. 664 zu

Auch die ICSID-Regeln über die Anerkennung und Vollstreckung gelten nicht, sodass die *New York Convention* anzuwenden ist und nach nationalem Recht die Anerkennung und Vollstreckung des Schiedsspruches beantragt und erlangt werden muss.[457]

bb) UNCITRAL Arbitration Rules

Die *UNCITRAL Arbitration Rules* wurden 1976 durch die UNCITRAL verabschiedet und werden für die Beilegung internationaler Handelsstreitigkeiten zwischen Privaten verwendet.[458] Nachdem das *Iran-United States Claims Tribunal* sie jedoch erstmalig in Investor-Staat-Streitigkeiten anwendete, sind sie zu diesem Zweck inzwischen gleichermaßen anerkannt.[459]

Die Anwendung der Regeln setzt voraus, dass die Parteien eines Vertrages sich schriftlich auf die Streitbeilegung durch ein Schiedsgerichtsverfahren nach UNCITRAL-Regeln geeinigt haben und dass die Streitigkeit aus dem Vertrag zwischen den Parteien herrührt oder eine abweichende Vereinbarung zum Einbezug weiterer Ansprüche getroffen wurde (Art. 1 Abs. 1).[460] Die Einleitung des Verfahrens erfolgt durch Zustellung eines Einleitungsschreibens (*Notice of Arbitration*) durch den Kläger and den Beklagten (Art. 2, 3). Wenn die Parteien nicht die Entscheidung durch einen Einzelschiedsrichter vereinbart haben, setzt sich das Schiedsgericht aus drei Schiedsrichtern zusammen (Art. 5). Zur Bestimmung der Schiedsrichter ist in Art. 6–8 ein Verfahren vorgesehen, das verhindern soll, dass das Verfahren stockt, weil die Parteien sich nicht auf den oder die Schiedsrichter einigen können.[461]

Metalclad Corporation v. The United Mexican States, ICSID Case No. ARB(AF)/97/1, Award, 30. August 2001.

457 *Lew/Mistelis/Kröll*, Comparative International Commercial Arbitration, Rn. 28–118; *Semler*, SchiedsVZ 2003, 97, 101.

458 *Görs*, Internationales Investitionsrecht, S. 215. Zur Entstehungsgeschichte s. *Dore*, Arbitration and Conciliation under the UNCITRAL Rules, S. 44.

459 *Görs*, Internationales Investitionsrecht, S. 216; *Parra*, ICSID Rev.-FILJ 1997, 287, 297.

460 *Dore*, Arbitration and Conciliation under the UNCITRAL Rules, S. 45.

461 Soweit ein Einzelschiedsrichter zu bestimmen ist, kann jede Partei der anderen Partei einen oder mehrere geeignete Schiedsrichter oder eine Einrichtung, die den Schiedsrichter bestimmen soll (*appointing authority*) vorschlagen (Art. 6 Abs. 1). Können sich die Parteien dann nicht innerhalb von dreißig Tagen auf einen Vorschlag einigen, hat jede Partei das Recht eine vorher vereinbarte *appointing authority* anzurufen, die den Schiedsrichter bestimmt (Art. 6 Abs. 2 S. 1). Haben die Parteien sich auf keine *appointing authority* geeinigt oder bestimmt diese innerhalb von

Für das Verfahren bestimmt Art. 15 Abs. 1 lediglich, dass beide Parteien gleich behandelt werden und Gelegenheit erhalten, ihre Argumente vorzubringen. Im Übrigen kann das Schiedsgericht das Verfahren nach freiem Ermessen („*as it considers appropriate*“) bestimmen. Das Schiedsgericht entscheidet auch über seine Zuständigkeit und die Gültigkeit der Schiedsvereinbarung (Art. 21). Das anwendbare materielle Recht bestimmen die Parteien. Soweit die Parteien keine Regelung getroffen haben, bestimmt das Schiedsgericht nach den Regeln des Kollisionsrechts, welches Recht anzuwenden ist (Art. 33 Abs 1).[462]

Ein einmal getroffener Schiedsspruch ist endgültig und verbindlich für die Parteien (Art. 32 Abs. 2). Dies schließt allerdings nicht aus, dass die Parteien den Schiedsspruch vor nationalen Gerichten anfechten.[463]

cc) International Chamber of Commerce

Der Internationale Schiedsgerichtshof (*International Court of Arbitration*) bei der ICC in Paris ist die etablierteste und wohl auch wichtigste private internationale Schiedseinrichtung.[464] Anders als der Name vermuten lässt, handelt es sich dabei nicht um ein Schiedsgericht im eigentlichen Sinne, sondern um eine Schiedsgerichtsinstitution, die verwaltende und unterstützende Hilfestellungen für das eigentliche Schiedsgericht gibt, die Verfahrensordnung zur Verfügung stellt und für deren Anwendung sorgt, aber nicht selbst einen Schiedsspruch trifft (Art. 1 Abs. 2 der *ICC Rules of Arbitration* vom 1. Januar 2012).[465]

---

sechzig Tagen keinen Schiedsrichter, kann jede Partei den Generalsekretär des PCA anrufen, damit dieser eine *appointing authority* bestimmt (Art. 6 Abs. 2 S. 2). Bei der Bestimmung des Schiedsrichters durch eine *appointing authority* hat diese den Parteien zunächst eine Liste mit mehreren Vorschlägen zu unterbreiten und sodann die Präferenzen der Parteien nach Möglichkeit zu berücksichtigen (Art. 6 Abs. 3 und 4). Ist ein Tribunal aus drei Schiedsrichtern zu bestimmen, bestimmt jede Partei einen Schiedsrichter und diese beiden Schiedsrichter wiederum gemeinsam den dritten Schiedsrichter als Präsidenten des Tribunals (Art. 7 Abs. 1). Kommt eine der Parteien ihrer Pflicht einen Schiedsrichter zu bestimmen nicht nach, wird dieser wieder von einer *appointing authority* bestimmt (Art. 7 Abs. 2 und 3).

462 Vgl. im Einzelnen *Dore*, Arbitration and Conciliation under the UNCITRAL Rules, S. 54–65.

463 *Dore*, Arbitration and Conciliation under the UNCITRAL Rules, S. 64.

464 Vgl. *Dolzer/Schreuer*, Principles of International Investment Law, S. 227; *Blessing*, Introduction to Arbitration, Rn. 29.

465 Vgl. *Dolzer/Schreuer*, Principles of International Investment Law, S. 227. Die *ICC Rules of Arbitration* vom 1. Januar 2012 sind in mehreren Sprachen, von denen jedoch nur die englische und französische Fassung verbindlich sind, abrufbar unter

Die Einleitung des Schiedsgerichtsverfahrens erfolgt durch Einreichung der Schiedsklage (Art. 4 Abs. 1). Das Schiedsgericht besteht aus einem oder drei Schiedsrichtern, je nach Vereinbarung der Parteien (Art. 12 Abs. 1). Haben die Parteien keine Vereinbarung getroffen, ernennt der *Court* in der Regel einen Einzelschiedsrichter (Art. 12 Abs. 2). Soweit die Parteien einen Einzelschiedsrichter vereinbart haben, können sie gemeinsam dem *Court* einen Vorschlag zur Bestätigung machen, einigen sie sich nicht innerhalb von dreißig Tagen ab Klagezustellung, ernennt der *Court* den Einzelschiedsrichter (Art. 12 Abs. 3). Soweit drei Schiedsrichter vorgesehen sind, benennt jede Partei jeweils einen zur Bestätigung durch den *Court* und der *Court* den dritten Schiedsrichter, der auch den Vorsitz führt. Unterlässt es eine Partei einen Schiedsrichter zu benennen, ernennt der *Court* auch diesen (Art. 12 Abs. 4). Das materielle Recht bestimmen die Parteien im Rahmen der Parteiautonomie selbst.

Das ICC-Verfahren zeichnet sich durch einige Besonderheiten aus: So hat das Schiedsgericht nach Erhalt der Akten, aus diesen und dem Vortrag der Parteien eine Zusammenfassung der wesentlichen Fakten und Streitfragen des Falles (Schiedsauftrag, *Terms of Reference*) zu erstellen und dem *Court* vorzulegen (Art. 23). Dieses Verfahren soll dem Schiedsgericht und den Parteien helfen sich auf die relevanten Punkte zu konzentrieren.[466]

Ferner hat das Schiedsgericht seinen Schiedsspruch, bevor es ihn unterzeichnet zwingend dem *Court* als Entwurf vorzulegen (Art. 33). Der *Court* prüft den Entwurf, insbesondere unter formalen Gesichtspunkten, jedoch auch auf offensichtliche Unstimmigkeiten in der Sache selbst. Er kann sodann in der Form Änderungen vorschreiben und in der Sache „unter Wahrung der Entscheidungsfreiheit des Schiedsgerichts" Hinweise geben (Art. 33).

dd) Permanent Court of Arbitration

Auch der 1899 gegründete PCA in Den Haag ist kein Schiedsgericht im eigentlichen Sinne, sondern eine Einrichtung zur Verwaltung und Unterstützung institutionalisierter Schiedsgerichtsverfahren. Der PCA kann bei der Auswahl von Schiedsrichtern helfen, als *appointing authority* bestimmt werden und über die Anfechtung von Schiedsrichtern entscheiden. Das Sekretariat des PCA, das *International Bureau*, registriert, verwaltet und unterstützt die von den einzelnen Schiedsgerichten durchgeführten Verfahren.

---

www.iccarbitration.com oder http://www.iccwbo.org/products-and-services/arbitration-and-adr/arbitration/icc-rules-of-arbitration/ (zuletzt abgerufen am 25. Februar 2013).

466 *Dolzer/Schreuer*, Principles of International Investment Law, S. 227.

Der PCA verwaltet Verfahren rein völkerrechtlicher Natur (zwischenstaatliche Schiedsgerichtsverfahren) oder internationaler privatrechtlicher Natur, die von Staaten, Privaten und internationalen Organisationen geführt werden.[467] Als Verfahrensrecht kommen entweder die UNCITRAL-Regeln oder eine der eigenen *Permanent Court of Arbitration Optional Rules* zur Anwendung. Letztere gibt es für unterschiedliche Konstellationen.[468]

Nachdem längere Zeit vor allem zwischenstaatliche Verfahren vom PCA verwaltet wurden, war seine Bedeutung in Investor-Staat-Schiedsgerichtsverfahren gesunken. In jüngerer Zeit sind jedoch eine Reihe von Investor-Staat-Verfahren entschieden und eine größere Zahl von Verfahren anhängig gemacht worden, sodass der PCA auch in diesem Bereich wieder deutlich an Bedeutung gewonnen hat.[469]

ee) Stockholm Chamber of Commerce

Das SCC ist ein rechtlich unselbstständiger, aber organisatorisch getrennter und weitgehend unabhängiger Teil der Stockholmer Handelskammer.[470] Heute

---

467 *Dolzer/Schreuer*, Principles of International Investment Law, S. 229.

468 Im Einzelnen sind dies die Regeln für zwischenstaatliche Verfahren, Verfahren zwischen Staaten und Beteiligten die keine Staaten sind, Verfahren zwischen internationalen Organisationen und Staaten, Verfahren zwischen internationalen Organisationen und Privaten, Schlichtungsverfahren, selbstständiges Beweisverfahren, Verfahren in Umweltsachen, Schlichtungsverfahren in Umweltsachen. Mit Ausnahme des selbstständigen Beweisverfahrens basieren diese *Optional Rules* auf den UNCITRAL-Regeln und wandeln diese im Wesentlichen lediglich ab, um die unterstützende Funktion des *International Bureau* und den PCA als *appointing authority* zu integrieren.

469 Abgeschlossen wurden bspw. *Saluka Investments BV (The Netherlands) v. The Czech Republic*, PCA (UNCITRAL), Partial Award, 17. März 2006, *Telekom Malaysia Berhard v. Government of the Republic of Ghana*, PCA (UNCITRAL), (2003 eingeleitet und unveröffentlicht), *TCW Group, Inc., Dominican Energy Holdings, L.P. v. The Dominican Republic*, PCA (UNCITRAL), Consent Award, 16. Juli 2009. Derzeit werden 47 weitere Investor-Staat-Streitigkeiten beim PCA verwaltet, von denen 38 allerdings nicht öffentlich sind. Zu den öffentlich bekannten Verfahren gehört auch das weit beachtete Verfahren *Philip Morris Asia Limited (Hong Kong) v. The Commonwealth of Australia*, PCA (UNCITRAL), in dem der Tabakkonzern Philip Morris die Verletzung seiner Rechte aus dem BIT zwischen Australien und Hong Kong durch neue Regulierung zu Warnhinweisen auf Zigarettenverpackungen geltend macht.

470 Das SCC wurde 1917 zur Durchführung nationaler Schiedsgerichtsverfahren gegründet. Nach dem zweiten Weltkrieg wurde die Tätigkeit auf internationale

zählt das SCC zu den international anerkannten Schiedseinrichtungen und verwaltet jedes Jahr auch eine kleine aber stetige Zahl von Investitionsschiedsgerichtsverfahren, zuletzt in 2008 insgesamt sieben Verfahren.[471] Insbesondere der ECT verweist ausdrücklich auch auf die Streitbeilegung durch SCC-Schiedsgerichtsverfahren als eine Möglichkeit neben ICSID, ICSID-*Additional Facility* und Schiedsgerichtsverfahren nach UNCITRAL-Regeln.[472] Wenn die Parteien dies vereinbaren, kann das *Arbitration Institute* auch als *appointing authority* in UNCITRAL-Verfahren tätig werden und diese Verfahren auch verwalten.[473]

Das Verfahren regeln die *Arbitration Rules* vom 1. Januar 2007.[474] Die Zahl der Schiedsrichter bestimmen die Parteien. Treffen sie hierüber keine Vereinbarung, besteht das Schiedsgericht aus drei Schiedsrichtern, in einfachen Fällen ausnahmsweise nur aus einem Einzelrichter (Art. 12). Soweit ein Einzelschiedsrichter entscheidet, wird er gemeinsam von den Parteien benannt, bei drei Schiedsrichtern, benennt jede Partei einen Schiedsrichter und der Vorstand des SCC den dritten Schiedsrichter als Vorsitzenden (Art. 13 Abs. 1, 3).

Das weitere Verfahren bestimmt das Schiedsgericht im Rahmen der SCC *Arbitration Rules* und unter Berücksichtigung der Grundsätze eines unparteiischen, praktischen und zügigen Verfahrens in dem jede Partei eine ausreichende und angemessene Gelegenheit erhält seine Seite zu vertreten (Art. 19). Die SCC *Arbitration Rules* zeichnen sich dabei durch schlanke und moderne Regelungen aus, die den Parteien große Freiheiten gewähren.

Verfahren erweitert, nachdem amerikanische Unternehmen für ihre Verträge mit den Außenhandelsorganisationen der Sowjetunion die Schiedsordnung des SCC vereinbart hatten. Das SCC erlangte so insbesondere im Ost-West-Wirtschaftsverkehr eine besondere Bedeutung, vgl. *Lionnet/Lionnet*, Handbuch der internationalen und nationalen Schiedsgerichtsbarkeit, S. 526 f.

471 In den Jahren 2001–2008 wurden insgesamt 27 Investitionschiedsgerichtsverfahren durchgeführt, vgl. SCC, Statistics, http://www.chamber.se/hem-3/statistik-2.aspx, zuletzt abgerufen am 28. April 2009.

472 Vgl. Art. 26 Abs. 4(c) ECT.

473 Vgl. SCC, *Procedures and Services under the UNCITRAL Arbitration Rules* vom 1. April 1999.

474 Die deutsche Fassung ist abrufbar unter http://www.sccinstitute.com/filearchive/3/33778/2010_skiljedomsregler_tyska1-%20utan%20modellklausulsidan.pdf (zuletzt abgerufen am 24. Februar 2013). Für Eilverfahren und Mediationsverfahren gelten gesonderte Verfahrensordnungen, *Rules for Expedited Arbitrations* vom 1. Januar 2007 und *Rules of the Mediation Institute of the Stockholm Chamber of Commerce* vom 1. April 1999.

Das anwendbare materielle Recht bestimmen die Parteien selbst. Fehlt es an einer Vereinbarung hat das Schiedsgericht das Recht anzuwenden, das es für „angemessen" erachtet (Art. 22 Abs. 1). Der Schiedsspruch ist endgültig und verbindlich für die Parteien (Art. 40).

ff) Weitere Schiedsgerichtseinrichtungen und -ordnungen

Neben den genannten Institutionen von Bedeutung, wenn auch ohne speziellen Fokus auf Investitionsschiedsgerichtsverfahren, ist ferner der *London Court of International Arbitration* („**LCIA**").[475] Vor dem LCIA können unabhängig von der Staatsangehörigkeit der Parteien alle Arten von Handelskonflikten verhandelt werden, einschließlich Investor-Staat-Investitionsstreitigkeiten.[476] Zur Anwendung kommen entweder die LCIA Schiedsgerichtsordnung vom 1. Januar 1998[477] oder wahlweise die UNCITRAL-Regeln.

Darüber hinaus bestehen noch eine Reihe von regionalen Schiedszentren, so das *Cairo Regional Centre for International Commercial Arbitration* (CRCICA)[478], das *Singapore International Arbitration Centre* (SIAC)[479], *Hongkong International Arbitration Centre* (HKIAC) oder *Kuala Lumpur Regional Centre for Arbitration* (KLRCA). Auf das Schiedszentrum in Kuala Lumpur verweist u. a. das Investitionsschutzabkommen der ASEAN. Von zunehmender Bedeutung ist auch das

---

475 S. im Einzelnen http://www.lcia-arbitration.com. Der LCIA geht aus der 1892 gegründeten *City of London Chamber of Arbitration* hervor und wird von der Handelskammer, der Stadt London und dem *Chartered Institute of Arbitrators* getragen. Erste Überlegungen zur Gründung einer Schiedseinrichtung wurden bereits 1883 angestellt. 1903 wurde die Einrichtung in *London Court of Arbitration* umbenannt, 1981 erfolgte die bis heute gültige Benennung LCIA. Vgl. zur Entstehungsgeschichte im Übrigen LCIA, History of the LCIA, abrufbar unter http://www.lcia.org/LCIA/Our_History.aspx (zuletzt abgerufen am 24. Februar 2013); vgl. auch *Dolzer/Schreuer*, Principles of International Investment Law, S. 227 (die allerdings andere Daten anführen). Das *Chartered Institute of Arbitrators* (CIArb) ist eine berufsständische Vereinigung von Schiedsrichtern, Rechtsanwälten und anderen Praktikern der internationalen Schiedsgerichtsbarkeit, vgl. im Einzelnen, CIArb, Who we are, abrufbar unter http://www.ciarb.org/about/who-we-are/ (zuletzt abgerufen am 24. Februar 2013).

476 *Dolzer/Schreuer*, Principles of International Investment Law, S. 227.

477 LCIA Schiedsgerichtsordnung vom 1. Januar 1998, abrufbar unter http://www.lcia.org (zuletzt abgerufen am 24. Februar 2013).

478 Ein Überblick zum *Cairo Regional Centre for International Commercial Arbitration* findet sich in SchiedsVZ 2005, 248, 248.

479 Ein Überblick zum *Singapore International Arbitration Centre* findet sich in SchiedsVZ 2008, 90, 90.

Schiedszentrum der *China International Economic and Trade Arbitration Commission* (CIETAC).[480] Als Verfahrensordnung wird bei diesen Schiedsgerichtseinrichtungen neben teilweise existierenden eigenen Schiedsgerichtsordnungen auch auf die UNCITRAL-Regeln oder die *ICC Arbitration Rules* zurückgegriffen.

Zu erwähnen ist schließlich auch die *Deutsche Institution für Schiedsgerichtsbarkeit* (DIS), die 1992 durch den Zusammenschluss des 1920 gegründeten *Deutschen Ausschuss für Schiedsgerichtsbarkeit* mit dem 1974 gegründeten *Deutschen Institut für Schiedsgerichtswesen* entstanden ist und unter der *DIS Schiedsgerichtsordnung 1998* (DIS SchO)[481] sowohl nationale als auch internationale Schiedsgerichtsverfahren administriert. Das DIS ist als eingetragener Verein organisiert. Mitglieder sind Einzelpersonen, insbesondere Rechtsanwälte, Richter, Wissenschaftler und andere Praktiker, Wirtschaftsunternehmen und -verbände sowie die Industrie- und Handelskammern und ihre Spitzenorganisation, der Deutsche Industrie- und Handelskammertag (DIHT).[482] Die DIS wird durch ihren Ernennungsausschuss auch als *appointing authority* in UNCITRAL Verfahren tätig und nimmt alle Aufgaben der Deutschen Gruppe der ICC im Zusammenhang mit der ICC Schiedsgerichtsbarkeit wahr.[483]

c) *Zuständigkeitsvoraussetzungen*

Zuständigkeits- und Zulässigkeitsfragen sind in der internationalen Investitionsschiedsgerichtsbarkeit von erheblicher Bedeutung. Denn gelingt es dem Investor mit seiner Klage diese Schwellen zu überwinden, hat er auch in der Sache häufig gute Aussichten auf Erfolg.

Die einzelnen Zuständigkeitsvoraussetzungen ergeben sich nicht aus den Schiedsgerichtsordnungen, sondern aus der Schiedsvereinbarung, insbesondere den Investitionsschutzabkommen, -gesetzen und -verträgen, in denen das Angebot des Gaststaates enthalten ist, sich der Schiedsgerichtsbarkeit zu unterwerfen. Das Schiedsgericht, das nach der jeweiligen Schiedsgerichtsordnung über seine eigene Zuständigkeit entscheidet, muss diese daher auslegen, um festzustellen, ob der anhängig gemachte Streitfall unter die Verpflichtung des Gaststaates fällt,

480 Ein Überblick über Fallzahlen verschiedener Schiedsinstitutionen für die Jahre 1992 bis 2004 findet sich bei *Lew*, in: Mistelis/Lew, Pervasive Problems in International Arbitration, S. 3.

481 Abgedruckt bei *Schwab/Walter*, Schiedsgerichtsbarkeit, Anhang B Nr. 4.

482 Vgl. zur Entstehung und Organisation des DIS im Einzelnen *Lionnet/Lionnet*, Handbuch der internationalen und nationalen Schiedsgerichtsbarkeit, S. 507 f.

483 *Lionnet/Lionnet*, Handbuch der internationalen und nationalen Schiedsgerichtsbarkeit, S. 510.

sich der Schiedsgerichtsbarkeit zu unterwerfen.[484] Unterschieden wird dabei regelmäßig zwischen der Schiedsvereinbarung selbst, welche die erste Voraussetzung für die Durchführung eines jeden Schiedsgerichtsverfahrens ist und die die Zuständigkeit *ratione voluntatis* begründet, der sachlichen (*ratione materiae*), der persönlichen (*ratione personae*) und der zeitlichen (*ratione temporis*) Zuständigkeit.

aa) Schiedsvereinbarung und Zuständigkeit ratione voluntatis

Voraussetzung für die Streitbeilegung durch ein Schiedsgericht ist zunächst, dass zwischen Investor und Gaststaat eine Schiedsvereinbarung besteht.[485] Die Schiedsvereinbarung verdrängt die Entscheidungskompetenz der nationalen Gerichte und begründet die Zuständigkeit *ratione voluntatis* des Schiedsgerichts.[486]

Eine Schiedsvereinbarung kann sowohl im Voraus in einem Investitions-, Vorhabens-, Projekt- oder sonstigem Vertrag zwischen Investor und Staat oder nachträglich vereinbart werden, um einen bereits aufgetretenen Streit, auf den bislang keine Schiedsvereinbarung Anwendung findet, doch noch der Zuständigkeit der nationalen Gerichte zu entziehen und einem Schiedsgericht zu unterbreiten.[487]

Die Schiedsvereinbarung bedarf in der Regel der Schriftform und kann als Schiedsklausel oder als Schiedsabrede vereinbart werden.[488] Die Schiedsklausel ist eine vertragliche Regelung, die regelmäßig gemeinsam mit dem Hauptvertrag vereinbart wird, dessen Rechte und Pflichten durchgesetzt werden sollen. Sie ist in ihrer Wirkung daher systematisch auf den Hauptvertrag und die aus ihm herrührenden Streitigkeiten beschränkt.[489] Die Schiedsabrede

---

484 *Lew/Mistelis/Kröll*, Comparative International Commercial Arbitration, Rn. 28–13; *Belling*, Jurisdiktion rationae materiae, S. 115.

485 *Metje*, Investitionsschutz, S. 146; *Dolzer/Schreuer*, Principles of International Investment Law, S. 238.

486 *Wolfgram*, Investitionsschiedsgerichtsbarkeit, S. 46.

487 *Metje*, Investitionsschutz, S. 147–148; *Dolzer/Schreuer*, Principles of International Investment Law, S. 239.

488 Vgl. *Glossner/Raeschke-Kessler* in: Siebel, Handbuch Projekte und Projektfinanzierung, S. 277; *Wolfgram*, Investitionsschiedsgerichtsbarkeit, S. 45.

489 In ihrer Wirksamkeit ist die Schiedsklausel jedoch, selbst bei gegenständlicher Einbeziehung in den Hauptvertrag, eigenständig und unabhängig vom Hauptvertrag, um so auch auf Fragen der Wirksamkeit des Hauptvertrags Anwendung finden zu können. Andernfalls könnte die Frage, ob der Hauptvertrag selbst wirksam sei, nicht einem Schiedsgericht unterbreitet werden, da auch die Wirksamkeit der

ist hingegen losgelöst von den vertraglichen Beziehungen zwischen den Streitparteien.[490]

Internationale Investitionsschiedsgerichtsverfahren beruhen üblicherweise nicht auf Schiedsklauseln, sondern auf Schiedsabreden. Derartige Schiedsabreden finden sich in nationalen Investitionsschutzgesetzen und in Investitionsschutzabkommen, die privaten Investoren das Recht geben, ein Schiedsgerichtsverfahren gegen den Gaststaat der Investition zu initiieren.[491] Teilweise besteht daneben überhaupt keine vertragliche oder überhaupt rechtliche Beziehung zwischen den Streitparteien Investor und Staat.[492]

Die Schiedsabrede setzt sich aus Angebot und Annahme zusammen: Die gesetzliche oder völkervertragliche Regelung in der sich ein Staat im Hinblick auf Investitionsstreitigkeiten der Schiedsgerichtsbarkeit unterwirft, stellt ein einseitiges dauerhaftes und unwiderrufliches Angebot an die Öffentlichkeit dar, dass jeder Investor, der die notwendigen Voraussetzungen erfüllt, ein Schiedsgerichtsverfahren einleiten kann.[493] Der Investor nimmt dieses Angebot durch die Einleitung des Schiedsgerichtsverfahrens an.[494] Die Zulässigkeit derartiger

---

Schiedsklausel insofern in Frage stehen würde, *Wolfgram*, Investitionsschiedsgerichtsbarkeit, S. 45. Die getrennte Wirksamkeit der Schiedsklausel (*doctrine of separability*) ist weitestgehend anerkannt, *Lew*, in: Mistelis/Lew, Pervasive Problems in International Arbitration, S. 5.

490 *Wolfgram*, Investitionsschiedsgerichtsbarkeit, S. 46.

491 Vgl. *Lew/Mistelis/Kröll*, Comparative International Commercial Arbitration, Rn. 28–11; *Happ*, SchiedsVZ 2005, 21, 21; *Dolzer/Stevens*, Bilateral Investment Treaties, S. 131/132; *Dolzer/Schreuer*, Principles of International Investment Law, S. 242.

492 Sog. „*arbitration without privity*“; vgl. *Paulsson*, ICSID Rev.-FILJ 1995, 232, 232 ff. und 256; *Werner*, J. Int'l Arb. 1999, Ausg. 3, 139, 139; *Compañia de Aguas del Aconquija, S.A. & Compagnie Générale des Eaux v. Argentine Republic*, ICSID Case No. ARB/97/3, Award, 21. November 2000, Rn. 40 ff.; vgl. auch *Wolfgram*, Investitionsschiedsgerichtsbarkeit, S. 46.

493 Vgl. *Lew/Mistelis/Kröll*, Comparative International Commercial Arbitration, Rn. 28–12 und Rn. 28–22; *Happ*, SchiedsVZ 2005, 21, 21; *Schreuer*, The ICSID Convention, Art. 25, Rn. 378, 392 ff., 427 ff.; Allerdings muss die entsprechende Klausel tatsächlich ein entsprechendes ausdrückliches Einverständnis enthalten und nicht etwa - was auch vorkommen kann - eine Zusicherung dass eine Schiedsvereinbarung abgeschlossen wird, vgl. auch *Cremades* in: Briner/Fortier/Berger/Bredow, Law of International Business and Dispute Settlement in the 21st Century, S. 159.

494 *Cremades* in: Briner/Fortier/Berger/Bredow, Law of International Business and Dispute Settlement in the 21st Century, S. 160; s. auch *Wälde*, Investment Arbitration Under the Energy Charter Treaty, Arb. Int'l 1996, 429, 434 f. Vor der Annahme der Schiedsabrede durch den Investor ist weder der Investor auf die entsprechende

Schiedsabreden und Gültigkeit der auf diesem Wege zustande gekommenen Schiedsvereinbarungen ist weithin anerkannt und wird in der Schiedsgerichtspraxis unproblematisch akzeptiert.[495]

bb) Zuständigkeit ratione materiae

Die sachliche Zuständigkeit (*ratione materiae*) des Schiedsgerichts richtet sich nach der Schiedsvereinbarung; sie erstreckt sich nur soweit wie die Schiedsvereinbarung reicht. In Investitionsschiedsgerichtsverfahren ist regelmäßig das Vorliegen eines Rechtsstreits über eine Investition erforderlich.[496] Für ICSID-Verfahren ist dies ausdrücklich in Art. 25 Abs. 1 ICSID-Abkommen normiert („*legal dispute arising directly out of an investment*"). Der deutsche Muster-BIT spricht von „Streitigkeiten in Bezug auf Kapitalanlagen".

Der Begriff der „Investition" (oder „Kapitalanlage") als Grundvoraussetzung der Zuständigkeit *ratione materiae* wurde bereits erörtert.[497] Auch die weiteren Merkmale, das Vorliegen einer (Rechts-)Streitigkeit und die unmittelbare Verbindung zwischen Streitigkeit und Investition, sind Gegenstand von Schiedsgerichtsentscheidungen geworden:

In *AGIP v. Congo*[498] erklärte der beklagte Gaststaat, es läge gar keine Streitigkeit mehr vor, da er das Prinzip der Entschädigung mittlerweile anerkannt hätte. Die Klägerin war tatsächlich jedoch noch nicht entschädigt worden. Das Schiedsgericht wies den Einwand daher zurück.[499] In *Texaco v. Lybia*[500] definierte

---

Schiedsabrede beschränkt, noch kann der Staat ein Schiedsgerichtsverfahren gegen den Investor initiieren, vgl. *Lew/Mistelis/Kröll*, Comparative International Commercial Arbitration, Rn. 28-12.

495 *Wolfgram*, Investitionsschiedsgerichtsbarkeit, S. 46; *Herdegen*, RIW 1989, 329, 331 f. In *Československa Obchodní Banka, A.S. v. The Slovak Republic*, ICSID Case No. ARB/97/4, Decision of the Tribunal on Objections to Jurisdiction, 24. Mai 1999, Rn. 49–55 hat das Schiedsgericht sogar seine Zuständigkeit angenommen, obwohl der relevant BIT gar nicht in Kraft getreten war, da die Parteien in einem Vertrag auf diesen verwiesen hatten und der Investitionsschutzvertrag insofern über den Vertrag Geltung erlangt hat; vgl. auch *Sturma*, ZaÖRV 2000, 151, 157.

496 Vgl. *Dolzer/Schreuer*, Principles of International Investment Law, S. 230.

497 S. oben B.I.1.

498 *AGIP S.p.A. v. People's Republic of the Congo*, ICSID Case No. ARB/77/1, Award, 30. November 1979, ILM 1982, 726.

499 Ebd., Rn. 38–42.

500 *Texaco Overseas Petroleum Company and California Asiatic Oil Company v. The Government of the Libyan Arab Republic*, Preliminary Award, 27. November 1975, ILM 1978, 1.

das Schiedsgericht den Begriff der Streitigkeit als *„present divergence of interests and opposition of legal views"*.[501] Ähnliche Definitionen wurden in weiteren Schiedssprüchen bestätigt.[502] Der IGH definiert Streitigkeiten als *„disagreement on a point of law or fact, a conflict of legal views or interests between the parties"*[503] oder *„situation in which the two sides held clearly opposite views concerning the question of performance or non-performance of certain treaty obligations"*[504].

Nach diesen Definition haben Einwände gegen das Vorliegen einer Streitigkeit kaum Erfolgsaussichten, so lange jedenfalls eine Partei eine Streitigkeit als gegeben ansieht.

Gleichermaßen aussichtslos haben Beklagte argumentiert, dem Schiedsgericht fehle die sachliche Zuständigkeit, da es sich bei der Streitigkeit nicht um einen Rechtsstreit, sondern um eine politische oder wirtschaftliche Auseinandersetzung handele.[505] Im Rahmen des ICSID-Abkommens sind Streitigkeiten rechtlicher Natur, wenn sie die Existenz oder den Umfang eines Rechts oder einer rechtlichen Verpflichtung oder die Beschaffenheit oder Existenz einer Entschädigung für den Bruch einer rechtlichen Verpflichtung betreffen (*„if they concern the existence or scope of a legal right or obligation, or the nature or extent of the repatriation to be made for breach of a legal obligation"*).[506] Ausnahmslos haben Schiedsgerichte daher bislang Einwände gegen die Natur der Streitigkeit zurückgewiesen.[507]

---

501 *Texaco Overseas Petroleum Company and California Asiatic Oil Company v. The Government of the Libyan Arab Republic*, Preliminary Award, 27. November 1975, ILM 1978, 1, Rn. 24.

502 Vgl. bspw. *Emilio Augustín Maffezini v. The Kingdom of Spain*, ICSID Case No. ARB/97/7, Decision of the Tribunal on Objections to Jurisdiction, 25. Januar 2000, Rn. 90–98; *Tokios Tokelés v. Ukraine*, ICSID Case No. ARB/02/18, Decision on Jurisdiction, 29. April 2004, Rn. 106–107.

503 *Case concerning East Timor (Portugal v. Australia)*, Judgment, 30. Juni 1999, ICJ Reports 1995, S. 90, 99, Rn. 20 m. w. N.

504 *Interpretation of the Peace Treaties wih Bulgaria, Hungary and Romania*, Advisory Opinon, 30. März 1950, ICR Reports 1950, S. 65, 74; *Case concerning certain property (Liechtenstein v. Germany)*, Judgment, 10. Februar 2005, ICJ Reports 2005, S. 6, 17, Rn. 20–27.

505 Vgl. *Dolzer/Schreuer*, Principles of International Investment Law, S. 230 f.

506 Vgl. *ICSID*, Report of the Executive Directors of the IBRD on the Convention on the Settlement of Investment Disputes between States and Nationals of Other States vom 18. März 1965, Rn. 26.

507 Vgl. bspw. *Československa Obchodní Banka, A.S. v. The Slovak Republic*, ICSID Case No. ARB/97/4, Decision of the Tribunal on Objections to Jurisdiction, 24. Mai

Der Rechtsstreit muss darüber hinaus in einem hinreichenden - in der Regel unmittelbaren - Bezug zu einer Investition stehen.[508] Die genauen Anforderungen an dieses Element weichen in den unterschiedlichen Investitionsschutzinstrumenten teilweise voneinander ab. Während Art. 25 Abs. 1 ICSID-Abkommen eine direkte Herkunft des Streits aus der Investition verlangt („*arising directly*"), fordert Art. 101 Abs. 1 NAFTA-Abkommen lediglich einen Bezug der streitgegenständlichen Maßnahmen zu Investoren oder Investitionen („*relating to*"). Auch der deutsche Muster-BIT spricht lediglich von Streitigkeiten „in Bezug" auf Kapitalanlagen (Art. 10 Abs. 1 S. 1).

Ob Streitigkeiten über Teile einer Investition oder Maßnahmen auch rechtlich einen hinreichenden Bezug zur Investition aufweisen, ist von Schiedsgerichten im Einzelfall unterschiedlich entschieden worden.[509] In *CSOB v. Slovakia*[510] hatte die Klägerin einem slowakischen Unternehmen ein Darlehen gewährt, das durch eine Bürgschaft des Gaststaats abgesichert war. Als die Klägerin versuchte, aus der Bürgschaft gegen den Gaststaat vorzugehen, rügte dieser die Zuständigkeit des Schiedsgerichts, da die streitigen Ansprüche nicht unmittelbar aus dem Darlehen (der Investition) herrühren würden. Das Schiedsgericht folgte dem nicht und entschied:

> „An investment is frequently a rather complex operation, composed of various interrelated transactions, each element of which, standing alone, might not in all cases qualify as an investment. Hence, a dispute that is brought before the Centre must be deemed to arise directly out of an investment even when it is based on a transaction which, standing alone, would not qualify as an investment under the Convention, provided that the

1999, Rn 61; *Emilio Augustín Maffezini v. The Kingdom of Spain*, ICSID Case No. ARB/97/7, Decision of the Tribunal on Objections to Jurisdiction, 25. Januar 2000, Rn. 90–98.

508 *Dolzer/Schreuer*, Principles of International Investment Law, S. 231.

509 Vgl. bspw. *Amco Asia Corporation and others v. Republic of Indonesia*, ICSID Case No. ARB/81/1, Decision on Jurisdiction (Resubmission Proceeding), 10. Mai 1988, Rn. 122 ff. Hier entschied das Schiedsgericht, dass es nicht zur Entscheidung über den Vorwurf der Steuerhinterziehung berufen war, da die zugrundeliegende Verpflichtung eine allgemeine Verpflichtung aller Steuerschuldner ist und daher nicht direkt aus der Investition herrührt. In *Tokios Tokelés v. Ukraine*, ICSID Case No. ARB/02/18, Decision on Jurisdiction, 29. April 2004, Rn. 87–93, hat das Schiedsgericht ausreichen lassen, dass die angegriffenen Maßnahmen die Tätigkeit des Unternehmens des Investors in der Ukraine betrafen.

510 *Československa Obchodní Banka, A.S. v. The Slovak Republic*, ICSID Case No. ARB/97/4, Decision of the Tribunal on Objections to Jurisdiction, 24. Mai 1999.

particular transaction forms an integral part of an overall operation that qualifies as an investment."[511]

Die argentinische Regierung argumentierte in mehreren Schiedsgerichtsverfahren, dass die streitgegenständlichen staatlichen Maßnahmen nicht spezifisch auf bestimmte Investition abzielten, sondern allgemeine Maßnahmen zum Zweck des Allgemeinwohls seien. Der Streit über sie rühre daher nicht unmittelbar aus Investitionen her, sodass den Schiedsgerichten insoweit die Zuständigkeit fehle. In *CMS v. Argentina*[512] bestätigte das Schiedsgericht zwar, dass es nicht berufen sei, darüber zu entscheiden, ob allgemeine wirtschaftspolitische Maßnahmen richtig oder falsch seien. Soweit diese Maßnahmen direkten Einfluss auf Investitionen haben, könne es diese jedoch sehr wohl überprüfen:

> „On the basis of the above considerations the Tribunal concludes on this point that it does not have jurisdiction over measures of general economic policy adopted by the Republic of Argentina and cannot not pass judgment on whether they are right or wrong. The Tribunal also concludes, however, that it has jurisdiction to examine whether specific measures affecting the Claimant's investment or measures of general economic policy having a direct bearing on such investment have been adopted in violation of legally binding commitments made to the investor in treaties, legislation or contracts."[513]

Diese Argumentation fand in der Schiedsgerichtspraxis Zustimmung.[514] Soweit allgemeine Maßnahmen konkreten Einfluss auf eine Investition haben und spezifische Verpflichtungen gegenüber dem Investor verletzen, kann der Gaststaat sich nicht darauf berufen, dass diese Maßnahmen allgemeiner Natur seien und nicht hinreichenden Bezug zur Investition hätten.[515]

cc) Zuständigkeit ratione personae

Auch die persönliche Zuständigkeit (*ratione personae*) des Schiedsgerichts richtet sich nach der Schiedsvereinbarung und erstreckt sich nur soweit, wie diese reicht. Da in Investor-Staat-Schiedsgerichtsverfahren auf der einen Seite ein

---

511 *Československa Obchodní Banka, A.S. v. The Slovak Republic*, ICSID Case No. ARB/97/4, Decision of the Tribunal on Objections to Jurisdiction, 24. Mai 1999, Rn. 72.

512 *CMS Gas Transmission Company v. The Republic of Argentina*, ICSID Case No. ARB/01/8, Decision of the Tribunal on Objections to Jurisdiction, 17. Juli 2003.

513 Ebd., Rn. 33.

514 Vgl. bspw. *LG&E Energy Corp., LG&E Capital Corp., and LG&E International, Inc. v. Argentine Republic*, ICSID Case No. ARB/02/1, Decision of the Arbitral Tribunal on Objections to Jurisdiction, 30. April 2004, Rn. 67.

515 *Dolzer/Schreuer*, Principles of International Investment Law, S. 233.

Staat, nämlich der Gaststaat der Investition, und auf der anderen Seite ein oder mehrere ausländische private Investoren beteiligt sind, soll zwischen diesen beiden Parteien unterschieden werden.

(1) Staaten

Die staatliche Seite bleibt im Rahmen der persönlichen Zuständigkeit in den meisten Schiedsgerichtsverfahren vergleichsweise unproblematisch. Welcher Staat der richtige Beklagte ist und ob dieser der persönlichen Zuständigkeit des Schiedsgerichts unterfällt, wird sich in der Regel ohne größere Schwierigkeiten anhand der Schiedsvereinbarung und der streitgegenständlichen staatlichen Maßnahmen feststellen lassen.

Im Allgemeinen erstreckt sich die persönliche Zuständigkeit internationaler Schiedsgerichte in Investitionsstreitigkeiten auf denjenigen Staat, der Partei der zugrundeliegenden Schiedsvereinbarung ist, also Vertragsstaat des Investitionsschutzabkommens ist oder den Investor-Staat-Vertrag abgeschlossen hat und dessen staatliche Maßnahmen die Investition beeinträchtigen. Der Bezug der zugrundeliegenden Schiedsvereinbarung ist schon seiner Natur nach so eindeutig, dass die Zuständigkeit unter diesem Gesichtspunkt kaum problematisch werden kann. Kommen nach der Schiedsvereinbarung mehrere Staaten in Frage, weil diese in einem multilateralen Abkommen enthalten ist, wird jedenfalls die beeinträchtigende staatliche Maßnahme eindeutig einem Staat zuzuordnen sein.

Im Rahmen des ICSID-Abkommens ist gemäß Art. 25 Abs. 1 zusätzlich erforderlich, dass der Staat Vertragsstaat des ICSID-Abkommens ist („*Contracting State*"). Ist der Staat im Zeitpunkt des Eingangs der Schiedsklage beim Generalsekretär des ICSID nicht auch Vertragsstaat des ICSID-Abkommens, fehlt einem ICSID-Schiedsgericht insoweit die persönliche Zuständigkeit.[516] Es ist hingegen nicht erforderlich, dass der Staat bereits zum Zeitpunkt des Abschlusses der Schiedsvereinbarung oder der Abgabe des einseitigen Angebotes hierzu Vertragsstaat ist.[517] Eine Schiedsvereinbarung in der das ICSID festgelegt wird, steht insofern unter der (aufschiebenden) Bedingung der (ggf. noch zu erfolgenden) Ratifizierung des ICSID-Abkommens (*contingent consent clause*).[518]

---

516 *Dolzer/Schreuer*, Principles of International Investment Law, S. 234; *Belling*, Jurisdiktion rationae materiae, S. 124; *Hirsch*, Arbitration Mechanism, S. 72;

517 So das Schiedsgericht in *Holiday Inns v. Morocco*, ICSID Case No. ARB/72/1, unveröffentlicht, aber in Auszügen diskutiert bei *Lalive*, BYIL 1980, S. 123, 142.

518 *Amerasinghe*, BYIL 1974–1975, 227, 232. So bspw. Mexiko und Canada in Art. 1120 NAFTA oder Art. 10 Abs. 2 Nr. 1 des deutschen Muster-BITs („sofern beide Vertragsstaaten Mitglieder dieses Übereinkommens [ICSID, Anm. d. Verf.] sind").

Gegenüber internationalen Investitionen und Investoren handeln Staaten entweder direkt durch ihre zentralen Organe, beispielsweise Ministerien, oder durch Gebietskörperschaften oder andere staatliche Stellen. Bei Letzteren kann es sich sowohl um territoriale Untergliederungen, wie Bundesstaaten oder Kommunen, als auch um gesonderte Einrichtungen wie Investitionsbehörden oder spezielle Aufsichtsgremien für internationale Investitionen handeln.[519]

Handelt ein Staat durch Organe oder Gebietskörperschaften, gleich welcher Art, ergeben sich daraus grundsätzlich zunächst keine Besonderheiten. Einige Investitionsschutzverträge stellen dies ausdrücklich klar.[520] Im Übrigen haften Staaten nach den gewohnheitsrechtlichen völkerrechtlichen Grundsätzen der Staatenverantwortlichkeit, die in den *Draft Articles on Responsibility for Internationally Wrongful Acts* der *International Law Commission* („**ILC**") wiedergegeben werden, ohnehin stets für die Verletzung völkerrechtlicher Verpflichtungen durch alle ihre Organe oder Untergliederungen:

> „The conduct of any State organ shall be considered an act of that State under international law, whether the organ exercises legislative, executive, judicial or any other functions, whatever position it holds in the organization of the State, and whatever its character as an organ of the central government or of a territorial unit of the State."[521]

In der Schiedsgerichtspraxis wurde dieser Grundsatz der Staatenverantwortlichkeit aufgrund struktureller Zurechnung auch für den Bereich der Investitionsstreitigkeiten vielfach bestätigt.[522]

---

519 *Dolzer/Schreuer*, Principles of International Investment Law, S. 234 und 198 f.; *Larsen* in: Horn, Arbitrating Foreign Investment Disputes, S. 358 f.

520 So bspw. Art. 23 Abs. 1 ECT: „*Each Contracting Party is fully responsible under this Treaty for the observance of all provisions of the Treaty, and shall take such reasonable measures as may be available to it to ensure such observance by regional and local governments and authorities within its Area.*"

521 *ILC*, Draft Articles on Responsibility of States for Internationally Wrongful Acts, Art. 4 Abs. 1; zur Heranziehung der Draft Articles vgl. bspw. *Noble Ventures, Inc. v. Romania*, ICSID Case No. ARB/101/11, Award, 12. Oktober 2005, Rn. 69; vgl. auch *Dolzer/Schreuer*, Principles of International Investment Law, S. 200.

522 In *CMS Gas Transmission Company v. The Republic of Argentina*, ICSID Case No. ARB/01/8, Decision of the Tribunal on Objections to Jurisdiction, 17. Juli 2003, Rn. 108 bezog sich das Schiedsgericht ausdrücklich auf die Draft Articles on Responsibility of States for Internationally Wrongful Acts der ILC und bestätigte: „*In so far as the international liability of Argentina under the Treaty is concerned, it also does not matter whether some actions were taken by the judiciary and others by an administrative agency, the executive or the legislative branch of the State. Article 4 of the Articles on State Responsibility adopted by the International Law Commisson is*

Eine Zurechnung findet auch statt, wenn der Staat durch spezielle Organisationen oder Personen handelt, die ermächtigt sind, hoheitlich zu handeln[523] (funktionale Zurechnung), oder die faktisch im Auftrag des Staates handeln[524] (Zurechnung auf Grund faktischer Kontrolle). Auch in der Schiedsgerichtspraxis wurde die Staatenverantwortlichkeit aufgrund dieser Kriterien oder einer Kombination aus allen drei Kriterien bestätigt.[525]

---

abundantly clear on this point". Ähnlich entschied auch das Schiedsgericht in *The Loewen Group, Inc. and Raymond L. Loewen v. United States of America*, ICSID Case No. ARB(AF)/98/3, Decision on hearing of Respondent's objection to competence and jurisdiction, 5. Januar 2001, Rn. 70. Andere Schiedsgerichte haben festgestellt, dass Staaten verantwortlich sind für Maßnahmen territorialer Untergliederungen, wie Bundesstaaten (*Mondev International Ltd v. United States of America*, ICSID Case No. ARB(AF)/99/2, Award, 11. October 2002, Rn. 67 - hier erkannten die USA die Haftung für Handlungen der Stadt Boston und des Staates Massachusetts an), Provinzen (*Enron Corporation and Ponderosa Assets, L.P. v. The Argentine Republic*, ICSID Case No. ARB/01/3, Decision on jurisdiction, 14. Januar 2004, Rn. 32) und Kommunen (*Metalclad Corporation v. The United Mexican States*, ICSID Case No. ARB(AF)/97/1, Award, 30. August 2001, Rn. 73; *Tokios Tokelés v. Ukraine*, ICSID Case No. ARB/02/18, Decision on Jurisdiction, 29. April 2004, Rn. 102) (und zwar unabhängig von der innerstaatlichen Organisation, vgl. *Compañia de Aguas del Aconquija, S.A. & Compagnie Générale des Eaux v. Argentine Republic*, ICSID Case No. ARB/97/3, Award, 21. November 2000, Rn. 49); ferner auch Maßnahmen ihrer Minister (*Texaco Overseas Petroleum Company and California Asiatic Oil Company v. The Government of the Libyan Arab Republic*, Preliminary Award, 27. November 1975, ILM 1978, 1, Rn. 23), ihrer Parlamente (*Nykomb Synergetics Technology Holding AB v. The Republic of Latvia*, SCC, Award, 16. December 2003, S. 29–30) und ihrer Gerichte (*Robert Azinian, Kenneth Davitian, & Ellen Baca v. The United Mexican States*, ICSID Case No. ARB(AF)/97/2, Award, 1. November 1999, Rn. 97 ff.; *The Loewen Group, Inc. and Raymond L. Loewen v. United States of America*, ICSID Case No. ARB(AF)/98/3, Decision on hearing of Respondent's objection to competence and jurisdiction, 5. Januar 2001. Nicht zur Staatenverantwortlichkeit führen hingegen Handlungen von Privatpersonen, so bspw. in der Entscheidung *Tradex Hellas S.A. v. Republic of Albania*, ICSID Case No. ARB/94/2, Award, 29. April 1999, Rn. 146–148, in der das Schiedsgericht eine Haftung des Staates für die Besetzung einer Farm durch Dorfbewohner verneinte.

523 *ILC*, Draft Articles on Diplomatic Protection with Commentaries, Art. 5.

524 *ILC*, Draft Articles on Diplomatic Protection with Commentaries, Art. 8.

525 *Emilio Augustín Maffezini v. The Kingdom of Spain*, ICSID Case No. ARB/97/7, Decision of the Tribunal on Objections to Jurisdiction, 25. Januar 2000, Rn. 79 ff. (funktionale Zurechnung); *Salini Construttori S.p.A and Italtrade S.p.A. v Kingdom of Morocco*, ICSID Case No. ARB/00/4, Decision on Jurisdiction, 23. Juli 2001,

Zur Staatenverantwortlichkeit kann es schließlich auch durch Unterlassen kommen, wenn Staaten (oder Organe, Untergliederungen oder Organisationen, deren Verhalten zugerechnet wird) ihren Schutzpflichten gegenüber Investoren nicht nachkommen.[526] Derartige Schutzpflichten existieren sowohl völkergewohnheitsrechtlich, als auch ausdrücklich in vielen BITs („*full protection and security*"-Klauseln oder als Teil der „*fair and equitable treatment*"-Klausel).[527]

Kommt es aufgrund einer Verletzung von völkerrechtlichen Pflichten durch ein Organ, eine Untergliederung oder eine spezielle Organisation in diesem Sinne zu einem Investor-Staat-Schiedsgerichtsverfahren, wird daher in aller Regel der (Zentral-)Staat Partei sein und das Verfahren selbst führen. Nach dem ICSID-Abkommen besteht allerdings auch die Möglichkeit, dass die staatliche Untergliederung selbst Verfahrensbeteiligte wird. Denn nach Art. 25 Abs. 1 ICSID-Abkommen erstreckt sich die persönliche Zuständigkeit der Schiedsgerichte auf Investitionsstreitigkeiten

> „between a Contracting State (or any constitutent subdivision or agency designated to the Centre by that State) and a national of another Contracting State, which the parties to the dispute consent in writing to submit to the Centre."

Soll eine staatliche Gebietskörperschaft oder Untergliederung (*constitutent subdivision*) oder andere staatliche Stelle (*agency*) Verfahrensbeteiligte sein, müssen zwei besondere Voraussetzungen erfüllt sein. Der Vertragsstaat muss die Untergliederung gegenüber dem ICSID benannt haben und die Zustimmung der Untergliederung zum Schiedsgerichtsverfahren bedarf gem. Art. 25 Abs. 3 ICSID-Abkommen der Genehmigung durch den Vertragsstaat oder des Verzichts auf diese Genehmigungserfordernis.[528] Hierdurch soll sichergestellt

---

ILM 2003, 609, 616, Rn. 28–35 (funktionale und strukturelle Zurechnung); *Noble Ventures, Inc. v. Romania*, ICSID Case No. ARB/101/11, Award, 12. Oktober 2005, Rn. 63–81 (funktionale Zurechnung); das Schiedsgericht hat darüber hinaus festgehalten, dass es auf die Unterscheidung zwischen hoheitlicher (*acte iure imperii*) und nicht-hoheitlicher Tätigkeit (*acte iure gestionis*) insofern nicht ankommt (Rn. 82).

526 So bspw. in *Wena Hotels Limited v. Arab Republic of Egypt*, ICSID Case No. ARB/98/4, Award, 8. Dezember 2000, Rn. 84–95.

527 *Dolzer/Schreuer*, Principles of International Investment Law, S. 204.

528 *Szasz*, Geo. Wash. Int'l L. Rev. 1970–1971, 23, 31; vgl. *Larsen* in: Horn, Arbitrating Foreign Investment Disputes, S. 357; Art. 25 Abs. 3 ICSID-Abkommen lautet: „*Consent by a constitutent subdivision or agency of a Contracting State shall require the approval of that State unless that State notifies the Centre that no such approval is required.*"

werden, dass Untergliederungen tatsächlich ordnungsgemäß vom jeweiligen Staat autorisiert sind.[529]

Fehlt es an der Benennung und der Genehmigung, fehlt den ICSID-Schiedsgerichten daher die persönliche Zuständigkeit.[530] Ein derartiger Fall war das Verfahren *Cable Television v. St. Kitts and Nevis*[531], indem die *Nevis Island Administration*, eine Untergliederung des souveränen Staates Föderation St. Kitts und Nevis (eine Inselgruppe der Kleinen Antillen in der Karibik) sich in einem Vertrag mit der Klägerin der ICSID-Schiedsgerichtsbarkeit unterworfen hatte. St. Kitts und Nevis hatte jedoch weder die *Nevis Island Administration* gegenüber dem ICSID benannt, noch die Unterwerfungserklärung genehmigt oder auf das Genehmigungserfordernis verzichtet. Das Schiedsgericht erklärte sich daher für unzuständig.[532]

In *Churchill Mining v. Indonesia*[533] beantragte die Provinzregierung, die die beanstandeten Maßnahmen durchgeführt hatte, dem vom Investor gegen Indonesien eingeleiteten Schiedsgerichtsverfahren nachträglich als Partei beizutreten. Indonesien benannte die Provinz nach Einleitung des Schiedsgerichtsverfahrens nachträglich gegenüber dem ICSID und stimmte dem Antrag der Provinzregierung zu. Die englische Klägerin widersetzte sich dem Antrag und argumentierte, sie habe keine Schiedsvereinbarung mit der Provinz getroffen, sondern nur das Schiedsangebot des Staates Indonesien im BIT angenommen.[534] Dem stimmte das Schiedsgericht zu, ohne entscheiden zu müssen, ob eine nachträgliche Benennung der Untergliederung überhaupt möglich sei.[535]

Das ICSID veröffentlicht in seiner Vertragsstaaten-Datenbank alle Benennungen von Untergliederungen durch Vertragsstaaten. Neben den genannten Beispielen haben nur wenige Staaten von dieser Möglichkeit Gebrauch

529 Vgl. *Dolzer/Schreuer*, Principles of International Investment Law, S. 234.

530 Art. 25 Abs. 1 ICSID-Abkommen regelt insoweit gerade die Zuständigkeit der ICSID-Schiedsgerichte und nicht die Frage der Staatenverantwortlichkeit, vgl. *Dolzer/Schreuer*, Principles of International Investment Law, S. 206.

531 *Cable Television of Nevis, Ltd. and Cable Television of Nevis Holdings, Ltd. v. The Federation of St. Christopher (St. Kitts) and Nevis*, ICSID Case No. ARB/95/2, Award, 13. Januar 1997.

532 Ebd., Rn. 2.01–2.33.

533 *Churchill Mining PLC v. Republic of Indonesia*, ICSID Case No. ARB/12/14, Procedural Order No. 2, 5. Februar 2013.

534 Ebd., Rn. 10.

535 Ebd., Rn. 25.

gemacht, sodass diese Konstellation in der Praxis bisher nur eine geringe Rolle gespielt hat.[536]

(2) Investoren

Die Person des Investors führt bei der persönlichen Zuständigkeit regelmäßig zu Auseinandersetzungen zwischen den Parteien. Die Antwort auf die übergeordnete und oft streitige Frage, wer als „Investor" der persönlichen Zuständigkeit unterfällt und wer nicht, liegt im Begriff des „Investors", dessen eingehende Erörterung der in Abschnitt C folgende Hauptteil dieser Arbeit zum Gegenstand hat.

Im Rahmen der Zuständigkeit *ratione personae* ist der Investorbegriff deswegen von so großer Bedeutung, weil die Verpflichtung des Staates, sich gegenüber dem Investor der Schiedsgerichtsbarkeit zu unterwerfen, in der Regel nur gegenüber bestimmten internationalen Investoren gelten soll, insbesondere nur gegenüber den Angehörigen bestimmter (Vertrags-)Staaten.[537] Da die Schiedsgerichtsbarkeit eine Ausnahme zur grundsätzlichen Zuständigkeit der eigenen Gerichtsbarkeit des Gaststaates bildet, muss sie aus Sicht des Staates eng begrenzt bleiben und verhindert werden, dass diese besondere Rechtsschutzmöglichkeit missbraucht wird. Als Kläger kommen zudem häufig mehrere Personen in Frage, zwischen denen differenziert werden muss. So werden Investitionen teilweise durch eigens gegründete lokale Gesellschaften ausgeführt oder durchgeführt werden, um die lokale Beteiligung des Gaststaates zu ermöglichen oder es werden Zwischengesellschaften gegründet, um die Investition steuerlich zu optimieren. Als Investor und Kläger könnten sowohl das lokale Unternehmen in Frage kommen, als auch die Aktionäre oder eine Person oder Gesellschaft die nur mittelbar Eigentümerin ist oder anderweitig die Kontrolle über die Klägergesellschaft ausübt.[538]

Im Rahmen der Zuständigkeit *ratione personae* bewirkt der Investorbegriff daher eine entscheidende Weichenstellung, die darüber entscheidet, welchen Investoren überhaupt die Möglichkeit offen steht, ein Investor-Staat-Schiedsgerichtsverfahren erfolgreich einzuleiten und materiell-rechtliche Ansprüche mit Aussicht auf Erfolg gegen Staaten geltend zu machen.

Von der Zuständigkeit *ratione personae* ist die Aktivlegitimation (*ius standi*) zu unterscheiden. Aktivlegitimiert ist derjenige Investor, der materiell berechtigt

---

536 *Dolzer/Schreuer*, Principles of International Investment Law, S. 235. Eine der wenigen weiteren Ausnahmen ist insoweit *Tanzania Electric Supply Company Limited v. Independent Power Tanzania Limited*, ICSID Case No. ARB/98/8, Final Award, 12. Juli 2001, Rn. 13.

537 *Lew/Mistelis/Kröll*, Comparative International Commercial Arbitration, Rn. 28–13.

538 Ebd.

ist und in eigenem Namen Rechte geltend machen kann. Die Aktivlegitimation kann daher auch noch streitig werden, wenn die Zuständigkeit *ratione personae* gegeben ist.

So war in *Siemens v. Argentinien*[539] zwar unstreitig, dass die Siemens AG ein Investor im Sinne des Deutsch-Argentinischen BIT von 1991 war, Argentinien wandte jedoch ein, dass die Siemens AG selbst nicht aktivlegitimiert sei, da die Investition (in Form von Aktienbesitz an einer lokalen Tochter) von der Siemens Nixdorf Informationssysteme AG (SNI), ihrerseits wiederum eine hundertprozentige Tochter der Siemens AG durchgeführt wurde.[540] Allein die Siemens Nixdorf Informationssysteme AG sei daher aktivlegitimiert; die Schiedsklage der Siemens AG sei daher abzuweisen. Das Tribunal folgte dem nicht und entschied unter Verweis auf die Entscheidungen einer Reihe von ICSID-Schiedsgerichten[541], dass auch die Siemens AG als Aktionärin der Siemens Nixdorf Informationssysteme AG aktivlegitimiert sei.[542]

dd) Zuständigkeit ratione temporis

Die Zuständigkeit *ratione temporis* liegt vor, wenn der Streitgegenstand der Schiedsvereinbarung der Parteien auch in zeitlicher Hinsicht unterfällt.[543] Wann dies der Fall ist, hängt von der Schiedsvereinbarung ab. Investitionsschutzabkommen erfordern in der Regel, dass das Abkommen im Zeitpunkt der verletzenden Handlung gültig und in Kraft getreten war.[544] Aus Art. 28 WVK ergibt sich, dass völkerrechtliche Verträge grundsätzlich keine rückwirkende Wirkung haben. Eine Haftung von Staaten für vorangegangene Ereignisse ist daher ausgeschlossen.[545] Andere Abkommen erfassen ausdrücklich auch solche

---

539 *Siemens AG v. The Argentine Republic*, ICSID Case No. ARB/02/8, Decision on Jurisdiction, 3. August 2004.

540 Ebd., Rn. 123 ff.

541 U. a. *Emilio Augustín Maffezini v. The Kingdom of Spain*, ICSID Case No. ARB/97/7, Decision of the Tribunal on Objections to Jurisdiction, 25. Januar 2000, vgl. ebd., Rn. 142.

542 Ebd., Rn. 144.

543 So entschied das Schiedsgericht in *Empresas Luchetti, S.A. and Lucchetti Peru, S.A. v. Republic of Peru*, ICSID Case No. ARB/03/4, Award, 7. Februar 2005, Rn. 62 („*The only question entertained by this Tribunal is precisely whether the claim brought by Lucchetti falls within the scope of Peru's consent to international adjudication under the BIT.*").

544 Vgl. *Douglas*, The International Law of Investment Claims, S. 328 ff.

545 *Jan de Nul N.V. and Dredging International N.V. v. Arab Republic of Egypt*, ICSID Case No. ARB/04/13, Award, 6 November 2008, Rn. 131 ff. unter Verweis auf Artikel 28 WVK.

Investitionen, die vor Inkrafttreten getätigt wurden, aber nicht Streitigkeiten, die vorher entstanden sind.[546]

Auch die Schiedsgerichtspraxis ist nicht ganz einheitlich: In *Tradex Hellas v. Albania*[547] hat das Schiedsgericht festgehalten, dass auch Klauseln, die den BIT auf vorangegangene Investitionen erstrecken, nicht dazu führen, dass für behauptete Beeinträchtigungen und eingeleitete Schiedsgerichtsverfahren vor Inkrafttreten des BITs die Zuständigkeit aus dem BIT begründet wird.[548] Dem schloss sich auch das Schiedsgericht in *Generation Ukraine v. Ukraine* an.[549] Zwischen der Zuständigkeit *ratione temporis* und der Frage der Anwendbarkeit der materiellen Regeln eines BITs haben andere Schiedsgerichte teilweise weiter unterschieden.[550] Für die Frage der Zuständigkeit soll es dann auf den Zeitpunkt der Entstehung des Konflikts ankommen.[551]

---

546 So bspw. der BIT zwischen Chile und Peru, vgl. *Empresas Luchetti, S.A. and Lucchetti Peru, S.A. v. Republic of Peru*, ICSID Case No. ARB/03/4, Award, 7. Februar 2005, Rn. 25. Art. 8 des deutschen Muster-BITs regelt indes nur die Anwendung auf Investitionen vor Inkrafttreten, schließt vorher entstandene Streitigkeiten aber nicht ausdrücklich aus; vgl. auch *Douglas*, The International Law of Investment Claims, S. 263 ff.

547 *Tradex Hellas S.A. v. Republic of Albania*, ICSID Case No. ARB/94/2, Decision on Jurisdiction, 24. Dezember 1996.

548 Ebd., Abs. D 1.6.

549 *Generation Ukraine Inc. v. Ukraine*, ICSID Case No. ARB/00/9, Award, 16. September 2003, Abs. 11.2–11.3.

550 *Salini Costruttori S.p.A. and Italstrade S.p.A. v. The Hashemite Kingdom of Jordan*, ICSID Case No. ARB/02/13, Decision on jurisdiction, 9. November 2004, Rn. 176–177.

551 *Ioan Micula, Viorel Micula, and others v. Romania*, ICSID Case No. ARB/05/20, Decision on Jurisdiction and Admissibility, 24. September 2008, Rn. 153 ff. stellt auf den Zeitpunkt der Entstehung der Streitigkeit ab und stellt die Zuständigkeit des Schiedsgerichts fest, soweit die Streitigkeit nach Inkrafttreten des BITs entstanden ist; *Empresas Luchetti, S.A. and Lucchetti Peru, S.A. v. Republic of Peru*, ICSID Case No. ARB/03/4, Award, 7. Februar 2005, Rn. 48 ff. schließt die Zuständigkeit für eine Streitigkeit aus, die vor Inkrafttreten des BITs „kristallisierte" (*crystallized*) und über das Inkrafttreten des BITs hinaus andauerte.

C. Der Begriff des Investors im internationalen Investitionsschutzrecht

Nachdem die Grundlagen des völkerrechtlichen Investitionsschutzes und der derzeitige Entwicklungsstand der Instrumente zum Schutz von Investitionen erörtert und festgehalten worden sind, kann nunmehr der Begriff des Investors und seine Rolle und Bedeutung innerhalb des dargestellten Gesamtsystems des völkerrechtlichen Investitionsschutzes untersucht werden. Dabei soll grundsätzlich zwischen natürlichen Personen (I.) und juristischen Personen (II.) unterschieden werden, denn bei beiden Gruppen von Investoren stellen sich, wie die nachfolgende Untersuchung zeigen wird, teilweise unterschiedliche Fragen. Übergreifend soll anschließend erörtert werden, wie mit Konflikten zwischen unterschiedlichen und widersprüchlichen Definitionen umzugehen ist (III.) und ob sich mittlerweile ein völkergewohnheitsrechtlicher Investorbegriffs herausgebildet hat (IV.). In einem Exkurs wird zudem der Frage nachgegangen werden, ob innerhalb der Europäischen Union eine nationalstaatlich geprägte Betrachtungsweise obsolet geworden und stattdessen von einem europäischen Investorenbegriff auszugehen ist (V.).

I. Natürliche Personen

Ansätze zur Bestimmung des Investorbegriffs in Bezug auf natürliche Personen finden sich zunächst in den bereits angesprochenen völkerrechtlichen Abkommen, die unter diesem Gesichtspunkt nunmehr im Einzelnen zu untersuchen sind. Sodann soll auf die Spruchpraxis internationaler Schiedsgerichte und einige besondere Konstellationen eingegangen werden, die bei der Definition und Feststellung des Investorbegriffs besondere Schwierigkeiten bereiten.

1. Definitionen des Investorbegriffs in völkerrechtlichen Abkommen

Es wurde bereits festgestellt, dass das internationale Investitionsschutzrecht ganz überwiegend völkervertragsrechtlicher Natur ist und bei den Investitionsschutzabkommen zwischen internationalen und regionalen Abkommen einerseits und BITs andererseits unterschieden werden kann. Im folgenden Abschnitt soll zunächst der Investorbegriff internationaler und regionaler Abkommen erörtert werden. Dabei wird nur auf diejenigen internationalen Abkommen eingegangen werden, die auch eine Definition des Investorbegriffs vornehmen.

a) ICSID-Abkommen

Der Begriff „Investor" wird im ICSID-Abkommen zwar nicht ausdrücklich verwendet. Stattdessen steht der bereits im Namen des Abkommens verwendete Begriff des „*National of another Contracting State*" im Mittelpunkt. Über diesen Begriff wird im Rahmen des ICSID-Abkommens die Person des Investors definiert.

Nach Art. 25 Abs. 1 ICSID-Abkommen ist die Zuständigkeit des ICSID auf Investitionsstreitigkeiten zwischen einem Vertragsstaat und einem Angehörigen eines anderen Vertragsstaates begrenzt („*National of another Contracting State*"). In Art. 25 Abs. 2(a) und (b) wird der Begriff des Angehörigen eines anderen Vertragsstaates jeweils für natürliche und juristische Personen weiter ausgeführt und abgegrenzt. Daraus folgt zunächst, dass sowohl natürliche, als auch juristische Personen als Investor in Frage kommen.[552] Nach Art. 25 Abs. 2(a) ICSID-Abkommen bedeutet „*National of another Contracting State*":

> „any natural person who had the nationality of a Contracting State other than the State party to the dispute on the date on which the parties consented to submit such dispute to conciliation or arbitration as well as on the date on which the request was registered [...], but does not include any person who on either date also had the nationality of the Contracting State party to the dispute;".

Im eigentlichen Sinne enthält das ICSID-Abkommen damit keine vollständige Definition. Art. 25 Abs. 2(a) stellt lediglich klar, welche Staatsangehörigkeit zu welchem Zeitpunkt erforderlich ist, um die Zuständigkeit des ICSID zu begründen.[553] Darüber hinaus enthält der Wortlaut keine weiteren Definitionsmerkmale. Für natürliche Personen wird damit die Frage der Staatsangehörigkeit zum entscheidenden Element.[554]

Jede natürliche Person, die sowohl im Zeitpunkt der Zustimmung der Parteien zur Schiedsvereinbarung als auch im Zeitpunkt der Antragstellung auf Einleitung des Schiedsgerichtsverfahrens die Staatsangehörigkeit eines Vertragsstaates hat (doppeltes zeitliches Erfordernis), kann daher als „Investor" Ansprüche geltend machen. Natürliche Personen, die zu einem der beiden Zeitpunkte auch

552 Vgl. *ICSID*, Report of the Executive Directors of the IBRD on the Convention on the Settlement of Investment Disputes between States and Nationals of Other States vom 18. März 1965, Rn. 28.

553 *Schreuer*, The ICSID Convention, Art. 25, Rn. 635.

554 *Sinclair*, ICSID Rev.-FILJ 2005, 357, 358; auf die Herkunft der Investition, etwa des eingesetzten Kapitals, kommt es dabei nicht an, vgl. *Dolzer/Schreuer*, Principles of International Investment Law, S. 46.

die Staatsangehörigkeit des Vertragsstaates innehatten, der an dem Verfahren beteiligt ist (in der Regel der Gaststaat), sind hingegen kategorisch ausgenommen.[555] Dies gilt gemäß dem Ziel des ICSID-Abkommens Investitionsstreitigkeiten zu entpolitisieren selbst dann, wenn der verfahrensbeteiligte Vertragsstaat ausdrücklich seine Zustimmung erklärt hat.[556]

Zu Kriterien oder Verfahren zur Bestimmung der Staatsangehörigkeit einer natürlichen Person trifft das ICSID-Abkommen allerdings keine weiteren Aussagen. Auch die ICSID Arbitration Rules enthalten keine weiteren Hinweise zur Staatsangehörigkeit. Nach den Verfahrensregeln zur Einleitung von Schiedsgerichts- oder Schlichtungsverfahren, den *Rules of Procedure for the Institution of Conciliation and Arbitration Proceedings* („**ICSID Institution Rules**")[557], ist es nicht einmal notwendig, die Staatsangehörigkeit bei Einleitung des Schiedsgerichtsverfahrens durch Vorlage von Unterlagen zu belegen.[558] Zur Definition und Feststellung der Staatsangehörigkeit muss daher auf allgemeines Völkerrecht und Völkergewohnheitsrecht zurückgegriffen werden.[559]

Für Verfahren vor der *ICSID-Additional Facility* gilt im Ergebnis nichts anderes. Die *Additional Facility Rules* stellen in dem ihren Anwendungsbereich bestimmenden Art. 2 auf den Begriff des *„national of another State"* ab, der nach Art. 1 Abs. 6 definiert wird als *„person who is not, or whom the parties to the proceeding in question have agreed not to treat as, a national of the State party to*

555 Vgl. *Pirrung*, Die Schiedsgerichtsbarkeit nach dem Weltbankübereinkommen für Investitionsstreitigkeiten, S. 68 f.; Bei der Erarbeitung des ICSID-Abkommens war zunächst diskutiert worden, ob nicht auch Investoren, die neben einer anderen Staatsangehörigkeit auch die des Gaststaates innehaben, in den Zuständigkeitsbereich des ICSID fallen sollen. Diese Überlegungen wurden jedoch zugunsten der jetzigen kategorischen Regelung verworfen, vgl. *Broches*, History of the ICSID Convention, Bd. II Teil 1, S. 78, 150, 170, 205, 256, 360, 580.

556 Vgl. *ICSID*, Report of the Executive Directors of the IBRD on the Convention on the Settlement of Investment Disputes between States and Nationals of Other States vom 18. März 1965, Rn. 29.

557 ICSID Rules of Procedure for the Institution of Conciliation and Arbitration Proceedings, abgedruckt in: ICSID Convention, Regulation and Rules, S. 76–79, abrufbar unter https://icsid.worldbank.org/ICSID/FrontServlet?requestType=ICSIDDocRH&actionVal=RulesMain (zuletzt abgerufen am 16. November 2012).

558 Rule 2(1)(d) ICSID Institution Rules verlangt lediglich die Angabe der Staatsangehörigkeit. Eine Dokumentation wird in der Regel nicht verlangt, wie sich um Umkehrschluss aus Rule 2(2) ICSID Institution Rules ergibt.

559 *Belling*, Jurisdiktion rationae materiae, S. 127.

that proceeding". Anders als im ICSID-Abkommen, wird der Begriff nicht weiter ausgeführt.[560]

b) *Energy Charter Treaty*

In Art. 1 ECT werden dem Abkommen einleitend eine ganze Reihe von Definitionen vorangestellt. Art. 1 Abs. 7 ECT definiert den Begriff des Investors für ECT-Vertragsstaaten wie folgt:

> „‚Investor' means:
> (a) with respect to a Contracting Party:
> (i) a natural person having the citizenship or nationality of or who is permanently residing in that Contracting Party in accordance with its applicable law;
> (ii) a company or other organization organized in accordance with the law applicable in that Contracting Party; [...]"[561]

Auch im Rahmen des ECT kommen somit natürliche und juristische Personen als Investor in Frage. Natürliche Personen müssen weiterhin entweder die Nationalität („*nationality*") oder die Staatsangehörigkeit („*citizenship*") eines ECT-Vertragsstaates besitzen oder sich dauerhaft und nach dem anwendbaren Recht rechtmäßig in einem ECT-Vertragsstaat niedergelassen haben („*permanently residing in that Contracting Party in accordance with its applicable law*"). Der Besitz der Staatsangehörigkeit eines Vertragsstaates ist im letzteren Fall nicht mehr notwendig. Damit ist der Investorbegriff weiter als derjenige des ICSID-Abkommens, der allein auf die Staatsangehörigkeit abstellt. Die Begriffe der Staatsangehörigkeit und der Nationalität sind im Übrigen – ungeachtet etwaiger Unterscheidungen in nationalen Rechtsordnungen – im ECT im Ergebnis synonym zu verstehen.

Aus Art. 1 Abs. 6 ECT, der den Begriff der „Investition" definiert, folgt ferner, dass der Investor einen Vermögenswert (die Investition) besitzen oder kontrollieren muss.[562] Die Bestimmungen des ECT über die Streitbeilegung zwischen Investoren und Staaten in Art. 26 machen den Investorbegriff zur Voraussetzung für die Inanspruchnahme des Streitbeilegungsmechanismus:

---

560 Eine analoge Anwendung der Regelungen des ICSID-Abkommens kommt nicht in Betracht, da Art. 3 *Additional Facility Rules* die Anwendung von Regelungen des ICSID-Abkommens auf *Additional Facility*-Verfahren verbietet.

561 Die Definition gilt gem. Art. 1 Abs. 7(b) ECT auch *mutatis mutandis* für Investoren aus Drittstaaten, die allerdings nur eingeschränkten Schutz genießen und insbesondere kein Investor-Staat-Schiedsgerichtsverfahren anstrengen können und daher vorliegend nicht von Interesse sind, vgl. hierzu *Wolfgram*, Investitionsschiedsgerichtsbarkeit, S. 24 f.; *Swaak-Goldman*, Am. Rev. Int'l Arb. 1995, 317, 318.

562 Vgl. *Wolfgram*, Investitionsschiedsgerichtsbarkeit, S. 18.

„Disputes between a Contracting Party and an Investor of another Contracting Party relating to an Investment of the latter in the Area of the former, which concern an alleged breach of an obligation of the former under Part III shall, if possible, be settled amicably."[563]

Um nach dem ECT ein Investor-Staat-Schiedsgerichtsverfahren als Investor führen zu können, muss eine natürliche Person daher eine Investition in einem Vertragsstaat besitzen oder kontrollieren und die Staatsangehörigkeit eines anderen Vertragsstaates besitzen oder sich in diesem dauerhaft und rechtmäßig aufhalten.[564]

Der Umgang mit mehrfachen Staatsangehörigkeiten ist im ECT ebenso wie in den meisten BITs nicht ausdrücklich geregelt.[565] Auch hier ist daher im Zweifelsfall ergänzend auf allgemeine Grundsätze des Völkerrechts zurückzugreifen, insbesondere auf die Prinzipien der Staatengleichheit und der effektiven Staatsangehörigkeit.[566] Teilweise wird stattdessen vorgeschlagen, mangels einer anderweitigen ausdrücklichen Regelung, einem Investor mit mehrfacher Staatsangehörigkeit zu erlauben, sich auf die jeweils für ihn günstigste Staatsangehörigkeit zu berufen.[567]

Als Ausgleich zu seiner weiten Definition des Investorbegriffs enthält der ECT in Art. 17 Abs. 1 eine *Denial of benefits-Klausel*, die Gaststaaten die Verweigerung der Anwendung der materiellen Schutzstandards des Abkommens erlaubt, wenn Investoren von Eigentümern aus Drittstaaten kontrolliert werden und keine nennenswerten Tätigkeiten in dem Vertragsstaat haben.[568]

---

563 Art. 26 Abs. 1 ECT. In den Folgeabsätzen, die die Schiedsvereinbarung enthalten, wird insofern wiederum auf Abs. 1 Bezug genommen und nur von „such disputes" oder „disputes" gesprochen, vgl. *Happ*, Schiedsverfahren nach Art. 26 ECT, S. 129 f.

564 *Wolfgram*, Investitionsschiedsgerichtsbarkeit, S. 18 und 19.

565 Vgl. *Dolzer/Stevens*, Bilateral Investment Treaties, S. 34.

566 *Wolfgram*, Investitionsschiedsgerichtsbarkeit, S. 19.

567 So *Wolfgram*, Investitionsschiedsgerichtsbarkeit, S. 19, die ferner argumentiert, dass ein Missbrauch ohnehin ausgeschlossen sei, da die Staatsangehörigkeit nicht ohne weiteres gewechselt werden kann und die Wahrscheinlichkeit, dass eine Person die kapitalintensiven Investitionen im Energiesektor auf die der ECT sich bezieht alleine vornimmt, ohnehin sehr gering ist. Diese Argumentation erscheint wenig überzeugend, denn sie löst das Problem mehrfacher Staatsangehörigkeiten nicht.

568 Vgl. *Sinclair*, ICSID Rev.-FILJ 2005, 357, 379; In *Plama Consortium Limited v. Republic of Bulgaria*, ICSID Case No. ARB/03/24, Decision on Jurisdiction, 8. Februar 2005, Rn. 146–151 entschied das Schiedsgericht allerdings, dass sich die Klausel nur auf Abschnitt III des ECT bezog, der die materiellen Investitionsschutzregeln enthält, nicht aber auf die Streitschlichtungsklausel in Art. 26.

c) *North American Free Trade Agreement*

Innerhalb des NAFTA definiert Art. 1139 für das 11. Kapitel ausdrücklich den Begriff des „Investors einer Partei“:

> „[…] investor of a Party means a Party or state enterprise thereof, or a national or an enterprise of such Party, that seeks to make, is making or has made an investment […]“

Diese Definition ist denkbar weit.[569] Investoren können demnach nicht nur natürliche („*national*“) oder juristische Personen („*enterprise*“) sondern auch die Vertragsstaaten selbst oder staatliche Unternehmen sein.

Weitere Voraussetzung ist, dass der Investor bereits eine Investition getätigt hat, gerade eine Investition tätigt oder zu tätigen beabsichtigt. Macht ein Investor eines Vertragsstaates eigene Ansprüche gegen einen anderen Vertragsstaat geltend, sind keine weiteren Voraussetzungen notwendig (Art. 1116 NAFTA).[570] Macht ein Investor eines Vertragsstaates für ein Unternehmen oder eine juristische Person eines anderen Vertragsstaates Ansprüche geltend, muss er die juristische Person besitzen oder kontrollieren (Art. 1117 NAFTA). Durch diese Voraussetzungen wird der Investorbegriff im Ergebnis erweitert. Er umfasst auch Investoren, die nicht selbst investieren, sondern lediglich juristische Personen im Gaststaat besitzen oder kontrollieren.

d) *Mercado Común del Sur*

Auch die Investitionsschutzregeln des Mercosur enthalten ausdrückliche Bestimmungen über den Investorbegriff. Art. 1 Abs. 2 des Protokolls von Colonia definiert den Investor wie folgt:

> „El término ‚inversor‘ designa:
> a) toda persona física que sea nacional de una de las Partes Contratantes o resida en forma permanente o se domicilie en el territorio de ésta, de conformidad con su legislación. Las disposiciones de este Protocolo no se aplicarán a las inversiones realizadas por personas físicas que sean nacionales de una de las Partes Contratantes en el territorio de otra Parte Contratante, si tales personas, a la fecha de la inversión, residieren en forma permanente o se domiciliaren en esta última Parte Contratante, a menos que se pruebe que los recursos referidos a estas inversiones provienen del exterior. […]“[571]

---

569 Vgl. *Camp/Kontrimas*, in: Norton/Bloodworth, NAFTA and Beyond, S. 91.

570 Vgl. auch zu den weiteren Voraussetzungen die notwendig sind, damit auch tatsächlich ein Entschädigungsanspruch besteht *Camp/Kontrimas*, in: Norton/Bloodworth, NAFTA and Beyond, S. 96 f.

571 *Protocolo de Colonia para la Promoción y Protección Recíproca de Inversiones en el MERCOSUR* vom 17. Januar 1994, Mercosur Common Market Council Decision

Natürliche Personen können hiernach Investoren sein, soweit sie Staatsangehörige eines Vertragsstaates sind oder in diesem ihren ständigen rechtmäßigen Aufenthalt oder Wohnsitz haben.[572] Soweit sich Investoren zum Zeitpunkt der Investition dauerhaft in dem Gebiet des Gaststaates aufhalten oder dort ihren Wohnsitz haben, fallen sie jedoch aus dem Anwendungsbereich des Protokolls heraus, wenn sie nicht beweisen können, dass die investierten Mittel aus dem Ausland stammen.

Um ein Investor-Staat-Schiedsgerichtsverfahren einleiten zu können, müssen Investoren aus einem anderen Vertragsstaat stammen, als demjenigen, in dem die Investition getätigt wurde (Art. 9 Abs. 1 des Protokolls von Colonia).

Das Protokoll von Colonia stellt damit neben der Staatsangehörigkeit sehr stark auf den Wohnsitz ab. Ausländer, die ihren ständigen rechtmäßigen Wohnsitz in einem anderen Vertragsstaat unterhalten, würden als Investor geschützt werden. Lediglich Personen mit ständigem Wohnsitz im Gastland der Investition fallen aus dem Anwendungsbereich, wenn die Investition nicht nachweislich aus dem Ausland stammt (Art. 1 Abs. 2(a) S. 2). Dies ist der eigentliche Kern der Investordefinition des Protokolls, denn nur diese Kategorie wird letztlich ausgeschlossen. Die Definition ist damit denkbar weit.

Gemäß Art. 2(A)(2)(a) und 2(H)(1) des Protokolls von Buenos Aires gelten entsprechende Regelungen auch für Investoren aus Drittstaaten im Anwendungsbereich dieses Protokolls.[573] Als Investor käme hiernach letztlich jede natürliche Person weltweit in Betracht, so lange sie nicht im Gaststaat der Investition ihren Wohnsitz hat. Der Mercosur verzichtet insoweit auf das Prinzip der Gegenseitigkeit, denn auch Staatsangehörige aus Drittstaaten, die Mercosur-Staatsangehörigen selbst keinen Investitionsschutz gewähren, wären hiernach geschützt.

No. 11/93, abrufbar unter http://www.mercosur.int/t_ligaenmarco.jsp?contentid=4823&site=1&channel=secretaria (zuletzt abgerufen am 12. November 2012). Eine englische Übersetzung hat Brasilien unter http://www.cvm.gov.br/ingl/inter/mercosul/coloni-e.asp (zuletzt abgerufen am 20. Februar 2013) veröffentlicht („*any natural person who is a citizen of one of the Contracting Party, or is a permanent resident of a Contracting Party, in accordance with their own legislation. The arrangements of this Agreement will not be applicable to the investment made by a natural person that is a citizen of a Member State in another Member State territory if such person, by the time the investment is made, resides permanently in this last Member State, unless it is proved that the resources for such investment is originated abroad;*"

572 *Fuders*, Die Wirtschaftsverfassung des Mercosur, S. 313.

573 *Fuders*, Die Wirtschaftsverfassung des Mercosur, S. 321.

e) Association of Southeast Asian Nations

Das ACIA vom 6. Februar 2009 verwendet in Art. 4(d) zunächst eine vergleichsweise schlanke Definition des Investorbegriffs:

> „‚investor' means a natural person of a Member State or a juridical person of a Member State that is making, or has made an investment in the territory of any other Member State;"

In Art. 4(g) wird der Begriff der natürlichen Person weiter ausgeführt:

> „‚natural person' means any natural person possessing the nationality or citizenship of, or right of permanent residence in the Member State in accordance with its laws, regulations and national policies;"

Im Abschnitt B über die Streitbeilegung folgen weitere Präzisierungen. Gemäß Art. 29 Abs. 1 gilt der Streitbeilegungsabschnitt nur für Investitionsstreitigkeiten zwischen Mitgliedsstaaten und Investoren eines anderen Mitgliedsstaates, die durch die angebliche Verletzung von durch das Abkommen gewährten Rechten einen Verlust oder Schaden erlitten haben. Gemäß Art. 29 Abs. 2 können natürliche Personen, die die Staatsangehörigkeit oder Nationalität eines Mitgliedsstaates innehaben, nicht gegen diesen Staat vorgehen („*A natural person possessing the nationality or citizenship of a Member State shall not pursue a claim against that Member State under this Section.*"). Ein Investor-Staat-Schiedsgerichtsverfahren kann nach den Art. 32 ff. nur ein „Investor als Streitpartei" anstrengen. Art. 28(b) definiert auch diesen Begriff:

> „‚disputing investor' means an investor of a Member State that makes a claim on its own behalf under this Section, and where relevant, includes an investor of a Member State that makes a claim on behalf of a juridical person of the other Member State that the investor owns or controls;"

Investor im Rahmen eines Investor-Staat-Schiedsgerichtsverfahrens nach dem ACIA können damit sowohl natürliche, als auch juristische Personen eines Vertragsstaates sein, die eine Investition in einem anderen Vertragsstaat getätigt haben oder tätigen. Natürliche Personen müssen die Staatsangehörigkeit („*citizenship*") oder Nationalität („*nationality*") eines Vertragsstaates oder das rechtmäßige Recht zum dauerhaften Aufenthalt in einem Vertragsstaat nach dem jeweiligen nationalen Recht besitzen. Die Begriffe der Staatsangehörigkeit und Nationalität sind auch im ACIA synonym zu verstehen. Weiterhin müssen Investoren aus einem Vertragsstaat entweder eigene Ansprüche oder Ansprüche einer von ihnen besessenen oder kontrollierten juristischen Person des anderen Vertragsstaates geltend machen.

Der Investorbegriff des ACIA weist damit Ähnlichkeiten zum Investorbegriff des Mercosur auf. Auch im ACIA wird neben der Staatsangehörigkeit der dauerhafte rechtmäßige Wohnsitz als gleichwertiges Kriterium zugelassen. Ebenso wird auch im ACIA der Investorbegriff durch die Einbeziehung von kontrollierten juristischen Personen faktisch erweitert.

Beim Ausschluss von natürlichen Personen mit der Staatsangehörigkeit des Gaststaates enthält das ACIA allerdings vom Mercosur abweichende Regelungen. Ausgeschlossen werden hier lediglich Investoren mit Staatsangehörigkeit des Gaststaates, nicht jedoch solche, die im Gaststaat ihren dauerhaften Wohnsitz haben (Art. 29. Abs. 2).

2. Definitionen des Investorbegriffs in BITs

Die Mehrheit der BITs enthalten Definitionen ihrer zentralen Begriffe, die Teil der normativen Vorstellungen der Vertragsparteien sind und daher bei der Auslegung der Verträge in der Regel verbindlich übernommen werden sollten.[574] Hierzu gehört üblicherweise auch eine Definition des Investorbegriffs. Natürliche Personen qualifizieren sich danach in der Regel als Investoren, solange sie die Staatsangehörigkeit eines der beiden Vertragsstaaten besitzen und in dem jeweils anderen Vertragsstaat eine Investition tätigen.[575]

Die im Einzelfall verwendeten Definitionen können jedoch von diesem Grundsatz abweichen oder weitere Voraussetzungen postulieren. Teilweise werden auch für beide Vertragsstaaten jeweils unterschiedliche Definitionen aufgestellt. Angesichts der großen Zahl von über 2.500 BITs weltweit wäre eine umfassende Untersuchung aller Abkommen im Rahmen dieser Arbeit nicht möglich. Beispielhaft sollen daher im Folgenden zum einen die als Untersuchungsgegenstand naheliegenden Verträge Deutschlands und zum anderen als Vertreter des anglo-amerikanischen *Common law*-Rechtssystems diejenigen der USA untersucht werden.

Da beide Staaten, der weitverbreiteten internationalen Praxis folgend, bei Vertragsverhandlungen über BITs regelmäßig aktualisierte Musterabkommen zugrunde legen, ist die Zahl der tatsächlich verwendeten Definitionen erheblich geringer, als die der abgeschlossenen Verträge.[576] Vor diesem Hintergrund sollen zuerst auch die jeweils aktuellen Muster-BITs untersucht werden.

a) Definitionen in den BITs der Bundesrepublik Deutschland

Deutschland nahm eine Vorreiterrolle beim Abschluss bilateraler Investitionsschutzverträge ein und schloss am 25. November 1959 mit Pakistan den ersten

574 *Dolzer/Bloch*, in: Kronke/Melis/Schnyder, Handbuch, Teil J, Rn. 64.
575 *Dolzer/Schreuer*, Principles of International Investment Law, S. 46.
576 Vgl. auch *Köpernik*, RIW 1979, 669, 671.

BIT überhaupt ab.[577] Die BITs basieren, wie auch die amerikanischen Verträge, auf einem regelmäßig aktualisierten Muster-BIT, das den Vertragsverhandlungen zugrunde gelegt wird.[578] Die tatsächlich abgeschlossenen BITs weichen allerdings im Einzelnen auch von dem Muster ab.[579]

aa) Aktueller Muster-BIT

Der deutsche Muster-BIT vom 5. Dezember 2008 lässt in Art. 1 Nr. 3 Raum für unterschiedliche Definitionen des Investorbegriffs in Bezug auf Deutschland und den anderen Vertragsstaat. Als Definition in Bezug auf Deutschland wird vorgegeben:

> „Im Sinne dieses Vertrages [...] bezeichnet der Begriff ‚Investor'
> a) in Bezug auf die Bundesrepublik Deutschland:
> - jede natürliche Person, die Deutsche im Sinne des Grundgesetzes für die Bundesrepublik Deutschland ist, sowie Staatsangehörige eines Mitgliedstaats der Europäischen Union oder des Europäischen Wirtschaftsraums, die im Rahmen der Niederlassungsfreiheit nach Artikel 43 des Vertrags zur Gründung der Europäischen Gemeinschaft ihre Niederlassung in der Bundesrepublik Deutschland haben;
> - jede juristische Person [...];
>
> die im Rahmen einer unternehmerischen Tätigkeit im Hoheitsgebiet des anderen Vertragsstaats, gleichviel, ob die Tätigkeit auf Gewinn gerichtet ist oder nicht, Eigentümerin, Inhaberin oder Teilhaberin einer Kapitalanlage ist; [...]"

Nach dieser Definition können sowohl juristische als auch natürliche Personen Investoren sein. An beide Gruppen werden weitere allgemeine für beide Arten von Personen gleiche und jeweils besondere Anforderungen gestellt. Sowohl natürliche als auch juristische Personen müssen danach eine unternehmerische Tätigkeit im Gaststaat verfolgen und im Rahmen dieser Tätigkeit Eigentümer, Inhaber oder Teilhaber einer Kapitalanlage (Investition) sein.

Das Erfordernis der Eigentümer-, Inhaber- oder Teilhaberschaft verknüpft den Investor- mit dem Investitionsbegriff, sodass Investoren nur in Bezug auf die in Art. 1 Nr. 1 definierten Kapitalanlagen (Investition) existieren können.

Für natürliche Personen ist besondere Voraussetzung ferner, dass sie Deutscher im Sinne des Grundgesetzes oder nach Art. 43 EGV (jetzt Art. 49 AEUV)

---

577 *von Reyher*, Bilaterale Konzepte, S. 71; *Hesse*, Das rechtliche Umfeld für ausländische Direktinvestitionen in Entwicklungsländern, S. 46 f.

578 Vgl. bspw. für einige Verträge mit den Republiken der ehemaligen Sowjetunion *Zimmer*, RIW 1994, 25, 25.

579 *Semler*, SchiedsVZ 2003, 97, 99.

niedergelassener EU- oder EWR-Staatsangehöriger sind. Deutscher im Sinne des Grundgesetzes sind nach der Legaldefinition des Art. 116 I GG die deutschen Staatsangehörigen sowie die sogenannten Statusdeutschen.[580]

Investor-Staat-Schiedsgerichtsverfahren können nach Art. 10 Abs. 1, 2 des Muster-BITs jeweils von Investoren eines Vertragsstaates gegen den anderen Vertragsstaat angestrengt werden.

Der aktuelle deutsche Muster-BIT knüpft damit für natürliche Personen zunächst an die Staatsangehörigkeit im Sinne des Grundgesetzes an. Darüber hinaus sind mit der unternehmerischen Betätigung im Gaststaat und der erforderlichen engen Beziehung zur Investition weitere vergleichsweise strenge Voraussetzungen zu erfüllen.

Die Einzelheiten der weiteren Merkmale, insbesondere Begriffe der „unternehmerischen Tätigkeit, gleichviel, ob die Tätigkeit auf Gewinn gerichtet ist oder nicht" („*in the context of entrepreneurial activity* [...], *irrespective of whether or not the activity is directed at profit*"), bleiben unklar. Sie werden im Muster-BIT nicht weiter definiert. Ob sich etwa eine deutsche Entwicklungshilfeorganisation wegen eines nicht gewinnbringenden Entwicklungshilfeprojekts auf einen derartigen BIT berufen kann, ist fraglich.

bb) In Kraft befindliche BITs

Das Netz der deutschen BITs umfasst mittlerweile 126 in Kraft getretene Investitionsförderungs- und schutzverträge (IFV); weitere 13 Verträge sind unterzeichnet, aber noch nicht ratifiziert.[581] Hinsichtlich der Bestimmung des persönlichen Anwendungsbereichs, verwenden die einzelnen Verträge teilweise unterschiedliche Regelungen. Während einige Verträge, wie im aktuellen Muster-BIT vorgesehen, vom Begriff des „Investors" ausgehen und unter diesem entweder einheitlich oder für beide Vertragsparteien getrennt natürliche und juristische

---

580 Statusdeutsche sind Personen, die als „Flüchtling oder Vertriebener deutscher Volkszugehörigkeit oder als dessen Ehegatte oder Abkömmling im Gebiet des Deutschen Reiches nach dem Stande vom 31. Dezember 1937 Aufnahme gefunden" haben. Sie sind zwar Deutsche im Sinne des Grundgesetzes, sie besitzen aber nicht die deutsche Staatsangehörigkeit, vgl. *Hillgruber*, in: Epping/Ders., BeckOK GG, Art. 116 Rn. 5 ff., insb. 19.

581 Bundesministerium für Wirtschaft und Technologie, Übersicht über die bilateralen Investitionsschutz- und -förderungsverträge (IFV) der Bundesrepublik Deutschland vom 4. November 2008; die deutschen BITs sind nicht nur im BGBl. veröffentlicht, sondern auch über eine kostenfreie Datenbank der Deutschen Institution für Schiedsgerichtsbarkeit e.V. (DIS) unter http://www.dis-arb.de/de/53/bit/uebersicht-id0 abrufbar (zuletzt abgerufen am 16. Februar 2013).

Personen als Investor definieren, gehen andere Verträge von den Begriffen des „Staatsangehörigen" und der „Gesellschaft" aus und definieren diese Begriffe einheitlich oder jeweils einzeln für jede Vertragspartei.

Zum Zwecke der Übersichtlichkeit und zur systematischen Untergliederung der Entwicklung soll versucht werden die in den folgenden Abschnitten im Einzelnen untersuchten Verträge nach dem Entwicklungsstand ihrer wesentlichen Regelungen in Generationen zu unterteilen.

(1) Die erste Generation

Die erste Generation deutscher BITs ist dadurch gekennzeichnet, dass die BITs zur Streitschlichtung allein zwischenstaatliche Schiedsgerichtsverfahren zwischen den Vertragsstaaten vorsehen. Die BITs dieser Generation gewähren Investoren nicht die Möglichkeit, selbst ein Investor-Staat-Schiedsgerichtsverfahren einzuleiten. Der Investorbegriff ist daher hier allein bei der Bestimmung des materiellen Schutzbereichs von Bedeutung. Zum Schutz ihrer Rechte bleiben Investoren bei den BITs dieser Generation auf die nationalen Gerichte oder die Vertretung ihrer Interessen durch den Heimatstaat im Wege des diplomatischen Schutzes angewiesen. Eigene völkerrechtliche Rechtsschutzmöglichkeiten stehen ihnen nicht zu.

Zur ersten Generation gehören, neben dem ältesten deutschen Investitionsschutzvertrag überhaupt mit Pakistan (1959)[582], alle BITs aus den 60er Jahren. Das sind die BITs mit Griechenland (1961)[583], der Türkei (1962)[584] und Malaysia (1960)[585] sowie einer ganzen Reihe von afrikanischen Staaten,

582 Vertrag zwischen der Bundesrepublik Deutschland und Pakistan zur Förderung und zum Schutz von Kapitalanlagen vom 25. November 1959, BGBl. 1961 II, 793. Ein neuer BIT wurde anlässlich des 50jährigen Jubiläums 2009 unterzeichnet und auch von beiden Ländern ratifiziert. Allerdings wurden die Ratifikationsurkunden, soweit ersichtlich, noch nicht ausgetauscht, sodass der BIT noch nicht in Kraft getreten ist.

583 Vertrag zwischen der Bundesrepublik Deutschland und dem Königreich Griechenland über die Förderung und den gegenseitigen Schutz von Kapitalanlagen vom 27. März 1961, BGBl. 1963 II, 216.

584 Vertrag zwischen der Bundesrepublik Deutschland und der Republik Türkei über die gegenseitige Förderung und den gegenseitigen Schutz von Kapitalanlagen vom 20. Juni 1962, BGBl. 1965 II, 1193.

585 Abkommen zwischen der Bundesrepublik Deutschland und dem Malaiischen Bund über die Förderung und den gegenseitigen Schutz von Kapitalanlagen vom 22. Dezember 1960, BGBl. 1962 II, 1064.

nämlich Elfenbeinküste (1966)[586], Demokratische Republik Kongo (1969)[587], Republik Kongo (1965)[588], Guinea (1962)[589], Kamerun (1962)[590], Republik Korea (1964)[591], Liberia (1961)[592], Madagaskar (1962)[593], Mali (1977)[594], Niger (1964)[595], Ruanda (1967)[596], Sambia (1966)[597], Senegal (1964)[598], Sierra Leone

---

586 Vertrag zwischen der Bundesrepublik Deutschland und der Republik Elfenbeinküste über die Förderung und den gegenseitigen Schutz von Kapitalanlagen vom 27. Oktober 1968, BGBl. 1963 II, 621.

587 Vertrag zwischen der Bundesrepublik Deutschland und der Demokratischen Republik Kongo über die Förderung und den gegenseitigen Schutz von Kapitalanlagen vom 18. März 1969, BGBl. 1970 II, 509.

588 Vertrag zwischen der Bundesrepublik Deutschland und der Republik Kongo über die Förderung und den gegenseitigen Schutz von Kapitalanlagen vom 13. September 1965, BGBl. 1967 II, 1733.

589 Vertrag zwischen der Bundesrepublik Deutschland und der Republik Guinea über die Förderung von Kapitalanlagen vom 19. April 1962, BGBl. 1964 II, 145. Ein neuer BIT wurde 2006 abgeschlossen, ist jedoch noch nicht in Kraft getreten. Bis zum Inkrafttreten des neuen BITs gilt der alte BIT weiter.

590 Vertrag zwischen der Bundesrepublik Deutschland und der Bundesrepublik Kamerun über die Förderung von Kapitalanlagen vom 29. Juni 1962, BGBl. 1963 II, 991.

591 Vertrag zwischen der Bundesrepublik Deutschland und der Republik Korea über die Förderung und den gegenseitigen Schutz von Kapitalanlagen vom 4. Februar 1964, BGBl. 1966 II, 841.

592 Vertrag zwischen der Bundesrepublik Deutschland und der Bundesrepublik Liberia zur Förderung und zum gegenseitigen Schutz von Kapitalanlagen vom 12. Dezember 1961, BGBl. 1967 II, 1537.

593 Vertrag zwischen der Bundesrepublik Deutschland und der Republik Madagaskar über die Förderung von Kapitalanlagen vom 21. September 1962, BGBl. 1965 II, 369. Ein neuer BIT wurde 2006 abgeschlossen, ist jedoch noch nicht in Kraft getreten. Bis zum Inkrafttreten des neuen BITs gilt der alte BIT weiter.

594 Vertrag zwischen der Bundesrepublik Deutschland und der Republik Mali über die Förderung und den gegenseitigen Schutz von Kapitalanlagen vom 28. Juni 1977, BGBl. 1979 II, 77.

595 Vertrag zwischen der Bundesrepublik Deutschland und der Republik Niger über die Förderung von Kapitalanlagen vom 29. Oktober 1964, BGBl. 1965 II, 1402.

596 Vertrag zwischen der Bundesrepublik Deutschland und der Republik Ruanda über die Förderung von Kapitalanlagen vom 18. Mai 1967, BGBl. 1968 II, 1260.

597 Vertrag zwischen der Bundesrepublik Deutschland und der Republik Sambia über die Förderung und den gegenseitigen Schutz von Kapitalanlagen vom 10. Dezember 1966, BGBl. 1968 II, 33.

598 Vertrag zwischen der Bundesrepublik Deutschland und der Republik Senegal über die Förderung von Kapitalanlagen vom 24. Januar 1964, BGBl. 1965 II, 1391.

(1965)[599], Sudan (1963)[600], Tansania (1965)[601], Togo (1961)[602], Tschad (1967)[603], Tunesien (1963)[604], Uganda (1966)[605], Zentralafrikanische Republik (1965)[606].

Auch die in den 70er Jahren abgeschlossenen BITs mit Benin (1978)[607], Haiti (1973)[608], Israel (1976)[609], Malta (1974)[610], Mauritius (1971)[611],

---

599 Vertrag zwischen der Bundesrepublik Deutschland und der Republik Sierra Leone über die Förderung und den gegenseitigen Schutz von Kapitalanlagen vom 8. April 1965, BGBl. 1966 II, 861.

600 Vertrag zwischen der Bundesrepublik Deutschland und der Republik Sudan über die Förderung von Kapitalanlagen vom 7. Februar 1963, BGBl. 1966 II, 889.

601 Vertrag zwischen der Bundesrepublik Deutschland und der Vereinigten Republik Tansania über die Förderung und den gegenseitigen Schutz von Kapitalanlagen vom 30. Januar 1965, BGBl. 1966 II, 873.

602 Vertrag zwischen der Bundesrepublik Deutschland und der Republik Togo über die Förderung der Anlage von Kapital vom 16. Mai 1961, BGBl. 1964 II, 154.

603 Vertrag zwischen der Bundesrepublik Deutschland und der Republik Tschad über die Förderung und den gegenseitigen Schutz von Kapitalanlagen vom 11. April 1967, BGBl. 1968 II, 221.

604 Vertrag zwischen der Bundesrepublik Deutschland und der Republik Tunesien über die Förderung und den gegenseitigen Schutz von Kapitalanlagen vom 20. Dezember 1963, BGBl. 1965 II, 1377.

605 Vertrag zwischen der Bundesrepublik Deutschland und Uganda über die Förderung und den gegenseitigen Schutz von Kapitalanlagen vom 29. November 1966, BGBl. 1968 II, 449.

606 Vertrag zwischen der Bundesrepublik Deutschland und der Zentralafrikanischen Republik über die Förderung und den gegenseitigen Schutz von Kapitalanlagen vom 23. August 1965, BGBl. 1967 II, 1657.

607 Vertrag zwischen der Bundesrepublik Deutschland und der Volksrepublik Benin über die Förderung und den gegenseitigen Schutz von Kapitalanlagen vom 29. Juni 1978, BGBl. 1985 II, 2.

608 Vertrag zwischen der Bundesrepublik Deutschland und der Republik Haiti über die Förderung und den gegenseitigen Schutz von Kapitalanlagen vom 14. August 1973, BGBl. 1975 II, 101.

609 Vertrag zwischen der Bundesrepublik Deutschland und dem Staat Israel über die Förderung und den gegenseitigen Schutz von Kapitalanlagen vom 24. Juni 1976, BGBl. 1978 II, 209. Der BIT mit Israel ist zwar nie in Kraft getreten, aber nach dem Notenwechsel vom 24. Juni 1976, BGBl. 1978 II, 218 vorläufig anwendbar.

610 Vertrag zwischen der Bundesrepublik Deutschland und Malta über die Förderung und den gegenseitigen Schutz von Kapitalanlagen vom 17. September 1974, BGBl. 1975 II, 1237.

611 Vertrag zwischen der Bundesrepublik Deutschland und Mauritius über die Förderung und den gegenseitigen Schutz von Kapitalanlagen vom 25. Mai 1971, BGBl. 1973 II, 615.

Singapur (1973)[612] und Syrien (1977)[613] gehören allesamt zur ersten Generation.

Noch zur ersten Generation zu zählen sind schließlich auch die in den 80er Jahren abgeschlossenen BITs mit Bangladesch (1981)[614], Burundi (1984)[615], Dominica (1984)[616], Lesotho (1982)[617], Mauretanien (1982)[618], Papua-Neuguinea (1980)[619], Portugal (1980)[620], Somalia (1981)[621], St. Vincet and the Grenadines (1986)[622]. Alle weiteren in den 80er Jahren abgeschlossenen Verträge gehören bereits zur zweiten Generation.

---

612 Vertrag zwischen der Bundesrepublik Deutschland und der Republik Singapur über die Förderung und den gegenseitigen Schutz von Kapitalanlagen vom 3. Oktober 1973, BGBl. 1975 II, 49.

613 Vertrag zwischen der Bundesrepublik Deutschland und der Arabischen Republik Syrien über die Förderung und den gegenseitigen Schutz von Kapitalanlagen vom 2. August 1977, BGBl. 1979 II, 422.

614 Abommen zwischen der Bundesrepublik Deutschland und der Volksrepublik Bangladesch über die Förderung und den gegenseitigen Schutz von Kapitalanlagen vom 6. Mai 1981, BGBl. 1984 II, 838.

615 Vertrag zwischen der Bundesrepublik Deutschland und der Republik Burundi über die Förderung und den gegenseitigen Schutz von Kapitalanlagen vom 10. September 1984, BGBl. 1985 II, 1162.

616 Vertrag zwischen der Bundesrepublik Deutschland und dem Dominicanischen Bund über die Förderung und den gegenseitigen Schutz von Kapitalanlagen vom 1. Oktober 1984, BGBl. 1985 II, 1170.

617 Vertrag zwischen der Bundesrepublik Deutschland und dem Königreich Lesotho über die Förderung und den gegenseitigen Schutz von Kapitalanlagen vom 11. November 1982, BGBl. 1985 II, 14.

618 Vertrag zwischen der Bundesrepublik Deutschland und der Islamischen Republik Mauretanien über die Förderung und den gegenseitigen Schutz von Kapitalanlagen vom 8. Dezember 1982, BGBl. 1985 II, 22.

619 Vertrag zwischen der Bundesrepublik Deutschland und dem Unabhängigen Staat Papua-Neuguinea über die Förderung und den gegenseitigen Schutz von Kapitalanlagen vom 12. November 1980, BGBl. 1982 II, 389.

620 Vertrag zwischen der Bundesrepublik Deutschland und der Portugiesischen Republik über die Förderung und den gegenseitigen Schutz von Kapitalanlagen vom 16. September 1980, BGBl. 1982 II, 56.

621 Vertrag zwischen der Bundesrepublik Deutschland und der Demokratischen Republik Somalia über die Förderung und den gegenseitigen Schutz von Kapitalanlagen vom 27. November 1981, BGBl. 1984 II, 778.

622 Vertrag zwischen der Bundesrepublik Deutschland und St. Vincent und die Grenadinen über die Förderung und den gegenseitigen Schutz von Kapitalanlagen vom 25. März 1986, BGBl. 1987 II, 774.

Alle BITs der ersten Generation, die im Wesentlichen auf zwei sehr ähnlichen Mustern zu beruhen scheinen, definieren gleichlautend entweder in Art. 8 Abs. 3[623] oder Art. 1 Abs. 3[624] oder Art. 1 Nr. 3[625], den Begriff „Staatsangehörige" in Bezug auf Deutschland als „Deutsche im Sinne des Grundgesetzes" und in Bezug auf den anderen Vertragsstaat seine Staatsangehörigen nach seiner Verfassung oder seinen jeweils anwendbaren Gesetzen. Die Frage der Staatsangehörigkeit richtet sich damit nach dem jeweiligen Verfassungsrecht und dem jeweils geltenden nationalen Recht der Vertragspartei.[626] Der Begriff „Investor" wird nicht verwendet.

Der Vertrag mit Israel (1976) stellt an israelische Staatsangehörige die zusätzliche Anforderung, dass sie „ihren ständigen Aufenthalt im Staat Israel haben" (Art. 1 Nr. 3(b)). Hiermit wird der Schutzbereich des Vertrages auf diejenigen Israelis beschränkt, die sich tatsächlich ständig im Lande aufhalten. Damit wird auf die Besonderheiten des israelischen Rückkehrgesetzes Rücksicht genommen, nach dem alle Juden das Recht haben nach Israel zu kommen und israelische Staatsangehörige zu werden.[627]

Bis auf die Verträge mit Mali (1977), Niger (1964) und Singapur (1973) enthalten ferner alle Verträge in Protokollen, die Bestandteil des Vertrages sind, nähere Bestimmungen zu den im Vertrag verwendeten Definitionen.[628] Im Protokoll zum Vertrag mit Pakistan (1959) heißt es unter Nr. 5:

> „Unbeschadet anderer Verfahren zur Feststellung der Staatsangehörigkeit gilt als Staatsangehöriger einer Partei, jede Person, die einen von den zuständigen Behörden ausgestellten nationalen Reisepass oder eines der nachstehend genannten gültigen Ausweispapiere besitzt [...]".

---

623 So die Verträge mit Bangladesch, Benin, Elfenbeinküste, Griechenland, Guinea, Haiti, Jordanien, Kamerun, Demokratische Republik Kongo, Republik Kongo, Republik Korea, Liberia, Madagaskar, Malta, Mauritius, Niger, Pakistan, Ruanda, Sambia, Senegal, Sierra Leone, Sudan, Tansania, Togo, Tschad, Tunesien, Türkei, Uganda und der Zentralafrikanischen Republik.

624 So die Verträge mit Malaysia und Singapur.

625 So die Verträge mit Burundi, Dominica, Israel, Lesotho, Mali, Mauretanien, Papua-Neuguinea, Portugal, Somalia, St. Vincent and the Grenadines und Syrien.

626 Vgl. *von Reyher*, Bilaterale Konzepte, S. 103.

627 Nr. 1 des *Law of Return 5710–1950* vom 5. Juli 1950, abgedruckt in *Sefer Ha-Chukkim* No. 51 vom *21. Tammuz, 5710* (5. Juli 1950), S. 159 f., englische Übersetzung abrufbar unter http://www.knesset.gov.il/laws/special/eng/return.htm (zuletzt abgerufen am 26. Februar 2013).

628 Vgl. auch *Alenfeld*, Investitionsförderungsverträge, S. 41.; *Köpernik*, RIW 1979, 669, 671.

Als weitere Ausweispapiere werden sodann für Deutschland Personalausweise oder Seefahrtsbücher und für Pakistan Ausweise von Besatzungsmitgliedern von Flugzeugen und Schiffen aufgezählt. Hierdurch soll die Feststellung der Staatsangehörigkeit eines Investors in der Praxis erleichtert werden.[629] In den Protokollen zu den anderen Verträgen der ersten Generation wird dieselbe Formulierung verwendet, wobei als Ausweispapiere lediglich die jeweiligen nationalen Reisepässe erwähnt werden.[630]

Auch wenn die Verträge der ersten Generation selbst die Streitbeilegung durch Investor-Staat-Schiedsgerichtsverfahren nicht ermöglichen, nehmen einige der nach Abschluss des ICSID-Abkommens im Jahre 1966 geschlossenen Verträge auf die Möglichkeit Bezug, gemäß Art 25 ICSID-Abkommen in einer getrennten Schiedsvereinbarung die ICSID-Schiedsgerichtsbarkeit zu vereinbaren.[631] Die entsprechenden Klauseln bestimmen, dass das vorgesehene zwischenstaatliche Schiedsgerichtsverfahren im Hinblick auf Art. 27 Abs. 1 des ICSID-Abkommens zurücktreten muss, wenn eine Schiedsvereinbarung gemäß Art. 25 ICSID-Abkommen zwischen einem Staatsangehörigen oder einer Gesellschaft eines Vertragsstaates und dem anderen Vertragststaat zustande gekommen ist. Ein Angebot zum Abschluss einer solchen Schiedsvereinbarung enthalten diese Klauseln damit allerdings noch nicht.[632] Sie entsprechen im Ergebnis lediglich

---

629 Vgl. *von Reyher*, Bilaterale Konzepte, S. 102.

630 Vgl. die Regelungen in den Protokollen zu den Verträgen mit Bangladesch (Ziffer 8), Benin (Ziffer 6), Burundi (Ziffer 1), Elfenbeinküste (Ziffer 6), Demokratische Republik Kongo (Ziffer 6), Republik Kongo (Ziffer 6), Dominica (Ziffer 1), Griechenland (Ziffer 8), Guinea (Ziffer 8), Haiti (Ziffer 6), Israel (Ziffer 1), Jordanien (Ziffer 6), Kamerun (Ziffer 8), Republik Korea (Ziffer 11), Lesotho (Ziffer 1), Liberia (Ziffer 10), Madagaskar (Ziffer 9), Malaysia (Ziffer 10), Malta (Ziffer 4), Mauretanien (Ziffer 1), Mauritius (Ziffer 6), Papua-Neuguinea (Ziffer 1), Portugal (Ziffer 1), Ruanda (Ziffer 6), Sambia (Ziffer 6), Senegal (Ziffer 7), Sierra Leone (Ziffer 6), Somalia (Ziffer 1), St. Vincent and the Grenadines (Ziffer 1), Sudan (Ziffer 6), Syrien (Ziffer 1), Tansania (Ziffer 6), Togo (Ziffer 8), Tschad (Ziffer 6), Tunesien (Ziffer 6), Türkei (Ziffer 12), Uganda (Ziffer 7) und der Zentralafrikanischen Republik (Ziffer 6).

631 So die Verträge mit Burundi (Art. 10 Abs. 6), Elfenbeinküste (Art. 11 Abs. 6), Dominica (Art. 10 Abs. 6), Israel (Art. 10 Abs. 8), Lesotho (Art. 10 Abs. 6), Mauretanien (Art 10 Abs. 6), Oman (Art. 10 Abs. 6), Papua-Neuguinea (Art. 10 Abs. 6), Portugal (Art. 10 Abs. 6), Somalia (Art. 10 Abs. 6) und St. Vincent and the Grenadines (Art. 10 Abs. 6). Vgl. hierzu auch, allerdings für den inzwischen von einem neueren BIT abgelösten BIT mit der Elfenbeinküste, *Alenfeld*, Investitionsförderungsverträge, S. 173.

632 *von Reyher*, Bilaterale Konzepte, S. 201 meint hingegen diese, erstmals im Vertrag mit Elfenbeinküste (1966) verwendete Klausel, ermögliche dem Investor bereits

der ohnehin für die Vertragsstaaten verbindlichen Regelung in Art. 27 Abs. 1 ICSID-Abkommen, nach der Investor-Staat-Schiedsgerichtsverfahren nach dem ICSID-Abkommen dem Schutz durch den Heimatstaat vorgehen und sind insofern überflüssig.[633]

(2) Die zweite Generation

Zur zweiten Generation, die die weit überwiegende Anzahl der derzeit in Kraft befindlichen deutschen BITs ausmacht, gehören die zweite Hälfte der in den 80er Jahren abgeschlossenen BITs mit Bolivien (1987)[634], Bulgarien (1986)[635], Guayana (1989)[636], Jugoslawien (1989)[637], Nepal (1986)[638], Panama (1983)[639], Polen (1989)[640],

---

unabhängig von seinem Heimatstaat Rechtsschutz gegen den Gaststaat zu suchen. Der Wortlaut der Klausel der unzweideutig lediglich bestimmt, dass im Falle des Vorliegens einer Schiedsvereinbarung nach Art. 25 ICSID das im BIT vorgesehene zwischenstaatliche Schiedsgericht nicht angerufen werden kann, bestätigt diese weite Auslegung jedoch nicht. Zudem findet sich diese Klausel auch in den späteren BITs der zweiten Generation wieder, die separat die Möglichkeit regeln, ein Investor-Staat-Schiedsgerichtsverfahren einzuleiten. Folgt man der Auslegung *von Reyhers*, wäre dies überflüssig. Die Auslegung kann daher nicht überzeugen. Zutreffend erläutert diese Klausel hingegen *Peters*, Neth. Y.B. Int'l L. 1991, 91, 145.

633 *Peters*, Neth. Y.B. Int'l L. 1991, 91, 145 f.

634 Vertrag zwischen der Bundesrepublik Deutschland und der Republik Bolivien über die Förderung und den gegenseitigen Schutz von Kapitalanlagen vom 23. März 1987, BGBl. 1988 II, 254.

635 Vertrag zwischen der Bundesrepublik Deutschland und der Volksrepublik Bulgarien über die Förderung und den gegenseitigen Schutz von Kapitalanlagen vom 12. April 1986, BGBl. 1987 II, 742.

636 Vertrag zwischen der Bundesrepublik Deutschland und der Kooperativen Republik Guayana über die Förderung und den gegenseitigen Schutz von Kapitalanlagen vom 6. Dezember 1989, BGBl. 1993 II, 938.

637 Vertrag zwischen der Bundesrepublik Deutschland und der Sozialistischen Föderativen Republik Jugoslawien über den gegenseitigen Schutz und die Förderung von Kapitalanlagen vom 10. Juli 1989, BGBl. 1990 II, 350. Der Vertrag mit dem ehemaligen Jugoslawien gilt mit Serbien weiter.

638 Vertrag zwischen der Bundesrepublik Deutschland und dem Königreich Nepal über die Förderung und den gegenseitigen Schutz von Kapitalanlagen vom 20. Oktober 1986, BGBl. 1988 II, 262.

639 Vertrag zwischen der Bundesrepublik Deutschland und der Republik Panama über die Förderung und den gegenseitigen Schutz von Kapitalanlagen vom 2. November 1983, BGBl. 1987 II, 2.

640 Vertrag zwischen der Bundesrepublik Deutschland und der Republik Polen über die Förderung und den gegenseitigen Schutz von Kapitalanlagen vom 10. November

Sowjetunion (1989)[641], St. Lucia (1985)[642], Ungarn (1986)[643] und Uruguay (1987)[644], sowie ein Großteil der seit 1990 geschlossenen oder erneuerten BITs, nämlich: Ägypten (2005)[645], Afghanistan (2005)[646], Albanien (1991)[647], Algerien (1996)[648],

---

1989, BGBl. 1990 II, 606. Der Vertrag wurde zwischenzeitlich durch das Änderungs- und Ergänzungsprotokoll zwischen der Bundesrepublik Deutschland und der Republik Polen zum am 10. November 1989 unterzeichneten Vertrag zwischen der Bundesrepublik Deutschland und der Republik Polen über die Förderung und den gegenseitigen Schutz von Kapitalanlagen vom 14. Mai 2003, BGBl. 2003 II, 536 geändert. Die Änderungen betreffen den Schutz vor Enteignungen und die Möglichkeit, vor Einleitung eines internationalen Investor-Staat-Schiedsgerichtsverfahrens ein nationales Gerichtsverfahren durchzuführen und sind daher hier nicht weiter von Bedeutung.

641 Vertrag zwischen der Bundesrepublik Deutschland und der Union der Sozialistischen Sowjetrepubliken über die Förderung und den gegenseitigen Schutz von Kapitalanlagen vom 13. Juni 1989, BGBl. 1990 II, 342. Der Vertrag mit der ehemaligen Sowjetunion gilt mit Russland weiter, vgl. *Zimmer*, RIW 1994, 25, 25.

642 Vertrag zwischen der Bundesrepublik Deutschland und St. Lucia über die Förderung und den gegenseitigen Schutz von Kapitalanlagen vom 16. März 1985, BGBl. 1987 II, 438.

643 Vertrag zwischen der Bundesrepublik Deutschland und der Ungarischen Volksrepublik über die Förderung und den gegenseitigen Schutz von Kapitalanlagen vom 30. April 1986, BGBl. 1987 II, 2.

644 Vertrag zwischen der Bundesrepublik Deutschland und der Republik Östlich des Uruguay über die Förderung und den gegenseitigen Schutz von Kapitalanlagen vom 4. Mai 1987, BGBl. 1988 II, 272.

645 Abkommen zwischen der Bundesrepublik Deutschland und der Arabischen Republik Ägypten über die Förderung und den gegenseitigen Schutz von Kapitalanlagen vom 16. Juni 2005, BGBl. 2007 II, 94. Der BIT ersetzt den vorherigen BIT vom 5. Juli 1974, der zum 21. November 2009 außer Kraft getreten ist.

646 Vertrag zwischen der Bundesrepublik Deutschland und der Islamischen Republik Afghanistan über die Förderung und den gegenseitigen Schutz von Kapitalanlagen vom 19. und 20. April 2005, BGBl. 2007 II, 101.

647 Vertrag zwischen der Bundesrepublik Deutschland und der Republik Albanien über die Förderung und den gegenseitigen Schutz von Kapitalanlagen vom 31. Oktober 1991, BGBl. 1994 II, 3720.

648 Abkommen zwischen der Bundesrepublik Deutschland und der Demokratischen Volksrepublik Algerien über die gegenseitige Förderung und den gegenseitigen Schutz von Kapitalanlagen vom 11. März 1996, BGBl. 2002 II, 286.

Antigua und Barbuda (1998)[649], Armenien (1995)[650], Aserbaidschan (1995)[651], Bahrain (2007)[652], Barbados (1994)[653], Belarus (1993)[654], Bosnien und Herzegowina (2001)[655], Botsuana (2000)[656], Brunei Darussalam (1998)[657], Burkina Faso (1996)[658],

649 Vertrag zwischen der Bundesrepublik Deutschland und Antigua und Barbuda über die Förderung und den gegenseitigen Schutz von Kapitalanlagen vom 5. November 1998, BGBl. 2000 II, 858.

650 Vertrag zwischen der Bundesrepublik Deutschland und der Republik über die Förderung und den gegenseitigen Schutz von Kapitalanlagen vom 21. Dezember 1995, BGBl. 2000 II, 46.

651 Vertrag zwischen der Bundesrepublik Deutschland und der Aserbaidschanischen Republik über die Förderung und den gegenseitigen Schutz von Kapitalanlagen vom 22. Dezember 1995, BGBl. 1998 II, 567.

652 Vertrag zwischen der Bundesrepublik Deutschland und der dem Königreich Bahrain über die Förderung und den gegenseitigen Schutz von Kapitalanlagen vom 5. Februar 2007, BGBl. 2008 II, 494.

653 Vertrag zwischen der Bundesrepublik Deutschland und Barbados über die Förderung und den gegenseitigen Schutz von Kapitalanlagen vom 2. Dezember 1994, BGBl. 1997 II, 2047.

654 Vertrag zwischen der Bundesrepublik Deutschland und der Republik Belarus über die Förderung und den gegenseitigen Schutz von Kapitalanlagen vom 2. April 1993, BGBl. 1996 II, 85.

655 Vertrag zwischen der Bundesrepublik Deutschland und Bosnien und Herzegowina über die Förderung und den gegenseitigen Schutz von Kapitalanlagen vom 18. Oktober 2001, BGBl. 2004 II, 314.

656 Vertrag zwischen der Bundesrepublik Deutschland und der Republik Botsuana über die Förderung und den gegenseitigen Schutz von Kapitalanlagen vom 23. März 2000, BGBl. 2002 II, 278.

657 Vertrag zwischen der Bundesrepublik Deutschland und Brunei Darussalam über die Förderung und den gegenseitigen Schutz von Kapitalanlagen vom 30. März 1998, BGBl. 2004 II, 39.

658 Vertrag zwischen der Bundesrepublik Deutschland und Burkina Faso über die Förderung und den gegenseitigen Schutz von Kapitalanlagen vom 22. Oktober 1996, BGBl. 1998 II, 1457.

Chile (1991)[659], Costa Rica (1994)[660], Ecuador (1996)[661], El Salvador (1997)[662], Estland (1992)[663], Gabun (1998)[664], Georgien (1993)[665], Guatemala (2003)[666], Honduras (1995)[667], Hongkong (1996)[668], Indien (1995)[669], Indonesien (2003)[670], Iran

659 Vertrag zwischen der Bundesrepublik Deutschland und der Republik Chile über die Förderung und den gegenseitigen Schutz von Kapitalanlagen vom 21. Oktober 1991 und Änderungs- und Ergänzungsprotokoll zu dem am 21. Oktober 1991 in Santiago unterzeichneten Vertrag zwischen der Bundesrepublik Deutschland und der Republik Chile über die Förderung und den gegenseitigen Schutz von Kapitalanlagen vom 14. April 1997, BGBl. 1998 II, 1427.

660 Vertrag zwischen der Bundesrepublik Deutschland und der Republik Costa Rica über die Förderung und den gegenseitigen Schutz von Kapitalanlagen vom 13. September 1994, BGBl. 1997 II, 1830.

661 Vertrag zwischen der Bundesrepublik Deutschland und der Republik Ecuador über die Förderung und den gegenseitigen Schutz von Kapitalanlagen vom 21. März 1996, BGBl. 1998 II, 610.

662 Vertrag zwischen der Bundesrepublik Deutschland und der Republik El Salvador über die Förderung und den gegenseitigen Schutz von Kapitalanlagen vom 11. Dezember 1997, BGBl. 2000 II, 673.

663 Vertrag zwischen der Bundesrepublik Deutschland und der Republik Estland über die Förderung und den gegenseitigen Schutz von Kapitalanlagen vom 12. November 1992, BGBl. 1996 II, 66.

664 Vertrag zwischen der Bundesrepublik Deutschland und der Gabunischen Republik über die Förderung und den gegenseitigen Schutz von Kapitalanlagen vom 15. September 1998, BGBl. 2001 II, 478; ersetzt den bisherigen BIT von 1969.

665 Vertrag zwischen der Bundesrepublik Deutschland und der Republik Georgien über die Förderung und den gegenseitigen Schutz von Kapitalanlagen vom 25. Juni 1993, BGBl. 1998 II, 576.

666 Vertrag zwischen der Bundesrepublik Deutschland und der Republik Guatemala über die Förderung und den gegenseitigen Schutz von Kapitalanlagen vom 17. Oktober 2003, BGBl. 2005 II, 725.

667 Vertrag zwischen der Bundesrepublik Deutschland und der Republik Honduras über die Förderung und den gegenseitigen Schutz von Kapitalanlagen vom 21. März 1995, BGBl. 1997 II, 2064.

668 Abkommen zwischen der Regierung der Bundesrepublik Deutschland und der Regierung Hongkongs zur Förderung und zum gegenseitigen Schutz von Kapitalanlagen vom 31. Januar 1996, BGBl. 1997 II, 1848.

669 Vertrag zwischen der Bundesrepublik Deutschland und der Republik Indien über die Förderung und den gegenseitigen Schutz von Kapitalanlagen vom 10. Juli 1995, BGBl. 1998 II, 619.

670 Abkommen zwischen der Bundesrepublik Deutschland und der Republik Indonesien über die Förderung und den gegenseitigen Schutz von Kapitalanlagen vom 14. Mai 2003, BGBl. 2005 II, 514; ersetzt den BIT von 1968.

(2002)[671], Jamaika (1992)[672], Republik Jemen (2005)[673], Kambodscha (1999)[674], Kap Verde (1990)[675], Kasachstan (1992)[676], Katar (1996)[677], Kenia (1996)[678], Kirgisistan (1997)[679], Kroatien (1997)[680], Kuba (1996)[681], Kuwait (1994)[682], Laos (1996)[683],

---

671 Abkommen zwischen der Bundesrepublik Deutschland und der Islamischen Republik Iran über die Förderung und den gegenseitigen Schutz von Kapitalanlagen vom 17. August 2002, BGBl. 2004 II, 55; ersetzt den BIT von 1965.

672 Vertrag zwischen der Bundesrepublik Deutschland und Jamaika über die gegenseitige Förderung und den Schutz von Kapitalanlagen vom 24. September 1992, BGBl. 1996 II, 58.

673 Vertrag zwischen der Bundesrepublik Deutschland und der Republik Jemen über die Förderung und den gegenseitigen Schutz von Kapitalanlagen vom 2. März 2005, BGBl. 2007 II, 87; ersetzt den BIT von 1974.

674 Abkommen zwischen der Bundesrepublik Deutschland und dem Königreich Kambodscha über die Förderung und den gegenseitigen Schutz von Kapitalanlagen vom 15. Februar 1999, BGBl. 2001 II, 487.

675 Vertrag zwischen der Bundesrepublik Deutschland und der Republik Kap Verde über die Förderung und den gegenseitigen Schutz von Kapitalanlagen vom 18. Januar 1990, BGBl. 1993 II, 947.

676 Vertrag zwischen der Bundesrepublik Deutschland und der Republik Kasachstan über die Förderung und den gegenseitigen Schutz von Kapitalanlagen vom 22. September 1992, BGBl. 1994 II, 3730.

677 Abkommen zwischen der Bundesrepublik Deutschland und dem Staat Katar über die Förderung und den gegenseitigen Schutz von Kapitalanlagen vom 14. Juni 1996, BGBl. 1998 II, 628.

678 Vertrag zwischen der Bundesrepublik Deutschland und der Republik Kenia über die Förderung und den gegenseitigen Schutz von Kapitalanlagen vom 3. Mai 1996, BGBl. 1998 II, 585.

679 Vertrag zwischen der Bundesrepublik Deutschland und der Kirgisischen Republik über die Förderung und den gegenseitigen Schutz von Kapitalanlagen vom 28. August 1997, BGBl. 2005 II, 699.

680 Vertrag zwischen der Bundesrepublik Deutschland und der Republik Kroatien über die Förderung und den gegenseitigen Schutz von Kapitalanlagen vom 21. März 1997, BGBl. 2000 II, 653.

681 Vertrag zwischen der Bundesrepublik Deutschland und der Republik Kuba über die Förderung und den gegenseitigen Schutz von Kapitalanlagen vom 30. April 1996, BGBl. 1998 II, 746.

682 Abkommen zwischen der Bundesrepublik Deutschland und dem Staat Kuwait über die Förderung und den gegenseitigen Schutz von Kapitalanlagen vom 30. März 1994, BGBl. 1997 II, 166.

683 Abkommen zwischen der Bundesrepublik Deutschland und der Demokratischen Volksrepublik Laos über die Förderung und den gegenseitigen Schutz von Kapitalanlagen vom 9. August 1996, BGBl. 1998 II, 1466.

Lettland (1993)[684], Libyen (2004)[685], Litauen (1992)[686], Marokko (2001)[687], Mazedonien (1996)[688], Republik Moldau (1994)[689], Mongolei (1991)[690], Mosambik (2002)[691], Namibia (1994)[692], Nicaragua (1996)[693], Nigeria (2000)[694], Paraguay

684 Vertrag zwischen der Bundesrepublik Deutschland und der Republik Lettland über die Förderung und den gegenseitigen Schutz von Kapitalanlagen vom 20. April 1993, BGBl. 1996 II, 94.

685 Vertrag zwischen der Bundesrepublik Deutschland und der Libyisch-Arabischen Volks-Dschamahirja über die Förderung und den gegenseitigen Schutz von Kapitalanlagen vom 15. Oktober 2004, BGBl. 2009 II, 462.

686 Vertrag zwischen der Bundesrepublik Deutschland und der Republik Litauen über die Förderung und den gegenseitigen Schutz von Kapitalanlagen vom 28. Februar 1992, BGBl. 1997 II, 176.

687 Vertrag zwischen der Bundesrepublik Deutschland und dem Königreich Marokko über die gegenseitige Förderung und den gegenseitigen Schutz von Kapitalanlagen vom 6. August 2001, BGBl. 2004 II, 333; ersetzt den BIT von 1961.

688 Vertrag zwischen der Regierung der Bundesrepublik Deutschland und der mazedonischen Regierung über die Förderung und den gegenseitigen Schutz von Kapitalanlagen vom 10. September 1996, BGBl. 2000 II, 646.

689 Vertrag zwischen der Bundesrepublik Deutschland und der Republik Moldau über die Förderung und den gegenseitigen Schutz von Kapitalanlagen vom 28. Februar 1994, BGBl. 1997 II, 2072 und Änderungsprotokoll zu dem am 28. Februar 1994 in Chisinau unterzeichneten Vertrag zwischen der Bundesrepublik Deutschland und der Republik Moldau über die Förderung und den gegenseitigen Schutz von Kapitalanlagen vom 26. August 2003, BGBl. 2005 II, 523 (Aktualisierung des Streitbeilegungsmechanismus für Investor-Staat-Schiedsgerichtsverfahren auf den Stand der BITs der zweiten Generation).

690 Vertrag zwischen der Bundesrepublik Deutschland und der Mongolischen Volksrepublik über die Förderung und den gegenseitigen Schutz von Kapitalanlagen vom 26. Juni 1991, BGBl. 1996 II, 50.

691 Vertrag zwischen der Bundesrepublik Deutschland und der Republik Mosambik über die Förderung und den gegenseitigen Schutz von Kapitalanlagen vom 6. März 2002, BGBl. 2004 II, 341.

692 Vertrag zwischen der Bundesrepublik Deutschland und der Republik Namibia über die Förderung und den gegenseitigen Schutz von Kapitalanlagen vom 21. Januar 1994, BGBl. 1997 II, 186.

693 Vertrag zwischen der Bundesrepublik Deutschland und der Republik Nicaragua über die Förderung und den gegenseitigen Schutz von Kapitalanlagen vom 6. Mai 1996, BGBl. 1998 II, 637.

694 Vertrag zwischen der Bundesrepublik Deutschland und der Bundesrepublik Nigeria über die Förderung und den gegenseitigen Schutz von Kapitalanlagen vom 28. März 2000, BGBl. 2005 II, 716.

(1993)[695], Philippinen (1997)[696], Rumänien (1996)[697], Saudi-Arabien (1996)[698], Simbabwe (1995)[699], Slowenien (1993)[700], Sri Lanka (2000)[701], Südafrika (1995)[702], Swasiland (1990)[703], Tadschikistan (2003)[704], Thailand (2002)[705], Tschechoslowakei

695 Vertrag zwischen der Bundesrepublik Deutschland und der Republik Paraguay über die Förderung und den gegenseitigen Schutz von Kapitalanlagen vom 11. August 1993, BGBl. 1997 II, 2080.

696 Abkommen zwischen der Bundesrepublik Deutschland und der Republik der Philippinen über die Förderung und den gegenseitigen Schutz von Kapitalanlagen vom 18. April 1997, BGBl. 1998 II, 1448.

697 Vertrag zwischen der Bundesrepublik Deutschland und Rumänien über die Förderung und den gegenseitigen Schutz von Kapitalanlagen vom 25. Juni 1996, BGBl. 1998 II, 645.

698 Abkommen zwischen der Bundesrepublik Deutschland und dem Königreich Saudi-Arabien über die Förderung und den gegenseitigen Schutz von Kapitalanlagen vom 29. Oktober 1996, BGBl. 1998 II, 593.

699 Abkommen zwischen der Bundesrepublik Deutschland und der Republik Simbabwe über die Förderung und den gegenseitigen Schutz von Kapitalanlagen vom 29. September 1995, BGBl. 1997 II, 1839.

700 Vertrag zwischen der Bundesrepublik Deutschland und der Republik Slowenien über die Förderung und den gegenseitigen Schutz von Kapitalanlagen vom 28. Oktober 1993, BGBl. 1997 II, 2088.

701 Vertrag zwischen der Bundesrepublik Deutschland und der Demokratischen Sozialistischen Republik Sri Lanka über die Förderung und den gegenseitigen Schutz von Kapitalanlagen vom 7. Februar 2000, BGBl. 2002 II, 296.

702 Vertrag zwischen der Bundesrepublik Deutschland und der Republik Südafrika über die gegenseitige Förderung und den Schutz von Kapitalanlagen vom 11. September 1995, BGBl. 1997 II, 2098.

703 Vertrag zwischen der Bundesrepublik Deutschland und dem Königreich Swasiland über die Förderung und den gegenseitigen Schutz von Kapitalanlagen vom 5. April 1990, BGBl. 1993 II, 956.

704 Vertrag zwischen der Bundesrepublik Deutschland und der Republik Tadschikistan über die Förderung und den gegenseitigen Schutz von Kapitalanlagen vom 27. März 2003, BGBl. 2005 II, 538.

705 Vertrag zwischen der Bundesrepublik Deutschland und dem Königreich Thailand über die Förderung und den gegenseitigen Schutz von Kapitalanlagen vom 24. Juni 2002, BGBl. 2004 II, 48.

(1990)[706], Turkmenistan (1997)[707], Ukraine (1993)[708], Usbekistan (1993)[709], Vereinigte Arabische Emirate (1997)[710] und Vietnam (1993)[711].

Zu dieser Generation gehören außerdem die Verträge mit Brasilien (1995)[712], Madagaskar (2006)[713], der Palästinensischen Befreiungsorganisation („**PLO**") (2000)[714], und Timor-Leste (2005)[715], die zwar abgeschlossen wurden, jedoch noch nicht in Kraft getreten sind.

Die zweite Generation deutscher BITs zeichnet sich gegenüber der ersten Generation dadurch aus, dass sie internationalen Investoren direkten Rechtsschutz gegen den jeweiligen Gaststaat durch Investor-Staat-Schiedsgerichtsverfahren gewährt. Erstmalig wurde Investoren in dem Investitionsschutzvertrag mit

---

706 Vertrag zwischen der Bundesrepublik Deutschland und der Tschechischen und Slowakischen Föderativen Republik über die Förderung und den gegenseitigen Schutz von Kapitalanlagen vom 2. Oktober 1990, BGBl. 1992 II, 294; der BIT gilt mit der Slowakischen Republik weiter.

707 Vertrag zwischen der Bundesrepublik Deutschland und Turkmenistan über die Förderung und den gegenseitigen Schutz von Kapitalanlagen vom 28. August 1997, BGBl. 2000 II, 664.

708 Vertrag zwischen der Bundesrepublik Deutschland und der Ukraine über die Förderung und den gegenseitigen Schutz von Kapitalanlagen vom 15. Februar 1993, BGBl. 1996 II, 75; ersetzt den BIT von 1989.

709 Vertrag zwischen der Bundesrepublik Deutschland und der Republik Usbekistan über die Förderung und den gegenseitigen Schutz von Kapitalanlagen vom 28. April 1993, BGBl. 1997 II, 2106.

710 Abkommen zwischen der Bundesrepublik Deutschland und den Vereinigten Arabischen Emiraten über die Förderung und den gegenseitigen Schutz von Kapitalanlagen vom 21. Juni 1997, BGBl. 1998 II, 1474.

711 Vertrag zwischen der Bundesrepublik Deutschland und der Sozialistischen Republik Vietnam über die Förderung und den gegenseitigen Schutz von Kapitalanlagen vom 3. April 1993, BGBl. 1997 II, 2116.

712 Vertrag zwischen der Bundesrepublik Deutschland und der Föderativen Republik Brasilien über die Förderung und den gegenseitigen Schutz von Kapitalanlagen vom 21. September 1995, BGBl. 1998 II, 602.

713 Vertrag zwischen der Bundesrepublik Deutschland und der Republik Madagaskar über die gegenseitige Förderung und den gegenseitigen Schutz von Kapitalanlagen vom 1. August 2006, BGBl. 2008 II, 478.

714 Vertrag zwischen der Regierung der Bundesrepublik Deutschland und der Palästinensischen Befreiungsorganisation zugunsten der Palästinensischen Behörde über die Förderung und den gegenseitigen Schutz von Kapitalanlagen vom 10. Juli 2000, BGBl. 2005 II, 526.

715 Vertrag zwischen der Regierung der Bundesrepublik Deutschland und der Demokratischen Republik Timor-Leste über die Förderung und den gegenseitigen Schutz von Kapitalanlagen vom 10. August 2005, BGBl. 2007 II, 109.

Panama vom 2. November 1983 ein derartiges Klagerecht gewährt.[716] Die in den BITS der zweiten Generation verwendeten Schiedsklauseln sehen dazu subsidiär zu abweichenden Vereinbarungen der Streitparteien mehrheitlich entweder ein *Ad hoc*-Schiedsgerichtsverfahren analog zu den jeweiligen Bestimmungen über das zwischenstaatliche Schiedsgerichtsverfahren vor, in dem allerdings als *Appointing authority* der Präsident des ICC statt dem Präsidenten des IGH bestimmt und, für den Fall dass beide Vertragsstaaten Mitglieder des ICSID-Abkommens sind, das ICSID-Verfahren als Regelverfahren festgelegt ist.[717] In einigen wenigen BITs sieht die Schiedsklausel ohne Analogie zu dem zwischenstaatlichen Streitbeilegungsmechanismus und subsidiär zu abweichenden Vereinbarungen der Streitparteien, ein ICSID-Schiedsgerichtsverfahren oder ein Investor-Staat-Schiedsgerichtsverfahren nach UNCITRAL-Regeln vor.[718]

Eine Ausnahme stellen einige BITs mit den Staaten des ehemaligen Ostblocks dar, in denen stets der Präsident der SCC als *Appointing authority* bestimmt wird und das Verfahren entweder nur analog zu dem zwischenstaatlichen Schiedsgerichtsverfahren ausgestaltet ist[719] oder, soweit möglich, vor dem ICSID[720] oder nach UNCITRAL-Regeln[721] durchgeführt wird. Eine Reihe von Verträgen sieht außerdem schlicht zwingend ein ICSID-Verfahren[722] oder zwingend ein Verfahren nach UNCITRAL-Regeln[723] vor.

---

716 *Hesse*, Das rechtliche Umfeld für ausländische Direktinvestitionen in Entwicklungsländern, S. 47.

717 Vgl. die Regelungen in den BITs mit Ägypten (Art. 9), Albanien (Art. 11), Antigua und Barbuda (Art. 11), Armenien (Art. 11), Aserbaidschan (Art. 11), Ägypten 2005 (Art. 9), Bahrain (Art. 11), Barbados (Art. 11), Brunei Darussalam (Art. 9), Bolivien (Art. 11), Brasilien (Art. 10), Estland (Art. 11), Georgien (Art. 11), Guatemala (Art. 10), Iran 2002 (Art. 11), Republik Jemen 2005 (Art. 9), Kambodscha (Art. 11), Kap Verde (Art. 11), Kirgisistan (Art. 11), Kuba (Art. 11, Ziffer 6 des Protokolls), Laos (Art. 11), Libyen (Art. 11), Lettland (Art. 11), Litauen (Art. 11), Mongolei (Art. 11), PLO (Art. 11), Tadschikistan (Art. 11), Thailand (Art. 10), Ukraine (Art. 11), Uruguay (Art. 11, Ziffer 7 des Protokolls), Usbekistan (Art. 11) und Vietnam (Art. 11).

718 Vgl. die Regelungen in den BITs mit Panama (Art. 10) und Hongkong (Art. 10).

719 Vgl. die Regelungen in den BITs mit Polen (Art. 11), der Sowjetunion (Art. 10) und der Tschechoslowakei (Art. 10); vgl. auch *Zimmer*, RIW 1994, 25, 27.

720 So die Regelung im BIT mit Ungarn (Art. 11).

721 So die Regelung im BIT mit Bulgarien (Art. 4 Abs. 3, Ziffer 2 des Protokolls).

722 So die Regelungen in den BITs mit Indonesien 2003 (Art. 10), Jugoslawien (Art. 9), Katar (Art. 11; soweit das ICSID-Abkommen nicht angewendet werden kann, findet ein Verfahren nach UNCITRAL-Regeln statt), Madagaskar (Art. 11), Nepal (Art. 10), Saudi-Arabien (Art. 11), St. Lucia (Art. 10) und den Philippinen (Art. 9).

723 So die Regelung im BIT mit Indien (Art. 9).

Allen Schiedsklauseln gemeinsam ist, dass sie an den jeweiligen Investorbegriff (den Begriff des „Staatsangehörigen") des BITs anknüpfen, indem sie sich auf Streitigkeiten oder Meinungsverschiedenheiten zwischen einer Vertragspartei und einem „Investor" oder „Staatsangehörigen oder einer Gesellschaft der anderen Vertragspartei" beziehen.[724] Der Investorbegriff (oder Staatsangehörigenbegriff) in den Verträgen der zweiten Generation ist daher, anders noch als in den Verträgen der ersten Generation, auch prozessual im Rahmen der Zuständigkeit *ratione personae* von Bedeutung.

Der überwiegende Teil der Verträge verwendet, wie schon die Verträge der ersten Generation, den Begriff „Staatsangehörige" und definiert diesen gleichlautend in Art. 1 Nr. 3 in Bezug auf Deutschland als „Deutsche im Sinne des Grundgesetzes" und in Bezug auf den anderen Vertragsstaat, seine Staatsangehörigen nach dessen Verfassung und anwendbaren Gesetzen.[725] Zur Bestimmung der Staatsangehörigkeit kann nach Ziffer 1 der Protokolle zu diesen Verträgen ebenfalls wieder ein nationaler Reisepass herangezogen werden. Die gleiche Definition findet sich auch in weiteren Verträgen, die allerdings keinen Verweis auf die Bestimmung der Nationalität durch einen Reisepass enthalten.[726] Die übrigen Verträge benutzen statt des Begriffs des „Staatsangehörigen" den neueren Begriff des „Investors"; sie verwenden im Übrigen jedoch überwiegend eine identische Definition.[727]

---

724 Vgl. die in den Fn. 717 ff. angegebenen Schiedsklauseln.

725 So die BITs mit Albanien, Armenien, Aserbaidschan, Bahrain, Barbados, Bolivien, Botsuana, Burkina Faso, Chile, Costa Rica, Ecuador, Estland, Gabun, Georgien, Guayana, Honduras, Kambodscha, Kap Verde, Kasachstan, Kenia, Kirgisistan, Kroatien, Kuba, Laos, Litauen, Republik Moldau, Mongolei, Namibia, Nicaragua, Nepal, Panama, Paraguay, Rumänien (1996), Simbabwe, Slowenien, Sri Lanka 2000, Südafrika, St. Lucia, Swasiland, Turkmenistan, Ukraine, Uruguay und Vietnam.

726 Vgl. die Definitionen in den BITs mit Algerien (Art. 1 Nr. 3), Brunei Darussalam (Art. I Nr 4), Indien (Art. I lit. d.), Jamaika (Art. I Nr. 3), Usbekistan (Art. I Nr. 3) und Mosambik (Art. I Nr. 3).

727 So die jeweiligen Regelungen in den BITs mit Afghanistan (Art. I Nr. 3), Antigua und Barbuda (Art. I Nr. 3), Ägypten (Art. I Nr. 2), Belarus (Art. I Nr. 3), El Salvador (Art. I Nr. 3), Guatemala (Art. I Nr. 3), Indonesien (Art. I Nr. 3), Republik Jemen (Art. I Nr. 3), Lybien (Art. I Nr. 3), Katar (Art. I Nr. 3), Kuwait (Art. I Nr. 3), Madagaskar 2006 (Art. I Nr. 3), Mazedonien (Art. I Nr. 3), Nigeria (Art. I Nr. 3), Philippinen (Art. I Nr. 4 definiert den Begriff des „Investors" als „Staatsangehörigen" oder „Gesellschaft" und Art. I Nr. 2 wiederum den Begriff des „Staatsangehörigen" auf die übliche Weise), Saudi-Arabien (Art. I Nr. 3), Tadschikistan (Art. I Nr. 3), Thailand (Art. I Nr. 3), Timor Leste (Art. I Nr. 3) und den Vereinigten Arabischen

Nur ein insgesamt geringer Teil der Verträge der zweiten Generation stellt an natürliche Personen neben oder statt der Staatsangehörigkeit weitere Anforderungen:[728]

Nach Ziffer 1(a) des Protokolls zum BIT mit Chile (1991) findet der Vertrag keine Anwendung auf deutsche Staatsangehörige, die in Chile Investitionen vornehmen, wenn sie zum Zeitpunkt der Vornahme der Investition mehr als fünf Jahre ihren ständigen Wohnsitz in Chile hatten, es sei denn, dass ihre Kapitalanlage nachweislich aus dem Ausland eingebracht wurde. Die Regelung dient offensichtlich der Begrenzung und Verhinderung von Missbrauch durch deutsche Staatsangehörige, die sich, wie chilenische Staatsangehörige, dauerhaft im Inland aufhalten.

In anderen BITs wird versucht, den Begriff des Investors direkter mit dem Begriff der Investition zu verknüpfen. So definiert Art. I Nr. 3 des Vertrags mit Brasilien (1995) den Begriff des Investors einheitlich für beide Vertragsparteien als

> „natürliche Personen, die nach der Verfassung einer Vertragspartei deren Staatsangehörigkeit besitzen und im Hoheitsgebiet der anderen Vertragspartei eine Kapitalanlage vornehmen".

Die gleiche Definition findet sich auch in Art. I Nr. 3 des Vertrags mit Marokko (2001) und in Art. I Nr. 2 des Vertrags mit dem Iran (2002). Eine solche direkte Verknüpfung zwischen Investor und Investition, die ohnehin auf der Hand zu liegen scheint, enthalten die älteren deutschen BITs und auch die übrigen BITs der zweiten Generation bemerkenswerterweise nicht.

In einigen BITs, in denen das Kriterium der Staatsangehörigkeit aufgrund lokaler Besonderheiten problematisch ist, ersetzt das Kriterium des Wohnsitzes hingegen teilweise sogar vollständig das Merkmal der Staatsangehörigkeit. So spricht Art. I Nr. 3 des Vertrags mit Lettland (1993) stattdessen von

> „ständigen Einwohnern der Republik Lettland im Sinne der Gesetzgebung der Republik Lettland".

Emiraten (Art. I Nr. 2). Nach Ziffer 1 der Protokolle zu diesen BITs, mit Ausnahme von Antigua und Barbuda, El Salvador, Mazedonien, Saudi-Arabien und den Vereinigten Arabischen Emiraten, kann zur Bestimmung der Investoreneigenschaft auch wieder der nationale Reisepass herangezogen werden. In den Verträgen mit Guatemala, der Republik Jemen und Ägypten wurde diese Bestimmung direkt als Teil der Investordefinition in Art. I Nr. 3 des BITs aufgenommen.

728 Dies sind die BITs mit Bosnien und Herzegowina, Brasilien, Bulgarien, Hongkong, Iran, Jugoslawien, Lettland, Marokko, der PLO, Polen, der Sowjetunion, Tschechoslowakei, und Ungarn.

Gleichermaßen verzichtet Art. I Nr. 4 des Vertrags mit Hongkong (1996) auf das Kriterium der Staatsangehörigkeit und stellt stattdessen allein auf das Recht zum Wohnsitz ab (nicht den tatsächlichen Wohnsitz). Investoren sind dementsprechend

> „natürliche Personen, die das Recht auf Wohnsitz im Gebiet von Hongkong haben".

Nach Art. I Nr. 3 des Vertrags mit der PLO (2000) in Bezug auf die Palästinensische Behörde nur diejenigen natürlichen Personen Investoren, die wahlberechtigt sind und ihren ständigen Wohnsitz in den unter Selbstverwaltung der Palästinensischen Behörde stehenden Gebieten haben.

Mit diesen Definitionen wird darauf Rücksicht genommen, dass Hongkong[729] und Palästina keine souveränen Staaten sind und demensprechend keine Staatsangehörigkeit Hongkongs oder Palästinas bestehen kann. In Bezug auf Lettland werden die Belange der Minderheiten berücksichtigt, insbesondere der russischen Minderheit, die zu erheblichen Teilen nicht die lettische Staatsangehörigkeit besitzt. Auch wenn diese Ansätze zunächst pragmatisch erscheinen, sind die resultierenden Definitionen im Hinblick auf die Rechtssicherheit nicht unproblematisch. Dies gilt insbesondere für die Definition nach dem BIT mit Hongkong. Das Recht zum Aufenthalt in Hongkong richtet sich, nachdem Hongkong nunmehr lediglich noch eine chinesische Sonderverwaltungszone ist, nach innerstaatlichem chinesischem Recht. Da nicht einmal ein tatsächlicher Wohnsitz in Hongkong erforderlich ist, besteht hier die Gefahr des Missbrauchs, zumal die Erlangung des Aufenthaltsrechts im Einzelfall möglicherweise nicht sicher und nachprüfbar nachzuvollziehen sein wird.

---

729 Hongkong ist seit dem 1. Juli 1977 eine chinesische Sonderverwaltungszone, die zwar der chinesischen Regierung in Peking unterstellt ist, jedoch ein hohes Maß an Autonomie genießt. Dieser besondere Status beruht auf dem Abkommen zwischen China und Großbritannien vom 16. Juni 1984 (*Draft Agreement between the Government of the United Kingdom of Great Britain and Northern Ireland and the Government of the People's Republic of China on the Future of Hong Kong*), ILM 1984, 1366, in dem die Wiedereingliederung der vorherigen britischen Kronkolonie geregelt wurde und für 50 Jahre ein Sonderstatus vereinbart wurde, der die auswärtigen Beziehungen und die Verteidigung von der chinesischen Amtsgewalt ausnimmt. Aus diesem Grunde ist auch der BIT mit China nicht auf Hongkong anwendbar. Hongkong war nach der Besetzung durch Großbritannien 1841 ursprünglich durch den Vertrag von Nanking vom 29. August 1842 von China an Großbritannien abgetreten worden, weitere Teile hatte Großbritannien am 9. Juni 1898 auf 99 Jahre gepachtet, vgl. *von Reyher*, Bilaterale Konzepte, S. 103, Fn. 400.

Einige BITs der zweiten Generation verzichten auf die Staatsangehörigkeit und kombinieren stattdessen das Kriterium des Wohnsitzes mit weiteren Kriterien. Das führt jedenfalls zu einer verbesserten Nachprüfbarkeit der Erfüllung der Investoreigenschaft. So erwähnen Art. 1 c der Verträge mit Polen (1989) und der Sowjetunion (1989) sowie Art. I Nr. 3 des Vertrags mit der Tschechoslowakei (1990) das Kriterium der Staatsangehörigkeit überhaupt nicht und definieren „Investor“ einheitlich als

> „eine natürliche Person mit ständigem Wohnsitz [...] im jeweiligen Geltungsbereich dieses Vertrages, die berechtigt ist, Kapitalanlagen zu tätigen.“

Während das Kriterium der Berechtigung zur Tätigkeit von Kapitalanlagen regelmäßig überholt sein wird, erlaubt jedenfalls der ständige Wohnsitz eine klare Abgrenzung.

Teilweise wird zusätzlich zur Staatsangehörigkeit auf das Kriterium des Wohnsitzes und weiterer Merkmale abgestellt. So sind nach Art. I Nr. 3 des BITs mit Bosnien und Herzegowina (2001) in Bezug auf Bosnien und Herzegowina nur diejenigen natürlichen Personen Investoren, die zusätzlich zur Staatsangehörigkeit auch im Hoheitsgebiet ihren „ständigen Wohnsitz oder Hauptgeschäftsort haben“, während für deutsche Investoren allein die Staatsangehörigkeit ausreicht.

Auch Art. 1 Nr. 3 der Verträge mit Bulgarien (1986) und Ungarn (1986) sind Investoren in Bezug auf Deutschland nur

> „Deutsche mit Wohnsitz im Geltungsbereich dieses Vertrags [...] die nach Maßgabe dieses Vertrags im Gebiet der anderen Vertragspartei Kapitalanlagen vornehmen“.

Entsprechendes gilt für natürliche Personen aus Ungarn. Im BIT mit Bulgarien werden indes in Bezug auf Bulgarien überhaupt nur juristische Personen als Investor erwähnt.

Ähnliche Anforderungen stellt auch Art. 1 Abs. 3 des zwischen Deutschland und Serbien weitergeltenden BITs mit dem ehemaligen Jugoslawien (1989). Investoren in Bezug auf Deutschland sind:

> „Deutsche mit Wohnsitz im Geltungsbereich dieses Vertrages [...] die Kapitalanlagen in Übereinstimmung mit ihren innerstaatlichen Rechtsvorschriften im Gebiet der anderen Vertragspartei vornehmen“

Für jugoslawische (serbische) Investoren besteht hingegen kein zusätzliches Erfordernis des Wohnsitzes.

Innerhalb der zweiten Generation lässt sich damit nicht nur der Wandel vom Begriff des Staatsangehörigen zu dem des Investors beobachten, sondern auch das Auftauchen zusätzlicher Anforderungen an den Begriff des Investors. Mit dem zusätzlichen Erfordernis des Wohnsitzes wird einerseits den historischen

Minderheiten in den europäischen Ländern Rechnung getragen. Es würde dem Sinn- und Zweck der BITs - der Förderung von Auslandsinvestitionen - zuwiderlaufen, wenn langjährige Einwohner des Gastlandes sich aufgrund einer historischen, formalen Staatsangehörigkeit auf den Schutz eines BITs berufen könnten. Andererseits wird auch dem Missbrauch vorgebeugt und gleichzeitig etwaigen Konflikten bei mehrfachen Staatsangehörigkeiten aus dem Weg gegangen.

Am weitesten geht die Kombination aus Staatsangehörigkeit, Wohnsitz und weiteren Kriterien. Diesen Definitionen liegt ein traditionelles Verständnis vom Investor zugrunde. Nur derjenige Investor, der selbst Staatsangehöriger des Heimatstaates ist, sich in diesem zum Wohnsitz aufhält und von dort aus selbst die Investition tätigt, soll geschützt sein. Bei aller Rechtssicherheit, die durch diese traditionelle Definition geschaffen wird, stellt sich allerdings die Frage, ob ein derart enges Verständnis dem grenzüberschreitenden Wirtschaftsleben gerecht werden kann.

(3) Die dritte Generation

Die dritte moderne Generation deutscher BITs zeichnet sich durch einen fortgeschrittenen Streitbeilegungsmechanismus aus, der dem Investor (oder den Streitparteien gemeinsam) erlaubt, aus mehreren unterschiedlichen Möglichkeiten der Investor-Staat-Schiedsgerichtsbarkeit auszuwählen und für den Fall dass keine Wahl getroffen wird, eine Möglichkeit zum Regelfall bestimmt.[730]

Von den derzeit in Kraft befindlichen BITs ist nur ein vergleichsweise geringer Teil der dritten Generation zuzurechnen. Hierzu gehören die BITs mit Angola (2003)[731], Argentinien (1991)[732], Äthiopien (2004)[733], China (2003)[734],

---

730 Vgl. auch *Peters*, Neth. Y.B. Int'l L. 1991, 91, 120.

731 Vertrag zwischen der Bundesrepublik Deutschland und der Republik Angola über die Förderung und den gegenseitigen Schutz von Kapitalanlagen vom 30. Oktober 2003, BGBl. 2005 II, 708.

732 Vertrag zwischen der Bundesrepublik Deutschland und der Argentinischen Republik über die Förderung und den gegenseitigen Schutz von Kapitalanlagen vom 9. April 1991, BGBl. 1993 II, 1244.

733 Vertrag zwischen der Bundesrepublik Deutschland und der Demokratischen Republik Äthiopien über die Förderung und den gegenseitigen Schutz von Kapitalanlagen vom 19. Januar 2004, BGBl. 2005 II, 743.

734 Vertrag zwischen der Bundesrepublik Deutschland und der Volksrepublik China über die Förderung und den gegenseitigen Schutz von Kapitalanlagen vom 1. Dezember 2003, BGBl. 2005 II, 732; ersetzt den BIT von 1983.

Ghana (1995)[735], Jordanien (2007)[736], Libanon (1997)[737], Mexiko (1998)[738], Oman (2007)[739], Peru (1995)[740], Trinidad und Tobago (2006)[741] und Venezuela (1996)[742] sowie der noch nicht in Kraft getretene BIT mit Guinea (2006).[743]

Die umfassende Schiedsklausel des aktuellen Muster-BITs vom 5. Dezember 2008, die dem Investor die Auswahl zwischen ICSID, soweit anwendbar *ICSID Additional Facility*, UNCITRAL, ICC, LCIA und SCC erlaubt[744], findet sich allerdings noch in keinem der aktuell abgeschlossenen Verträge wieder. Die meisten Auswahlmöglichkeiten bieten die BITs mit Mexiko (1998) und Oman (2007), die dem Investor die Wahl zwischen ICSID, *ICSID Additional Facility*, *ad-hoc* Verfahren nach UNCITRAL-Regeln und der ICC lassen.[745] Auch die BITs mit Ghana (1995), Guinea (2006), Jordanien (2007), Oman (2007) und Trinidad und

735 Vertrag zwischen der Bundesrepublik Deutschland und der Republik Ghana über die Förderung und den gegenseitigen Schutz von Kapitalanlagen vom 24. Februar 1995, BGBl. 1997 II, 2055.

736 Abkommen zwischen der Bundesrepublik Deutschland und dem Haschemitischen Königreich Jordanien über die Förderung und den gegenseitigen Schutz von Kapitalanlagen vom 13. November 2007, BGBl. 2009 II, 469; ersetzt den BIT von 1974.

737 Vertrag zwischen der Bundesrepublik Deutschland und der Libanesischen Republik über die Förderung und den gegenseitigen Schutz von Kapitalanlagen vom 18. März 1997, BGBl. 1998 II, 1439.

738 Vertrag zwischen der Bundesrepublik Deutschland und den Vereinigten Mexikanischen Staaten über die Förderung und den gegenseitigen Schutz von Kapitalanlagen vom 25. August 1998, BGBl. 2000 II, 866.

739 Vertrag zwischen der Bundesrepublik Deutschland und dem Sultanat Oman über die Förderung und den gegenseitigen Schutz von Kapitalanlagen vom 30. Mai 2007, BGBl. 2008 II, 513; ersetzt den BIT von 1979.

740 Vertrag zwischen der Bundesrepublik Deutschland und der Republik Peru über die Förderung und den gegenseitigen Schutz von Kapitalanlagen vom 30. Januar 1995, BGBl. 1997 II, 197.

741 Vertrag zwischen der Bundesrepublik Deutschland und der Republik Trinidad und Tobago über die Förderung und den gegenseitigen Schutz von Kapitalanlagen vom 8. September 2006, BGBl. 2008 II, 503.

742 Vertrag zwischen der Bundesrepublik Deutschland und der Republik Venezuela über die gegenseitige Förderung und den gegenseitigen Schutz von Kapitalanlagen vom 14. Mai 1996, BGBl. 1998 II, 653.

743 Abkommen zwischen der Bundesrepublik Deutschland und der Republik Guinea über die Förderung und den gegenseitigen Schutz von Kapitalanlagen vom 8. November 2006, BGBl. 2008 II, 487. Das Abkommen soll nach seinem Inkrafttreten den BIT von 1962 ersetzen.

744 Art. 10 Abs. 2 Nr. 1–4 des deutschen Muster-BITs.

745 Vgl. Art. 12 des BITs mit Mexiko und Art. 10 des BITs mit dem Oman.

Tobago (2006) erlauben eine Auswahl zwischen unterschiedlichen ICSID-, UNCITRAL- und ICC-Schiedsgerichts- und Schlichtungsverfahren.[746] Andere Verträge der dritten Generation sehen stattdessen nur die Auswahl zwischen dem ICSID und einem *Ad hoc*-Verfahren nach UNCITRAL-Regeln vor.[747] Einige BITs verweisen zusätzlich und soweit anwendbar auf die *ICSID Additional Facility*.[748]

Auch in den BITs der dritten Generation beziehen sich alle Schiedsklauseln auf den Investoren- oder Staatsangehörigenbegriff, sodass dieser damit, wie schon in den Verträgen der zweiten Generation, auch von prozessualer Bedeutung ist.

Ein Teil der BITs verwendet den Begriff des „Investors"[749], ein Teil den des „Staatsangehörigen"[750]. Mehrheitlich werden beide Begriffe, wie in den Verträgen früherer Generationen, in Bezug auf Deutschland lediglich als „Deutsche im Sinne des Grundgesetzes" und in Bezug auf den jeweiligen Vertragsstaat als Staatsangehörige nach seinen nationalen Vorschriften definiert.[751] Zur Bestimmung der Staatsangehörigkeit wird in einem Teil der BITs weiterhin auf den Besitz eines nationalen Reisepasses verwiesen.[752]

Auch in der dritten Generation stellen nur wenige BITs darüber hinaus weitere Anforderungen an Investoren. So sind nach Art. 1 Nr. 1 des Vertrags mit Angola (2003), Investoren zwar wie gehabt in Bezug auf Deutschland „Deutsche

---

746 Vgl. die Regelungen in den jeweiligen Verträgen mit Ghana (Art. 12 sieht neben ICSID und UNCITRAL insoweit ein Verfahren analog zu den Vorschriften über das zwischenstaatliche Schiedsgerichtsverfahren mit dem Präsidenten der ICC als *Appointing Authority* vor), Guinea (Art. 9), Jordanien (Art. 11), Oman (Art. 10 sieht entweder ein ICSID Schiedsgerichtsverfahren oder Schlichtungsverfahren nach UNCITRAL oder ICC-Schlichtungsregeln vor) und Trinidad und Tobago (Art. 13).

747 Vgl. die jeweiligen Regelungen in den Verträgen mit Argentinien (Art. 10), China (Art. 9, Ziffer 6 des Protokolls), Libanon (Art. 9) und Peru (Art. 10).

748 Vgl. die Regelungen in den jeweiligen Verträgen mit Angola (Art. 9), Äthiopien (Art. 11), Venezuela (Art. 10 i. V. m Ziffer 4 des Protokolls zum Vertrag).

749 So die Verträge mit Angola (Art. 1 Nr. 1), Äthiopien (Art. 1 Nr. 3), China (Art. 1 Nr. 2), Guinea 2006 (Art. 1 Nr. 3), Jordanien (Art. 1 Nr. 3), Libanon (Art. 1 Nr. 1) Oman (Art. 1 Nr. 3).

750 So die Verträge mit Argentinien (Art. 1 Nr. 3), Ghana (Art. 1 Nr. 3), Mexico (Art. 1 Nr. 3), Peru (Art. 1 Nr. 3), Trinidad und Tobago (Art. 1 Nr. 3) und Venezuela (Art. 1 Nr. 3).

751 So die Verträge mit Äthiopien, China, Ghana, Guinea (2006), Jordanien, Libanon, Mexico, Oman, Peru, Trinidad und Tobago und Venezuela.

752 So in den Verträgen mit Argentinien (Ziffer 1 e des Protokolls), Ghana (Ziffer 1 des Protokolls), Guinea 2006 (Art. 1 Nr. 3), Jordanien (Ziffer 1 des Protokolls), Peru (Ziffer 1 des Protokolls) und Trinidad und Tobago (Art. 1 Nr. 3).

im Sinne des Grundgesetzes", in Bezug auf Angola jedoch nur, soweit sie die Staatsangehörigkeit Angolas besitzen und eine Kapitalanlage im deutschen Hoheitsgebiet tätigen.

Der BIT mit Argentinien (1991) ist der Gänze nach nicht anwendbar auf Kapitalanlagen von Investoren in Argentinien, wenn der Investor zum Zeitpunkt der Vornahme der Investition bereits mehr als zwei Jahre seinen Wohnsitz in Argentinien hatte, es sei denn, dass die Anlage nachweislich aus dem Ausland eingebracht wurde (Ziffer 1 a des Protokolls). Er ist ferner der Gänze nach auch nicht anwendbar, wenn der Investor die Staatsangehörigkeit beider Vertragsparteien besitzt (Ziffer 1 e des Protokolls). Der Ausschluss von Investoren mit längerfristigem Wohnsitz in Argentinien ist mit der Regelung im BIT mit Chile (1991) vergleichbar, wobei dort erst nach fünf Jahren eine Berufung auf den Bit ausgeschlossen wird. Eine ähnliche Regelung findet sich für den Mercosur auch im Protokoll von Colonia.[753] Es handelt sich offensichtlich um eine regionale Tendenz.

In dem Vertrag mit Mexico (1998) wird ausdrücklich die Bedeutung des Investorbegriffs für die Klagebefugnis hervorgehoben. Nach Ziffer 6 des Protokolls zum Vertrag ist nur derjenige Investor klagebefugt, der selbst einen Schaden erlitten hat, der ursächlich mit einer Verletzung des BITs zusammenhängt.

Hinsichtlich des Investorbegriffs unterscheiden sich die BITs der dritten Generation im Ergebnis nicht wesentlich von den BITs der zweiten Generation. Tendenziell wird in den neueren Verträgen eher der Begriff des „Investors" statt dem des „Staatsangehörigen" verwendet. Es werden neben der Staatsangehörigkeit keine weiteren Anforderungen gestellt. Die Definition des aktuellen Mustervertrags vom 5. Dezember 2008, in die für den Investorbegriff in Bezug auf Deutschland neben Deutschen im Sinne des Grundgesetzes auch niedergelassene EU- und EWR-Staatsangehörige einbezogen sind, und die zusätzlich eine unternehmerische Tätigkeit im Gaststaat und in deren Rahmen einen Bezug zur Investition voraussetzt, hat in die Vertragspraxis noch nicht Einzug gefunden.

b) Definitionen in den BITs der USA

Die USA begannen erst 1982 und damit gut 20 Jahre später als die westeuropäischen Staaten BITs abzuschließen.[754] Bis dahin hatten die USA noch am Abschluss von bilateralen FCN-Abkommen festgehalten.[755] 1977 schlug das *State*

753 Art. 1 Abs. 2(a) S. 2 Protokoll von Colonia, s. oben Abschnitt C.I.1.d).

754 *Von Reyher*, Bilaterale Konzepte, S. 231.

755 *Comeaux/Kinsella*, Protecting foreign investment, S. 104. Zu den FCN-Abkommen der USA s. *Fatouros*, Government Gurantees to Foreign Investors, S. 95 f.

Department eine Abkehr von dieser Praxis und den Abschluss von bilateralen Investitionsschutzverträgen vor. Erst unter Präsident Ronald Reagan (1981–1989) kam es jedoch zur Ausarbeitung eines ersten Muster-BITs und der Aufnahme erster Verhandlungen.[756] Der Muster-BIT wurde in der Folge regelmäßig aufgrund der gewonnenen Erfahrungen überarbeitet und aktualisiert und den Verhandlungen über neue BITs zu Grunde gelegt.[757]

Im Folgenden soll daher auch für die USA zunächst der aktuelle Muster-BIT erörtert werden, bevor alle derzeit in Kraft befindlichen BITs der USA im Einzelnen untersucht werden.

aa) Aktueller Muster-BIT

Am 20. April 2012 haben die USA ihr neues, überarbeitetes Musterinvestitionsschutzabkommen veröffentlicht.[758] Dieses wurde bislang noch nicht in einen konkreten BIT umgesetzt. Es bietet aber die Gelegenheit zu einem direkten Vergleich mit der Vorauflage aus dem Jahr 2004 und damit zum Aufzeigen etwaiger aktueller Trends.

Art. 1 des Muster-BITs definiert den Begriff des „Investors eines Vertragsstaats“[759] wie folgt:

> „‚investor of a Party‘ means a Party or state enterprise thereof, or a national or an enterprise of a Party, that attempts to make, is making, or has made an investment in the territory of the other Party; provided, however, that a natural person who is a dual national shall be deemed to be exclusively a national of the State of his or her dominant and effective nationality.“

Diese Formulierung ist identisch zu derjenigen des Musters aus 2004.

Der erste Teil der Definition ähnelt der im NAFTA verwendeten Formulierung. Investoren können demnach nicht nur natürliche Personen und Staatsangehörige („*national*“) oder Unternehmen („*enterprise*“), sondern auch andere juristische Personen, nämlich die Vertragsstaaten selbst („*Party*“) und ausdrücklich

---

756 *Vandevelde*, Cornell Int'l L.J. 1988, S. 201 ff., 209 f.

757 Die aktuelle Fassung ist von 2012, davor wurden Muster-BITs in den Jahren 1983, 1984, 1987, 1991, 1992, 1994, 1998 und 2004 ausgearbeitet, vgl. auch *von Reyher*, Bilaterale Konzepte, S. 231; *Comeaux/Kinsella*, Protecting foreign investment, S. 104.

758 Pressemeldung des *U.S. Department of State*, 20. April 2012, abrufbar unter http://www.state.gov/r/pa/prs/ps/2012/04/188199.htm (zuletzt abgerufen am 8. Februar 2013). Der Text des Muster-BITs ist abrufbar unter http://www.state.gov/e/eb/ifd/bit/index.htm (zuletzt abgerufen am 8. Februar 2013).

759 „*Party*“ und „*Parties*“ bezeichnet im Muster-BIT der USA nach S. 1 der Präambel stets die Vertragsstaaten.

auch staatliche Unternehmen („*state enterprise*") sein, die eine Investition tätigen oder getätigt haben.[760] Während nach dem NAFTA ausreicht, dass die Investition nur beabsichtigt wird („*seeks to make an investment*"), ist nach dem Wortlaut des Muster-BITs jedenfalls der Versuch der Investition erforderlich („*attempts to make an investment*"), sodass die Voraussetzungen des Investorbegriffs bei genauer Betrachtung erst zu einem späteren Zeitpunkt erfüllt sein könnten.

Der Begriff des Staatsangehörigen („*national*") wird in Art. 1 sodann ausdrücklich definiert, getrennt für die USA und den jeweils anderen Vertragsstaat. Im Hinblick auf die USA ist Staatsangehöriger eine „natürliche Person, die Staatsangehöriger („*national*") der USA im Sinne von Titel III des *Immigration and Nationality Act*[761] ist". Hiernach kann die amerikanische Staatsangehörigkeit gem. Kapitel 1 durch Geburt oder gem. Kapitel 2 durch Einbürgerung („*Naturalization*") erworben werden. Bei mehrfachen Staatsangehörigkeiten wird nach dem Muster-BIT auf das Prinzip der effektiven Nationalität („*dominant and effective nationality*") abgestellt. Für den Vertragsstaat der USA wird in der Regel auf das jeweilige nationale Staatsangehörigkeitsrecht verwiesen.

Ein Investor-Staat-Schiedsgerichtsverfahren kann ein Kläger („*claimant*") nach Art. 24(1)(a) Muster-BIT entweder in eigenem Namen oder nach Art. 24(1)(b) im Namen eines „Unternehmens der Beklagten" („*enterprise of the respondent*"), welches eine juristische Person ist und vom Kläger besessen oder direkt oder indirekt kontrolliert wird, einleiten. Der Begriff des „Klägers" ist wiederum definiert als „Investor eines Vertragsstaats", der Partei eines Investitionsstreits mit dem anderen Vertragsstaat ist; „Beklagter" ist der Vertragsstaat der Partei eines Investitionsstreits ist (Art. 1):

> „‚claimant' means an investor of a Party that is a party to an investment dispute with the other Party."

und

> „‚respondent' means the Party that is a party to an investment dispute."

---

760 Vgl zu juristischen Personen im Einzelnen Abschnitt C.II.3.b) unten.

761 Der *Immigration and Nationality Act* (INA) von 1952, ursprünglich *McCarran-Walter bill*, Public Law No. 82–414, auch 8. U.S.C. § 1101 ff., ist nach wie vor Grundlage des amerikanischen Einwanderungs- und Staatsangehörigkeitsrechts. Das amerikanische Staatsangehörigkeitsrecht unterscheidet zwischen Nationalität (*nationality*) und Staatsangehörigkeit (*citizenship*), wobei der erste Begriff der weitere Begriff ist. So sind die Bewohner bestimmter auswärtiger Territorien der USA zwar amerikanischer Nationalität, sie besitzen aber nicht die Staatsangehörigkeit.

Die Definitionen des Muster-BITs sind damit zunächst recht weit.[762] Erlaubt sind Investoren jeder Art (Vertragsstaat, staatliches Unternehmen, natürliche Person, Gesellschaften). Für natürliche Personen knüpft der Investorbegriff an das jeweilige nationale Staatsangehörigkeitsrecht an. Mehrfacher Staatsangehörigkeit wird durch die ausdrückliche Verweisung auf das Prinzip der effektiven Staatsangehörigkeit begegnet.

Der Investorbegriff ist darüber hinaus von vornherein mit dem Begriff der Investition verknüpft. Ergänzend wird für den Begriff des Klägers allerdings auch auf das Kriterium der Kontrolle einer juristischen Person im Gaststaat abgestellt. Hier könnte es auch zu einem Konflikt zwischen den Begriffen Investor und Kläger kommen. Kläger könnte nach der Klägerdefinition auch ein Investor sein, der lediglich eine juristische Person im Gaststaat indirekt kontrolliert. Dieser Investor müsste nach der Investordefinition allerdings auch eine Investition im Hoheitsgebiet des Gaststaates getätigt haben oder tätigen. Die bloße indirekte Kontrolle einer juristischen Person reicht dazu nicht aus, soweit sie nicht als Investition eingeordnet werden kann. Dies wird nicht immer der Fall sein, denn nach der Investitonsdefinition des Muster-BITs muss die Kapitalanlage den Charakter einer Investition aufweisen, wie etwa die Bindung von Kapital oder anderen Ressourcen, die Erwartung von Gewinnen und die Eingehung eine Risikos.[763]

bb) In Kraft befindliche BITs

Derzeit haben die USA 40 BITs abgeschlossen die nach Ratifizierung in Kraft getreten sind, sowie weitere sechs Verträge, die unterzeichnet, aber noch nicht in Kraft getreten sind.[764] Auf Grund des vergleichsweise kurzen Zeitraums, über den sich das BIT-Programm der USA entwickelt hat und der großen Ähnlichkeit vieler Verträge, bietet sich eine weitere Untergliederung in Generationen hier nicht an. Zu unterscheiden ist lediglich zwischen allen älteren und den beiden

---

762 Vgl. auch *Comeaux/Kinsella*, Protecting foreign investment, S. 105.

763 Art. 1 des Muster-BITs definiert: „*'investment' means every asset that an investor owns or controls, directly or indirectly, that has the characteristics of an investment, including such characteristics as the commitment of capital or other resources, the expectation of gain or profit, or the assumption of risk.* [...]".

764 Aus unterschiedlichen Gründen nicht in Kraft getreten und in der vorliegenden Untersuchung daher nicht weiter berücksichtigt sind die Verträge mit Belarus (1994), El Salvador (1999), Haiti (1983), Nicaragua 1995, Russland (1992) und Usbekistan (1994). Eine Übersicht über die BITs der USA ist abrufbar unter http://www.state.gov/e/eb/ifd/bit/117402.htm (zuletzt abgerufen am 8. Februar 2013).

neueren BITs. Denn mit Ausnahme der BITs mit Uruguay (2005)[765] und Ruanda (2008) basieren alle BITs der USA auf älteren Musterverträgen, die von dem aktuellen Muster-BIT aus 2012 und seiner Vorauflage aus 2004 deutlich abweichen. Sie verwenden auch nicht den Begriff des „Investors" und „Klägers", sondern stellen für natürliche und juristische Personen auf die Begriffe des „Staatsangehörigen" („*national*") und der „Gesellschaft" („*company*") ab.[766]

Der älteste BIT der USA ist der auf dem Muster-BIT von 1983 beruhende BIT mit Ägypten (1986), der auf einem Vorgängervertrag von 1982 beruht und damit der erste überhaupt von den USA abgeschlossene BIT ist. In Art. I(1)(e) wird der Begriff „*national*" definiert, indem auf die jeweils anwendbaren Bestimmungen des nationalen Rechts verwiesen wird:

> „‚national' of a Party means a natural person who is a national of a party under its applicable law."

Für die USA wird damit auf Absatz 1 des 14. Zusatzartikels der Verfassung („*All persons born or naturalized in the United States, and subject to the jurisdiction thereof, are citizens of the United States and the State wherein they reside.*") und den *Immigration and Nationality Act* (INA)[767] verwiesen, wonach all diejenigen natürlichen Personen Staatsangehörige sind, die im Hoheitsgebiet der USA geboren sind oder eingebürgert wurden.[768]

Nach Art. VII(2) wird sodann sowohl natürlichen Personen mit Staatsangehörigkeit als auch Unternehmen („*company*") das Recht eingeräumt, in Investitionsstreitigkeiten („*legal investment dispute*") ein Schiedsgerichtsverfahren einzuleiten:

> „In the event of a legal investment dispute between a Party and a national or company of the other Party with respect to an investment of such national or company in the territory of such Party, the parties shall initially seek to resolve the dispute by consultation and negotiation. The Parties may, upon the initiative of either of them and as a part of their consultation and negotiation, agree to rely upon non-binding, third-party procedures. If the dispute cannot be resolved through consultation and negotiation, then the dispute shall be

---

765 Sämtliche BITs der USA sind vom *State Department* im Internet veröffentlich worden und abrufbar unter http://www.state.gov/e/eb/ifd/bit/117402.htm (zuletzt abgerufen am 27. Februar 2013).

766 Vgl. *von Reyher*, Bilaterale Konzepte, S. 244.

767 S. oben Fn. 761.

768 Vgl. auch *von Reyher*, Bilaterale Konzepte, S. 247, der allerdings nur auf die Verfassung der USA abstellt. Zum amerikanischen Staatsangehörigkeitsrecht in der Verfassung der USA vgl. *Tribe*, American Constitutional Law, S. 968 ff; *Brugger*, Einführung in das öffentliche Recht der USA, S. 94 f.

submitted for settlement in accordance with the applicable dispute-settlement procedures upon which a Party and national or company of other Party have previously agreed."

Investitionsstreitigkeiten sind dabei nach Art. VII(1) Streitigkeiten zwischen einem Vertragsstaat und einem Staatsangehörigen oder Unternehmen des anderen Vertragsstaates über die Anwendung und Auslegung des BITs oder über die angebliche Verletzung von Rechten aus dem BIT mit Bezug zu einer Investition im Sinne des Abkommens.[769]

Ähnliche Regelungen mit im Wesentlichen gleichem Inhalt finden sich auch in allen weiteren auf älteren Mustern beruhenden BITs der USA. Das sind zunächst die BITs der 80er- und frühen 90er-Jahre, die auf dem Muster-BIT von 1983 beruhenden BITs mit Senegal (1983), Bangladesch (1986), Marokko (1985), der Demokratischen Republik Kongo (1984) und Panama (1982)[770], die auf dem Muster-BIT von 1984 beruhenden BITs mit Kamerun (1986), der Türkei (1985) und Grenada (1986) und die auf dem Muster-BIT von 1987 beruhenden BITs mit der Republik Kongo (1990), Polen (1990) und Tunesien (1990).

Auch die weiteren in den 90er-Jahren abgeschlossenen BITs folgen dem gleichen Muster. Das sind zunächst der BIT mit Jamaika (1994), dessen Verhandlung die Muster-BITs von 1990 und 1991 zugrunde lagen, sowie die weiteren auf dem Muster-BIT von 1991 beruhenden BITs mit Argentinien (1991), Bulgarien (1992), Sri Lanka (1991) sowie der Tschechischen Republik und der Slowakei (1991)[771]; ferner die auf dem Muster-BIT von 1992 basierenden BITs mit Armenien (1992), Ecuador (1993), Estland (1994), Kasachstan (1992), Kirgisistan (1993), Lettland (1995), der Republik Moldau (1993), der Mongolei (1994) und der Ukraine (1994).

Die gleichen Regelungen enthält auch der ebenfalls auf dem Muster-BIT von 1992 basierende BIT mit Rumänien (1992). In einem Protokoll zu dem BIT wird allerdings klargestellt, dass in Bezug auf Rumänien ein „*national*" nur eine

---

769 Art. VII(1) lautet: „*For purposes of this Article, a legal investment dispute is defined as a dispute involving (i) the interpretation or application of an investment agreement between a Party and a national or company of the other Party; or (ii) an alleged breach of any right conferred or created by this Treaty with respect to an investment.*" Die ausführliche Definition der „Investitionsstreitigkeit" stellt eine Besonderheit der BITs der USA dar, vgl. auch *Peters*, Neth. Y.B. Int'l L. 1991, 91, 138.

770 Mit einer Ergänzung aus dem Jahr 2000 zur Einfügung der ICSID-Schiedsgerichtsbarkeit im Nachgang zum Beitritt Panamas zum ICSID-Abkommen im Jahr 1996.

771 Der BIT zwischen den USA und der Tschechoslowakei von 1991 gilt nach dem Auseinanderbrechen der Tschechoslowakei 1993 für die Tschechische Republik und die Slowakei jeweils weiter.

natürliche Person ist, die nach rumänischem Recht die rumänische Staatsangehörigkeit (und nicht bloß die rumänische Nationalität) besitzt (Ziffer 1 des Protokolls), da das rumänische Staatsangehörigkeitsrecht auch Fälle rumänischer Nationalität ohne rumänische Staatsangehörigkeit kennt.

In den weiteren, auf der Grundlage des Muster-BITs von 1994 verhandelten Abkommen finden sich dieselben Definitionen, wie in den übrigen älteren Verträgen. Im Einzelnen sind dies die BITs mit Aserbaidschan (1997), Bolivien (1998), Kroatien (1996), Georgien (1994), Honduras (1995), Jordanien (1997), Mosambik (1998) sowie Trinidad und Tobago (1994). Auch der nach dem Muster-BIT von 1998 abgeschlossene Vertrag mit Bahrain (1999) enthält dieselben Definitionen.

Die einzigen derzeit in Kraft befindlichen bilateralen Investitionsschutzverträge, die auf dem Muster-BIT von 2004 beruhen und einen anderen Investorbegriff verwenden, sind die BITs mit Uruguay (2005) und Ruanda (2008). In Bezug auf natürliche Personen als Investor und Kläger in Investor-Staat-Investitionsschiedsgerichtsverfahren verwenden sie ohne Abweichungen die Regelungen des Muster-BITs von 2004, die identisch zu den bereits erörterten Regelungen des aktuellen Muster-BITs sind. Auf der Grundlage des neuesten, in 2012 aktualisierten Musters selbst, wurden noch keine BITs abgeschlossen.

Die in Kraft befindlichen BITs der USA sind hinsichtlich der Definition des Investorbegriffs für natürliche Personen damit im Ergebnis ausgesprochen homogen. Dies ist unter anderem in der relativ geringen Zahl von Verträgen begründet, die über einen vergleichsweise kurzen Zeitraum abgeschlossen wurden, da die USA ihr BIT-Programm überhaupt erst 1981 aufgenommen haben und dann gruppenweise Verträge verhandelt und abgeschlossen haben. Die Mehrzahl der Verträge wurde zudem unter der Präsidentschaft nur eines Präsidenten, nämlich William Jefferson Clinton (1993–2001) abgeschlossen.

Inhaltlich lässt sich anhand der Definitionen natürlicher Personen als Investor insoweit nur zwischen allen älteren Verträgen und dem aktuellen Muster-BIT und seinem Vorläufer aus 2004 sowie den jüngsten BITs mit Uruguay und Ruanda differenzieren. Während die älteren Verträge alle auf den Begriff des „*national*“ (Staatsangehörigen) nach dem jeweiligen nationalen Recht der Vertragsstaaten verweisen, verwenden die BITs mit Uruguay und Ruanda und das aktuelle Muster ausdrücklich den Begriff des Investors. Dieser ist in seiner an das NAFTA angelehnten Formulierung präziser und berücksichtigt durch den ausdrücklichen Bezug auf das Prinzip effektiver Staatsangehörigkeit die Problematik mehrfacher Nationalität. Auch hinsichtlich der Bestimmung der Staatsangehörigkeit sind die neueren Verträge durch den ausdrücklichen Hinweis auf die einfachgesetzliche Regelung im nationalen Staatsangehörigkeitsrecht präziser als ihre Vorgänger.

Lediglich die verschachtelte doppelte Definition eines Investorbegriffs und eines Klägerbegriffs auf der Grundlage dieses Investorbegriffs birgt ein gewisses Unsicherheitspotential.[772] Hier ist man möglicherweise übers Ziel hinausgeschossen und hat nicht berücksichtigt, dass nunmehr auf beiden Ebenen unterschiedliche Voraussetzungen zu erfüllen sind, wenn auf der einen Seite die natürliche Person nach dem Investorbegriff eine Investition tätigen muss und auf der anderen Seite nach dem Klägerbegriff das bloße indirekte Kontrollieren einer juristischen Person im Gaststaat ausreichen können soll. Hierin liegt ein Zielkonflikt. Im Zweifel wird die Erfüllung aller Voraussetzungen verlangt werden müssen. Es ist fraglich, ob dies beabsichtigt war.

3. Entscheidungen internationaler Schiedsgerichte

Die vorangegangene Untersuchung zeigt, dass der Investorbegriff in völkerrechtlichen Abkommen keineswegs abschließend und umfassend definiert ist. Die Anwendung auf den Einzelfall obliegt der Investitionsschiedsgerichtsbarkeit. Diese hat, wie schon beim Begriff der internationalen Investition, auch zur Frage des Investorbegriffs eine reichhaltige Judikatur gebildet. Deren Grundsätze sollen nachstehend untersucht werden. Dabei sollen insbesondere einige besondere Konstellationen in den Blick genommen werden, die in völkerrechtlichen Investitionsschutzabkommen oft nicht ausdrücklich berücksichtigt worden sind.[773]

a) Grundsätze

Grundsätzlich obliegt es dem Kläger darzulegen, dass er selbst im relevanten Zeitpunkt Investor war. So hat das Schiedsgericht in *Cementownia v. Turkey*[774] festgestellt, dass der Investor beweisen muss, im relevanten Zeitpunkt Investor gewesen zu sein.[775] In *Saluka v. Czech Republic*[776] hat das Schiedsgericht darüber hinaus hervorgehoben, dass seine Zuständigkeit auf Ansprüche des Klägers zum Ersatz eigener Schäden aus eigenen Investitionen beschränkt ist; Ansprüche der Muttergesellschaft oder Schäden die nur bei dieser eingetreten sind sowie

---

772 S. oben Abschnitt C.I.2.b)aa).

773 Vgl. *Dolzer/Bloch*, in: Kronke/Melis/Schnyder, Handbuch, Teil J, Rn. 67; *Dolzer/Stevens*, Bilateral Investment Treaties, S. 34.

774 *Cementownia „Nowa Huta" S.A. v. Republic of Turkey*, ICSID Case No. ARB(AF)/06/2, Award, 17. September 2009.

775 Ebd., Rn. 112.

776 *Saluka Investments BV (The Netherlands) v. The Czech Republic*, PCA (UNCITRAL), Partial Award, 17. März 2006.

Ansprüche die vor der Übernahme der Investition durch den Kläger entstanden sind, liegen daher außerhalb der Zuständigkeit des Schiedsgerichts.[777] Dass der Investor die Investitionen auch vor den angeblichen Rechtsverletzungen erworben haben muss, hat das Schiedsgericht in *GEA v. Ukraine*[778] festgehalten.[779]

Hieraus folgt, wie das Schiedsgericht in *Micula v. Romania*[780] diskutiert und anschließend bejaht hat, dass im Rahmen der Prüfung der Zuständigkeit durch das Schiedsgericht auch bindende Sachverhaltsfeststellungen notwendig und möglich sind, etwa hinsichtlich der Bestimmung der Staatsangehörigkeit des Investors.[781]

Auch zur Bestimmung der Staatsangehörigkeit gibt es, vor dem Hintergrund, dass präzise Kriterien hierzu in BITs teilweise fehlen, einige Schiedssprüche, die festhalten, dass die Bestimmung der Staatsangehörigkeit dem Schiedsgericht obliegt. In *Soufraki v. United Arab Emirates*[782] hatte der Kläger, der Ansprüche aus dem BIT zwischen Italien und den Vereinigten Arabischen Emiraten geltend machte, dem Gericht mehrere Reisepässe und weitere Dokumente vorgelegt, nach denen er italienischer Staatsangehöriger war. Das Schiedsgericht stellte jedoch fest, dass er zwischenzeitlich - ohne Kenntnis der italienischen Behörden - die kanadische Staatsangehörigkeit erworben und dadurch die italienische Staatsangehörigkeit verloren hatte:

> „It is accepted in international law that the nationality is within the domestic jurisdiction of the State, which settles, by its own legislation, the rules relating to the acquisition (and loss) of its nationality. [...] But it is no less accepted that when, in international arbitral or judicial proceedings, the nationality of a person is challenged, the international tribunal is competent to pass upon that challenge. [...] Where, as in the instant case, the jurisdiction of an international tribunal turns on an issue of nationality, the international tribunal is empowered, indeed bound, to decide that issue.“[783]

---

777 Ebd., Rn. 244.

778 *GEA Group Aktiengesellschaft v. Ukraine*, ICSID Case No. ARB/08/16, Award, 31. März 2011.

779 Ebd., Rn. 170.

780 *Ioan Micula, Viorel Micula and others v. Romania*, ICSID Case No. ARB/05/20, Decision on Jurisdiction and Admissibility, 24. September 2008.

781 Ebd., Rn. 66.

782 *Hussein Nuaman Soufraki v. The United Arab Emirates*, ICSID Case No. ARB/02/07, Award, 7. Juli 2004.

783 Ebd., Rn. 12. Vgl. hierzu auch *Sinclair*, Int. A.L.R. 2004, 191. Schon bei der Entstehung des ICISD Abkommens war diskutiert worden, dass Unterlagen zur Bestätigung der Staatsangehörigkeit lediglich einen Beweis des ersten Anscheins (*prima facie*) haben würden, *Broches*, History of the ICSID Convention, Bd. II Teil 1, S. 395.

In der Folge konnte der Kläger sich weder auf den BIT berufen, noch auf das ICSID-Abkommen, da Kanada diesem nicht beigetreten war. Die Vereinigten Arabischen Emirate hatten darüber hinaus auch geltend gemacht, dass in Fällen mehrfacher Staatsangehörigkeit wie diesem, das Prinzip der effektiven oder dominanten Staatsangehörigkeit angewendet werden müsse. Das Schiedsgericht ging hierauf jedoch nicht weiter ein.[784]

Besonders bemerkenswert ist das derzeit noch laufende Verfahren *Abaclat v. Argentinia.*[785] In diesem Verfahren hatten zunächst 182.285 italienische Anleger argentinischer Staatsanleihen gemeinsam eine Schiedsklage nach dem BIT zwischen Italien und Argentinien von 1990 eingereicht, nachdem Argentinien seine Anleihen restrukturierte; später reduzierte sich die Zahl der Kläger durch Klagerücknahmen auf etwa 60.000. Argentinien versuchte zunächst die Registrierung der Schiedsklage zu verhindern, scheiterte damit aber, nachdem der Generalsekretär des ICSID feststellte, dass kein Fall offensichtlicher Unzuständigkeit vorläge und das Schiedsgericht nach seiner Konstituierung selbst über seine Zuständigkeit entscheiden müsse.[786] Das Schiedsgericht erklärte sich in einem Zwischenurteil grundsätzlich für zuständig und die Klage für zulässig, ohne die Voraussetzungen für jeden einzelnen Kläger konkret zu prüfen. Stattdessen stellte es abstrakt die Voraussetzungen fest, die jeder Kläger nach dem BIT zu erfüllen habe.[787] Die Kläger haben die konkreten Voraussetzungen für alle Kläger dann in einer Datenbank zusammengestellt. Das Schiedsgericht hat zur Prüfung der Datenbank und damit Erfüllung der konkreten Zuständigkeitsvoraussetzungen für jeden einzelnen Kläger jüngst einen Sachverständigen bestellt.[788]

b) *Mehrfache Staatsangehörigkeiten*

Ein Problem, das Schiedsgerichte häufig beschäftigt hat, sind Fälle, in denen der Investor mehrfache Staatsangehörigkeiten hatte. Die meisten BITs schweigen zum Umgang mit mehrfachen Staatsangehörigkeiten. Es gibt auch kein allgemeines völkerrechtliches Prinzip zur Bestimmung der Staatsangehörigkeit einer

---

784 Rn. 45; vgl. hierzu auch *Sinclair*, Int. A.L.R. 2004, 191, 193.

785 *Abaclat and others (formerly known as Giovanna a Beccara and others) v. The Argentine Republic*, ICSID Case No. ARB/07/5.

786 *Abaclat and others (formerly known as Giovanna a Beccara and others) v. The Argentine Republic*, ICSID Case No. ARB/07/5, Decision on Jurisdiction and Admissibility, 4. August 2011, Rn. 98–108;

787 Ebd., Rn. 407 ff.

788 *Abaclat and others (formerly known as Giovanna a Beccara and others) v. The Argentine Republic*, ICSID Case No. ARB/07/5, Procedural Order No. 17, 8. Februar 2013.

bestimmten konkreten Person.[789] Die Staatsangehörigkeit bestimmt sich im Völkerrecht vielmehr primär nach dem jeweils anwendbaren nationalen Recht.[790] Dieser Grundsatz findet sich in Art. 1 des Haager Übereinkommens über bestimmte Fragen mit Bezug zum Konflikt von Staatsangehörigkeitsgesetzen:

> „It is for each State to determine under its own law who are its nationals. This law shall be recognized by other States in so far as it is consistent with international conventions, international custom, and the principles of law generally recognised with regard to nationality".[791]

Das Haager Abkommen gibt insoweit eine allgemein anerkannte Auffassung wieder, deren Folge allerdings ist, dass unterschiedliche nationale Rechtsordnungen an unterschiedliche Anknüpfungspunkte anknüpfen können und dadurch zu mehrfachen Staatsangehörigkeiten führen können.[792] Denn im Zweifelsfall ist die Rechtsordnung desjenigen Staates anzuwenden, dessen Staatsangehörigkeit behauptet wird.[793]

Im *Nottebohm*-Fall[794] entschied der IGH daher, dass trotz der grundsätzlichen Freiheit der Staaten die jeweilige Staatsangehörigkeit zu ihnen selbst und frei zu regeln, eine tatsächliche Verbindung zwischen dem Heimatstaat und dem Staatsangehörigen bestehen muss.[795] Diese Entscheidung, wie auch die weiteren Urteile des IGHs zu Fragen der Staatsangehörigkeit und insgesamt die Frage der Staatsangehörigkeit im Völkerrecht, sind allerdings im Kontext der Gewährung diplomatischen Schutzes geprägt worden.[796] Die Übertragung auf das internationale

789 *Schlemmer* in: Muchlinski/Ortino/Schreuer, International Investment Law, S. 71.

790 *Dolzer/Bloch*, in: Kronke/Melis/Schnyder, Handbuch, Teil J, Rn. 67.

791 *Convention on Certain Questions Relating to the Conflict of Nationality Laws vom* 12. April 1930, LNTS 1937, 4137.

792 Vgl. *Schlemmer* in: Muchlinski/Ortino/Schreuer, International Investment Law, S. 71.

793 Vgl. *Amerasinghe*, BYIL 1974–1975, 227, 247 f.

794 *Nottebohm Case (Liechtenstein v. Guatemala)*, Judgment (second phase), 6. April 1995, ICJ Reports, 1995, S. 4.

795 Ebd., S. 23 unter Verweis auf Art. 5 *Convention on Certain Questions Relating to the Conflict of Nationality Laws vom* 12. April 1930, LNTS 1937, 4137.; vgl. auch *Schlemmer* in: Muchlinski/Ortino/Schreuer, International Investment Law, S. 72.

796 So in den bereits diskutierten Entscheidungen des IGHs, *Nottebohm Case (Liechtenstein v. Guatemala)*, Judgment (second phase), 6. April 1995, ICJ Reports, 1995, S. 4; *Traction, Light and Power Co., Limited* (Belgium v. Spain), Urt. v. 5. Februar 1970, ICJ Reports 1970, S. 3.; *Case concerning Ahmadou Sadio Diallo (Republic of Guinea v. Democratic Republic of the Congo)*, Judgment (Preliminary Objections), 24 Mai 2007, ICJ Reports 2007, S. 582, Rn. 61; so auch *Dolzer/Schreuer*, Principles of International Investment Law, S. 47.

Investitionsschutzrecht wird teilweise kritisiert, da der Investor anders als beim diplomatischen Schutz nicht durch seinen Heimatstaat mediatisiert wird, sondern selbst direkten Zugang zur internationalen Schiedsgerichtsbarkeit hat.[797] Soweit das Investitionsschutzrecht keine ausdrücklichen eigenen Regelungen trifft, erscheint es allerdings sachgerecht diese Grundsätze dennoch, als allgemeines Völkerrecht und Völkergewohnheitsrecht anzuwenden, zumal nicht ersichtlich ist, welche anderen allgemeinen Grundsätze stattdessen herangezogen werden sollten.[798]

Auch wenn die Frage der Nationalität sich nach dem Staatsangehörigkeitsrecht der jeweiligen Staaten richtet, obliegt es daher internationalen Schiedsgerichten - und nicht etwa den nationalen Gerichten des betreffenden Staates - im Rahmen eines Investitionsschiedsgerichtsverfahrens auch in Fällen mehrfacher Staatsangehörigkeit über das Bestehen der Staatsangehörigkeit nach nationalem Recht zu entscheiden.[799] Stellt ein Staat seinem Staatsangehörigen ein Dokument zum Nachweis der Nationalität (bspw. eine Staatsangehörigkeitsurkunde oder einen Reisepass) aus, ist dies zwar kein zwingender Beweis, aber ein starkes Indiz dafür, dass dieser auch tatsächlich die Nationalität dieses Staates innehat.[800]

Auch bei der Entstehung des ICSID-Abkommens wurde die Frage der mehrfachen Staatsangehörigkeit wiederholt diskutiert.[801] Die Entscheidung wurde den Schiedsgerichten überlassen, wobei unter Bezugnahme auf das Recht des diplomatischen Schutzes und den *Nottebohm*-Fall[802], auf die Feststellung der Staatsangehörigkeit nach dem Maßstab des Prinzips der effektiven Staatsangehörigkeit verwiesen wurde.[803]

Die ICSID Schiedsgerichte haben seitdem unterschiedliche Konstellationen mehrfacher Staatsangehörigkeit abgegrenzt und entschieden:

---

797 Gegen eine Übertragung der Grundsätze aus dem Recht des diplomatischen Schutzes spricht sich etwa aus *Hirsch*, Arbitration Mechanism, S. 76/77.

798 So auch *Dolzer/Schreuer*, Principles of International Investment Law, S. 47.

799 *Schlemmer* in: Muchlinski/Ortino/Schreuer, International Investment Law, S. 72.

800 Vgl. *Dolzer/Schreuer*, Principles of International Investment Law, S. 47. In *Hussein Nuaman Soufraki v. The United Arab Emirates*, ICSID Case No. ARB/02/07, Award, 7. Juli 2004, reichten die von Italien ausgestellten Dokumente allerdings nicht aus, weil der Kläger - ohne Wissen der italienischen Behörden - die kanadische Staatsangehörigkeit erworben und seine italienische Staatsangehörigkeit damit verloren hatte.

801 Vgl. *Broches*, History of the ICSID Convention, Bd. II Teil 1, S. 256–257, 260.

802 *Nottebohm Case (Liechtenstein v. Guatemala)*, Judgment (second phase), 6. April 1995, ICJ Reports, 1995, S. 4.

803 Vgl. *Broches*, History of the ICSID Convention, Bd. II Teil 1, 394.

So machte in *Olguín v. Paraguay*[804] ein peruanischer Staatsangehöriger Ansprüche aus dem BIT zwischen Peru und Paraguay geltend. Paraguay machte geltend, dass der Kläger neben der peruanischen Staatsangehörigkeit auch die der USA besaß und darüber hinaus auch in den USA lebte. Das Schiedsgericht entschied, dass der Kläger beide Staatsangehörigkeiten besaß und dass beide gültig waren. Ausreichend und allein entscheidend für die Zuständigkeit des Schiedsgerichts zur Entscheidung über die geltend gemachten Ansprüche ist jedoch, dass er die peruanische Staatsangehörigkeit besaß.[805] Auf die zusätzliche amerikanische Staatsangehörigkeit und den dortigen Wohnsitz kommt es insofern nicht an. Die weitere Staatsangehörigkeit eines Drittstaates ist hiernach unschädlich.

Wenn unter den mehrfachen Staatsangehörigkeiten auch die des Gaststaates der Investition ist, ist die Sachlage indes eine andere. Denn Staatsangehörige des Gaststaates sind grundsätzlich vom Anwendungsbereich des internationalen Investitionsschutzrechtes ausgeschlossen, da sie gegenüber ihrem eigenen Heimatstaat Schutz vor dessen Gerichten suchen müssen. Dies gilt grundsätzlich auch, wenn sie daneben die Staatsangehörigkeit eines weiteren Staates besitzen.[806]

So schließt Art. 25 Abs. 2(a) ICSID-Abkommen ausdrücklich Investoren mit mehrfacher Staatsangehörigkeit vom Anwendungsbereich des Abkommens aus, wenn eine ihrer Staatsangehörigkeiten die des Gaststaates ist. Auch wenn die Mehrzahl der BITs sich nicht ausdrücklich mit mehrfachen Staatsangehörigkeiten befasst, gibt es auch einige BITs, die natürliche Personen mit mehrfachen Staatsangehörigkeit ausdrücklich vom Anwendungsbereich des BITs ausnehmen, wenn unter den Staatsangehörigkeiten auch die des Gasstaates ist.[807]

Soweit das ICISD Abkommen oder BITs mehrfache Staatsangehörigkeiten adressieren und Investoren mit der Staatsangehörigkeit des Gaststaates ausschließen, wird dies in der Schiedsgerichtspraxis bestätigt und die Zuständigkeit verneint. So klagten in *Champion Trading v. Egypt*[808] unter anderem drei Kläger mit jeweils mehrfacher amerikanischer und ägyptischer Staatsangehörigkeit. Die Kläger machten geltend, dass ihre ägyptische Staatsangehörigkeit nach den

---

804 *Eudoro Armando Olguín v. Republic of Paraguay*, ICSID Case No. ARB/98/5, Award, 26. Juli 2001.

805 Ebd., Abs. 60–62.

806 *Dolzer/Schreuer*, Principles of International Investment Law, S. 48.

807 Vgl. z. B. Ziffer 1 e des Protokolls zum deutschen BIT mit Argentinien (1991).

808 *Champion Trading Company, Ameritrade International, Inc., James T. Wahba, John B. Wahba, Timothy T. Wahba v. Arab Republic of Egypt*, ICSID Case No. ARB/02/09, Decision on Jurisdiction, 21. October 2003.

Grundsätzen des *Nottebohm* Falls[809] und Entscheidungen des *Iran-United States Claims Tribunal*[810] ungültig war und daher allein auf die amerikanische Staatsangehörigkeit abzustellen sei. Das Schiedsgericht entschied, dass es hierauf nicht ankomme, da das ICSID-Abkommen eine ausdrückliche und eindeutige Regelung getroffen hatte, nach der alle Personen die auch die Staatsangehörigkeit des Gaststaates besitzen, vom Anwendungsbereich des Abkommens ausgeschlossen sind.[811]

Allein die Tatsache, dass jemand seinen Wohnsitz im Gaststaat hat, stellt hingegen keinen Ausschlussgrund dar. In *Feldman v. Mexico*[812] entschied das Schiedsgericht, dass der Kläger, der amerikanischer Staatsangehöriger war und in Mexico lebte, sich auf das NAFTA Abkommen berufen konnte:

> „[...] under general international law, citizenship rather than residence or any other geographic affiliation is the main connecting facto between a State and an individual."[813]

Ähnlich entschied auch ein Schiedsgericht in *Siag v. Egypt*[814]: Die Kläger besaßen ursprünglich die italienische und die ägyptische Staatsangehörigkeit, hatten jedoch die ägyptische Staatsangehörigkeit nach nationalem ägyptischen Recht zwischenzeitlich verloren. Die Tatsache, dass die Kläger über den gesamten Zeitraum ursprünglich und andauernd ihren Wohnsitz in Ägypten hatten und dort tätig waren, war demgegenüber ohne Bedeutung. Da die Kläger eine ihrer beiden Staatsangehörigkeiten zwischenzeitlich verloren hatten, bestand kein Anlass für eine Überprüfung der Gültigkeit der Staatsangehörigkeiten.[815]

c) Wechsel der Staatsangehörigkeit

Eine andere Sonderkonstellation stellt der Wechsel der Staatsangehörigkeit dar. Letztlich läuft sie darauf hinaus festzustellen, zu welchem Zeitpunkt die

---

809 *Nottebohm Case (Liechtenstein v. Guatemala)*, Judgment (second phase), 6. April 1995, ICJ Reports, 1995, S. 4.

810 *Decision in Case No. A/18 Concerning the Question of Jurisdiction over Claims of Persons with Dual Nationality*, Iran-United States Claims Tribunal, ILM 1984, 489.

811 *Champion Trading Company, Ameritrade International, Inc., James T. Wahba, John B. Wahba, Timothy T. Wahba v. Arab Republic of Egypt*, ICSID Case No. ARB/02/09, Decision on Jurisdiction, 21. October 2003, Abschnitt 3.4.1.

812 *Marvin Roy Feldman Karpa v. United Mexican States*, ICSID Case No. ARB(AF)/99/1, Interim decision on preliminary jurisdictional issues, 6. Dezember 2000.

813 Ebd., Rn. 24–37.

814 *Waguih Elie George Siag and Clorida Vecchi v. The Arab Republic of Egypt*, ICSID Case No. ARB/05/15, Decision on Jurisdiction, 11. April 2007.

815 Ebd., Abs. 195–201.

relevante Staatsangehörigkeit bestehen muss. Hierzu bestehen denkbar viele Möglichkeiten.

Während der Entstehung des ICSID-Abkommens wurde diskutiert, dass es lediglich auf den Zeitpunkt des Zustandekommens der Schiedsvereinbarung ankommen solle oder aber auf den Zeitpunkt der Investition oder nur auf den Zeitpunkt der Erhebung der Schiedsklage.[816] Darüber hinaus war fraglich, ob es überhaupt ausreicht, wenn die Staatsangehörigkeit nur zu einem der genannten Zeitpunkte vorliegt, oder ob die Staatsangehörigkeit nicht vielmehr über das gesamte Verfahren bis zum Erlass eines Schiedsspruches bestehen bleiben muss. Letzteres wird im traditionellen Fremdenrecht teilweise unter Berufung auf den Grundsatz der kontinuierlichen Staatsangehörigkeit gefordert („*continuous nationality rule*"), nach dem vom Zeitpunkt der Anspruchsentstehung bis zum Zeitpunkt der Geltendmachung von Ansprüchen durch den Heimatstaat oder sogar bis zu einer Entscheidung in der Sache kontinuierlich die Staatsangehörigkeit des Heimatstaates bestehen muss.[817]

Diese Forderungen haben sich jedoch nicht durchsetzen können. Im Rahmen des ICSID-Abkommens kommt es nur zu zwei konkreten Zeitpunkten, demjenigen des Zustandekommens der Schiedsvereinbarung und demjenigen der Registrierung auf die Staatsangehörigkeit an.[818] Daraus folgt, mangels ausdrücklicher anderer Bestimmung, dass es ohne weiteres möglich ist, dass ein Investor zu beiden Zeitpunkten unterschiedliche Staatsangehörigkeiten hat und somit auch die Staatsangehörigkeit wechseln kann - so lange er zu den maßgeblichen Zeitpunkten jeweils die Anforderungen an die Staatsangehörigkeit erfüllt.[819]

Auch die *Draft Articles on Diplomatic Protection* der ILC halten zwar im Prinzip am Erfordernis der kontinuierlichen Nationalität fest, weichen dieses aber

816 Vgl. *Broches*, History of the ICSID Convention, Bd. II Teil 1, S. 539 (der Vertreter Kuwaits argumentierte für den Zeitpunkt des Zustandekommens der Schiedsvereinbarung), 398 (der Vertreter Spaniens spricht sich für den Zeitpunkt der Investition aus), Bd. II Teil 2, S. 657–658 (das Finanzministerium Malagas spricht sich dafür aus, einen verbindlichen Zeitpunkt festzusetzen, um zu vermeiden, dass zwischen unterschiedlichen Daten die Staatsangehörigkeit wechselt), 708 (der Vertreter Portugals spricht sich für den Zeitpunkt der Investition aus); *Schreuer*, The ICSID Convention, Art. 25, Rn. 680 ff.

817 *Schreuer*, The ICSID Convention, Art. 25, Rn. 684.

818 *Schreuer*, The ICSID Convention, Art. 25, Rn. 684.

819 *Schreuer*, The ICSID Convention, Art. 25, Rn. 685; *Amerasinghe*, Indian J. Int' L. 1979, 166, 223; *Hirsch*, Arbitration Mechanism, S. 79;

im Ergebnis erheblich auf.[820] So sollen Individuen nicht wegen eines Wechsels der Nationalität zwischen Anspruchsentstehung und Geltendmachung schutzlos gestellt werden. Entscheidend ist daher im Ergebnis in der Regel allein die Nationalität im Zeitpunkt der Geltendmachung des Anspruchs.

In *El Paso v. Argentina*[821] hat das Schiedsgericht demnach entschieden, dass weder aus dem ICSID-Abkommen, noch aus dem BIT oder völkerrechtlicher Judikatur ein *continuous nationality* Grundsatz zu entnehmen sei:

> „An examination of the relevant texts - the BIT and the ICSID Convention - and of the case-law cited by the Claimant reveal, however, that there is no such rule (above, §§ 125–129). In other words, there is no rule of continuous owner-ship of the investment. The reason for there not being such a rule in the ICSID/BIT context is that the issues addressed by those instruments are precisely those of confiscation, expropriation and nationalisation of foreign investments. Once the taking has occurred, there is nothing left except the possibility of using the ICSID/BIT mechanism. That purpose would be defeated if continuous ownership were required. Thus the claim continues to exist, i.e. the right to demand compensation for the injury suffered at the hands of the State remains -- unless, of course, it can be shown that it was sold with the investment.“[822]

d) Anteilseigner, Gesellschafter und Aktionäre

Eine weitere Sonderkonstellation an der Schnittstelle zwischen natürlichen und juristischen Personen, ist die Frage ob natürliche Personen, die Anteilseigner, Gesellschafter oder Aktionäre eines Unternehmens sind (im Folgenden: „**Anteilseigner**“), insoweit als Investoren betrachtet werden und als solche die Verletzung eigener Rechte geltend machen können. Diese Frage ist im internationalen Investitionsschutzrecht von besonderer Bedeutung, da viele Staaten als Voraussetzung für eine Investition die Gründung oder Registrierung einer Gesellschaft vor Ort verlangen und daher in der Praxis die unmittelbare Investition häufig durch ein lokales Unternehmen getätigt wird.[823] Wenn aber das lokale Unternehmen keine Ansprüche geltend machen kann, stellt sich die Frage nach Ansprüchen seiner Anteilseigner.

---

820 *ILC*, Draft Articles on Diplomatic Protection with Commentaries, YBILC 2006, Bd. II, Teil 2, S. 20, 38; *Dolzer/Schreuer*, Principles of International Investment Law, S. 47.

821 *El Paso Energy International Company v. Argentine Republic*, ICSID Case No. ARB/03/15, Decision on Jurisdiction, 27. April 2006.

822 Ebd., Rn. 135.

823 Vgl. *Dolzer/Schreuer*, Principles of International Investment Law, S. 57.

Unter Bezug auf die Rechtsprechung des IGH im *Barcelona Traction*-Fall[824] wurde in der Vergangenheit zunächst vertreten, dass Anteilseigner im Völkerrecht nur ausnahmsweise Rechte geltend machen dürfen, nämlich wenn direkt und unmittelbar Rechte der Anteilseigner (bspw. Dividenden, Teilnahme- und Mitbestimmungsrechte) betroffen sind, oder wenn dies völkervertragsrechtlich ausdrücklich vorgesehen ist.[825] Im Übrigen sollten Anteilseigner selbst im Völkerrecht keine Ansprüche geltend machen können.

Internationale Schiedsgerichte und auch der IGH selbst haben jedoch mittlerweile die sich aus der *Barcelona Traction*-Rechtsprechung ergebenden Bedenken ausgeräumt.[826] Denn in *Barcelona Traction* befasste sich der IGH ausschließlich mit der Frage, ob ein Staat Staatsangehörige, die Anteilseigner einer ausländischen Gesellschaft waren, gegenüber Maßnahmen des ausländischen Staates im Wege diplomatischen Schutzes schützen darf.[827] Der IGH befasste sich insoweit nur mit der Frage des diplomatischen Schutzes und nicht mit der Frage des Schutzes von Anteilseignern in Investitionsstreitigkeiten.[828] Ob das völkerrechtliche Investitionsschutzrecht daneben eine unabhängige Quelle eigener Rechte der Anteilseigner sein könnte, erörterte der IGH nicht.[829]

In seiner späteren *ELSI*-Entscheidung[830] nahm der IGH auf der Grundlage eines FCN-Abkommens ohne weiteres an, dass ein Staat seine Staatsangehörigen als Anteilseigner an einer ausländischen Gesellschaft gegenüber dem Heimatstaat

---

824 *Case concerning the Barcelona Traction, Light and Power Co., Limited (Belgium v. Spain)*, Judgment (Second Phase), 5. Februar 1970, ICJ Reports 1970, S. 3.

825 Vgl. auch *Dolzer/Schreuer*, Principles of International Investment Law, S. 56.

826 *Schlemmer* in: Muchlinski/Ortino/Schreuer, International Investment Law, S. 82; *Schreuer*, in: Dupuy/Fassbender/Shaw/Sommermann, Völkerrecht als Wertordnung, Festschrift für Christian Tomuschat, S. 603.

827 So grenzte bspw. das Schiedsgericht in *Azurix Corp. v. The Argentine Republic*, ICSID Case No. ARB/01/12, Decision on jurisdiction, 8. Dezember 2003, Rn. 71–74, die *Barcelona Traction*-Entscheidung ab (*Case concerning the Barcelona Traction, Light and Power Co., Limited (Belgium v. Spain)*, Judgment (Second Phase), 5. Februar 1970, ICJ Reports 1970, S. 3).

828 *Azurix Corp. v. The Argentine Republic*, ICSID Case No. ARB/01/12, Decision on jurisdiction, 8. Dezember 2003, Rn. 71–72; vgl. auch *Alexandrov*, Law & Prac. Int'l Cts. & Tribunals 2005, 19, 27.

829 Vgl. *Schlemmer* in: Muchlinski/Ortino/Schreuer, International Investment Law, S. 82.

830 *Case concerning Elettronica Sicula S.p.A. (ELSI) (United States of America v. Italy)*, Judgment, 20. Juli 1989, ICJ Reports 1989, S. 15.

der Gesellschaft schützen kann.[831] Im *Diallo*-Fall[832] verwies der IGH schließlich darauf, dass der Schutz von Aktionären im gegenwärtigen Völkerrecht in bilateralen und multilateralen Abkommen, wie BITs und dem ICSID-Abkommen, und Investor-Staat-Verträgen ausdrücklich geregelt sei, sodass die Fragen des diplomatischen Schutzes von Anteilseignern nur noch selten eine Rolle spielen.[833] Nur für den verbleibenden Anwendungsbereich des diplomatischen Schutzes stellte der IGH fest, dass das Völkergewohnheitsrecht weiterhin keinen diplomatischen Schutz von Anteilseignern zulasse. Die Tatsache, dass BITs und das ICSID-Abkommen für das Investitionsschutzrecht andere Regeln zum Schutz von Anteilseignern enthalten, lasse keinen Schluss auf eine Änderung des Völkergewohnheitsrechts zu.[834]

Damit ist heute jedenfalls für das hier relevante internationale Investitionsschutzrecht anerkannt, dass Anteilseigner unabhängig von dem Unternehmen eigene völkervertragsrechtliche Ansprüche geltend machen können.[835] Voraussetzung ist allerdings, dass der zugrundeliegende BIT dies erlaubt und die Anteilseigner selbst betroffen sind und nicht lediglich einen entfernten Schaden der

---

831 Die Abgrenzung zum *Barcelona Traction*-Fall diskutierte Richter Oda in seiner abweichenden Urteilsbegründung, *Case concerning Elettronica Sicula S.p.A. (ELSI) (United States of America v. Italy)*, Separate Opinion of Judge Oda, 20. Juli 1989, ICJ Reports 1989, S. 83. Er weist darauf hin, dass die USA nach dem zugrunde liegenden FCN-Abkommen Ansprüche der lokalen italienischen Gesellschaft hätten geltend machen können, weil diese von amerikanischen Anteilseignern kontrolliert werden. Nach dem FCN-Abkommen bestehe aber keine Möglichkeit von dem Grundsatz abzuweichen, dass die Rechte der Anteilseigner selbst nicht von ihrem Heimatstaat geltend gemacht werden können.

832 *Case concerning Ahmadou Sadio Diallo (Republic of Guinea v. Democratic Republic of the Congo)*, Judgment (Preliminary Objections), 24 Mai 2007, ICJ Reports 2007, S. 582.

833 Ebd., Rn. 86–90.

834 Ebd., Rn. 90 („*The fact invoked by Guinea that various international agreements, such as agreements for the promotion and protection of foreign investments and the Washington Convention, have established special legal régimes governing investment protection, or that provisions in this regard are commonly included in contracts entered into directly between States and foreign investors, is not sufficient to show that there has been a change in the customary rules of diplomatic protection; it could equally show the contrary.*").

835 Vgl. *Alexandrov*, Law & Prac. Int'l Cts. & Tribunals 2005, 19, 27; *Dolzer/Schreuer*, Principles of International Investment Law, S. 59; *Schreuer*, in: Dupuy/Fassbender/Shaw/Sommermann, Völkerrecht als Wertordnung, Festschrift für Christian Tomuschat, S. 618.

Gesellschaft zu liquidieren versuchen.[836] Die meisten BITs tun dies und beziehen durch die entsprechende Definition des Begriffs der Investition Unternehmensbeteiligungen in ihren unterschiedlichen Formen mit in ihren Anwendungsbereich ein, sodass damit konsequenterweise auch die jeweiligen Anteilsinhaber Investoren sind.[837] Nicht das lokale Unternehmen, sondern das Halten der Anteile wird damit zur eigentlichen Investition.[838] Durch die ausdrückliche völkervertragliche Regelung in BITs ist, wie das Schiedsgericht in *Azurix v. Argentinien*[839] feststelle, ein Rückgriff auf das allgemeine Völkerrecht und das Recht des diplomatischen Schutzes nicht mehr erforderlich:

> „The issues before this Tribunal concern not diplomatic protection under customary international law but the rights of investors, including shareholders, as determined by treaty, namely, under the BIT. The Tribunal does not find it necessary to resolve the controversy regarding the extent of the right of a State under public international law to protect its nationals who are shareholders in foreign companies."[840]

---

836 Vgl. *Schlemmer* in: Muchlinski/Ortino/Schreuer, International Investment Law, S. 82; vgl. auch die Entscheidung des Schiedsgericht in *Enron Corporation and Ponderosa Assets, L.P. v. The Argentine Republic*, ICSID Case No. ARB/01/3, Decision on jurisdiction, 14. Januar 2004, Rn. 50–60, das dies unter dem Gesichtspunkt der Reichweite der Schiedsvereinbarung erörterte und darauf abstellte, ob die Schiedsvereinbarung so auszulegen sei, dass sie die Anteilseigner umfasse („*The Tribunal notes that while investors can claim in their own right under the provisions of the treaty, there is indeed a need to establish a cut-off point beyond which claims would not be permissible as they would have only a remote connection to the affected company. As this is in essence a question of admissibility of claims, the answer lies in establishing the extent of the consent to arbitration of the host State. If consent has been given in respect of an investor and an investment, it can be reasonably concluded that the claims brought by such investor are admissible under the treaty.*");

837 Vgl. *Schlemmer* in: Muchlinski/Ortino/Schreuer, International Investment Law, S. 83; *Schreuer*, in: Dupuy/Fassbender/Shaw/Sommermann, Völkerrecht als Wertordnung, Festschrift für Christian Tomuschat, S. 606.

838 Vgl. *Dolzer/Schreuer*, Principles of International Investment Law, S. 57. Darüber hinaus weisen viele BITs Aktien und Unternehmensbeteiligungen ausdrücklich als Investition aus, vgl. bspw. *Alex Genin, Eastern Credit Limited, Inc. and A.S. Baltoil v. The Republic of Estonia*, ICSID Case No. ARB/99/2, Award, 25. Juni 2001, Rn. 321–329, insb. Rn. 324.

839 *Azurix Corp. v. The Argentine Republic*, ICSID Case No. ARB/01/12, Decision on jurisdiction, 8. Dezember 2003.

840 Ebd., Rn. 72.

Im Investitionsschutzrecht kommt es dann auch nicht auf die Höhe des gehaltenen Anteils an.[841] Ebenso unerheblich ist, ob die Anteile direkt oder indirekt über ein zwischengeschaltetes Unternehmen gehalten werden.[842]

Einen anderen Ansatz, der zu ähnlichen Ergebnissen führt, verfolgt das NAFTA. Nach Art. 1117 NAFTA kann ein Investor eines Vertragsstaates, der eine Gesellschaft, die in einem anderen Vertragsstaat registriert ist, besitzt oder kontrolliert, im Namen der Gesellschaft selbst Schiedsklage erheben.[843] Letztlich wird auch hiermit allerdings lediglich eine vom allgemeinen Völkerrecht abweichende ausdrückliche Regelung getroffen, das Problem also auf dieselbe Weise umgangen, wie in vielen BITs. Nach dem NAFTA sind allerdings, abweichend von vielen BITs, nur Mehrheitsanteilseigner geschützt. Minderheitsanteilseigner bleiben insoweit außen vor.[844]

In der Praxis kann die weitgehende Anerkennung von Anteilseignern als Investoren zu einer Reihe von neuen Folgeproblemen führen:[845] Denkbar wäre beispielsweise, dass unterschiedliche Anteilseigner oder Gruppen von Anteilseignern ihre Rechte parallel durchzusetzen versuchen, möglicherweise sogar zusätzlich zu der getrennten Geltendmachung von Ansprüchen durch die Gesellschaft selbst. Die Geltendmachung von Rechten durch Minderheitsanteilseigner und über zwischengeschaltete Unternehmen beteiligte Anteilseigner könnte zu Komplikationen führen. Die unterschiedlichen Prozessstrategien der verschiedenen Beteiligten könnten widersprüchlich sein. In der Praxis ist ein solcher Fall, soweit ersichtlich bislang noch nicht aufgetreten. Ob und wie er zu lösen ist und wie unterschiedliche Verfahren ggf. zusammengefasst oder zusammengeführt werden könnten, ist daher bislang ungeklärt.

---

841 Vgl. insoweit bereits oben Abschnitt. B.I.6.b). In der Schiedsgerichtspraxis wurde dieser Ansatz bestätigt, vgl. bspw. *Emilio Augustín Maffezini v. The Kingdom of Spain*, ICSID Case No. ARB/97/7, Decision of the Tribunal on Objections to Jurisdiction, 25. Januar 2000, Rn. 65–70; *Alex Genin, Eastern Credit Limited, Inc. and A.S. Baltoil v. The Republic of Estonia*, ICSID Case No. ARB/99/2, Award, 25. Juni 2001, Rn. 321–329, insb. Rn. 324.

842 *Enron Corporation and Ponderosa Assets, L.P. v. The Argentine Republic*, ICSID Case No. ARB/01/3, Decision on jurisdiction, 14. Januar 2004, Rn. 21, 38 und 50–56.

843 Art. 1117 NAFTA lautet auszugsweise: „*An investor of a Party, on behalf of an enterprise of another Party that is a juridical person that the investor owns or controls directly or indirectly, may submit to arbitration under this Section a claim* [...]".

844 Vgl. *Dolzer/Schreuer*, Principles of International Investment Law, S. 57.

845 Vgl. *Dolzer/Schreuer*, Principles of International Investment Law, S. 59.

4. Zusammenfassung und Zwischenergebnisse

Für natürliche Personen wird zur Bestimmung der Investoreigenschaft nach alledem in den untersuchten Abkommen ganz überwiegend auf das Kriterium der Staatsangehörigkeit abgestellt. Die Staatsangehörigkeit wird nach dem jeweils anwendbaren nationalen Recht des jeweiligen Vertragsstaates bestimmt. Damit bestätigt sich jedenfalls für die untersuchten deutschen und amerikanischen BITs und die internationalen Investitionsschutzabkommen, dass die Nationalität des Investors der Schlüssel zur Inanspruchnahme internationaler Rechtsmittel ist.[846]

Im Bereich des Mercosur und der ASEAN wird daneben gleichberechtigt auf das Kriterium des Wohnsitzes abgestellt. Die deutsche BIT-Praxis zieht den Wohnsitz hingegen nur in denjenigen Fällen ergänzend heran, in denen das alleinige Abstellen auf die Staatsangehörigkeit aufgrund individueller Besonderheiten des Vertragspartners zu unbefriedigenden Ergebnissen führt. In der Vertragspraxis der USA, die ebenfalls die Staatsangehörigkeit in den Vordergrund stellt, finden sich keine Ausnahmen zu Gunsten des Wohnsitzes, wobei die USA auch keine in Kraft befindlichen Verträge mit denjenigen Staaten haben, bei denen die deutschen BITs dieses Kriterium verwenden.

Auch die Definitionen der aktuellen amerikanischen und deutschen Muster-BITs weisen einige Unterschiede auf: Während nach dem deutschen Muster-BIT zwischen natürlichen und juristischen Personen unterschieden wird, verwendet der amerikanische Mustervertrag eine zweistufige Definition, die in einem ersten Schritt einheitlich den Investor definiert und dann in einem zweiten Schritt natürliche Personen und unterschiedliche juristische Personen. Die Investordefinition des amerikanischen Musters verknüpft den Investorbegriff unmittelbar mit der Tätigung einer Investition. Dies versucht auch der deutsche Muster-BIT, der allerdings darauf abstellt, dass der Investor Eigentümer, Inhaber oder Teilhaber einer Kapitalanlage ist. Die besondere Konstellation mehrfacher Staatsangehörigkeiten wird nur im amerikanischen Muster geregelt. Die deutsche Vertragspraxis schweigt dazu.

Zu den Einzelheiten des Investorbegriffs hat die Schiedsgerichtspraxis inzwischen eine reichhaltige Judikatur gebildet, die auch in den Randbereichen des Investorbegriffs, bei mehrfachen Staatsangehörigkeiten oder beim Wechsel von Staatsangehörigkeiten zu überzeugenden Lösungen kommt.

Festzustellen ist insoweit allerdings auch, dass sich das Investitionsschutzrecht vom allgemeinen Völkerrecht und Völkergewohnheitsrecht gelöst hat. Die

846 So *Wolfgram*, Investitionsschiedsgerichtsbarkeit, S. 18.

Definitionen und Rechte des Investors im internationalen Investitionsschutzrecht erscheinen zunächst nur auf diesen Bereich beschränkt und nicht darüber hinaus von Gültigkeit zu sein.

II. Juristische Personen

Die Untersuchung juristischer Personen in der Rolle des Investors gestaltet sich schwieriger als die Untersuchung natürlicher Personen. Denn bereits die grundsätzliche Stellung juristischer Personen im Völkerrecht ist im Einzelnen nicht vollständig geklärt und insbesondere auch die Frage der Staatsangehörigkeit juristischer Personen ist gegenüber der Staatsangehörigkeit natürlicher Personen schwieriger zu bestimmen. Daher soll in diesem Abschnitt der Arbeit zunächst auf die allgemeine Stellung juristischer Personen im Völkerrecht eingegangen werden, bevor vor diesem Hintergrund der Investorbegriff im Hinblick auf juristische Personen im Einzelnen untersucht wird. Hierbei werden dann die gleichen Ansätze verfolgt, wie bei der Untersuchung natürlicher Personen. Untersucht werden sollen daher die bereits identifizierten völkerrechtlichen Abkommen und die einschlägige Spruchpraxis internationaler Schiedsgerichte. Dabei sollen dann jeweils auch die Bezüge zu den eingangs dargestellten allgemeinen Theorien zur Stellung juristischer Personen im Völkerrecht dargestellt werden.

1. Die Stellung juristischer Personen im Völkerrecht

Hinsichtlich der Stellung juristischer Personen im Völkerrecht sind im Rahmen der vorliegenden Arbeit zwei unterschiedliche Aspekte von Bedeutung. Zunächst die Frage, ob und in welchem Umfang juristische Personen und private Unternehmen überhaupt Rechtspersönlichkeit oder Rechtsträgerschaft im Völkerrecht haben können. Sodann die Frage, welchem Staat sie im Sinne einer Staatszugehörigkeit juristischer Personen zugehören. Beide Aspekte sollen in diesem Abschnitt in ihren Grundzügen skizziert werden.

a) Rechtspersönlichkeit und Völkerrechtssubjektivität

Zu unterscheiden sind grundsätzlich die Rechtspersönlichkeit nach innerstaatlichem Recht und die Rechtspersönlichkeit im Völkerrecht, die Völkerrechtssubjektivität.

Die Rechtspersönlichkeit nach innerstaatlichem Recht ist eine Frage des nationalen Gesellschafts- und Vereinsrechts und zunächst nicht unmittelbar mit dem Völkerrecht verknüpft. Allerdings ist Voraussetzung der Berücksichtigung von juristischen Personen als solchen im Völkerrecht, dass sie überhaupt nach innerstaatlichem Recht Rechtspersönlichkeit besitzen. Das Völkerrecht knüpft an das nationale Recht an. Unternehmen oder Personengruppen ohne Rechtspersönlichkeit kann daher im internationalen Investitionsschutzrecht, wie im restlichen Völkerrecht, grundsätzlich kein Schutz zukommen.[847] Etwas anderes gilt möglicherweise, wenn im Einzelfall ein völkerrechtliches Abkommen ausdrücklich vorsieht, dass juristischen Personen ohne Rechtspersönlichkeit gewisse Rechte zustehen.[848]

Völkerrechtssubjektivität ist demgegenüber die Fähigkeit, Träger völkerrechtlicher Rechte und Pflichten zu sein.[849] Nach der klassischen Lehre kommt allein Staaten Völkerrechtsubjektivität zu während Individuen bloße Objekte des Völkerrechts sind und auf völkerrechtlicher Ebene ausschließlich durch ihren jeweiligen Heimatstaat mediatisiert werden.[850] Auch wenn das Prinzip der Mediatisierung im Grundsatz nach wie vor Gültigkeit hat, ist mittlerweile auch anerkannt, dass das Völkerrecht in einzelnen Regelungsbereichen unter Verdrängung der Mediatisierung durch den Staat Individuen berechtigen oder verpflichten kann.[851] Individuen sind insoweit dann partiell völkerrechtssubjektsfähig.[852]

Nichts anderes gilt für juristische Personen. Ebenso wie Individuen kann juristischen Personen des innerstaatlichen Rechts durch völkerrechtliche Verträge eine völkerrechtliche Rechtsposition eingeräumt werden.[853] Insoweit wäre dann konsequenterweise auch eine partielle Völkerrechtssubjektivität juristischer Personen festzustellen.[854]

Insbesondere im Zusammenhang mit multinationalen oder transnationalen Konzernen (*Multinational Corporations, Multinational Enterprises, Transnational*

---

847 Vgl. *Impreglio S.p.A. v. Islamic Republic of Pakistan*, ICSID Case No. ARB/03/3, Decision on Jurisdiction, 22. April 2005, Rn. 131–139, unter Verweis insbesondere auf Art. 25(2)(b) ICSID-Abkommen und die Kommentierung von *Schreuer*, The ICSID Convention, Art. 25 Rn. 457 ff.

848 So eine ganze Reihe von deutschen BITs, in denen der Begriff „national" „jede juristische Person und jede kommerzielle oder andere Unternehmung oder Vereinigung mit oder ohne Rechtspersönlichkeit" umfasst. Hierzu sogleich im Einzelnen.

849 *Herdegen*, Völkerrecht, § 7 Rn. 1.

850 Sog. Objekttheorie, vgl. *Epping* in: Ipsen, Völkerrecht, § 7 Rn. 1; *Stein/von Buttlar*, Völkerrecht, Rn. 494.

851 *Epping* in: *Ipsen*, Völkerrecht, § 7 Rn. 3; *Stein/von Buttlar*, Völkerrecht, Rn. 495 f.

852 *Stein/von Buttlar*, Völkerrecht, Rn. 493.

853 *Epping* in: *Ipsen*, Völkerrecht, § 7 Rn. 13, der als Beispiel für einen derartigen völkerrechtlichen Vertrag das ICSID-Abkommen anführt; *Krajewski*, Wirtschaftsvölkerrecht, § 1 Rn. 62.

854 *Krajewski*, Wirtschaftsvölkerrecht, § 1 Rn. 62.

Corporations), die in mehreren Staaten tätig werden und ihre Planung international ausrichten, wird daher gerade vor dem Hintergrund des internationalen Investitionsschutzrechtes diskutiert, ob ihnen eine partielle oder funktionelle Völkerrechtssubjektivität zukommen kann.[855] Die Völkerrechtssubjektivität soll sich dabei nach einer vordringenden Ansicht aus der vertraglichen Beziehung mit dem staatlichen Vertragspartner (z. B. ein Investor-Staat-Vertrag) ableiten, ähnlich wie dies teilweise bei internationalen Organisationen der Fall ist (sog. *international agreement doctrine*).[856] Dies wird damit begründet, dass sich der staatliche Vertragspartner auch vertraglich gegenüber einem privaten Unternehmen unter das Völkerrecht unterwerfen können soll und damit das Unternehmen zum Inhaber völkerrechtlicher Ansprüche macht.[857]

In der Staatenpraxis handelt es sich hierbei auch nicht um den isolierten Akt einzelner Staaten, sondern um eine jedenfalls im Bereich des Investitionsschutzrechtes verbreitete Übung.[858] Trotzdem wird eine partielle oder funktionale Völkerrechtssubjektivität im Ergebnis wohl überwiegend noch abgelehnt.[859] Denn die Unterwerfung der Beziehungen zu einem Unternehmen unter das Völkerrecht erfolgt in den genannten Fällen stets im Einzelfall auf vertraglicher Basis. Sie lässt damit gerade keinen Schluss auf eine allgemeine Übung anderen Inhalts und eine Abkehr von der allgemeinen Lehre zu, nach der private juristische Personen keine Völkerrechtssubjektivität haben. Jedenfalls im Ausgangspunkt hat diese Lehre daher zunächst weiter Bestand.

b) Staatszugehörigkeit

Kommt einer juristischen Person Rechtspersönlichkeit zu, stellt sich somit die Frage nach ihrer Staatszugehörigkeit. Die völkerrechtliche Zuordnung juristischer Personen zu einem Staat wird unter dem Begriff der Staatszugehörigkeit diskutiert.[860] Die Festlegung der Anknüpfungsmerkmale hierzu obliegt wie bei

---

855 *Stein/von Buttlar*, Völkerrecht, Rn. 492; *Herdegen*, Völkerecht, § 13 Rn. 1; *Delbrück*, in: Delbrück/Wolfrum, Völkerrecht, Band I/2, § 94 I und § 108 I.

856 *Stein/von Buttlar*, Völkerrecht, Rn. 492; *Herdegen*, Völkerrecht, § 13 Rn. 1; *Herdegen*, Internationales Wirtschaftsrecht, § 3 Rn. 628; *Delbrück*, in: Delbrück/Wolfrum, Völkerrecht, Band I/2, § 108 III 2.

857 *Herdegen*, Völkerrecht, § 13 Rn. 1.

858 *Delbrück*, in: Delbrück/Wolfrum, Völkerrecht, Band I/2, § 108 III 2.

859 *Stein/von Buttlar*, Völkerrecht, Rn. 492; *Krajewski*, Wirtschaftsvölkerrecht, § 1 Rn. 61.

860 *Epping/Gloria* in: *Ipsen*, Völkerrecht, § 24 Rn. 21; *Herdegen*, Völkerrecht, § 26 Rn. 9; *Doehring*, Völkerrecht, Rn. 882.

der Staatsangehörigkeit natürlicher Personen ausschließlich dem innerstaatlichen Recht, da juristische Personen Konstruktionen des nationalen Rechts sind.[861] Unterschiedliche Rechtssysteme der Staaten und ihre internationalen Verträge sehen daher unterschiedliche Theorien und Kriterien zur Bestimmung der Staatszugehörigkeit von juristischen Personen vor.[862]

Die vorherrschenden Theorien sind, wie das Schiedsgericht in *Autopista v. Venezuela* feststellte, die Inkorporationstheorie (Gründungstheorie) und die Sitztheorie:

> „According to international law and practice there are different possible criteria to determine a juridical person's nationality. The most widely used is the place of incorporation or registered office. Alternatively, the place of the central administration or effective seat may also be taken into consideration […]"[863]

Sie dürfen mittlerweile als gewohnheitsrechtlich anerkannt gelten.[864] Darüber hinaus sind die Staaten jedoch frei, weitere Kriterien nach den Erfordernissen des Einzelfalls heranzuziehen.[865] Auch die Kontrolltheorie oder eine Kombination aus unterschiedlichen Theorien finden daher in der Staatenpraxis Anwendung.[866]

Soweit es aufgrund unterschiedlicher Ansätze zu mehrfachen Staatszugehörigkeiten kommt, soll wie bei natürlichen Personen die effektive Staatszugehörigkeit festgestellt werden.[867] Schwierigkeiten bereitet die Beurteilung der Staatszugehörigkeiten bei internationalen Konzernen, bei denen beherrschende Obergesellschaften und abhängige Tochterunternehmen nach unterschiedlichen Anknüpfungspunkten verschiedenen Staaten zugehörig sein können.[868] Im

---

861 *Delbrück*, in: Delbrück/Wolfrum, Völkerrecht, Band I/2, § 94 I; *Epping/Gloria* in: Ipsen, Völkerrecht, § 24 Rn. 21; *Fatourus*, in: Bernhardt, Encyclopedia of Public International Law, S. 495.

862 *Dolzer/Schreuer*, Principles of International Investment Law, S. 49, *Herdegen*, Völkerrecht, § 26 Rn. 9.

863 *Autopista Concesionada de Venezuela, C.A. v. Bolivarian Republic of Venezuela*, ICSID Case No. ARB/00/5, Decision on Jurisdiction, 27. September 2001, Rn. 107.

864 *Delbrück*, in: Delbrück/Wolfrum, Völkerrecht, Band I/2, § 94 II; *Herdegen*, Internationales Wirtschaftsrecht, § 3 Rn. 62; Vgl. auch *Schreuer*, The ICSID Convention, Art. 25, Rn. 707.

865 *Delbrück*, in: Delbrück/Wolfrum, Völkerrecht, Band I/2, § 94 II.

866 *Fatourus*, in: Bernhardt, Encyclopedia of Public International Law, S. 496. Mit Bezug auf das internationale Investitionsschutzrecht, *Krajewski*, Wirtschaftsvölkerrecht, § 3 Rn. 597; *Herdegen*, Internationales Wirtschaftsrecht, § 3 Rn. 63.

867 *Kicker*, in: Seidl-Hohenveldern, Lexikon des Rechts/Völkerrecht, S. 406.

868 *Herdegen*, Internationales Wirtschaftsrecht, § 15 Rn. 17.

deutschen Recht wird dann auf das Gesellschaftsstatut der abhängigen Gesellschaft abgestellt.[869] Eine allgemeine völkerrechtliche Lösung gibt es hierzu nicht. In der Regel wird wohl eine Einzelfallbetrachtung anzustellen sein, d.h. es wird auf die jeweils betroffene Gesellschaft abgestellt werden.

Die Verwendung von Inkorporations- oder Sitzerfordernissen in völkerrechtlichen Verträgen lässt im Übrigen nicht zwangsläufig auf die vorherrschende gesellschaftsrechtliche Rechtspraxis der jeweiligen Vertragsstaaten schließen, auch wenn die völkerrechtliche Vertragspraxis in vielen Fällen mit dem nationalen Gesellschaftsrecht im Einklang stehen mag. Eine über den Wortlaut und den konkreten Vertragszweck der völkerrechtlichen Verträge hinausgehende Bedeutung der völkerrechtlichen Anknüpfung an Inkorporations- oder Sitzerfordernisse wird indes in der Regel nicht beabsichtigt sein. Ein Staat, der in seinen BITs nur Gesellschaften schützt, die nach seinem Recht gegründet wurden, trifft damit in aller Regel zunächst nur eine Aussage über seine Bereitschaft zum Schutz bestimmter Gesellschaften im internationalen Investitionsschutzrecht. Eine weitergehende Bedeutung hieran zu knüpfen, erscheint ohne weiteren Anlass nicht überzeichnet.

Die Begrifflichkeit der Gründungs- oder Sitztheorie mag insoweit verfehlt sein, sofern darunter eine umfassende Theorie des gesellschaftsrechtlichen Status verstanden wird. Diese Begrifflichkeit ist dennoch in völkerrechtlicher und investitionsschutzrechtlicher Literatur und Judikatur gleichermaßen weit verbreitet und soll daher der Einfachheit und Üblichkeit halber auch im Folgenden weiter verwendet werden. Damit sind dann auch im Rahmen dieser Arbeit indes keine weiteren Feststellungen verbunden. Aus der Tatsache, dass ein Vertragsstaat in seinen BITs im Einklang mit der Gründungstheorie an ein Gründungserfordernis anknüpft folgt daher nur, dass dieses konkrete Erfordernis bei der Anwendung des jeweiligen BITs zu beachten ist. Eine weitergehende gesellschaftsrechtliche Deutung und Erörterung soll hier bewusst nicht erfolgen, denn sie würde die völkerrechtliche Perspektive der Arbeit verlassen.

aa) Gründungs- oder Inkorporationstheorie

Die Gründungs- oder Inkorporationstheorie wird vor allem in den Ländern des anglo-amerikanischen Rechtsraumes verwendet.[870] Nach ihr ist eine juristische

---

869 *Großfeld*, Internationales und Europäisches Unternehmensrecht, S. 39.

870 *Epping/Gloria* in: Ipsen, Völkerrecht, § 24 Rn. 22; *Herdegen*, Internationales Wirtschaftsrecht, § 15 Rn. 4; *Großfeld/König*, RIW 1992, 433, 433; *Doehring*, Völkerrecht, Rn. 886; vgl. auch *Großfeld*, Internationales und Europäisches Unternehmensrecht, S. 43.

Person zu demjenigen Staat zugehörig, nach dessen Recht sie gegründet worden ist (*place of incorporation, lieu d'incorporation*).[871] Die konkreten Anforderungen an die zu gründende Gesellschaft und den Gründungsakt obliegen dem nationalen Recht. Als juristische Person eines Staates gelten hiernach in der Regel alle juristischen Personen, die auf Grund der Gesetze dieses Staates geschaffen oder in anderer Weise rechtmäßig gegründet wurden.[872]

Für juristische Personen hat die Gründungstheorie, den Vorteil, dass sie durch die Wahl des Gründungsstaates selbst bestimmen können, welchem Staat sie zugehörig sein wollen und ein bequemes Gründungsrecht ins Ausland mitnehmen können.[873] Das reine Abstellen auf die Gründungstheorie erlaubt die Gründung in einem Staat und damit den Erwerb seiner Staatszugehörigkeit und die anschließende Verlegung der Unternehmenstätigkeit und des Unternehmenssitzes in einen anderen Staat unter Beibehaltung der ursprünglichen Staatszugehörigkeit. Hierin liegt allerdings auch das Problem der Gründungstheorie, denn je nach Ausgestaltung des innerstaatlichen Rechts, kann teilweise auch eine Gesellschaft in einem Staat gegründet werden, zu dem die Gründer oder die Gesellschaft ansonsten selbst keine echte engere Verbindung haben („*pseudo-foreign corporation*").[874]

bb) Sitztheorie

Die Sitztheorie ist vor allem in den kontinentaleuropäischen Ländern verbreitet.[875] Nach ihr bestimmt sich die Staatszugehörigkeit juristischer Personen nach dem offiziellen Sitz der Hauptverwaltung (*place of seat*) oder dem effektiven Geschäftssitz (*siège social*) eines Unternehmens.[876] Der Sitztheorie liegt der Gedanke

---

871 *Case concerning the Barcelona Traction, Light and Power Co., Limited (Belgium v. Spain)*, Judgment (Second Phase), 5. Februar 1970, ICJ Reports 1970, S. 3, 42; vgl. auch *Kicker*, in: Seidl-Hohenveldern, Lexikon des Rechts/Völkerrecht, S. 406; *Herdegen*, Internationales Wirtschaftsrecht, § 15 Rn. 4; *Doehring*, Völkerrecht, Rn. 884.

872 *Dolzer/Bloch*, in: Kronke/Melis/Schnyder, Handbuch, Teil J, Rn. 68.

873 *Epping/Gloria* in: Ipsen, Völkerrecht, § 24 Rn. 22.

874 Vgl. *Epping/Gloria* in: Ipsen, Völkerrecht, § 24 Rn. 22; *Großfeld*, Internationales und Europäisches Unternehmensrecht, S. 44. Kritisiert wird insoweit, dass die Gründungstheorie damit auch den Konkurrenzkampf der Staaten um das liberalste Gesellschaftsrecht fördert, vgl. *Herdegen*, Internationales Wirtschaftsrecht, § 15 Rn. 4.

875 *Epping/Gloria* in: Ipsen, Völkerrecht, § 24 Rn. 23; *Herdegen*, Internationales Wirtschaftsrecht, § 15 Rn. 6; *Großfeld/König*, RIW 1992, 433, 433; *Großfeld*, Internationales und Europäisches Unternehmensrecht, S. 38; *Doehring*, Völkerrecht, Rn. 886.

876 *Herdegen*, Internationales Wirtschaftsrecht, § 15 Rn. 5; *Doehring*, Völkerrecht, Rn. 884; vgl. auch *Autopista Concesionada de Venezuela, C.A. v. Bolivarian Republic of*

zugrunde, dass der am meisten betroffene Staat des Verwaltungssitzes eines Unternehmens das Gesellschaftsstatut so regelt, dass auch weniger betroffene Staaten es akzeptieren können.[877] Ihr Vorteil ist, dass sie an den geschäftlichen Schwerpunkt des Unternehmens anknüpft, da dieser in der Regel am Sitz des Unternehmens liegen wird.[878]

Die deutsche Rechtsprechung, die ursprünglich allein auf die Sitztheorie abgestellt hat, wendet mittlerweile dem europäischen Recht folgend, jedenfalls soweit Sachverhalte innerhalb der EU betroffen sind, eine Kombination aus Sitz- und Gründungstheorie an.[879]

cc) Kontrolltheorie

Die Kontrolltheorie findet nur noch selten Anwendung - in Westeuropa wohl nur in der Schweiz.[880] Nach der Kontrolltheorie richtet sich die Staatszugehörigkeit juristischer Personen nach der Staatsangehörigkeit ihrer mehrheitlichen Eigentümer.[881] Die eigene Rechtspersönlichkeit der juristischen Person wird insoweit durchstoßen (sog. „*piercing of the corporate veil*") und gibt den Blick auf die dahinter stehenden Kapitalanteilseigner frei.[882] Nach der Kontrolltheorie werden daher auch diejenigen juristischen Personen Staatsangehörige eines Staates, die zwar nicht nach seinem Recht gegründet worden sind, die aber von einer natürlichen oder juristischen Person dieses Staates tatsächlich kontrolliert werden.[883]

Venezuela, ICSID Case No. ARB/00/05, Decision on jurisdiction, 27. September 2001, Rn. 107; *Kicker*, in: Seidl-Hohenveldern, Lexikon des Rechts/Völkerrecht, S. 406, die insoweit noch zwischen Sitztheorie (offizieller Sitz) und Verwaltungstheorie (tatsächlicher Sitz) unterscheidet.

877 *Großfeld/König*, RIW 1992, 433, 433.

878 *Epping/Gloria* in: Ipsen, Völkerrecht, § 24 Rn. 23.

879 Dies war bis 2003 der Fall, *Epping/Gloria* in: Ipsen, Völkerrecht, § 24 Rn. 23 unter Verweis auf u. a. BGH, Urt. v. 30. Januar 1970, V ZR 139/68, BGHZ 53, 181, 183; BGH, Urt. v. 1. Juli 2002, II ZR 380/00, BGH NJW 2002, 3539 f., EuGH, Urt. v. 5. November 2002, Slg. 2002, I-09919 - Überseering, Rn. 78–82 (EuZW 2002, 754) zu Art. 48 Abs. 1 EGV (jetzt Art. 54 AEUV) und BGH, Urt. vom 13. März 2003, VII ZR 370/98, NZG, 431, 432; vgl. auch *Herdegen*, Internationales Wirtschaftsrecht, § 15 Rn. 8 f.

880 *Epping/Gloria* in: Ipsen, Völkerrecht, § 24 Rn. 24.

881 *Großfeld*, Internationales und Europäisches Unternehmensrecht, S. 67; *Bippus*, Der internationalrechtliche Schutz von Investitionen, S. 42; *Epping/Gloria* in: Ipsen, Völkerrecht, § 24 Rn. 24; *Doehring*, Völkerrecht, Rn. 884.

882 *Perkams*, in: Knahr/Reinisch, Aktuelle Probleme und Entwicklungen im Internationalen Wirtschaftsrecht, S. 143.

883 *Metje*, Investitionsschutz, S. 78 fn. 92.

Die Kontrolltheorie führt dazu, dass eine Änderung der Eigentumsverhältnisse oder Mehrheitsverhältnisse auch zu einer Änderung der Staatszugehörigkeit des Unternehmens führen kann. Dies wird unter dem Gesichtspunkt der Rechtssicherheit kritisiert und hat dazu geführt, dass die Kontrolltheorie in der Vertragspraxis der Staaten kaum Verwendung gefunden hat.[884]

Soweit die Kontrolltheorie Verwendung findet, wird sie in der Regel als Korrektiv zu Lasten der Gesellschaft eingeführt, beispielsweise um in Kriegszeiten die Feindschaft eines Unternehmens festzustellen.[885] Im allgemeinen Völkerrecht reicht die Kontrolltheorie zur Begründung der Staatszugehörigkeit regelmäßig nicht aus. So können sich Staaten bei der Geltendmachung diplomatischen Schutzes nicht auf die Beherrschung eines Unternehmens durch ihre Staatsangehörigen berufen.[886]

2. Definitionen des Investorbegriffs in völkerrechtlichen Abkommen

Im folgenden Abschnitt sollen die bereits identifizierten internationalen Abkommen, die ausdrücklich eine Definition des Investorbegriffs vornehmen, nunmehr auch im Hinblick auf ihre Investordefinition für juristische Personen untersucht werden.

a) ICSID-Abkommen

Der im ICSID-Abkommen anstelle des Begriffs „Investor" verwendete Begriff *„National of another Contracting State"* umfasst neben natürlichen Personen auch juristische Personen.[887] Nach Art. 25 Abs. 2(b) des Abkommens wird der Begriff in Bezug auf juristische Personen wie folgt definiert:

---

884 *Sidhu*, Direktinvestitionen in der WTO, S. 48; zur Kritik z. B. *Karl*, RIW 1994, 809, 817.

885 So das *House of Lords* in *Daimler Company, Ltd. v. Continental Tyre and Rubber Company, Ltd.*, abgedruckt in: Appeals Cases 1916, Bd. 2, S. 307, vgl. *Delbrück*, in: Delbrück/Wolfrum, Völkerrecht, Band I/2, § 94 II; vgl. auch *Epping/Gloria* in: Ipsen, Völkerrecht, § 24 Rn. 24; *Kicker*, in: Seidl-Hohenveldern, Lexikon des Rechts/Völkerrecht, S. 406; *Schreuer*, The ICSID Convention, Art. 25 Rn. 460.

886 *Case concerning the Barcelona Traction, Light and Power Co., Limited (Belgium v. Spain)*, Judgment (Second Phase), 5. Februar 1970, ICJ Reports 1970, S. 3, 39 ff.; *Fatourus*, in: Bernhardt, Encyclopedia of Public International Law, S. 498.

887 Vgl. allgemein zum Investorbegriff im Rahmen des ICSID-Abkommens oben Abschnitt C.I.1.a).

„any juridical person which had the nationality of a Contracting State other than the State party to the dispute on the date on which the parties consented to submit such dispute to conciliation or arbitration and any juridical person which had the nationality of the Contracting State party to the dispute on that date and which, because of foreign control, the parties have agreed should be treated as a national of another Contracting State for the purposes of this Convention."

Damit wird zwischen zwei verschiedenen Varianten differenziert: Juristischen Personen mit der Staatsangehörigkeit eines anderen Vertragsstaates als demjenigen, der auch Streitpartei ist und juristischen Personen, die die Staatsangehörigkeit des Vertragsstaates haben, der gleichzeitig auch Streitpartei ist.[888] In beiden Varianten kann zunächst *„any juridicial Person"*, also eine juristische Person jeder Art Investor sein. Entscheidend ist sodann zunächst das Kriterium der Staatszugehörigkeit zu einem Vertragsstaat des Abkommens zu einem bestimmten Zeitpunkt und soweit dieser Staat auch Streitpartei ist, das Vorliegen der weiteren Voraussetzungen der zweiten Variante. Art. 25 Abs. 2 ICSID-Abkommen stellt damit auch für juristische Personen vor allem klar, welche Staatszugehörigkeit zu welchem Zeitpunkt erforderlich ist, um die Zuständigkeit des ICSID zu begründen, anstelle den Investorbegriff umfassend zu definieren.

aa) Juristische Personen anderer Vertragsstaaten

Art. 25 Abs. 2(b) Var. 1 ICSID-Abkommen ähnelt der Regelung in Bezug auf natürliche Personen in Art. 25 Abs. 2(a) und enthält zwei Voraussetzungen: Die juristische Person muss überhaupt erst einmal eine juristische Person sein (*„any juridical person"*) und sie muss zum Zeitpunkt der Zustimmung der Parteien zur Einleitung des Schieds- oder Schlichtungsverfahrens die Staatszugehörigkeit eines anderen Vertragsstaates besitzen, als demjenigen Staat, der Partei des Verfahrens ist.

Fraglich ist zunächst ob *„any juridical person"* tatsächliche alle Arten juristischer Personen umfasst. Denn das ICSID-Abkommen definiert den Begriff der juristischen Person nicht näher.[889] Aus dem Begriff selbst folgt jedoch, dass

---

888 Vgl. *Schreuer*, The ICSID Convention, Art. 25 Rn. 688.

889 Im vorläufigen Entwurf des Abkommens war zunächst der Begriff *„company"* näher ausgeführt worden. Nach Diskussionen über die unterschiedliche Behandlung verschiedener Gesellschafts- und Organisationsformen in nationalen Rechtssystemen wurde vorgeschlagen, die Ausgestaltung des Begriffs der Schiedsgerichtspraxis in konkreten Fällen zu überlassen. Die folgenden Entwürfe verzichteten daher auf nähere Ausführungen zu dem Begriff, vgl. zur Entstehungsgeschichte insoweit *Schreuer*, The ICSID Convention, Art. 25 Rn. 689; *Amerasinghe* in: Lillich/Brower, International arbitration in the 21st century, S. 223, 243.

Voraussetzung ist, dass überhaupt eine juristische Person als solche existiert, also Rechtspersönlichkeit hat.[890] Hat sie dies nicht, müssen die natürlichen oder juristischen Personen, die sich zu der Gesellschaft oder Vereinigung ohne Rechtspersönlichkeit zusammengeschlossen haben, selbst als natürliche oder juristische Personen ihre Rechte nach dem Abkommen geltend machen.[891] Nach dem ICSID-Abkommen können sie aber nicht vorgehen.

Zur Bestimmung der Rechtspersönlichkeit wird in der Regel auf das jeweilige nationale Recht desjenigen Staates abzustellen sein, dessen Staatszugehörigkeit der Investor geltend macht.[892] Jedenfalls einer der beiden beteiligten Vertragsstaaten des ICSID-Abkommens muss daher die Rechtspersönlichkeit des Investors anerkennen.[893]

Andere Vertragsstaaten selbst kommen nicht als „Investor" in Betracht, da sie selbst kein „Angehöriger" eines Vertragsstaates sein können.[894] Dies gilt selbst für den Fall der Subrogation von Ansprüchen privater Investoren gegen den Gaststaat an den Heimatstaat, beispielsweise in Folge der Inanspruchnahme einer nationalen Investitionsschutzversicherung. Der Heimatstaat kann die übergegangenen Ansprüche nicht einmal als Ansprüche aus abgetretenem Recht vor dem ICSID geltend machen, da dies mit dem Ziel der Depolitisierung internationaler Investitionsstreitigkeiten und der Förderung privater internationaler Investitionen unvereinbar wäre.[895] Staatsunternehmen, die juristische Personen mit eigener Rechtspersönlichkeit sind, werden dagegen hiernach noch nicht grundsätzlich vom Anwendungsbereich des Abkommens ausgeschlossen.

---

890 Vgl. *Schreuer*, The ICSID Convention, Art. 25 Rn. 689–690; *Schlemmer* in: Muchlinski/Ortino/Schreuer, International Investment Law, S. 76.

891 Vgl. *Schreuer*, The ICSID Convention, Art. 25 Rn. 690.

892 *Schreuer*, The ICSID Convention, Art. 25 Rn. 693; *Amerasinghe*, Indian J. Int' L. 1979, 166, 209.

893 Vgl. *Schreuer*, The ICSID Convention, Art. 25 Rn. 693.; *Amerasinghe*, in: Lillich/Brower, International arbitration in the 21st century, S. 223, 243–244 scheint demgegenüber auch die Anerkennung durch das Schiedsgericht allein, nach einer eigenen Definition unter Art. 25 ICSID-Abkommen auszureichen.

894 *Belling*, Jurisdiktion rationae materiae, S. 126.

895 Vgl. *Dolzer/Stevens*, Bilateral Investment Treaties, S. 162; *Amerasinghe*, BYIL 1974–1975, 227, 241; *Belling*, Jurisdiktion rationae materiae, S. 126. Das Ziel der Förderung privater (nicht staatlicher) Investitionen wird in der Präambel des ICSID-Abkommens wiedergegeben, vgl. auch Vgl. *Schreuer*, The ICSID Convention, Art. 25, Rn. 270.

Zur Bestimmung der Staatszugehörigkeit juristischer Personen im Rahmen der zweiten Voraussetzung, der „Staatszugehörigkeit eines anderen Vertragsstaates", enthält Art. 25 keine ausdrückliche Regelung.[896] Insofern ist daher zunächst auf die bereits erörterten Theorien des traditionellen Völkerrechts zur Staatszugehörigkeit juristischer Personen zurückzugreifen, sowie im Übrigen erneut auf das Recht desjenigen Staates, dessen Staatszugehörigkeit die juristische Person behauptet.[897]

Bei der Anwendung der allgemeinen völkerrechtlichen Grundsätze ergibt sich allerdings eine Einschränkung hinsichtlich der Bestimmung der Staatszugehörigkeit in Anlehnung an die Kontrolltheorie. Denn gegen ihre Anwendung spricht eine systematische Auslegung im Hinblick auf Art. 25 Abs. 2(b) Var. 2 ICSID-Abkommen.[898] Da das ICSID-Abkommen in dieser, nachfolgend noch im Einzelnen zu untersuchenden Regelung für die Ausnahmefälle der Staatszugehörigkeit eines Unternehmens zum Gaststaat ausdrücklich auf das Kriterium der „ausländische Kontrolle" abstellt, kann dieses Kriterium nicht auch schon im Regelfall nach Var. 1 notwendige Voraussetzung der Staatszugehörigkeit sein.[899]

Möglich und von einer Vielzahl von Autoren vertreten ist daher sowohl die Bestimmung der Staatszugehörigkeit nach der Gründungs- oder der Sitztheorie.[900]

---

896 Vgl. *Schreuer*, The ICSID Convention, Art. 25 Rn. 696. Im vorläufigen Entwurf des Abkommens war auf die Staatszugehörigkeit nach dem nationalen Recht eines Vertragsstaates oder auf die Kontrolle durch Staatsangehörige eines Vertragsstaates abgestellt worden. Nachdem insbesondere das Element der „Kontrolle" in Zweifel gezogen wurde, verzichteten die nachfolgenden Entwürfe jedoch auf eine nähere Bestimmung zur Staatszugehörigkeit. Ein Versuch der USA das Element der Kontrolle wieder einzuführen, wurde mit großer Mehrheit abgelehnt, vgl. zur Entstehungsgeschichte insoweit *Schreuer*, The ICSID Convention, Art. 25 Rn. 695–696.

897 *AES Corporation v. The Argentine Republic*, ICSID Case No. ARB/02/17, Decision on jurisdiction, 26 April 2005, Rn. 78–80 („*Argentina wrongly considers that Article 42 of the ICSID Convention is applicable to this issue of nationality. This is not correct. As rightly pointed out by Professor Ch. Schreuer: ‚[An] issue that is not governed by the rule of Art. 42 is the nationality of the investor. The nationality of a natural person is determined primarily by the law of the State whose nationality is claimed (…). The nationality of a juridical person is determined by the criteria of incorporation or seat of the company in question subject to pertinent agreements, treaties and legislation.*'") unter Verweis auf *Schreuer*, The ICSID Convention in einer Vorauflage.

898 *Schreuer*, The ICSID Convention, Art. 25 Rn. 697.

899 *Sutherland*, Int'l & Comp. L. Q. 1979, 367, 384; *Amerasinghe*, Vand. J. Transnat'l L. 1976, 793, 807.

900 So z. B. *Delaume*, AJIL 1983, 784, 793–794; *Delaume*, Int'l Tax & Bus. Lawy. 1984, 58, 62; *Hirsch*, Arbitration Mechanism, S. 85 f.; *Sutherland*, Int'l & Comp. L. Q. 1979, 367, 384–485.

Teilweise wird dagegen die Abkehr von den traditionellen Theorien gefordert und stattdessen lediglich eine irgendwie geartete hinreichende Beziehung zwischen juristischer Person und Staat verlangt.[901] Eine vermittelnde Ansicht geht davon aus, dass zwar grundsätzlich die Gründungstheorie im Rahmen des ICSID-Abkommens die Staatszugehörigkeit bestimmt, dass aber die klassischen Theorien insoweit nicht mechanisch angewendet werden dürfen und abweichenden Regelungen und Vereinbarungen der Staaten (hierzu sogleich), die auch andere Kriterien berücksichtigen, im Einzelfall der Vorrang eingeräumt werden sollte.[902] Die Schiedsgerichtspraxis der ICSID-Schiedsgerichte stellt mit der insgesamt überwiegenden Auffassung regelmäßig auf die Gründungs- oder Sitztheorie ab.[903]

Erforderlich ist, dass die juristische Person hiernach dann die Staatszugehörigkeit eines Vertragsstaates des ICSID-Abkommens hat („*Contracting State*"). Mehrfache Staatszugehörigkeiten, die durch die Anwendung unterschiedlicher Theorien in nationalen Rechtsordnungen entstehen können, sind unproblematisch, solange jedenfalls auch die Staatszugehörigkeit zu einem Vertragsstaat etabliert werden kann.[904] Dabei kommt es dann auch nicht einmal mehr auf die Theorie der effektiven Staatszugehörigkeit an, solange die Staatszugehörigkeit zu einem Vertragsstaat nach der anerkannten Gründungs- oder Sitztheorie begründet werden kann.[905]

Hinsichtlich des Zeitpunkts zu dem die Staatszugehörigkeit zu einem Vertragsstaat vorliegen muss, spricht Art. 25 Abs. 2(b) ICSID-Abkommen von „*on the date on which the parties consented to submit*". Dies ist das Datum an dem alle Voraussetzungen für eine wirksame Unterwerfung unter die ICSID-Schiedsgerichtsbarkeit vorliegen, sei es die Erhebung der Schiedsklage durch den Investor, die Ratifikation des ICSID-Abkommens durch den Heimatstaat oder weitere notwendige Voraussetzungen. Im Gegensatz zu natürlichen Personen, bei denen die Staatsangehörigkeit zum Zeitpunkt der Zustimmung der Parteien zur Schiedsvereinbarung und zum Zeitpunkt der Einleitung des Schiedsverfahrens vorliegen muss, kommt es für juristische Personen damit nur auf einen Zeitpunkt an. Auch eine spätere Änderung der Staatszugehörigkeit der juristischen Person ist daher unerheblich.[906]

---

901 Vgl. *Amerasinghe*, Vand. J. Transnat'l L. 1976, 793, 807–810; *Amerasinghe*, in: Lillich/Brower, International arbitration in the 21st century, S. 223, 241; *Szasz*, Geo. Wash. Int'l L. Rev. 1970–1971, 23, 33; *Vuylsteke*, Ga. J. Int'l & Comp. L. 1974, 343, 356–357.

902 So *Broches*, Liber Amicorum Sanders, S. 70.

903 Vgl. *Schreuer*, The ICSID Convention, Art. 25 Rn. 699.

904 Vgl. *Schreuer*, The ICSID Convention, Art. 25 Rn. 742–751.

905 *Schreuer*, The ICSID Convention, Art. 25 Rn. 745.

906 *Schreuer*, The ICSID Convention, Art. 25 Rn. 752–755.

Investor und Gaststaat können die Staatszugehörigkeit des Investors auch als Teil der Schiedsvereinbarung oder in einer gesonderten Vereinbarung bestätigen. Diese Möglichkeit ist zwar nicht ausdrücklich im ICSID-Abkommen selbst vorgesehen - eine derartige Vereinbarung wird nur für die Fälle des Art. 25 Abs. 2(b) Var. 2 ausdrücklich erwähnt – sie wird aber in Klausel 6 der ICSID Musterschiedsvereinbarung vorgeschlagen:

> „It is hereby stipulated by the parties that the Investor is a national of name of another Contracting State."[907]

Eine derartige Vereinbarung muss allerdings an nachvollziehbare Anhaltspunkte anknüpfen, wie beispielweise die Kontrolle der juristischen Person, und kann nicht die Staatszugehörigkeit zu einem Staat kreieren, zu dem keinerlei Verbindung besteht.[908] Solange eine Vereinbarung dies berücksichtigt, wird sie in der Regel auch von Schiedsgerichten zu respektieren sein.[909] So reichte in *MINE v. Guinea*[910] eine in Lichtenstein gegründete Investorgesellschaft, die mehrheitlich von Staatsangehörigen der Schweiz kontrolliert wurde, eine Schiedsklage vor dem ICSID ein, obwohl Lichtenstein nicht Vertragsstaat des Abkommens war. Die Parteien hatten jedoch eine Vereinbarung abgeschlossen, nach der „präzisiert wird, dass der Investor Schweizerisch ist".[911] Das Schiedsgericht ging zwar nicht ausdrücklich auf die Problematik ein, nahm aber seine Zuständigkeit an und akzeptierte damit konkludent die Wirkung der Parteivereinbarung.[912]

---

907 Die aktuelle Musterschiedsvereinbarung des ICSID ist abrufbar unter https://icsid.worldbank.org/ICSID/FrontServlet?actionVal=ModelClauses&requestType=ICSIDDocRH (zuletzt abgerufen am 28. Februar 2013).

908 *Schreuer*, The ICSID Convention, Art. 25 Rn. 710.

909 Vgl. *Amerasinghe*, J. Mar. L. & Com. 1973-1974, 211, 228-230; *Amerasinghe*, Indian J. Int' L. 1979, 166, 223.

910 *Maritime International Nominees Establishment v. The Republic of Guinea*, ICSID Case No. ARB/84/4, Award, 6. Januar 1988, auszugsweise abgedruckt in: Y.B. Comm. Arb'n 1989, 82.

911 Vgl. *Delaume*, AJIL 1983, 784, 793-394; *Shifman*, Geo. Wash. J. Int'l L. & Econ. 1981-1982, 451, 459 (fn. 70).

912 Angesichts der Umstände des Falles konnte nicht davon ausgegangen werden, dass dem Schiedsgericht diese Problematik entgangen war. Es hätte zudem auch gem. Art. 41 Abs. 1 ICSID-Abkommen i. V. m. Rule 41(2) ICSID Arbitration Rules von sich aus jederzeit diese Zuständigkeitsfrage problematisieren können, *Schreuer*, The ICSID Convention, Art. 25 Rn. 714.

Eine Vereinbarung über die Staatszugehörigkeit des Investors kann auch konkludent abgeschlossen werden.[913] Wenn direkt zwischen einem Staat und einem Investor die Unterwerfung unter die ICSID-Schiedsgerichtsbarkeit vereinbart wird, dann enthält diese Vereinbarung konkludent auch die Bestimmung, dass der Investor die Voraussetzungen des ICSID-Abkommens an die Staatszugehörigkeit erfüllt.[914] Voraussetzung ist allerdings, dass der Staat ausdrücklich mit einem konkreten Investor eine solche Schiedsvereinbarung trifft und zu diesem Zeitpunkt alle Umstände kennt, die zur Staatszugehörigkeit des Investors gehören. Dies kann regelmäßig nicht der Fall sein, wenn das Angebot des Staates, sich der Schiedsgerichtsbarkeit zu unterwerfen, lediglich an die Allgemeinheit gerichtet, in einem BIT oder nationalen Investitionsschutzgesetz enthalten ist und sich nicht auf einen konkreten Investor bezieht.[915]

bb) Juristische Personen des Gaststaates

Mit Art. 25 Abs. 2(b) Var. 2 ICSID-Abkommen („*any juridical person* [...] *which had the nationality of the Contracting State party to the dispute on that date and which, because of foreign control, the parties have agreed should be treated as a national of another Contracting State for the purposes of this Convention.*") soll einem Problem begegnet werden, dass sich aus widersprüchlichen Anforderungen an Investitionen durch juristische Personen ergibt: Einerseits setzten viele Investitionsschutzabkommen nach der Inkorporationstheorie oder Sitztheorie die Gründung oder den Sitz der Investor-Gesellschaft im Heimatstaat voraus. Andererseits verlangen Staaten oft gleichzeitig in ihrem jeweiligen nationalen Investitionsrecht oder in Investor-Staat-Verträgen, dass die Investitionen auf ihrem Territorium durch in der Regel zu diesem Zweck gegründete örtliche Unternehmen durchgeführt werden. Dies würde dann regelmäßig dazu führen, dass die lokalen Unternehmen aus dem Schutzbereich des Investitionsschutzabkommens fallen würden, da sie im Gaststaat und nicht im Heimatstaat registriert sind. Schiedsklagen dieser Gesellschaften wären dann unzulässig.

Das ICSID-Abkommen sieht als eine Lösung dieses Problems die Möglichkeit der Vereinbarung der Behandlung inländischer Gesellschaften als ausländische Gesellschaft gem. Art. 25 Abs. 2(b) Var. 2 ICSID-Abkommen vor. Die

913 *Schreuer*, The ICSID Convention, Art. 25 Rn. 716.

914 *Broches*, Selected Essays, S. 200; vgl. auch *Szasz*, Journal of Law and Economic Development 1970–1971, 23, 34.

915 *Schreuer*, The ICSID Convention, Art. 25 Rn. 716.

praktische Bedeutung dieser Regelung ist hoch. Sie wurde bereits in dem ersten ICSID Verfahren *Holiday Inns v. Morocco*[916] diskutiert.

Voraussetzung von Art 25. Abs. 2 b Var. 2 ICSID-Abkommen ist zunächst eine entsprechende Vereinbarung zwischen Gaststaat und Investor. Eine solche Vereinbarung kann etwa in einem Investor-Staat-Vertrag über die Investition enthalten sein. Möglich ist aber ausnahmsweise auch, dass sie nach dem Vertragszweck eines Investor-Staat-Vertrags stillschweigend mit vereinbart wurde.[917] Eine solche Ausnahme dürfte etwa vorliegen, wenn ein Gaststaat mit einer zu diesem Zweck gegründeten lokalen Investor-Gesellschaft Parteien in einem Investor-Staat-Vertrag in dieser Konstellation lediglich eine formularmäßige ICSID-Schiedsklausel vereinbart, ohne ausdrücklich die Behandlung der lokalen Investor-Gesellschaft als ausländische Gesellschaft festzulegen, so wird dies als konkludente Vereinbarung nach Art. 25 Abs. 2(b) Var. 2 ICSID-Abkommen gelten müssen. Andernfalls würde die ICSID-Schiedsklausel ins Leere gehen. Dies entspricht jedoch offensichtlich nicht dem Willen der Parteien, die diese Schiedsklausel aufgenommen haben.

Angesichts der weiten Verbreitung von internationalen Investitionsschutzabkommen wird es jedoch häufig an einem individuellen Investor-Staat-Vertrag oder an einer gesonderten Schiedsklausel fehlen. Folglich fehlt es dann auch oft an einer individuellen Vereinbarung zur Behandlung der Investor-Gesellschaft. Um in diesen Fällen dennoch die Anwendung der Investitionsschutzabkommen zu ermöglichen und den Weg zur Investor-Staat-Schiedsgerichtsbarkeit zu eröffnen, enthalten einige Investitionsschutzabkommen selbst bereits eine Regelung

---

916 *Holiday Inns S.A. and others v. Morocco*, ICSID Case No. ARB/72/1, unveröffentlicht, aber in Auszügen diskutiert bei *Lalive*, BYIL 1980, 123, 138 ff. („*The practical importance of this provision need not be emphasized: whenever an investment is made, the creation of a juridical person of local law is likely or even bound to result.*").

917 So entschied das Schiedsgericht in *Holiday Inns S.A. and others v. Morocco*, ICSID Case No. ARB/72/1, unveröffentlicht, aber in Auszügen wiedergegeben bei *Lalive*, BYIL 1980, 123, 146 (Rn. 33 des Schiedsurteils) („*The question arises, however, whether such an agreement must be expressed or whether it may be implied. The solution which such an agreement is intended to achieve constitutes an exception to the general rule established by the Convention, and one would expect that parties should express themselves clearly and explicitly with respect to such a derogation. Such an agreement should therefore normally be explicit. An implied agreement would only be acceptable in the event that the specific circumstances would exclude any other interpretation of the intention of the parties, which is not the case here.*").

im Sinne von Art. 25 Abs. 2 b ICSID-Abkommen.[918] Diese wird damit Teil des Angebots des Staates an potentielle Investor-Kläger, sich der Schiedsgerichtsbarkeit zu unterwerfen. Nimmt der Investor-Kläger dieses Angebot mit Einreichung der Schiedsklage an, nimmt er damit auch das Angebot an, die inländische Investor-Gesellschaft als ausländisch im Sinne von Art. 25 Abs. 2 b Var. 2 ICSID-Abkommen zu behandeln.

Allerdings setzt Art. 25 Abs. 2 b Var. 2 ICISD Abkommen neben einer Vereinbarung zwischen den Parteien noch eine weitere Voraussetzung, nämlich die „ausländische Kontrolle" der inländischen Investor-Gesellschaft, voraus.[919] Die Kontrolle muss aus einem Vertragsstaat des ICSID-Abkommens heraus ausgeübt werden. Ob ein Fall der ausländischen Kontrolle vorliegt oder nicht ist eine komplexe Frage, die im Einzelfall festgestellt werden muss. Der Besitz von Aktien oder Anteilen der kontrollierten Gesellschaft ist dabei nur einer von mehreren Anhaltspunkten.[920] Ein notwendiger Mindestanteil kann nicht

918 So bspw. Art. 26 Abs. 7 ECT („*An Investor other than a natural person which has the nationality of a Contracting Party party to the dispute on the date of the consent in writing referred to in paragraph (4) and which, before a dispute between it and that Contracting Party arises, is controlled by Investors of another Contracting Party, shall for the purpose of article 25(2)(b) of the ICSID Convention be treated as a ‚national of another Contracting State‘* […]") und Art. VII Abs. 5 des USA-Bangladesh BITs (1986) („*For the purposes of this Article, any company legally constituted under the applicable laws and regulations of either Party or political subdivision thereof but that, immediately before the occurrence of the event or events giving rise to the dispute, was an investment of nationals or companies of the other Party, shall, in accordance with Article 25(2)(b) of the Convention, be treated as a national or company of such other Party. This Article shall not apply to an investment dispute between a Party and a national of that Party.*"); *Dolzer/Stevens*, Bilateral Investment Treaties, S. 142.

919 *Liberian Eastern Timber Corporation (LETCO) v. The Government of the Republic of Liberia*, ICSID Case No. ARB/83/2, Award, 31. März 1986, ILM 1987, 647, 652 („*In order to exercise jurisdiction the Tribunal must determine that, because of French control, the Government of Liberia agreed to treat LETCO as a French national.*"); *Autopista Concesionada de Venezuela, C.A. v. Bolivarian Republic of Venezuela*, ICSID Case No. ARB/00/05, Decision on jurisdiction, 27. September 2001, Rn. 104 („*Hence, locally incorporated companies may agree to ICSID arbitration subject to two requirements: The parties have agreed to treat the said company as a national of another Contracting State for the purposes of this Convention; and the said company is subject to foreign control.*") und 105–134.

920 *Dolzer/Schreuer*, Principles of International Investment Law, S. 54.

abstrakt bestimmt werden.[921] Zu berücksichtigen sind auch Faktoren wie die Gewinn- und Verlustverteilung, Stimmrechte sowie Organisation und Management.[922]

Kommt das Schiedsgericht zu dem Schluss, dass keine ausländische Kontrolle vorliegt, weist es die Klage als unzulässig ab. So klagte in *Vacuum Salt v. Ghana*[923] eine in Ghana gegründete und registrierte Investor-Gesellschaft. Ein Investor-Staat-Vertrag zwischen dieser Gesellschaft und Ghana enthielt eine ICSID-Schiedsklausel. Das Schiedsgericht stellte zwar zunächst fest, dass damit zwischen den Parteien konkludent auch eine Abrede getroffen war, die Investor-Gesellschaft als ausländische Gesellschaft zu behandeln. Darüber hinaus müsse jedoch als weitere objektive Voraussetzung auch die „ausländische Kontrolle" des Investors vorliegen:

> „[...] the parties' agreement to treat Claimant as a foreign national ‚because of foreign control' does not ipso jure confer jurisdiction. The reference in Article 25 Abs. 2 b to ‚foreign control' necessarily sets an objective Convention limit beyond which ICSID jurisdiction cannot exist and parties therefore lack power to invoke same no matter how devoutly they may have desired to do so."[924]

In dem Fall konnte das Schiedsgericht keine ausreichende „ausländische Kontrolle" feststellen und lehnte daher seine Zuständigkeit ab.[925]

---

921 So das Schiedsgericht in *Vacuum Salt Products Limited v. Republic Ghana*, ICSID Case No. ARB/92/1, Award, 16. Februar 1994, Rn. 43 („*The Tribunal notes, and itself confirms, that ‚foreign control' within the meaning of the second clause of Article 25(2)(b)does not require, or imply, any particular percentage of share ownership. Each case arising under that clause must be viewed in its own particular context, on the basis of all of the facts and circumstances. There is no ‚formula.' It stands to reason, of course, that 100 percent foreign ownership almost certainly would result in foreign control, by whatever standard, and that a total absence of foreign share- holding would virtually preclude the existence of such control. How much is ‚enough,' however, cannot be determined abstractly.*").

922 Auf Stimmrechte und Anteilsrechte und die daraus reslutierende Managementstruktur stellte das Schiedsgericht in *Aguas del Tunari, S.A. v. Republic of Bolivia*, ICSID Case No. ARB/02/3, Decision on Respondent's objection to jurisdiction, 21. Oktober 2005, Rn. 315–323 ab.

923 *Vacuum Salt Products Limited v. Republic Ghana*, ICSID Case No. ARB/92/1, Award, 16. Februar 1994.

924 Ebd., Rn. 36.

925 Ebd., Rn. 35–55, insb. Rn. 54 („*Simply stated, accepting jurisdiction in the particular circumstances of this case, in our view, ‚would permit parties to use the Convention for purposes for which it was clearly not intended.' We do not find here indications of*

Für Verfahren vor der *ICSID-Additional Facility* ergeben sich für juristische Personen als Investor keine Besonderheiten; die *Additional Facility Rules* verwenden keine eigene Definition für juristische Personen, sondern stellen in Art. 2 einheitlich auf den Begriff des *„national of another State"* ab. Dieser Begriff wird in Art. 1 Abs. 6 definiert als *„person who is not, or whom the parties to the proceeding in question have agreed not to treat as, a national of the State party to that proceeding"*. Für juristische Personen die nicht zur staatlichen Streitpartei gehören oder zu ihr gehören, aber nach einer Vereinbarung der Parteien trotzdem dem Anwendungsbereich unterfallen sollen, gilt entsprechend dasselbe, wie für das ICSID-Abkommen festgestellt.

b) Energy Charter Treaty

Auch in der Investordefinition des ECT werden juristische Personen erwähnt. In Art. 1 Abs. 7 ECT heißt es:

> „‚Investor' means:
> (a) with respect to a Contracting Party:
> [...]
> (ii) a company or other organization organized in accordance with the law applicable in that Contracting Party; [...]"

Voraussetzung ist damit zunächst lediglich die Gründung nach dem Recht des jeweiligen ECT-Vertragsstaates. Jede Art von Gesellschaft oder Organisation kann Investor sein, auch Gesellschaften oder Organisationen die nach nationalem Recht nicht rechtsfähig sind.[926]

Nach Art. 26 ECT steht der Streitbeilegungsmechanismus allerdings nur „Investoren eines anderen Vertragsstaates" (*„Investor of another Contracting Party"*) offen, sodass auch nach dem ECT die Staatszugehörigkeit zu bestimmen ist. Aus dem Wortlaut des Art. 1 Abs. 7(a)(ii), der auf die Gründung der juristischen Person Bezug nimmt, und der Tatsache, dass der ECT an keiner Stelle auf einer der anderen Theorien Bezug nimmt, wird geschlussfolgert, dass hierzu allein auf die Inkorporationstheorie abzustellen ist.[927]

---

foreign control of Vacuum Salt such as to justify regarding it as a national of an ICSID Contracting State other than Ghana.").

926 Vgl. *Wolfgram*, Investitionsschiedsgerichtsbarkeit, S. 19 f.

927 *Wolfgram*, Investitionsschiedsgerichtsbarkeit, S. 21; vgl. auch *Schreuer*, The ICSID Convention, Art. 25 Rn. 722.

Die Anwendung der Inkorporationstheorie führt zu unbefriedigenden Ergebnissen, wenn im Gaststaat gegründete juristische Personen vom Anwendungsbereich des ECT ausgeschlossen werden, obwohl nationalen Investitionsbestimmungen oft die Gründung lokaler Gesellschaften oder *Joint Ventures* zwingend voraussetzen.[928] In diesen Fällen könnten dann nur die Muttergesellschaften im Ausland Ansprüche nach dem ECT geltend machen, soweit sie selbst die Anforderungen an juristische Personen erfüllen; die Investition durch die Tochtergesellschaft wird dazu der ausländischen Muttergesellschaft als Investor zugerechnet.[929]

Alternativ ermöglicht Art. 26 Abs. 7 ECT für ICSID und *ICSID Additional Facility*-Verfahren, dass die inländische Tochtergesellschaft selbst ihre Rechte geltend macht:

> „An Investor other than a natural person which has the nationality of a Contracting Party party to the dispute on the date of the consent in writing referred to in paragraph (4) and which, before a dispute between it and that Contracting Party arises, is controlled by Investors of another Contracting Party, shall for the purpose of article 25(2) (b) of the ICSID Convention be treated as a ‚national of another Contracting State' and shall for the purpose of article 1(6) of the Additional Facility Rules be treated as a ‚national of another State'."

Investorengesellschaften, die die Staatszugehörigkeit des Gasstaates haben, aber von ausländischen Investoren eines anderen Vertragsstaates kontrolliert werden, gelten hiernach als Staatszugehörige des anderen Vertragsstaates i. S. d. Art. 25 Abs. 2 b ICSID-Abkommen oder als Staatszugehörige eines anderen Staates i. S. d. Art. 1 Abs. 6 *Additional Facility Rules*. Art. 26 Abs. 7 ECT enthält in diesem Fall die besondere Vereinbarung über die Staatszugehörigkeit, die das ICSID-Abkommen voraussetzt. Die Regelung stellt allerdings nur sicher, dass die Voraussetzungen des ICSID-Abkommens und der *ICSID Additional Facility* Rules erfüllt werden, eine darüber hinausgehende Wirkung hat sie nicht, insbesondere macht sie inländische juristische Personen nicht insgesamt im Rahmen des ECT zur Investoren einer anderen Vertragspartei.[930]

---

928 Vgl. *Wolfgram*, Investitionsschiedsgerichtsbarkeit, S. 22.

929 Vgl. *Wälde*, JWIT 2004, 373, 410.

930 Vgl. *Swaak-Goldman*, Am. Rev. Int'l Arb. 1995, 317, 323; dies belegt auch der Wortlaut des Art. 26 Abs. 7 ECT, der die Fiktion der ausländischen Staatszugehörigkeit auf die ICSID-Verfahren beschränkt („[…] *shall for the purpose of article 25(2)(b) of the ICSID Convention be treated as a ‚national of another Contracting State' and shall for the purpose of article 1(6) of the Additional Facility Rules be treated as a ‚national of another State'*").

Hinsichtlich der Art und des Grades der erforderlichen Kontrolle kann sinngemäß auf das *Understanding* Nr. 3 zu Art. 1 Abs. 6 ECT[931] abgestellt werden. Hiernach bedeutet Kontrolle die indirekte oder direkte tatsächliche Kontrolle. Sie ist in jedem Einzelfall festzustellen, wobei insbesondere die Kapitalbeteiligung des Investors, sein Einfluss auf das Management und die Auswahl der Geschäftsführer zu berücksichtigen sind. Erforderlich ist, dass der ausländische Investor dergestalt beteiligt ist, dass er wesentlichen Einfluss auf das Management, die Geschäftstätigkeit und die Auswahl der Geschäftsführungsgremien hat. Die Höhe der Kapitalbeteiligung die hierzu notwendig ist, ist nicht festgelegt; eine Minderheitsbeteiligung soll ausreichen.[932] Denn auch mit einer Sperrminorität - deren genaue Höhe vom nationalen Gesellschaftsrecht abhängt - lassen sich Einfluss auf die Geschäftsführung und Geschäftstätigkeit ausüben und damit die weiteren Anforderungen erfüllen.

Der Investorbegriff des ECT ist im Zusammenhang mit der *Denial of benefits*-Klausel in Art. 17 Abs. 2 ECT zu betrachten:

> „Each Contracting Party reserves the right to deny the advantages of this Part to:
>
> (1) a legal entity if citizens or nationals of a third state own or control such entity and if that entity has no substantial business activities in the Area of the Contracting Party in which it is organized; or [...]"

Hiernach kann die Anwendung des dritten Abschnitts des ECT, der die materiellen Investitionsschutzregeln enthält, solchen Investoren verweigert werden, die durch Anteilsinhaber in Drittstaaten kontrolliert werden und in ihrem Gründungsstaat selbst keine nennenswerte Geschäftstätigkeit entfalten. Durch diese Regelung wird dem Missbrauch des ECT durch Gründung von Zweckgesellschaften in ECT-Vertragsstaaten zum Zwecke der Erlangung eines besseren Investitionsschutzes nach dem ECT vorgebeugt. Die *Denial of benefits*-Klausel

---

931 Die *Understandings* sind als Teil IV Bestandteil der Schlussakte der Konferenz über die Europäische Energiecharta und geben das gemeinsame Verständnis der Vertreter der Teilnehmerstaaten zu bestimmten Aspekten des ECT wieder. Sie können insoweit als systematische Auslegungshilfe gem. Art. 31 Abs. 2 lit. a WVK herangezogen werden, vgl. *Wälde*, JWIT 2004, 373, 380.

932 *Wolfgram*, Investitionsschiedsgerichtsbarkeit, S. 23. Teilweise wird schon eine 10 %ige Beteiligung für ausreichend erachtet, teilweise 25 % gefordert, vgl. *Häde*, AVR 1997, 181, 182. Nach § 56 a Außenwirtschaftsverordnung (AWV) ist in Deutschland die Beteiligung an ausländischen Unternehmen, deren Bilanzsumme oder Betriebsvermögen 3 Mio. € überschreitet, bei der Bundesbank meldepflichtig, wenn sie 10 % überschreitet.

schließt allerdings nur den materiellen Investitionsschutz aus. Die Streitschlichtungsklausel des ECT in Art. 26 ist hiervon nicht umfasst, denn sie befindet sich in Abschnitt V. Hierdurch bleibt die Einleitung eines Investor-Staat-Schiedsgerichtsverfahrens möglich, wodurch die Ausübung und Wirkung der *Denial of benefits*-Klausel durch das Schiedsgericht überprüfbar gemacht wird.

c) North American Free Trade Agreement

Nach Art. 1139 NAFTA können „Investor einer Vertragspartei" neben Staatsangehörigen auch juristische Personen sein, nämlich die Vertragsstaaten selbst („Party"), Staatsunternehmen („*state enterprise*") und Unternehmen eines Vertragsstaates („*enterprise of such Party*").[933]

Zu den Vertragsstaaten selbst enthält das NAFTA keine weiteren Ausführungen, die allerdings auch nicht notwendig sind, da diese unproblematisch zu identifizieren und keine Abgrenzungsschwierigkeiten vorstellbar sind.

Der Begriff des Unternehmens eines Vertragsstaates wird hingegen in mehreren Schritten näher definiert. In Art. 1139 NAFTA wird hierzu über einen Verweis auf die Definition in Art. 201 im allgemeinen Teil des NAFTA zunächst der Begriff des Unternehmens festgehalten:

> „enterprise means an ‚enterprise' as defined in Article 201 (Definitions of General Application), and a branch of an enterprise;"

Art. 201 NAFTA lautet:

> „enterprise means any entity constituted or organized under applicable law, whether or not for profit, and whether privately-owned or governmentally-owned, including any corporation, trust, partnership, sole proprietorship, joint venture or other association;"

Dieser Begriff ist sehr weit und umfasst alle juristischen Personen. Einzige Voraussetzung ist die Gründung nach dem Recht des jeweiligen Gründungsstaates. Hierdurch wird bereits auf die Gründungstheorie Bezug genommen. Gewinnerzielungsabsicht, staatliche oder private Eigentümerschaft und Gesellschaftsform sind hingegen unerheblich.

Sodann wird hierauf aufbauend in Art. 1139 NAFTA der Begriff des „Unternehmens eines Vertragsstaats" bestimmt:

> „enterprise of a Party means an enterprise constituted or organized under the law of a Party, and a branch located in the territory of a Party and carrying out business activities there."

---

933 Art. 1139 NAFTA lautet auszugsweise: „[...] *investor of a Party means a Party or state enterprise thereof, or a national or an enterprise of such Party, that seeks to make, is making or has made an investment* [...]".

Hieraus ergibt sich die Anwendung der Gründungstheorie im Rahmen des NAFTA.[934] Nur diejenigen Unternehmen, die nach dem Recht des jeweiligen Vertragsstaats gegründet wurden, fallen unter den Anwendungsbereich des Investitionsschutzkapitels. Darüber hinaus werden auch Niederlassungen unter den zusätzlichen Voraussetzungen mit einbezogen, dass sie sich im Gebiet eines Vertragsstaates befinden und dort Geschäftstätigkeit entfalten.

Das NAFTA enthält allerdings auch eine umfangreiche *Denial of benefits-Klausel* in der auf Elemente der Sitz- und Kontrolltheorie abgestellt wird, um problematische Ergebnisse aus der reinen Anwendung der Gründungstheorie zu kompensieren. Gemäß Art. 1113 NAFTA dürfen die Vertragsstaaten Investoren, die im Eigentum von Investoren aus Drittstaaten stehen oder von diesen kontrolliert werden, unter bestimmten Umständen die Anwendung der Investitionsschutzregelungen des NAFTA Abkommens verweigern:

> „1. A Party may deny the benefits of this Chapter to an investor of another Party that is an enterprise of such Party and to investments of such investor if investors of a non-Party own or control the enterprise and the denying Party: (a) does not maintain diplomatic relations with the non-Party; or (b) adopts or maintains measures with respect to the non-Party that prohibit transactions with the enterprise or that would be violated or circumvented if the benefits of this Chapter were accorded to the enterprise or to its investments.
>
> 2. Subject to prior notification and consultation [...] a Party may deny the benefits of this Chapter to an investor of another Party that is an enterprise of such Party and to investments of such investors if investors of a non-Party own or control the enterprise and the enterprise has no substantial business activities in the territory of the Party under whose law it is constituted or organized."

Nach Abs. 1 können somit Investor-Gesellschaften vom Anwendungsbereich ausgeschlossen werden, die von Investoren aus Drittstaaten kontrolliert werden, zu denen der jeweilige NAFTA-Vertragsstaat keine diplomatischen Beziehungen unterhält oder denen gegenüber er Sanktionen oder Handelsbeschränkungen erlassen hat. Die Bestimmung dient damit der Umsetzung der allgemeinen Außen- und Außenhandelspolitik der Vertragsstaaten im Investitionsbereich und verhindert, dass durch die Gründung eines Unternehmens in einem Vertragsstaat entsprechende Politiken umgangen werden. Nach Abs. 2 kann hingegen die Anwendung verweigert werden, wenn die Investorgesellschaft von Investoren eines Drittstaates kontrolliert wird und keine nennenswerte Geschäftstätigkeit in dem Vertragsstaat entfaltet, in dem sie gegründet wurde. Damit wird dem Missbrauch der Gründungstheorie durch die Errichtung von Zweckgesellschaften vorgebeugt,

934 Vgl. auch *Sidhu*, Direktinvestitionen in der WTO, S. 48, Fn. 68.

die lediglich zu dem Zweck errichtet wurden, in den Genuss des NAFTA-Schutzes zu kommen.

d) *Mercado Común del Sur*

Auch die Investitionsschutzregeln des Mercosur regeln den Investorbegriff im Hinblick auf juristische Personen. Art. 1 Abs. 2 des Protokolls von Colonia definiert für juristische Personen:

> „El término ‚inversor' designa:
> a) toda persona física [...]
> b) toda persona jurídica constituída de conformidad con las leyes y reglamentaciones de una Parte Contratante y que tenga su sede en el territorio de dicha Parte Contratante.
> c) las personas jurídicas constituídas en el territorio donde se realiza la inversión, efectivamente controladas, directa o indirectamente, por personas físicas o jurídicas definidas en a) y b)."[935]

Die Definition schließt zunächst alle juristischen Personen ein („*toda persona jurídica*"), die entweder nach dem Recht eines Vertragsstaates gegründet wurden und ihren Sitz in demselben Vertragsstaat haben oder in dem Gaststaat der Investition gegründet wurden und direkt oder indirekt durch natürliche oder juristische Personen aus einem anderen Vertragsstaat kontrolliert werden.[936] Die natürlichen oder juristischen Personen, die die Kontrolle ausüben, müssen dann jeweils wieder die Investordefinition vollständig erfüllen. Im Falle einer juristischen Person muss diese also im ausländischen Vertragsstaat rechtmäßig gegründet und dort ansässig sein.

Damit wird eine Kombination aus Gründungs- und Sitz- sowie ergänzend der Kontrolltheorie angewandt. Durch das zusätzliche Abstellen auf das Sitzkriterium wird der Missbrauch der Gründungstheorie verhindert, die ansonsten die Gründung und die anschließende Verlagerung der Investor-Gesellschaft erlauben

---

935 *Protocolo de Colonia para la Promoción y Protección Recíproca de Inversiones en el MERCOSUR* vom 17. Januar 1994, Mercosur Common Market Council Decision No. 11/93, abrufbar unter http://www.mercosur.int/t_ligaenmarco.jsp?contentid=4823&site=1&channel=secretaria (zuletzt abgerufen am 12. November 2012). Eine englische Übersetzung hat Brasilien unter http://www.cvm.gov.br/ingl/inter/mercosul/coloni-e.asp (zuletzt abgerufen am 20. Februar 2013) veröffentlicht („*b) any firm constituted under the laws and regulation of a Contracting Party and which headquarters are situated in the same Member State; c) any firm established in the state where the investment is made which are effectively controlled either directly or indirectly by firms or individuals as defined in ‚a' or ‚b' above.*").

936 Vgl. *Fuders*, Die Wirtschaftsverfassung des Mercosur, S. 313.

würde. Durch die Erweiterung auf Gesellschaften des Gaststaates unter Heranziehung der Kontrolltheorie wird das praktische Erfordernis der Gründung lokaler Unternehmen berücksichtigt. Art und Grad der notwendigen Kontrolle werden nicht näher definiert. Allerdings lässt sich aus dem Erfordernis der „tatsächlichen“ Kontrolle („*efectivamente*“) schließen, dass die Muttergesellschaft oder die ausländischen Anteilseigner tatsächlich in der Lage sein müssen, Einfluss auf die Tochtergesellschaft auszuüben. Dazu wird jedenfalls eine Sperrminorität oder ein entsprechender Einfluss über Stimmrechte oder Managementstrukturen erforderlich sein.

Wie natürliche Personen müssen auch juristische Personen, die diese Voraussetzungen erfüllen, um ein Investor-Staat-Schiedsgerichtsverfahren einleiten zu können, aus anderem Vertragsstaat stammen, als demjenigen, in dem die Investition getätigt wurde (Art. 9 Abs. 1 des Protokolls von Colonia).

Gemäß Art 2(A)(2)(b) und (c) sowie Art. 2(H)(1) des noch nicht in Kraft getretenen Protokolls von Buenos Aires gelten entsprechende Regelungen für Investoren aus Drittstaaten im Anwendungsbereich dieses Protokolls auch im Hinblick auf juristische Personen.[937] Abgestellt wird dabei stets auf die Gründung und den Sitz in einem Vertragsstaat oder in einem Drittstaat.

e) *Association of Southeast Asian Nations*

Das ACIA vom 6. Februar 2009 führt in Art. 4(g) auch den Begriff der juristischen Person weiter aus:

> „‚juridical person‘ means any legal entity duly constituted or otherwise organised under the applicable law of a Member State, whether for profit or otherwise, and whether privately-owned or governmentally-owned, including any enterprise, corporation, trust, partnership, joint venture, sole proprietorship, association, or organisation;“

Auch nach dieser Definition sind damit zunächst alle juristischen Personen, die ordnungsgemäß nach dem Recht eines Mitgliedsstaates gegründet sind, unabhängig von Gewinnerzielungsabsicht, privater oder staatlicher Eigentümerschaft und Gesellschaftsform, vom Investorbegriff umfasst. Investor sind solche juristischen Personen gem. Art. 4(d) ACIA, wenn sie einem Vertragsstaat zugehörig sind und in einem anderen Vertragsstaat eine Investition tätigen oder getätigt haben. Damit stellt das ACIA allein auf die Gründungstheorie ab.

Den Nachteilen dieser Vorgehensweise wird durch eine umfangreiche *Denial of benefits-Klausel* in Art. 19 ACIA begegnet. Nach Art. 19 Abs. 1(a) können

---

937 Vgl. *Fuders*, Die Wirtschaftsverfassung des Mercosur, S. 321.

Mitgliedsstaaten unter bestimmten Voraussetzungen die Anwendung des Abkommens verweigern:

> „A Member State may deny the benefits of this Agreement to: (a) an investor of another Member State that is a juridical person of such other Member State and to investments of such investor if an investor of a non-Member State owns or controls the juridical person and the juridical person has no substantive business operations in the territory of such other Member State;"

Von der *Denial of Benefits*-Klausel erfasst sind demnach solche juristischen Personen, die zwar ordnungsgemäß in einem Mitgliedsstaat gegründet worden sind, aber im Eigentum oder unter der Kontrolle von Investoren aus Drittstaaten stehen und keine nennenswerte Geschäftstätigkeit in dem Gründungsstaat entfalten.

Die gleiche Möglichkeit besteht gem. Art. 19 Abs. 1(b) ACIA auch gegenüber juristischen Personen, die von Investoren aus dem eigenen Land kontrolliert werden:

> „A Member State may deny the benefits of this Agreement to: [...] (b) an investor of another Member State that is a juridical person of such other Member State and to investments of such investor if an investor of the denying Member State owns or controls the juridical person and the juridical person has no substantive business operations in the territory of such other Member State;"

Damit kann auch denjenigen juristischen Personen gegenüber die Anwendung verweigert werden, die zwar ordnungsgemäß in einem (anderen) Mitgliedsstaat gegründet worden sind, aber im Eigentum oder unter der Kontrolle eines Investors des Gaststaates stehen, der die Anwendung des Abkommens verweigern möchte, und keine nennenswerte Geschäftstätigkeit in dem Gründungsstaat entfalten.

Außerdem kann ein Mitgliedsstaat die Anwendung auch verweigern, wenn ein Investor von Investoren eines Drittstaates kontrolliert wird zu dem der Gaststaat keine diplomatischen Beziehungen unterhält (Art. 19 Abs. 1(c)) und wenn ein Investor seine Investition unter Verletzung der nationalen Investitionsbestimmungen vornimmt (Art. 19 Abs. 2).

Das ACIA definiert dabei in Art. 19 Abs. 3 jeweils genau, wann eine juristische Person im Eigentum eines Investors steht oder von ihm kontrolliert wird:

> „A juridical person is:
> (a) ‚owned' by an investor in accordance with the laws, regulations and national policies of each Member States;
> (b) ‚controlled' by an investor if the investor has the power to name a majority of its directors or otherwise to legally direct its actions."

Während zur Bestimmung des Eigentums auf das jeweilige nationale Recht verwiesen wird, richtet sich die Kontrolle nach der tatsächlichen Einflussnahme, insbesondere nach der Fähigkeit die Geschäftsführung mehrheitlich zu besetzen.

Im Übrigen gelten für juristische Personen die gleichen Voraussetzungen, wie für natürliche Personen: Um sich auf den Streitbeilegungsmechanismus des ACIA berufen zu können, müssen sie „Investor eines anderen Mitgliedstaates" sein und durch die angebliche Verletzung von durch das Abkommen gewährten Rechten einen Verlust oder Schaden erlitten haben (Art. 29 Abs. 1). Sie können dann nach den Art. 32 ff. als „Investor einer Streitpartei" gem. Art. 28(b) entweder eigene Ansprüche oder Ansprüche einer juristischen Person des anderen Vertragsstaates, die sie besitzen oder kontrollieren, geltend machen.

Die Definition des ACIA ist damit unter alleiniger Verwendung der Gründungstheorie zunächst denkbar weit. Die Anwendung des ACIA kann jedoch durch die umfassende und sehr präzise *Denial of benefits*-Klausel verweigert werden, wenn eine einen Missbrauch nahelegende Konstellation vorliegt.

3. Definitionen des Investorbegriffs in BITs

Auch im Hinblick auf juristische Personen sollen in dieser Arbeit für die folgende Untersuchung des Investorbegriffs in BITs erneut beispielhaft der Investorbegriff in den BITs der USA und Deutschlands untersucht werden.

a) Definitionen in den BITs der Bundesrepublik Deutschland

Für die Definitionen in den deutschen BITs soll auch an dieser Stelle zuerst wieder der aktuelle Muster-BIT erörtert werden, bevor die Untersuchung auf alle derzeit in Kraft befindlichen BITs ausgedehnt wird.

aa) Aktueller Muster-BIT

In BITs ist es nicht ungewöhnlich, dass für jede der beiden Parteien im Hinblick auf das jeweilige nationale Gesellschafts- und Unternehmensrecht der Begriff des Investors unterschiedlich definiert werden kann. Auch der deutsche Muster-BIT vom 5. Dezember 2008 lässt in Art. 1 Nr. 3 Raum für unterschiedliche Definitionen des Begriffs „Investor" in Bezug auf Deutschland und den anderen Vertragsstaat. Jedem Vertragsstaat wird dadurch die Definition seiner eigenen Investoren überlassen.[938] Als Definition in Bezug auf Deutschland wird im Muster-BIT vorgegeben:

> „Im Sinne dieses Vertrages […] bezeichnet der Begriff ‚Investor'
> a) in Bezug auf die Bundesrepublik Deutschland:

---

938 *Karl*, ICSID Rev.-FILJ 1996, 1, 8, zu einem Vorläufer des aktuellen Muster-BITs, dass diese Regelungstechnik ebenfalls bereits verwendete.

- jede natürliche Person, [...];
- jede juristische Person sowie jede Handelsgesellschaft oder sonstige Gesellschaft oder Vereinigung mit oder ohne Rechtspersönlichkeit, die nach dem Recht der Bundesrepublik Deutschland oder nach dem Recht eines Mitgliedstaats der Europäischen Union oder des Europäischen Wirtschaftsraums gegründet und nach dem Recht der Bundesrepublik Deutschland organisiert ist, in der Bundesrepublik Deutschland in ein öffentliches Register eingetragen ist oder als Agentur oder Betriebsstätte in Deutschland Niederlassungsfreiheit nach Artikel 43 in Verbindung mit Artikel 48 des Vertrags zur Gründung der Europäischen Gemeinschaft genießt;

die im Rahmen einer unternehmerischen Tätigkeit im Hoheitsgebiet des anderen Vertragsstaats, gleichviel, ob die Tätigkeit auf Gewinn gerichtet ist oder nicht, Eigentümerin, Inhaberin oder Teilhaberin einer Kapitalanlage ist; [...]"

Wie bereits für natürliche Personen erörtert, können hiernach natürliche, wie juristische Personen Investor sein, sofern sie die allgemeinen, für beide Arten von Personen gleichen Voraussetzungen und die jeweiligen besonderen Voraussetzungen erfüllen. Allgemeine Voraussetzung ist die Verfolgung einer unternehmerischen Tätigkeit im Gaststaat und der Eigentümer-, Inhaber- oder Teilhaberschaft an einer Kapitalanlage (Investition).

Zu den besonderen Voraussetzungen für juristische Personen zählt zunächst die Form, die denkbar weit ist, da ein umfassender Gesellschaftsbegriff verwendet wird, der jede juristische Person, jede Handelsgesellschaft oder sonstige Gesellschaft oder Vereinigung einschließt. Dabei kommt es nicht darauf an, ob die juristische Person mit Rechtspersönlichkeit ausgestattet ist, also selbst Trägerin von Rechten oder Pflichten sein kann, oder nicht.

Weitere Voraussetzung ist die Gründung nach deutschem Recht oder die Gründung nach dem Recht eines EU-/EWR-Staates. In letzterem Fall muss die juristische Person zusätzlich entweder nach deutschem Recht organisiert sein, in Deutschland in ein öffentliches Register eingetragen sein oder als Agentur oder Betriebsstätte in Deutschland gem. Art. 43 i. V. m. Art. 48 EGV (Art. 49 i. V. m. Art. 54 AEUV) Niederlassungsfreiheit genießen. Wie bei natürlichen Personen ist auch eine Gewinnerzielungsabsicht nicht erforderlich. Da hierzu keine ausdrückliche anderweitige Regelung vorhanden ist, fallen damit zunächst auch alle Unternehmen der öffentlichen Hand in den Anwendungsbereich des Mustervertrages.[939]

Die Definition des Muster-BITs stellt damit primär auf die Gründungstheorie ab und erweitert diese, um Investoren aus anderen EU/EWR-Mitgliedstaaten einzubeziehen, soweit diese in Deutschland tätig sind.

---

939 *Von Reyher*, Bilaterale Konzepte, S. 104.

bb) In Kraft befindliche BITs

Die Untersuchung der derzeit in Kraft befindlichen deutschen Investitionsschutzverträge erfolgt auch im Hinblick auf juristische Personen unter Verwendung der bereits entwickelten Differenzierung nach Generationen.[940]

(1) Die erste Generation

In den älteren deutschen Investitionsschutzverträgen der ersten Generation[941] werden juristische Personen als Investoren ganz überwiegend getrennt und mit unterschiedlichem Inhalt für beide Vertragsstaaten definiert. Während der Investorbegriff mit geringen redaktionellen Abweichungen über alle Verträge hinweg für die deutsche Seite einheitlich definiert wird, finden sich naturgemäß abhängig vom jeweiligen nationalen Gesellschaftsrecht eine Reihe von ganz unterschiedlichen landesspezifischen Definitionen für die jeweiligen Vertragsstaaten.[942]

Einheitlicher Anknüpfungspunkt ist in allen Verträgen für beide Seiten der Begriff „Gesellschaften", der ausdrücklich definiert wird. In dem ältesten deutschen BIT mit Pakistan (1959) heißt es entsprechend in Art. 8 Abs. 4:

> „Der Ausdruck ‚Gesellschaften' umfasst
>
> (a) in Bezug auf die Bundesrepublik Deutschland jede juristische Person sowie jede Handelsgesellschaft oder sonstige Gesellschaft oder Vereinigung mit oder ohne Rechtspersönlichkeit, die ihren Sitz im Hoheitsgebiet der Bundesrepublik Deutschland hat und nach deren Gesetzen rechtmäßig besteht, gleichviel, ob die Haftung ihrer Gesellschafter, Teilhaber oder Mitglieder beschränkt oder unbeschränkt und ob ihre Tätigkeit auf Gewinn gerichtet ist oder nicht; […]"

Inhaltlich identische Definitionen finden sich in Art. 8 Abs. 4[943], Art. 1 Abs. 4[944] oder Art. 1 Nr. 3[945] aller anderen Verträge der ersten Generation.[946] Kriterien

940 S. oben Abschnitt C.I.2.a)bb)(1).

941 Zur Abgrenzung der ersten Generation und zu den im Einzelnen dieser Generation zugehörigen Verträge s. oben Abschnitt C.I.2.a)bb)(1).

942 Vgl. *Banz*, Völkerrechtlicher Eigentumsschutz, S. 57.

943 So in den BITs mit Bangladesch, Benin, Elfenbeinküste, Griechenland, Guinea, Haiti, Jordanien, Kamerun, Dem. Rep. Kongo, Rep. Kongo, Rep. Korea, Liberia, Madagaskar, Malta, Mauritius, Niger, Pakistan, Ruanda, Sambia, Senegal, Sierra Leone, Sudan, Tansania, Togo, Tschad, Tunesien, Türkei, Uganda und der Zentralafrikanischen Republik.

944 So in den BITs mit Malaysia und Singapur.

945 So in den BITs mit Burundi, Dominica, Israel, Lesotho, Mali, Mauretanien, Papua-Neuguinea, Portugal, Somalia, St. Vincent and the Grenadines und Syrien.

946 Vgl. auch *Ebenroth/Bippus*, RIW 1988, 336, 337.

sind demnach, die Rechtsnatur, der Sitz, das rechtmäßige Bestehen der Gesellschaft, die Haftung und die Gewinnerzielungsabsicht. In einigen wenigen Verträgen wird diese Definition noch ergänzt oder beschränkt.

Die Art der Gesellschaft und ihre Rechtspersönlichkeit führen nach dieser Definition nicht zu Einschränkungen des Anwendungsbereichs. Geschützt sind alle juristischen Personen, Handels- und sonstige Gesellschaften und Vereinigungen mit und ohne Rechtspersönlichkeit. Eingeschlossen sind damit schon vom Wortlaut her - auch wenn dies nicht ausdrücklich erwähnt wird - auch Unternehmen der öffentlichen Hand.[947]

Erforderlich ist, dass die Gesellschaft ihren Sitz im Hoheitsgebiet Deutschlands hat. Die ersten deutschen BITs folgen damit der formellen Anknüpfungsmethode der deutschen Garantiegesetzgebung, nach der jeder „Unternehmer mit Sitz oder Wohnsitz im Gebiet der Bundesrepublik Deutschland" Gewährleistungen für seine Kapitalanlagen beantragen kann. Zur Bestimmung der Staatszugehörigkeit knüpfen sie an die zu dieser Zeit auch nach der Rechtsprechung geltende Sitztheorie an.[948]

Ausländische Gesellschaften in Drittstaaten, die von deutschen Staatsangehörigen oder Unternehmen kontrolliert werden, fallen damit nicht unter den Schutzbereich.[949] Gesellschaften mit Sitz in Deutschland an denen eine ausländische Beteiligung besteht, bleiben hingegen vom Anwendungsbereich umfasst. Auf die ausländische Kontrolle der Gesellschaft kommt es insoweit nicht an.[950]

Die Gesellschaft muss ferner nach deutschen Gesetzen „rechtmäßig bestehen". Erforderlich ist, dass die Gesellschaft zum relevanten Zeitpunkt in Deutschland rechtmäßig existiert, hingegen kommt es nicht darauf an, dass die Gesellschaft auch ursprünglich in Deutschland oder nach deutschem Recht

---

947 *Banz*, Völkerrechtlicher Eigentumsschutz, S. 57; *Alenfeld*, Investitionsförderungsverträge, S. 42. In Ziffer 9 c des Protokolls zum Abkommen mit der Türkei (1962) wird dies ausdrücklich klargestellt: „Unter die Bestimmungen des Artikels 8 Absatz 4 fallen auch alle wirtschaftlichen Unternehmen der öffentlichen Hand".

948 *Alenfeld*, Investitionsförderungsverträge, S. 41; *Banz*, Völkerrechtlicher Eigentumsschutz, S. 58.

949 Ziffer 1 der Protokolle zu den Verträgen mit Malaysia und Singapur stellt dies ausdrücklich klar: „Der Ausdruck ‚Gesellschaften' in Art. 1 Abs. 4 umfasst nicht eine Niederlassung oder Niederlassungen von juristischen Personen, Gesellschaften oder Vereinigungen, die ihren Sitz im Hoheitsgebiet eines dritten Staates haben oder nach den Rechtsvorschriften eines dritten Staates eingetragen oder errichtet sind."

950 *Banz*, Völkerrechtlicher Eigentumsschutz, S. 58.

gegründet wurde.[951] Auf die Inkorporations- oder Gründungstheorie nehmen die deutschen Verträge insoweit gerade keinen Bezug. In einigen Verträgen werden zu diesem Grundsatz jedoch explizit Ausnahmen statuiert. Die Verträge mit Malaysia (1960) und Singapur (1973) schließen alle Gesellschaften, die „nach den Rechtsvorschriften eines dritten Staates eingetragen oder errichtet sind", als Investoren aus.[952] Der Vertrag mit Liberia (1961) schließt Gesellschaften, die nach dem Recht eines Drittstaates gegründet worden sind und an denen Staatsangehörige oder Gesellschaften eines Vertragsstaates die Kapitalmehrheit halten, hinsichtlich des Grundsatzes der Inländerbehandlung und des Meistbegünstigungsprinzips ausdrücklich als geschützte Investition - nicht jedoch als Investor - in den Anwendungsbereich des Vertrags mit ein.[953]

Ausdrücklich festgehalten wird in der Musterdefinition ferner, dass die Fragen der Haftung und die Frage der Gewinnerzielungsabsicht unerheblich sind. Unabhängig von der Haftung der Eigentümer, Gesellschafter, Teilhaber oder Mitglieder und der Absicht Gewinn zu erzielen oder als *Non-Profit*-Organisation tätig zu sein, sind Gesellschaften damit vom Schutzbereich erfasst.

In Bezug auf die Gesellschaften des jeweils anderen Vertragsstaates erhalten die BITs, wie bereits eingangs erwähnt, naturgemäß eine Vielzahl unterschiedlicher Regelungen.[954] In einigen Verträgen wird die Definition in Bezug auf Deutschland auch für den jeweiligen Vertragsstaat übernommen, indem entweder ohnehin nur eine einheitliche Definition für beide Parteien verwendet wird oder zwar getrennt aber mit entsprechend wesentlich identischem Inhalt formuliert wird.[955] Die übrigen Verträge enthalten in unterschiedlichen Punkten abweichende Definitionen von den jeweiligen in Bezug auf Deutschland geltenden Definitionen.

Eine ganze Reihe von Ländern verweist zur Definition lediglich allgemein oder unter expliziter Erwähnung der entsprechenden Bestimmungen auf das

---

951 *Frick*, Bilateraler Investitionsschutz in Entwicklungsländern, S. 175; *Banz*, Völkerrechtlicher Eigentumsschutz, S. 58.

952 Ziffer 1 der Protokolle zu den Verträgen mit Malaysia und Singapur.

953 Ziffer 2 c des Protokolls zum Vertrag mit Liberia.

954 Vgl. auch *Ebenroth/Bippus*, RIW 1988, 336, 337.

955 Eine für beide Vertragsparteien gemeinsame, einheitliche Definition findet sich in den BITs mit Griechenland, Guinea, Madagaskar und Ruanda. Für beide Parteien getrennte, aber im wesentlichen inhaltsgleiche Definitionen enthalten die BITs mit Bangladesch, Burundi, Elfenbeinküste, Jordanien, Republik Kongo, Mauretanien, Portugal, Syrien, Tunesien, Türkei und Uganda.

jeweilige nationale Gesellschaftsrecht.[956] Nach den BITs mit diesen Ländern sind dann je nach Ausgestaltung des nationalen Gesellschaftsrechts, alle dort geregelten juristischen Personen zulässige Investoren. Einige Verträge beschränken jedoch auch die Art der vom Schutzbereich erfassten Gesellschaften. Die Verträge mit Niger (1964) und Senegal (1964) beziehen öffentlich-rechtliche Personen ausdrücklich mit ein.[957] Der Vertrag mit der Türkei (1962) redet von „Unternehmen der öffentlichen Hand" und schließt damit auch in privater Rechtsform geführte staatliche Unternehmen mit ein. Diese sind allerdings wohl auch in den übrigen BITs mit eingeschlossen, denn diese enthalten auch keine Regelungen aus denen sich etwas anderes oder der ausdrückliche Ausschluss öffentlicher Unternehmen ergeben würde.[958]

Nach dem BIT mit Sudan (1963) sind nur Gesellschaften mit beschränkter Haftung und nach sudanesischem Recht gegründete juristische Personen oder Personenvereinigungen vom Schutzbereich erfasst. Nach dem BIT mit Senegal (1964) sind ausdrücklich auch öffentlich-rechtliche juristische Personen, soweit sie als Aktiengesellschaft, Gesellschaft mit beschränkter Haftung oder Kommanditgesellschaft organisiert sind, als Investoren zulässig. Der BIT mit Mali (1977) schließt Personen ohne Rechtspersönlichkeit ausdrücklich aus, andere BITs schließen nur juristische Personen ein.[959] Die BITs mit Benin (1978) und Togo (1961) enthalten eine Definition, die schon eine Definition des Gesellschaftsbegriffs selbst nahe kommt und auf das Vorhandensein eines Gesellschaftsvertrag, die Verfolgung eines gemeinsamen Zweckes oder den Zusammenschluss einer bestimmten Personenzahl abstellen. Der Vertrag mit dem Tschad (1967) schließt „handwerkliche oder künstlerische Gesellschaften" ein.

Eine ganze Reihe von BITs stellt auf das Kriterium des Sitzes der Gesellschaft im Inland ab und knüpft damit an die Sitztheorie an.[960] Andere Verträge verlangen, dass die Gesellschaft nach nationalem Recht gegründet oder registriert wurde und stellen damit auf die Gründungs- oder Inkorporationstheorie ab.[961]

---

956 So die BITs mit Dominica, Lesotho, Liberia, teilweise Sierra Leone, Somalia, St. Vincent und die Grenadinen und Tansania; vgl. auch *Ebenroth/Bippus*, RIW 1988, 336, 338.

957 Vgl. auch *Alenfeld*, Investitionsförderungsverträge, S. 42.

958 *Alenfeld*, Investitionsförderungsverträge, S. 42.

959 So die BITs mit Kamerun und Senegal.

960 So die Verträge mit Benin, Haiti, Israel, Malta, Mauretanien, Niger, für Vereinigungen Sierra Leone, teilweise Sambia.

961 Auf die Gründung stellen die BITs mit Bangladesch, Haiti, Demokratische Republik Kongo und Malaysia (für juristische Personen), Panama (juristische Personen),

Einige Verträge greifen auch auf die Kontrolltheorie zurück, so der BIT mit der Zentralafrikanischen Republik (1965), der voraussetzt, dass Gesellschaften von zentralafrikanischem Kapital oder von zentralafrikanischen Staatsangehörigen kontrolliert werden.[962] Der Vertrag mit Israel (1976) setzt voraus, dass die Gesellschaft im Eigentum oder unter der Kontrolle von Personen mit ständigem Aufenthalt in Israel stehen. Das ist bemerkenswert, weil von Ausländern mit ständigem Aufenthalt in Israel dort gegründete Unternehmen damit in den Schutzbereich des BITs fallen. Dies könnten grundsätzlich auch die eigenen Staatsangehörigen des Gaststaates der Investition sein.

In den Verträgen mit Pakistan (1959), Kamerun (1962) und der Republik Korea (1964) wird ohne weitere Anforderungen lediglich vorausgesetzt, dass die juristische Person nach den Landesgesetzen rechtmäßig besteht.[963]

Zu dem in der Definition erwähnten Kriterium der Haftung der Eigentümer, Gesellschafter, Teilhaber oder Mitglieder finden sich in den BITs keine näheren Regelungen, sodass insofern keine Einschränkungen gelten und juristische Personen unabhängig von der Ausgestaltung der Haftung Investoren sein können, soweit sich nicht aus dem nationalen Gesellschaftsrecht etwas anderes ergibt.[964] Auch zur Gewinnerzielungsabsicht enthalten die Mehrzahl der BITs keine Anforderungen, sodass sie in der Regel nicht erforderlich ist. Lediglich die Verträge mit dem Niger (1964) und Togo (1961) setzen eine Gewinnerzielungsabsicht voraus; nur für privatrechtliche juristische Personen erfordert auch der BIT mit dem Senegal (1964) diese Absicht.

Insgesamt ist die überwiegende Anzahl der BITs, die von der deutschen Regelung abweichende eigene Regelungen verwenden, insbesondere durch die Verwendung der Gründungs- oder Inkorporationstheorie in ihrer Definition in Bezug auf den jeweiligen anderen Vertragsstaat eher weiter als in Bezug auf Deutschland. Eine ganze Reihe von Verträgen verwenden jedoch auch die Sitztheorie, teilweise auch in Kombination mit anderen Kriterien, und kommen so durchaus auch zu engeren Anwendungsbereichen. Bis auf wenige Ausnahmen

---

Sambia (für Gesellschaften) und Singapur (für juristische Personen, die keine Gesellschaften sind) ab. Eine Registrierung wird in den BITs mit Benin, Malaysia (für Gesellschaften mit beschränkter Haftung), Pakistan, Singapur (für Gesellschaften) und Republik Korea verlangt. Die BITs mit Sierra Leone und Mauritius setzen Gründung und Registrierung voraus.

962 Ähnlich auch der BIT mit Niger und Sambia (soweit es sich nicht um Gesellschaften handelt).

963 So die Verträge mit Pakistan, Kamerun, Rep. Korea, Mali.

964 Vgl. auch *Banz*, Völkerrechtlicher Eigentumsschutz, S. 60.

sind in aller Regel wie auch in Bezug auf Deutschland alle jeweils möglichen Gesellschaftsarten und Rechtsformen mit einbezogen. Auch die Haftung der Eigentümer oder Teilhaber und das Vorhandensein einer Gewinnerzielungsabsicht spielen bis auf wenige Ausnahmen keine Rolle.

In den unterschiedlichen Regelungen zeigt sich insgesamt auch eine erstaunliche Vielfalt, wobei die Grundelemente zwar im Wesentlichen gleich bleiben, aber stets neu kombiniert werden.

(2) Die zweite Generation

Der überwiegende Teil der BITs der zweiten Generation[965] knüpfen wie die Verträge der ersten Generation für juristische Personen an den Begriff der „Gesellschaft" an.[966] Die übrigen BITs der zweiten Generation stellen stattdessen bereits einheitlich für natürliche und juristische Personen auf den Begriff des „Investors" ab.[967] Mehrheitlich wird der Investorbegriff für beide Vertragsparteien getrennt

---

965 Zur Abgrenzung der „zweiten Generation" und zu den im Einzelnen zu dieser Generation zugehörigen Verträgen s. oben C.I.2.a)bb)(2).

966 An den Begriff der „Gesellschaft" knüpfen folgende BITs an: Bolivien (Art. 1 Nr. 4), Guayana (Art. 1 Nr. 4), Nepal (Art. 1 Nr. 4), Panama (Art. 1 Nr. 4), St. Lucia (Art. 1 Nr. 4), Uruguay (Art. 1 Nr. 4), Albanien (Art. 1 Nr. 4), Algerien (Art. 1 Nr. 4), Armenien (Art. 1 Nr. 4), Aserbaidschan (Art. 1 Nr. 4), Barbados (Art. 1 Nr. 4), Botsuana (Art. 1 Nr. 4), Brunei Darussalam (Art. 1 Nr. 5), Chile (Art. 1 Nr. 4), Costa Rica (Art. 1 Nr. 4), Ecuador (Art. 1 Nr. 4), Estland (Art. 1 Nr. 4), Gabun (Art. 1 Nr. 4), Georgien (Art. 1 Nr. 4), Honduras (Art. 1 Nr. 4), Indien (Art. 1 a), Jamaika (Art. 1 Nr. 4), Kambodscha (Art. 1 Nr. 4), Kap Verde (Art. 1 Nr. 4), Kasachstan (Art. 1 Nr. 4), Kenia (Art. 1 Nr. 4), Kirgisistan (Art. 1 Nr. 4), Kroatien (Art. 1 Nr. 4), Kuba (Art. 1 Nr. 4), Laos (Art. 1 Nr. 4), Litauen (Art. 1 Nr. 4), Mazedonien (Art 1 Nr. 3 b), Rep. Moldau (Art. 1 Nr. 4), Mongolei (Art. 1 Nr. 4), Mosambik (Art. 1 Nr. 4), Namibia (Art. 1 Nr. 4), Nicaragua (Art. 1 Nr. 4), Paraguay (Art. 1 Nr. 4), Rumänien (Art. 1 Nr. 4), Simbabwe (Art. 1 Nr. 4), Slowenien (Art. 1 Nr. 4), Sri Lanka (Art. 1 Nr. 4), Südafrika (Art. 1 Nr. 4), Swasiland (Art. 1 Nr. 4), Turkmenistan (Art. 1 Nr. 4), Ukraine (Art. 1 Nr. 4), Usbekistan (Art. 1 Nr. 4), Vietnam (Art. 1 Nr. 4), Bahrain (Art. 1 Nr. 4) und Burkina Faso (Art. 1 Nr. 4).

967 Den Begriff des „Investors" verwenden die BITs mit Ägypten (Art. 1 Abs. 2), Bulgarien (Art. 1 Nr. 3), Jugoslawien (Art. 1 Nr. 3), Polen (Art. 1 Abs. 1 c), Sowjetunion (Art. 1 Abs. 1 c), Ungarn (Art. 1 Nr. 3), Afghanistan (Art. 1 Nr. 3), Antigua und Barbuda (Art. 1 Nr. 4), Belarus (Art. 1 Nr. 3), Bosnien und Herzegowina (Art. 1 Nr. 3), El Salvador (Art. 1 Nr. 3), Guatemala (Art. 1 Nr. 3), Hongkong (Art. 1 Nr. 4), Indonesien (Art. 1 Nr. 3), Iran (Art. 1 Nr. 2), Republik Jemen (Art. 1 Nr. 3), Katar (Art. 1 Nr. 3), Kuwait (Art. 1 Nr. 3), Lettland (Art. 1 Nr. 3), Libyen (Art. 1 Nr. 3), Marokko (Art. 1 Nr. 3), Nigeria (Art. 1 Nr. 3), Saudi-Arabien (Art. 1 Nr. 3), Tschechoslowakei

definiert,[968] eine Reihe von Verträgen verwenden jedoch auch eine einheitliche Definition für beide Seiten.[969]

In Bezug auf Deutschland wird mehrheitlich eine Definition verwendet, die das Kriterium der Haftung nicht mehr ausdrücklich erwähnt, aber im Übrigen fast wortgleich zu der in der ersten Generation verwendeten Definition ist. „Gesellschaften" in Bezug auf Deutschland sind nach dieser Definition:

(Art. 1 Nr. 3), Tadschikistan (Art. 1 Nr. 3), Thailand (Art. 1 Nr. 3), und den Vereinigten Arabischen Emiraten (Art. 1 Nr. 2) sowie die noch nicht in Kraft getretenen BITs mit Brasilien (Art. 1 Nr. 3), Madagaskar 2006 (Art. 1 Nr. 3) der PLO (Art. 1 Nr. 3) und Timor-Leste (Art. 1 Nr. 3). Der BIT mit den Philippinen (Art. 1 Nr. 4) fasst unter dem Oberbegriff „Investor" „Staatsangehörige" und „Gesellschaften" zusammen und definiert dann in Art. 1 Nr. 3 „Gesellschaften".

968 Eine für beide Vertragsstaaten getrennte Definition wird verwendet in den BITs mit Bahrain (Art. 1 Nr. 4), Bolivien (Art. 1 Nr. 4), Bulgarien (Art. 1 Nr. 3), Burkina Faso (Art. 1 Nr. 4), Guayana (Art. 1 Nr. 4), Jugoslawien (Art. 1 Nr. 3), Nepal (Art. 1 Nr. 4), Panama (Art. 1 Nr. 4), St. Lucia (Art. 1 Nr. 4), Uruguay (Art. 1 Nr. 4), Afghanistan (Art. 1 Nr. 3), Albanien (Art. 1 Nr. 4), Antigua und Barbuda (Art. 1 Nr. 4), Armenien (Art. 1 Nr. 4), Aserbaidschan (Art. 1 Nr. 4), Barbados (Art. 1 Nr. 4), Bosnien und Herzegowina (Art. 1 Nr. 3), Botsuana (Art. 1 Nr. 4), Brunei Darussalam (Art. 1 Nr. 5), Chile (Art. 1 Nr. 4), Costa Rica (Art. 1 Nr. 4), Ecuador (Art. 1 Nr. 4), El Salvador (Art. 1 Nr. 3), Estland (Art. 1 Nr. 4), Gabun (Art. 1 Nr. 4), Georgien (Art. 1 Nr. 4), Honduras (Art. 1 Nr. 4), Hongkong (Art. 1 Nr. 4), Indien (Art. 1 a), Indonesien (Art. 1 Nr. 3), Jamaika (Art. 1 Nr. 4), Republik Jemen (Art. 1 Nr. 3), Kambodscha (Art. 1 Nr. 4), Kap Verde (Art. 1 Nr. 4), Kasachstan (Art. 1 Nr. 4), Katar (Art. 1 Nr. 3), Kenia (Art. 1 Nr. 4), Kirgisistan (Art. 1 Nr. 4), Kuba (Art. 1 Nr. 4), Kuwait (Art. 1 Nr. 3), Laos (Art. Nr. 4), Litauen (Art. 1 Nr. 4), Republik Moldau (Art. 1 Nr. 4), Mongolei (Art. 1 Nr. 4), Mosambik (Art. 1 Nr. 4), Namibia (Art. 1 Nr. 4), Nicaragua (Art. 1 Nr. 4), Nigeria (Art. 1 Nr. 3), Paraguay (Art. 1 Nr. 4), Rumänien 1996 (Art. 1 Nr. 4), Saudi-Arabien (Art. 1 Nr. 3), Simbabwe (Art. 1 Nr. 4), Sri Lanka 2000 (Art. 1 Nr. 4), Swasiland (Art. 1 Nr. 4), Tadschikistan (Art. 1 Nr. 3), Turkmenistan (Art. 1 Nr. 4), Ukraine (Art. 1 Nr. 4), Usbekistan (Art. 1 Nr. 4), den Vereinigten Arabischen Emiraten (Art. 1 Nr. 2), Vietnam (Art. 1 Nr. 4) und den noch nicht in Kraft getreten BITs mit Madagaskar 2006 (Art. 1 Nr. 3) und Timor-Leste (Art. 1 Nr. 3).

969 Eine für beide Vertragsstaaten einheitliche Definition verwenden die BITs mit Ägypten (Art. 1 Nr. 2 b), Polen (Art. 1 Abs. 1 c), Sowjetunion (Art. 1 Abs. 1 c), Ungarn (Art. 1 Nr. 3), Algerien (Art. 1 Nr. 4), Guatemala (Art. 1 Nr. 3 c), Iran (Art. 1 Nr. 2 b), Kroatien (Art. 1 Nr. 4), Lettland (Art. 1 Nr. 3 b), Libyen (Art. 1 Nr. 3 b), Marokko (Art. 1 Nr. 3 b), Mazedonien (Art. 1 Nr. 3 b), Slowenien (Art. 1 Nr. 4), Südafrika (Art. 1 Nr. 4), Tschechoslowakei (Art. 1 Nr. 3) und Thailand (Art. 1 Nr. 3) sowie die noch nicht in Kraft getreten BITs mit Brasilien (Art. 1 Nr. 3 b) und der PLO (Art. 1 Nr. 3 b).

„jede juristische Person sowie jede Handelsgesellschaft oder sonstige Gesellschaft oder Vereinigung mit oder ohne Rechtspersönlichkeit, die ihren Sitz im deutschen Geltungsbereich dieses Vertrages hat, gleichviel ob ihre Tätigkeit auf Gewinn ausgerichtet ist oder nicht […]".[970]

Die BITs mit Kroatien (1997), Laos (1996), Lettland (1993), Mazedonien (1996), Slowenien (1993), Südafrika (1995) und der bislang nicht in Kraft getretene Vertrag mit der PLO (2000) sowie (in leicht abgewandelter Form) auch der Vertrag mit Libyen (2004), verwenden diese Definition entsprechend angepasst („Sitz im Hoheitsgebiet der jeweiligen Vertragspartei") einheitlich für beide Vertragsparteien.[971] Auch der BIT mit Ägypten (2005) verwendet eine einheitliche Definition

---

970 So Art. 1 Nr. 4 a des Vertrags mit Bolivien. Ähnlich auch die BITs mit Guayana (Art. 1 Nr. 4 a) und Jugoslawien (Art. 1 Nr. 3 a) (der im Übrigen für Investoren jeder Art und beider Vertragsstaaten auch voraussetzt, dass in Übereinstimmung mit dem innerstaatlichen Recht Kapitalanlagen im Gebiet der anderen Vertragspartei vorgenommen werden und so die Verknüpfung zum Investitionsbegriff herstellt). Ebenso Afghanistan (Art. 1 Nr. 3 a), Albanien (Art. 1 Nr. 4 a), Antigua und Barbuda (Art. 1 Nr. 4), Armenien (Art. 1 Nr. 4 a), Aserbaidschan (Art. 1 Nr. 4 a), Bahrain (Art. 1 Nr. 4 b), Barbados (Art. 1 Nr. 4 a), Belarus (Art. 1 Nr. 3 a), Bosnien und Herzegowina (Art. 1 Nr. 3 a), Botsuana (Art. 1 Nr. 4 a), Brunei Darussalam (Art. 1 Nr. 5 b), Burkina Faso (Art. 1 Nr. 4 a), Chile (Art. 1 Nr. 4 a) und Costa Rica (Art. 1 Nr. 4 a) (allerdings mit einem Zusatz aus der Definition der Verträge der ersten Generation, nachdem die Gesellschaft gemäß der deutschen Rechtsvorschriften bestehen muss), Ecuador (Art. 1 Nr. 4 a), El Salvador (Art. 1 Nr. 3 a), Estland (Art. 1 Nr. 4 a), Gabun 1998 (Art. 1 Nr. 4 a), Georgien (Art. 1 Nr. 4 a), Honduras (Art. 1 Nr. 4 a), Hongkong (Art. 1 Nr. 4 a), Indien (Art. 1 a lit. i), Indonesien (Art. 1 Nr. b lit. ii), Jamaika (Art. 1 Nr. 4 a), Republik Jemen (Art. 1 Nr. 3 a), Kambodscha (Art. 1 Nr. 4 a), Kap Verde (Art. 1 Nr. 4 a), Kasachstan (Art. 1 Nr. 4 a), Katar (Art. 1 Nr. 3 a) (2)), Kenia (Art. 1 Nr. 4 a), Kirgisistan (Art. 1 Nr. 4 a), Kuba (Art. 1 Nr. 4 a), Laos (Art. 1 Nr. 4), Litauen (Art. 1 Nr. 4 a), Rep. Moldau (Art. 1 Nr. 4 a), Mongolei (Art. 1 Nr. 4 a), Mosambik (Art. 1 Nr. 4 b), Namibia (Art. 1 Nr. 4 a), Nicaragua (Art. 1 Nr. 4 a), Paraguay (Art. 1 Nr. 4), Philippinen (Art. 1 Nr. 3 b), Rumänien (Art. 1 Nr. 4 a), Simbabwe (Art. 1 Nr. 4 a), Sri Lanka (Art. 1 Nr. 4 a), Swasiland (Art. 1 Nr. 4 a), Tadschikistan (Art. 1 Nr. 3 a lit. ii), Turkmenistan (Art. 1 Nr. 4 a), Ukraine (Art. 1 Nr. 4 a), Usbekistan (Art. 1 Nr. 4 a) und Vietnam (Art. 1 Nr. 4 a) sowie Madagaskar (Art. 1 Nr. 3 a) und Timor-Leste (Art. 1 Nr. 3 a).

971 So die entsprechenden Regelungen in den BITs mit Kroatien (Art. 1 Nr. 4), Laos (Art. 1 Nr. 3 b), Lettland (Art. 1 Nr. 3 b), Mazedonien (Art. 1 Nr. 3 b), Nigeria (Art. 1 Nr. 3 b lit. ii), Slowenien (Art. 1 Nr. 4), Südafrika (Art. 1 Nr. 4), Libyen (Art. 1 Nr. 3 b) und der PLO (Art. 1 Nr. 3 b).

für beide Vertragsstaaten, die auf den eingetragenen Sitz oder den (tatsächlichen) Sitz abstellt.[972]

Eine Reihe von BITs verwenden auch noch unverändert die Definition aus den Verträgen der ersten Generation.[973] Der Vertrag mit Ungarn (1986) tut dies einheitlich für beide Vertragsparteien.[974] Die Verträge mit Botsuana (2000) und Uruguay (1987) formulieren diese Definition jeweils getrennt für beide Vertragsparteien.[975]

Einige der in den übrigen BITs in Bezug auf den jeweiligen Vertragsstaat Deutschlands verwendeten Definitionen lehnen sich mit geringen Abweichungen an die Definition für deutsche Investoren an oder verwenden diese sogar ohne Abweichungen selbst.[976] Andere sind komplett eigenständig formuliert. In aller Regel werden aber auch in diesen Definitionen zunächst alle Arten von juristischen Personen als Investoren zugelassen.[977]

---

972 Art. 1 Nr. 2 b des Vertrags mit Ägypten 2005.

973 Vgl. oben Abschnitt C.II.3.a)bb)(1) und Art. 8 Abs. 4 des Vertrags mit Pakistan. Die Definition der ersten Generation findet sich unverändert in den BITs mit Bulgarien (Art. 1 Nr. 3), der im Übrigen auch voraussetzt, dass nach Maßgabe des Vertrages Kapitalanlagen vorgenommen werden und so die Verknüpfung zum Investitionsbegriff herstellt, Nepal (Art. 1 Nr. 4 a), Panama (Art. 1 Nr. 4 a) und St. Lucia (Art. 1 Nr. 4 a).

974 Art. 1 Nr. 3 des Vertrags mit Ungarn.

975 Art. 1 Nr. 4 bzw. Nr. 3 der Verträge mit Botsuana und Uruguay.

976 Eine getrennte Definition, die an die deutsche Definition angelehnt ist, enthalten die BITs mit Bulgarien (Art. 1 Nr. 3), Afghanistan (Art. 1 Nr. 3 b), Albanien (Art. 1 Nr. 4 b), Estland (Art. 1 Nr. 4 b) und Kenia (Art. 1 Nr. 4 b).

977 Definitionen, die alle Arten von juristischen Personen zulassen, enthalten die BITs mit Bahrain (Art. 1 Nr. 4 a), Bolivien (Art. 1 Nr. 4 b), Bulgarien (Art. 1 Nr. 3), Burkina Faso (Art. 1 Nr. 4 b), Guayana (Art. 1 Nr. 4 b), Jugoslawien (Art. 1 Nr. 3 b), Nepal (Art. 1 Nr. 4 b), Panama (Art. 1 Nr. 4 b), St. Lucia (Art. 1 Nr. 4 b), Armenien (Art. 1 Nr. 4) (lässt neben juristischen Personen nur diejenigen Unternehmen zu, die den Status einer juristischen Person besitzen), Aserbaidschan (Art. 1 Nr. 4 b), Barbados (Art. 1 Nr. 4 a) (umfasst nur Kapitalgesellschaften, Gesellschaften und Vereinigungen), Belarus (Art. 1 Nr. 3 b), Bosnien und Herzegowina (Art. 1 Nr. 3 b), Brunei Darussalam (Art. 1 Nr. 5 a), Chile (Art. 1 Nr. 4 b), Costa Rica (Art. 1 Nr. 4 b), Ecuador (Art. 1 Nr. 4 b), El Salvador (Art. 1 Nr. 3 b), Gabun (Art. 1 Nr. 4 b), Georgien (Art. 1 Nr. 4 b), Hongkong (Art. 1 Nr. 4 b), Indien (Art. 1 a lit. ii) (umfasst nur Kapitalgesellschaften, Unternehmen oder Vereinigungen), Indonesien (Art. 1 Nr. 3 a lit. ii), Jamaika (Art. 1 Nr. 3 b) (umfasst nur Kapitalgesellschaften, Firmen oder Vereinigungen), Republik Jemen (Art. 1 Nr. 3 b), Kap Verde (Art. 1 Nr. 4 b) (unter Verwendung des Begriffs „Kollektivpersönlichkeiten"), Kasachstan (Art. 1

Die Staatszugehörigkeit juristischer Personen wird in der überwiegenden Zahl der BITs der zweiten Generation nach der Gründungstheorie bestimmt.[978] Einige BITs verwenden stattdessen die Sitztheorie.[979] Der BIT mit Antigua und Barbuda (1998) stellt auf die Kontrolltheorie ab.[980] Einige BITs verwenden auch Kombinationen unterschiedlicher Theorien, wobei überwiegend die Gründungs- und Sitztheorie verwendet werden. Oder sie verlangen zusätzlich andere Kriterien, wie die Registrierung oder Eintragung der Investor-Gesellschaft.[981] Die hieraus

---

Nr. 4 b), Kenia (Art. 1 Nr. 4 b), Kirgisistan (Art. 1 Nr. 4 b), Kuba (Art. 1 Nr. 4 b), Kuwait (Art. 1 Nr. 3 b lit. ii), Laos (Art. 1 Nr. 4 b), Republik Moldau (Art. 1 Nr. 4 b), Nicaragua (Art. 1 Nr. 4 b), Paraguay (Art. 1 Nr. 4), Rumänien (Art. 1 Nr. 4 b), Saudi-Arabien (Art. 1 Nr. 3 a II), Tadschikistan (Art. 1 Nr. 3 b), Turkmenistan (Art. 1 Nr. 4 b), Ukraine (Art. 1 Nr. 4 b) (die Definition stellt auf „Subjekte einer Wirtschaftstätigkeit" ab), Usbekistan (Art. 1 Nr. 4 b), den Vereinigten Arabischen Emiraten (Art. 1 Nr. b) bb) und Vietnam (Art. 1 Nr. 4 b) sowie die noch nicht in Kraft getretenen BITs mit Madagaskar (Art. 1 Nr. 3 b) und Timor-Leste (Art. 1 Nr. 3 b).

978 Die Gründungstheorie wir verwendet in den BITs mit Bolivien (Art. 1 Nr. 4 b), Burkina Faso (Art. 1 Nr. 4 b), Guayana (Art. 1 Nr. 4 b; Gemeinschaftsunternehmen nach dem *Agreement for the Establishment of a Regime for CARICOM Enterprises von 1988*, abrufbar unter http://www.caricom.org (zuletzt abgerufen am 1. Juli 2009), müssen gem. Ziffer 1 c des Protokolls zum Vertrag nach guyanischem Recht gegründet oder eingesetzt sein und zusätzlich ihren Sitz in Guayana haben), Jugoslawien (Art. 1 Nr. 3 b), Nepal (Art. 1 Nr. 4 b) (wobei alternativ auch die Eintragung ausreicht), St. Lucia (Art. 1 Nr. 4 b) (setzt die Gründung nach dem Handelsgesetzbuch voraus), Gabun (Art. 1 Nr. 4 b), Hongkong (Art. 1 Nr. 4 b) (lässt neben der Gründung auch die Eintragung oder Registrierung ausreichen), Indien (Art. 1 a lit. ii), Indonesien (Art. 1 Nr. 3 a lit. ii), Jamaika (Art. 1 Nr. 4 b), Kambodscha (Art. 1 Nr. 4 b), Swasiland (Art. 1 Nr. 4 b) (lässt ebenfalls auch die Eintragung ausreichen), Kirgisistan (Art. 1 Nr. 4 b) (lässt daneben auch die Registrierung ausreichen), Kuba (Art. 1 Nr. 4 b), Sri Lanka (Art. 1 Nr. 4 b) sowie Madagaskar 2006 (Art. 1 Nr. 3 b) und Timor-Leste (Art. 1 Nr. 3 b).

979 Auf die Sitztheorie wird abgestellt in den BITs mit Bulgarien (Art. 1 Nr. 3), Aserbaidschan (Art. 1 Nr. 4 b), Belarus (Art. 1 Nr. 3 b), Bosnien und Herzegowina (Art. 1 Nr. 3 b) (stellt auf den Sitz oder die zentrale Verwaltung ab), Ecuador (Art. 1 Nr. 4 b), Georgien (Art. 1 Nr. 4 b), Kap Verde (Art. 1 Nr. 4 b), Kasachstan (Art. 1 Nr. 4 b), Litauen (Art. 1 Nr. 4 b), Mosambik (Art. 1 Nr. 4 b) und der Ukraine (Art. 1 Nr. 4 b).

980 Art. 1 Nr. 4 des BITs mit Antigua und Barbuda verlangt als eines von mehreren Kriterien auch die Kontrolle durch eigene Staatsangehörige.

981 Definitionen, die die Gründungs- und die Sitztheorie kombinieren und dementsprechend die Gründung oder Eintragung und einen Sitz im Inland verlangen, finden sich in den BITs mit Panama (Art. 1 Nr. 4), Algerien (Art. 1 Nr. 4), Armenien

resultierenden Definitionen sind teilweise erheblich enger, als die allein auf die Sitztheorie abstellende Definition für deutsche Investor-Gesellschaften.

Eine Reihe von BITs enthalten stattdessen oder ergänzend hierzu weitere individuelle Regelungen: So verweisen die BITs mit Honduras (1995) und Tadschikistan (1997) schlicht auf juristische Personen nach Maßgabe der geltenden Gesetze und überlassen die Investordefinition damit vollständig der nationalen Gesetzgebung des deutschen Vertragspartners.[982] Auf einen Bezug zu den klassischen Staatszugehörigkeitstheorien wird verzichtet.

Zum Schutz staatlicher Unternehmen finden sich unterschiedliche Regelungen: Der BIT mit Panama (1983) schließt staatseigene Unternehmen in Bezug auf Panama ausdrücklich vom Anwendungsbereich aus.[983] Der BIT mit der Republik Moldau (1994) schließt demgegenüber ausdrücklich Unternehmen ein, die sich in staatlichem Besitz befinden.[984]

Auch bei den Gesellschaftsformen wird in den Definitionen teilweise differenziert: Der BIT mit Laos (1996) gilt nur für laotische Gesellschaften mit einer beschränkten Haftung.[985] Der Vertrag mit der Mongolei (1991) schließt nur wirtschaftliche Vereinigungen in seinen Anwendungsbereich ein.[986] Nach dem

---

(Art. 1 Nr. 4) Barbados (Art. 1 Nr. 4 b), Chile (Art. 1 Nr. 4 b), Costa Rica (Art. 1 Nr. 4 b), Republik Jemen (Art. 1 Nr. 3 b), Kuwait (Art. 1 Nr. 3 b lit. ii), Laos (Art. 1 Nr. 4 b), Republik Moldau (Art. 1 Nr. 4 b), Mongolei (Art. 1 Nr. 4 b), Nicaragua (Art. 1 Nr. 4 b), Paraguay (Art. 1 Nr. 4), Rumänien (Art. 1 Nr. 4 b), Turkmenistan (Art. 1 Nr. 4 b), Vietnam (Art. 1 Nr. 4 b), Bahrain (Art. 1 Nr. 4). Eine Kombination aus Gründungs- und Kontrolltheorie wird in den BITs mit Nigeria (Art. 1 Nr. 3 a lit. ii), Simbabwe (Art. 1 Nr. 4 b) und Antigua und Barbuda (Art. 1 Nr. 4 b) verwendet. Hiernach ist jeweils die Gründung des Hauptunternehmens im Inland und die direkte oder indirekte Kontrolle durch Staatsangehörige erforderlich. Der BIT mit El Salvador (Art. 1 Nr. 4 b) verlangt neben der Gründung, dass der Sitz und die tatsächliche wirtschaftliche Betätigung im Inland liegen. Eine Kombination aus Gründungs-, Sitz- und Kontrolltheorie enthält der BIT mit Namibia (Art. 1 Nr. 4 b), der die Gründung nach namibischem Recht, die wirtschaftliche Kontrolle durch eigene Staatsangehörige und einen Geschäftssitz im Inland verlangt. Die Registrierung oder Erfüllung weiterer Voraussetzungen verlangen die BITs mit Bulgarien (Art. 1 Nr. 3), Nepal (Art. 1 Nr. 4 b) und Kirgisistan (Art. 1 Nr. 4 b), die statt der Gründung jeweils auch die Eintragung oder Registrierung ausreichen lassen. Auch der BIT mit Hongkong (Art. 1 Nr. 4 b) lässt die Eintragung oder Registrierung ausreichen.

982 Art. 1 Nr. 4 b des BITs mit Honduras und Art. 1 Nr. 3 b des BITs mit Tadschikistan.

983 Art. 1 Nr. 4 b S. 2 des BITs mit Panama.

984 Art. 1 Nr. 4 b des BITs mit der Republik. Moldau.

985 Art. 1 Nr. 4 b des BITs mit Laos.

986 Art. 1 Nr. 4 b des BITs mit der Mongolei.

BIT mit Nigeria (2002) kommen als juristische Personen nur Gesellschaften, Firmen und Vereinigungen in Betracht.[987] Der Vertrag mit Simbabwe (1995) lässt nur Kapitalgesellschaften, Gesellschaften und Vereinigungen als Investor zu.[988] Nach dem BIT mit Sri Lanka (2000) sind als juristische Personen Kapitalgesellschaften, Unternehmen oder Vereinigungen mit oder ohne Rechtspersönlichkeit geschützt.[989] Der BIT mit Swasiland (1990) erfasst unter seiner Investordefinition nur Handelsgesellschaften, Unternehmen oder Vereinigungen.[990] Der Vertrag mit Litauen (1992) bezieht sich nur auf Unternehmen.[991] Der Vertrag mit Mosambik (2002) ist auf „Kollektivpersönlichkeiten" mit Rechtspersönlichkeit beschränkt.[992]

Soweit zur Bestimmung der Staatszugehörigkeit nicht allein auf die Gründungs- oder Sitztheorie abgestellt wird, finden sich ebenfalls überwiegende individuelle Regelungen in den BITs: So setzt der BIT mit den Philippinen (1997) voraus, dass eine Kapitalgesellschaft, Personengesellschaft oder andere Personenvereinigung eingetragen oder gegründet wurde und nach dem geltendem Recht in einem Teil der Philippinen tätig ist, in dem sich auch ihr Verwaltungssitz befindet.[993]

Der BIT mit Katar (1996) schließt nur juristische Personen mit der Rechtsstellung einer Gesellschaft, einer Kapitalgesellschaft oder einer staatlichen oder halbstaatlichen Einrichtung ein, die entweder nach dem Recht Katars gegründet wurden oder unter dem Einfluss von Staatsangehörigen Katars stehen.[994] Außerdem kann ausdrücklich auch die Regierung des Staates Katar selbst ein Investor sein.[995]

Der BIT mit Kuwait (1994) umfasst in getrennten Definitionen für beide Vertragsstaaten alle juristischen Personen, die nach dem jeweiligen Recht gegründet wurden und ihren Sitz im jeweiligen Hoheitsgebiet haben.[996] Als Investor können außerdem auch die Regierung Kuwaits, entweder unmittelbar oder mittelbar durch die *Kuwait Investment Authority*, oder ihre Zweigstellen im Ausland,

987 Art. 1 Nr. 3 a lit. ii des BITs mit Nigeria.
988 Art. 1 Nr. 4 b des BITs mit Simbabwe.
989 Art. 1 Nr. 4 b des BITs mit Sri Lanka.
990 Art. 1 Nr. 4 b des BITs mit Swasiland.
991 Art. 1 Nr. 4 b des BITs mit Litauen.
992 Art. 1 Nr. 4 a des BITs mit Mosambik.
993 Art. 1 Nr. 3 a des BITs mit den Philippinen.
994 Art. 1 Nr. 4 b) (2) des BITs mit Katar.
995 Art. 1 Nr. 4 b) (3) des BITs mit Katar.
996 Art. 1 Nr. 3 a lit. ii und b lit. ii des BITs mit Kuwait.

sowie andere staatliche Einrichtungen Kuwaits mit Sitz im Inland auftreten.[997] Die gleiche Definition findet sich auch in dem BIT mit Saudi-Arabien (1996).[998] Dort werden neben der Regierung Saudi-Arabiens, Finanzeinrichtungen und -behörden, wie die *Saudi-Arabien Monetary Agency*, staatliche Fonds und ähnliche Regierungsinstitutionen einbezogen.[999] Die gleiche Definition findet sich außerdem auch in dem Abkommen mit den Vereinigten Arabischen Emiraten (1997).[1000] Die BITs mit den arabischen Staaten belegen damit sehr deutlich, wie Deutschlands jeweilige Vertragspartner die Investordefinitionen jeweils speziell nach ihren Bedürfnissen anpassen.

In den BITs mit ost-europäischen Staaten finden sich in den Definitionen teilweise noch Restbestände aus den Zeiten des Ostblocks. So definieren die Abkommen mit Polen (1989), der Sowjetunion (1989) und der Tschechoslowakei (1990) den Begriff Investor einheitlich für beide Seiten als

> „juristische Person mit Sitz im jeweiligen Geltungsbereich dieses Vertrages, die berechtigt ist, Kapitalanlagen zu tätigen".[1001]

Auch der BIT mit Usbekistan (1993) fordert die Berechtigung, Kapitalanlagen zu tägigen sowie die Gründung und den Sitz in Usbekistan. Der BIT mit Belarus (1993) gilt ebenfalls nur für diejenigen juristischen Personen, die berechtigt sind Kapitalanlagen vorzunehmen, im Inland ihren Sitz haben und dort registriert sind.[1002] Hintergrund dieser Regelungen sind die ehemaligen staatlichen Außenhandelsmonopole.

Eine Kombination aus Gründungs- und Sitztheorie findet sich in den BITs mit Guatemala (2003) und Iran (2002), die einheitlich für beide Vertragsparteien für alle juristischen Personen die Gründung nach dem jeweiligen Recht, oder alternativ die Eintragung und zusätzlich einen Sitz im jeweiligen Hoheitsgebiet verlangen.[1003] Die BITs mit Algerien (1996) und Thailand (2002) setzen ebenfalls einheitlich für Investoren beider Vertragsstaaten die Gründung und den Sitz im Inland voraus.[1004] Auch nach den für beide Vertragsstaaten einheitlichen

---

997 Art. 1 Nr. 3 b lit. iii des BITs mit Kuwait.
998 Art. 1 Nr. 3 a und b II des BITs mit Saudi-Arabien.
999 Art. 1 Nr. 3 III des BITs mit Saudi-Arabien.
1000 Art. 1 Nr. 2 a und b bb und b cc des BITs mit den Vereinigten Arabischen Emiraten.
1001 Art. 1 Abs. 1 c der BITs mit Polen und der Sowjetunion, Art. 1 Nr. 3 des BITs mit der Tschechoslowakei.
1002 Art. 1 Nr. 3 b des BITs mit Belarus.
1003 Art. 1 Nr. 3 c und Art. 1 Nr. 2 b der BITs mit Guatemala und dem Iran.
1004 Art. 1 Nr. 4 des BITs mit Algerien; Art. 1 Nr. 3 b des BITs mit Thailand.

Definitionen der Abkommen mit Marokko (2001) und Brasilien (1995) müssen Investoren nach dem jeweiligen Recht gegründet worden sein und ihren Sitz im Hoheitsgebiet einer der Vertragsstaaten haben sowie darüber hinaus im Hoheitsgebiet des jeweils anderen Vertragsstaates eine Kapitalanlage vornehmen.[1005] Hier wird der Investorbegriff direkt mit dem Investitionsbegriff verknüpft und dadurch auf diejenigen Investor-Gesellschaften beschränkt, die selbst eine Investition im Gaststaat tätigen.

Eine bemerkenswerte Variante der Gründungstheorie enthält der BIT mit Brunei Darussalam (1998). Bei der Definition juristischer Personen („Gesellschaft") stellt er allein auf die ordnungsgemäße Gründung ab. Dabei lässt er sowohl die Gründung innerhalb als auch außerhalb des Hoheitsgebiets zu und bestimmt ausdrücklich, dass es auf die Kontrolle durch Staatsangehörige nicht ankommt.[1006] Da auch an anderer Stelle in dem BIT keine Einschränkung des Begriffs erfolgt, bleibt der Investorbegriff nahezu grenzenlos. Insbesondere erfordert er nicht die Bestimmung der Staatszugehörigkeit zu Brunei Darussalam. Die Streitbeilegungsklausel des BITs setzt dann allerdings voraus, dass eine „Gesellschaft des anderen Vertragsstaats" vorliegt.[1007] Nach welchen Kriterien die Zugehörigkeit zum jeweils anderen Vertragsstaat bestimmt werden soll, bleibt unklar. Entscheidungen von Schiedsgerichten liegen, soweit bekannt, zu diesem BIT nicht vor. Naheliegend wäre ein Abstellen auf die Gründung, da diese immerhin in der Investordefinition erwähnt wäre. Aus der Tatsache, dass in der Investordefinition gerade nicht die Gründung nach den Gesetzen des jeweils anderen Vertragsstaates gefordert wird, kann aber ebenso das Gegenteil vertreten werden.

Eine gänzlich einzelfallbezogene Lösung trifft der BIT mit St. Lucia (1985), der im Hinblick auf juristische Personen St. Lucias den Einschluss weiterer Gesellschaften, durch eine Vereinbarung in einem Briefwechsel zwischen den Parteien erlaubt.[1008]

(3) Die dritte Generation

Die Verträge der dritten Generation knüpfen in der Regel an den Begriff des „Investors" an und definieren diesen für beide Vertragsparteien getrennt.[1009] In

---

1005 Art. 1 Nr. 3 b des BITs mit Marokko 2001 und Art. 1 Nr. 3 b des BITs mit Brasilien.

1006 Art. 1 Nr. 5 a des BITs mit Brunei Darussalam.

1007 Art. 9 Abs. 1 des BITs mit Brunei Darussalam.

1008 Art. 1 Nr. 4 b des BITs mit St. Lucia.

1009 So die BITs mit Angola (Art. 1 Nr. 1), China (Art. 1 Nr. 2), Jordanien (Art. 1 Nr. 3), Oman (Art. 1 Nr. 3) und Trinidad und Tobago (Art. 1 Nr. 4).

Bezug auf Deutschland verwenden sie eine gegenüber den älteren Verträgen schlankere Definition, die nicht ausdrücklich auf die Frage der Haftung eingeht. Inhaltlich weicht diese Definition im Ergebnis jedoch nicht von den bereits erörterten deutschen Definitionen ab. Nach Art. 1 Nr. 1 a des Vertrags mit Angola (2003) ist Investor demnach u. a.:

> „jede juristische Person sowie jede Handelsgesellschaft oder Vereinigung mit oder ohne Rechtspersönlichkeit, die ihren Sitz im Hoheitsgebiet der Bundesrepublik Deutschland hat, gleichviel, ob ihre Tätigkeit auf Gewinn ausgerichtet ist oder nicht [...]."

Die gleiche Definition wird in Bezug auf Deutschland auch in einer Reihe von weiteren Verträgen der dritten Generation verwendet.[1010] Sie wird außerdem entsprechend angepasst formuliert („die ihren Sitz im Hoheitsgebiet des jeweiligen Vertragsstaats haben") auch einheitlich für beide Vertragsstaaten in dem noch nicht in Kraft getretenen Vertrag mit Guinea (2006) und, mit der Einschränkung, dass lediglich „Wirtschaftsvereinigungen" umfasst sind, auch in dem Vertrag mit Äthiopien (2004) verwendet.[1011]

Im Übrigen bleiben die getrennten Definitionen in Bezug auf den jeweils anderen Vertragsstaat wie schon in der zweiten Generation unterschiedlich. Als Investor kommen in der Regel alle Arten von juristischen Personen nach dem jeweiligen nationalen Gesellschaftsrecht in Betracht.[1012] Die BITs mit Ghana (1995), Angola (2003) und Trinidad und Tobago (2006) schränken den Begriff dann auf im Inland gegründete juristische Personen ein.[1013] Der BIT mit China (2003) setzt die Eintragung und Gründung zusätzlich zu einem Sitz im Inland voraus.[1014] Der BIT mit Jordanien (2007) verlangt neben der Gründung auch die Ausübung tatsächlicher Geschäftstätigkeit im Inland.[1015] Das Abkommen mit

1010 So in den BITs mit China Art. 1 Nr. 2 a), Jordanien (Art. 1 Nr. 3 a), Oman (Art. 1 Nr. 3 a) und Trinidad und Tobago (Art. 1 Nr. 4 b) sowie für den Begriff „Gesellschaft" in dem Abkommen mit Ghana (Art. 1 Nr. 4 a).

1011 Art. 1 Nr. 3 b der BITs mit Äthiopien und Guinea.

1012 So in den BITs mit Angola (Art. 1 Nr. 1 b), China 2003 (Art. 1 Nr. 2 b), Ghana (Art. 1 Nr. 4 b), Jordanien (Art. 1 Nr. 3 b), Oman (Art. 1 Nr. 3 b) und Trinidad und Tobago (Art. 1 Nr. 4 a).

1013 Vgl. Art. 1 Nr. 1 b des BITs mit Angola, der im Übrigen das Vornehmen einer Kapitalanlage vorsieht und insoweit den Investorbegriff direkt mit dem Investitionsbegriff verknüpft. Die Verträge mit Ghana (Art. 1 Nr. 4 b) und Trinidad und Tobago (Art. 1 Nr. 4 a) setzen entweder die Gründung oder die Eintragung voraus.

1014 Art. 1 Nr. 2 b des BITs mit China.

1015 Art. 1 Abs. 3 b des BITs mit Jordanien.

dem Oman (2007) definiert die Staatszugehörigkeit juristischer Personen allein über den Sitz.[1016]

Eine Ausnahme zu den getrennten Definitionen für Investoren der beiden Vertragsstaaten enthalten die BITs mit Argentinien (1991), Peru (1995) und Venezuela (1996), die den Begriff der „Gesellschaft" einheitlich für beide Vertragsstaaten definiert und dabei allein auf den Sitz im Hoheitsgebiet einer der beiden Vertragsstaaten abstellt.[1017] Auch der Vertrag mit Mexiko (1998) verwendet für den Begriff „Gesellschaft" eine einheitliche Definition für die Investoren beider Vertragsparteien, die alle juristischen Personen umfasst, die ihren Sitz im Hoheitsgebiet der jeweiligen Partei haben und nach dem Recht dieser Partei gegründet oder organisiert sind.[1018] Dieselbe Definition verwendet auch der Vertrag mit dem Libanon (1997) für den Begriff „Investor", der außerdem ausdrücklich auch *Holding*- und *Offshore*-Gesellschaften, die in einem der beiden Vertragsstaaten eingetragen sind, als zulässige Investor-Gesellschaften erwähnt.[1019]

b) Definitionen in den BITs der USA

Auch in Bezug auf die USA sollen für juristische Personen zunächst die Bestimmungen des aktuellen Muster-BITs erörtert werden, bevor auf die Definition der derzeit in Kraft befindlichen amerikanischen BITs eingegangen wird.

aa) Aktueller Muster-BIT

Das aktuelle Muster-BIT aus 2012 unterscheidet sich auch bei der Definition juristischer Personen als Investor nicht von seinem Vorläufer aus dem Jahr 2004.

Wie bereits erörtert, umfasst der in Art. 1 des Muster-BITs einheitlich für beide Vertragsstaaten definierte Begriff des „Investors eines Vertragsstaates" (*investor of a Party*), neben den bereits untersuchten natürlichen Personen, den „Staatsangehörigen" (*national*), auch eine Reihe von juristischen Personen, nämlich „*a Party or state enterprise thereof, or […] an enterprise of a Party*".[1020] Der Begriff des „Investors eines Vertragsstaates" ist dann wiederum Bestandteil des ebenfalls in Art. 1 definierten Begriffs „Kläger" (*claimant*), an den wiederum die Investor-Staat-Schiedsgerichtsklausel anknüpft (Art. 24). Sowohl die Vertragsstaaten selbst („*the Parties*" gem. Satz 1 der Präambel), als auch ihre Staatsun-

1016 Art. 1 Nr. 3 b des BITs mit dem Oman.
1017 Art. 1 Nr. 4 der BITs mit Argentinien, Peru und Venezuela.
1018 Art. 1 Nr. 4 des BITs mit Mexiko.
1019 Art. 1 Nr. 1 b des BITs mit dem Libanon.
1020 S. oben Abschnitt C.I.2.b)aa).

ternehmen („*state enterprise*"), als auch zu einem Vertragsstaat zugehörige Unternehmen („*enterprise of a Party*") können demnach als juristische Personen Investor sein.

Zu den Vertragsstaaten selbst als Investoren enthält das Musterabkommen keine weiteren Ausführungen, was jedoch auch entbehrlich sein dürfte, da insoweit kein weiterer Definitions- und Regelungsbedarf erkennbar ist. Alle anderen Begriffe werden in Art. 1 des Muster-BITs weiter ausgeführt. Grundlage ist zunächst der Begriff des „Unternehmens" („*enterprise*") der wie folgt definiert wird:

> „‚enterprise' means any entity constituted or organized under applicable law, whether or not for profit, and whether privately or governmentally owned or controlled, including a corporation, trust, partnership, sole proprietorship, joint venture, association, or similar organization; and a branch of an enterprise."

Hier wird eine sehr weite Definition des Begriffs des Unternehmens verwendet, nach der grundsätzlich alle Arten und Formen von juristischen Personen (*any entity*) erfasst sind, einschließlich Körperschaften (*corporation),* Treuhandgesellschaften (*trusts*), Partnerschaften (*partnership*), *Einzelunternehmern (sole proprietorship*), Gemeinschaftsunternehmen (*joint ventures*), Verbänden (*association*) und „ähnlichen Organisationsformen" sowie deren jeweiligen Filialen (*branch*).[1021] Ob das Unternehmen gewinnorientiert oder gemeinnützig tätig ist, oder ob es in privatem oder staatlichem Eigentum oder unter entsprechender Mehrheitsanteilseignerschaft steht, ist ohne Bedeutung.[1022]

Die juristische Person muss indes nach dem anwendbaren Recht gegründet worden sein („*constituted or organized under applicable law*"). Hiermit wird auf das anwendbare innerstaatliche Recht des Gründungsortes Bezug genommen, ohne eine Einschränkung auf die Gründung im Hoheitsgebiet der Vertragsstaaten vorzunehmen.[1023] Diese Einschränkung erfolgt dann im nächsten Schritt der mehrstufigen Definition, denn „Investors eines Vertragsstaates" (*investor of a Party)* sind nicht alle Unternehmen (*enterprise*), sondern nur die „Unternehmen eines Vertragsstaates" (*enterprise of a Party*) und Staatsunternehmen (*state enterprise*), die ebenfalls in dem Muster-BIT definiert werden:

> „‚state enterprise' means an enterprise owned, or controlled through ownership interests, by a Party."

1021 Vgl. auch *von Reyher*, Bilaterale Konzepte, S. 246; *UNCTAD*, Bilateral Investment Treaties in the Mid-1990s, S. 38.

1022 Vgl. *Dolzer/Stevens*, Bilateral Investment Treaties, S. 40.

1023 Vgl. *von Reyher*, Bilaterale Konzepte, S. 245.

„‚enterprise of a Party' means an enterprise constituted or organized under the law of a Party, and a branch located in the territory of a Party and carrying out business activities there."

Staatsunternehmen sind alle Unternehmen, die im Besitz eines Vertragsstaats stehen oder von einem Vertragsstaat durch das Halten der Anteilsmehrheit kontrolliert werden.[1024] Bei allen anderen Unternehmen kommt es auf die Staatszugehörigkeit zu einem Vertragsstaat an, die sich grundsätzlich nach der Gründungstheorie bestimmt, nach der entscheidend ist, dass das Unternehmen nach dem Recht eines Vertragsstaates gegründet wurde („*constituted or organized under a law of a Party*").[1025] Die für den allgemeinen Begriff des Unternehmens (*enterprise*) ausreichende Gründung nach dem jeweils anwendbaren Recht („*constituted or organized under applicable law*") reicht allein nicht mehr aus.

Die Bezugnahme auf das Recht der Vertragsstaaten schränkt den ansonsten zu weiten Anwendungsbereich ein und verhindert, dass juristische Personen in den Genuss der Vorteile des Abkommens kommen, die keinen Bezug zu zumindest einem der beiden Vertragsstaaten haben und gar nicht an der zwischenstaatlichen Wirtschaftstätigkeit teilnehmen.[1026]

Die konsequente und für beide Vertragsstaaten einheitliche Umsetzung der Gründungstheorie im Muster-BIT der USA hat den Vorteil, dass sich vergleichsweise problemlos die Staatszugehörigkeit juristischer Personen und die Eröffnung des persönlichen Anwendungsbereichs des Abkommens feststellen lassen. Die einmal nach diesen Kriterien festgestellte Staatszugehörigkeit unterliegt zudem keinen Einflüssen durch spätere Veränderungen.

Die Anwendung der Gründungstheorie kann jedoch im Einzelfall auch zu Problemen führen, denen das Muster-BIT durch eine *Denial of benefits-Klausel* in Art. 17 zu begegnen versucht. Hiernach kann jeder Vertragsstaat einem Investor des anderen Vertragsstaates und seinen Investitionen, wenn es sich bei diesem um ein Unternehmen des anderen Vertragsstaates handelt, unter bestimmten Voraussetzungen die Gewährung der Vorteile des Abkommens und damit die Anwendung des Abkommens selbst verweigern.

Eine Verweigerung der Anwendung des BITs ist zum einen möglich, wenn das Unternehmen im Eigentum oder unter der Kontrolle von Staatsangehörigen

1024 *Von Reyher*, Bilaterale Konzepte, S. 246 f.

1025 Vgl. auch *von Reyher*, Bilaterale Konzepte, S. 244; *Dolzer/Schreuer*, Principles of International Investment Law, S. 49.

1026 *Vandevelde*, Mich. J. Int'l L. 1992–1993, 621, 688.

oder Unternehmen eines anderen Drittstaates steht, zu dem der Vertragsstaat, der von der Klausel Gebrauch machen will, keine diplomatischen Beziehungen unterhält. Oder dem gegenüber er bestimmte Maßnahmen ergriffen hat, die Geschäfte mit dem Unternehmen verbieten oder verletzt oder umgangen werden würden, wenn das Abkommen angewendet wird (Art. 17 Abs. 1):

> „A Party may deny the benefits of this Treaty to an investor of the other Party that is an enterprise of such other Party and to investments of that investor if persons of a non-Party own or control the enterprise and the denying Party:
> (a) does not maintain diplomatic relations with the non-Party; or
> (b) adopts or maintains measures with respect to the non-Party or a person of the non-Party that prohibit transactions with the enterprise or that would be violated or circumvented if the benefits of this Treaty were accorded to the enterprise or to its investments."[1027]

Die Anwendung kann zum anderen auch verweigert werden, wenn das Investor-Unternehmen im Eigentum oder unter der Kontrolle von Staatsangehörigen oder Unternehmen eines Drittstaates oder des Gaststaates steht, der sich auf die *Denial-of benefits*-Klausel berufen will und keine beachtliche Geschäftstätigkeit im Hoheitsgebiet des Heimatstaates entfaltet (Art. 17 Abs. 2):

> „A Party may deny the benefits of this Treaty to an investor of the other Party that is an enterprise of such other Party and to investments of that investor if the enterprise has no substantial business activities in the territory of the other Party and persons of a non-Party, or of the denying Party, own or control the enterprise."

Durch diese Regelungen soll der Missbrauch der Gründungstheorie verhindert werden. Ansonsten wäre es möglich, allein durch die Gründung eines Unternehmens im jeweiligen anderen Vertragsstaat in den Genuss des Schutzes und der Vorteile des Investitionsschutzabkommens zu kommen. Dies soll in den Fällen verhindert werden, in denen die tatsächlichen Eigentümer des Unternehmens aus einem Drittstaat oder dem Gaststaat selbst stammen und mangels nennenswerter Geschäftstätigkeit der Verdacht nahe liegt, dass der Gründungsort nur gewählt wurde, um in den Schutz des BITs zu gelangen. Auch die Umgehung von Handelsbeschränkungen oder Sanktionen gegenüber bestimmten Staaten und ihren Staatsangehörigen kann durch diese Klausel verhindert werden.

1027 Der deutsche Muster-BIT hält demgegenüber Art. 11 ausdrücklich fest, dass seine Geltung sogar davon unabhängig ist, dass zwischen den beiden Vertragsstaaten diplomatische oder konsularische Beziehungen bestehen.

Die Definitionen und Regelungen des amerikanischen Muster-BITs sind vergleichsweise vielschichtig und komplex. Sie ermöglichen jedoch mit der konsequenten Umsetzung der Gründungstheorie die unproblematische Bestimmung des persönlichen Anwendungsbereichs und kompensieren die Nachteile dieser Theorie durch die *Denial of benefits-Klausel*, die gleichzeitig auch die Umsetzung amerikanischer Außen- und Sanktionspolitik im Investitionsschutzbereich ermöglicht. Die verbleibende Investordefinition ist allerdings teilweise weiter, als etwa im ICSID-Abkommen vorgesehen. So können die Vertragsstaaten selbst nach dem ICSID-Abkommen nicht Investoren sein.

bb) In Kraft befindliche BITs

Auch in Bezug auf juristische Personen verwenden die derzeit in Kraft befindlichen BITs der USA unterschiedliche Definition des Investorbegriffs.

Der älteste amerikanische BIT mit Ägypten (1986) definiert in Art. I a zunächst den Begriff des „Unternehmens“ (*company*):

> „‚Company‘ means any kind of juridical entity, including any corporation, company, association, or other juridical entity, that is duly incorporated, constituted, or otherwise duly organized, regardless of whether or not the entity is duly organized for pecuniary gain, privately or publicly owned, or organized with limited or unlimited liability.“

Anknüpfungspunkt für die weiteren Regelungen des BITs und insbesondere auch der Schiedsklausel (Art. VII) ist sodann der darauf aufbauende Begriff des „Unternehmens eines Vertragsstaates“ (*company of a Party*), der in Art. I b definiert wird:

> „‚company of a Party‘ means a company duly incorporated, constituted or otherwise duly organized under the applicable laws and regulations of a Party or its subdivisions in which (i) natural persons who are nationals of such Party, or (ii) such Party or its subdivision or its agencies or instrumentalities have a substantial interest. The juridical status of a company of a Party shall be recognized by the other Party and its subdivisions.“

Im neugefassten Protokoll zum BIT vom 11. März 1986 wurde außerdem ergänzend folgende einschränkende Regelung getroffen:

> *„1. Each Party reserves the right to deny the benefits of this Treaty to any company of either Party, or its affiliates or subsidiaries, if nationals of any third country control such company, affiliate or subsidiary; provided that, whenever one Party concludes that the benefits of this Treaty should not be extended for this reason, it shall promptly consult with the other Party to seek a mutually satisfactory resolution of this matter.*
>
> *2. ‚Control‘ means to have a substantial share of ownership rights and the ability to exercise decisive influence. Differences as to the existence of control shall be resolved according to the provisions of Article VIII* [zwischenstaatliche Streitbeilegungs- und Schiedsklausel, Anm. d. Verf.].“

Ziffer 2 dieser Regelung wurde dabei auf Druck Ägyptens und entgegen der ursprünglichen Präferenz der USA in den Vertrag aufgenommen.[1028]

Definitionen und Regelungen mit im Wesentlichen gleichem Inhalt, jedoch ohne die einschränkende Definition von Kontrolle in Ziffer 2 des Protokolls, finden sich auch in den anderen auf dem Muster-BIT von 1983 beruhenden BITs mit dem Senegal (1983), Bangladesch (1986), Marokko (1985), der Demokratischen Republik Kongo (1984) und Panama (1982)[1029] sowie in dem auf dem Muster-BIT von 1984 aufbauenden BIT mit der Türkei (1985). In dem Vertrag mit Marokko erfolgt die Investordefinition für juristische Personen dabei getrennt für beide Vertragsstaaten, ohne dass dies jedoch zu einer anderen Bedeutung führen würde. Die *Denial of benefits-Klausel* wird in den späteren Verträgen vom Protokoll in den eigentlichen Vertragstext verlagert und um einen Satz oder Halbsatz ergänzt, der klarstellt, dass diese Regelung nicht in Hinsicht auf die Anerkennung als juristische Person und den Zugang zu (staatlichen) Gerichten gilt.[1030]

Diese erste Gruppe amerikanischer BITs zeichnen sich dadurch aus, dass eine denkbar weite Definition der juristischen Person verwendet wird, die alle Organisationsformen mit und ohne beschränkter Haftung umfasst. Eingeschlossen sind dabei auch *Non-Profit*-Organisationen und staatliche Unternehmen. In einem zweiten Schritt wird die weite Definition der juristischen Person sodann durch die Anwendung einer Kombination aus Gründungstheorie und - über die *Denial of benefits*-Klausel - Kontrolltheorie stark eingeschränkt. Nur Unternehmen, die nach der Gründungstheorie ordnungsgemäß im jeweils anderen Vertragsstaat gegründet wurden und an denen zusätzlich Staatsangehörige dieses Vertragsstaates oder dieser Staat selbst unmittelbar oder mittelbar einen erheblichen Anteil haben, qualifizieren sich letztlich sicher als Investoren.

Die Kombination mit der Kontrolltheorie kompensiert so die Nachteile der Gründungstheorie, die ansonsten zum Missbrauch einladen würde. Die Nachteile der Gründungstheorie werden durch eine weitreichende *Denial of benefits-Klausel* ausgeglichen, die wiederum unter Rückgriff auf die Kontrolltheorie, die Möglichkeit eröffnet, Unternehmen die von eigenen Staatsangehörigen oder solchen aus Drittstaaten kontrolliert werden, vom Anwendungsbereich des Vertrags

1028 Vgl. den dem Vertrag vorangestellten *Letter of Submittal* des *State Departments* an den Präsidenten der USA vom 20. Mai 1986.

1029 Mit einer Ergänzung aus dem Jahr 2000 zur Ergänzung der ICSID-Schiedsgerichtsbarkeit nach dem Beitritt Panamas zum ICSID-Abkommen 1996.

1030 Vgl. Art I Nr. 3 des BITs mit Marokko: „*Each party reserves the right to deny [...] except with respect to recognition of juridical status and access to courts* [...]".

auszuschließen. Die *Denial of benefits*-Klausel knüpft dabei an keine weiteren Merkmale an, sondern stellt allein auf die Kontrolle aus einem Drittstaat ab. Der Gaststaat hat insofern, insbesondere wenn „Kontrolle" nicht weiter definiert wird, ein erhebliches Ermessen.

Zu berücksichtigen ist bei alledem, dass die *Denial of benefits*-Klausel nicht unmittelbar die Investordefinition im eigentlichen Sinne verändert, denn sie gibt dem anderen Vertragsstaat lediglich die Möglichkeit, die Anwendung des Abkommens zu verweigern. Sie schließt andere Investoren damit nicht unmittelbar aus. Bei lebensnaher Betrachtung ist das Ergebnis aber dasselbe, denn kein Vertragsstaat wird einem ausländischen Investor im Streitfall unnötig einen Schutz gewähren, den er nicht zu gewähren verpflichtet ist.

Eine etwas anders aufgebaute Begriffsbestimmung findet sich in den restlichen auf dem Mustervertrag von 1984 aufbauenden BITs der USA mit Kamerun (1986)[1031] und Grenada (1986), den auf dem Mustervertrag von 1987 beruhenden BITs mit der Republik Kongo (1990), Polen (1990) und Tunesien (1990), dem BIT mit Jamaika (1994), dessen Verhandlung die Muster-BITs von 1990 und 1991 zugrunde lagen, sowie den weiteren auf dem Muster-BIT von 1991 beruhenden BITs mit Argentinien (1991), Bulgarien (1992), Sri Lanka (1991) und der Tschechischen Republik und der Slowakei (1991)[1032] und ferner den auf dem Muster-BIT von 1992 basierenden BITs mit Armenien (1992), Ecuador (1993), Estland (1994), Kasachstan (1992), Kirgisistan (1993), Lettland (1995), der Republik Moldau (1993), der Mongolei (1994), Rumänien (1992) und der Ukraine (1994).

In diesen BITs wird nicht zweistufig zwischen „*company*" und „*company of a Party*" unterschieden, sondern nur der Begriff „*company of a Party*" definiert:

> „‚company of a Party' means any kind of corporation, company, association, or other organization, legally constituted under the laws and regulations of a Party or a political subdivision thereof whether or not organized for pecuniary gain, or privately or governmentally owned;"[1033]

Der BIT mit Polen (1990) ergänzt „*any kind of corporation*" außerdem noch um den Begriff des Staatsunternehmens („*state enterprise*"). Auch wenn diese

---

1031 In einem Notenwechsel zum BIT wird ausdrücklich festgehalten, dass *Pecten International*, ein Tochterunternehmen der amerikanischen Shell in Kamerun, unter den Anwendungsbereich des Vertrags fällt.

1032 Der BIT zwischen den USA und der Tschechoslowakei von 1991 gilt nach dem Auseinanderbrechen der Tschechoslowakei 1993 für die Tschechische Republik und die Slowakei jeweils weiter.

1033 Vgl. Art. I Nr. 1 a des BITs mit der Republik Kongo.

Ergänzung in den anderen Verträgen fehlt, bedeutet dies nicht, dass Staatsunternehmen im Übrigen ausgeschlossen wären, denn auch nach der einfachen Investordefinition, die jede Art von Unternehmen oder Organisation erfasst, können im Eigentum des Staates stehende Unternehmen Investoren sein. Bei dem BIT mit Polen dürfte es sich insofern um eine Klarstellung und nicht um eine Abweichung vom Muster handeln.

Die *Denial of benefits*-Klausel dieser BITs ist weiter eingeschränkt, im Vergleich zur entsprechenden Klausel in den älteren Verträgen, und ähnelt bereits der *Denial of benefits*-Klausel des aktuellen Muster-BITs:

> „Each Party reserves the right to deny to any company the advantages of this Treaty if nationals of any third country control such company and, in the case of a company of the other Party, that company has no substantial business activities in the territory of the other Party or is controlled by nationals of a third country with which the denying Party does not maintain normal economic relations.“[1034]

Hiernach kann ein Vertragsstaat einem Unternehmen des anderen Vertragsstaates, das von Staatsangehörigen eines Drittstaates kontrolliert wird, die Gewährung der Vorteile des Abkommens nur noch verweigern, wenn dieses entweder keine erhebliche Geschäftstätigkeit im jeweils anderen Vertragsstaat entfaltet, oder von Staatsangehörigen eines Drittstaates kontrolliert wird, zu dem der Gaststaat keine normalen Wirtschaftsbeziehungen unterhält. Das zusätzliche Erfordernis der mangelnden Wirtschaftstätigkeit im Heimatstaat schränkt das Ermessen des Gaststaates gegenüber den älteren BITs erheblich ein.

Auch nach der Definition der zweiten Gruppe sind im Ergebnis alle Arten und Formen von juristischen Personen eingeschlossen, so lange sie nach der Gründungstheorie ordnungsgemäß nach dem Recht des jeweils anderen Vertragsstaates gegründet wurden. Die zusätzlichen Elemente der Kontrolltheorie, die sich noch in der Definition der vorhergehenden Gruppe von Verträgen fanden, fehlen jedoch vollständig.

Die Verhinderung des Missbrauchs der weiten Definition durch die Gründung von Unternehmen im jeweils anderen Vertragsstaat nur zu dem Zwecke in den Genuss des Schutzes des BITs zu kommen, ist damit allein einer qualifizierten *Denial of benefits-Klausel* überlassen. Diese ist gegenüber derjenigen der ersten Verträge deutlich enger, denn sie erlaubt den Ausschluss von der Anwendung des Vertrags nur unter bestimmten Voraussetzungen. Grundsätzlich

1034 Vgl. bspw. Art. I Nr. 2 des BITs mit Jamaika. Der *Letter of Submittal* des *State Departments* an den Präsidenten der USA führt als Beispiele für Staaten, deren Angehörigen die Anwendung verweigert werden kann für die USA Kuba und Libyen auf.

bleiben Unternehmen unter der Kontrolle von Staatsangehörigen aus Drittstaaten nämlich uneingeschränkt vom Anwendungsbereich umfasst. Nur wenn das Unternehmen keine tatsächliche Geschäftstätigkeit in seinem Gründungsstaat entfaltet oder von Staatsangehörigen eines Staates kontrolliert wird, zu dem keine normalen wirtschaftlichen Beziehungen bestehen, und somit tatsächliche Anzeichen für einen Missbrauch oder eine Umgehung vorliegen, erlaubt sie die Verweigerung der Anwendung. Ob ein Missbrauch oder eine Umgehung vorliegt oder nicht, beurteilt sich somit nach objektiven und nachprüfbaren Kriterien und liegt nicht mehr allein im Ermessen desjenigen Staates, der die Anwendung verweigert.

Die jüngeren amerikanischen BITs verwenden wieder wie in den ersten Verträgen eine zweistufige Definition anhand der Begriffe „*company*" und „*company of a Party*", definieren diese jedoch bereits ähnlich zu der Definition des aktuellen Mustervertrags von 2004. Inhaltlich unterscheidet sich diese Definition im Ergebnis jedoch nicht von der bereits erörterten Definition der zweiten Gruppe von Verträgen.

In den auf dem Muster-BIT von 1994 basierenden BITs mit Aserbaidschan (1997), Bolivien (1998), Kroatien (1996), Georgien (1994), Honduras (1995), Jordanien (1997), Mosambik (1998) sowie Trinidad und Tobago (1994) und auch in dem nach dem Muster-BIT von 1998 abgeschlossenen Abkommen mit Bahrain (1999) heißt es entsprechend in Art. I:

> (a) ‚company' means any entity constituted or organized under applicable law, whether or not for profit, and whether privately or governmentally owned or controlled, and includes a corporation, trust, partnership, sole proprietorship, branch, joint venture, association, or other organization;
>
> (b) ‚company of a Party' means a company constituted or organized under the laws of that Party;[1035]

In Art. XII dieser BITs wird diese Definition wiederum durch die gleiche eingeschränkte *Denial of benefits-Klausel* flankiert, die bereits in den vorhergehenden Verträgen verwendet wurde.

Allein die aktuellen BITs mit Uruguay (2005) und Ruanda (2008) setzen auch in Bezug auf juristische Personen den Muster-BIT von 2004 um und verwenden die Definitionen, die auch im aktuellen Muster-BIT aus 2012 enthalten ist. In Bezug auf Staatsunternehmen wird in Ziffer 1 des Protokolls zum BIT mit Uruguay (2005) einschränkend festgehalten, dass die Definition in Art. I des BITs nicht den entsprechenden Begriff *empresa pública* des nationalen uruguayischen Rechts

1035 So z. B. Art. I des BITs mit Aserbaidschan.

erweitert. Dieser erfordert neben staatlichem Besitz oder Kontrolle einschränkend nämlich auch, dass das Unternehmen öffentlich-rechtlicher Natur ist.

Zusammenfassend zeichnen sich die jüngeren BITs der USA im Hinblick auf juristische Personen damit insbesondere durch ein konsequentes Abstellen auf die Gründungstheorie aus. Der Ausgleich der Nachteile dieser Theorie durch teilweise recht weit reichende *Denial of benefits-Klauseln* ist aus Investorensicht nicht unproblematisch, da er zu einer gewissen Unsicherheit führt. Aus Sicht der Vertragsstaaten ist ein solcher Mechanismus jedoch notwendig, um Missbrauch zu verhindern und die Umgehung von Sanktionen und Handelsbeschränkungen zu vermeiden. Klare Aussagen treffen die amerikanischen BITs auch mit dem Einbezug von *Non-Profit*-Organisationen und in der Regel auch staatlichen Unternehmen. Die verwendeten Formulierungen sind dabei allerdings in ihrem Wortlaut nicht immer effizient gestaltet und wiederholen sich durch die ausdrückliche Erwähnung von Beispielen. So werden in den älteren BITs stets eine Reihe von beispielhaften Organisationsformen angegeben, die unproblematisch unter den eingangs verwendeten Oberbegriff jeder Art von juristischen Person fallen. Dies entspricht der Regelungstechnik des anglo-amerikanischen Rechtskreises; notwendig ist es nicht.

4. Entscheidungen internationaler Schiedsgerichte

In größerem Maße noch als bei natürlichen Personen, tauchen auch bei der Tätigkeit juristischer Personen als Investoren in der Praxis und der sie begleitenden Literatur eine ganze Reihe von Sonderkonstellationen auf, die in den völkerrechtlichen Investitionsschutzabkommen oft nicht ausdrücklich berücksichtigt worden sind.[1036] Hierzu gehören einige der bereits für natürliche Personen erörterten Konstellationen, wie die Frage der mehrfachen Staatszugehörigkeit oder des Wechsels der Staatszugehörigkeit, die auch bei juristischen Personen auftreten können, und eine Reihe weiterer Problemfelder.

a) Grundsätze

Wie bei natürlichen Personen auch, liegt es letztlich an internationalen Schiedsgerichten im Einzelfall festzustellen, ob eine juristische Person Investor ist oder nicht. Gegenüber natürlichen Personen sind bei juristischen Personen insoweit jedoch sowohl die zugrundeliegenden Sachverhalte komplizierter als auch die

1036 Vgl. *Dolzer/Bloch*, in: Kronke/Melis/Schnyder, Handbuch, Teil J, Rn. 67; *Dolzer/Stevens*, Bilateral Investment Treaties, S. 34.

zu erfüllenden Voraussetzungen teilweise weniger eng. Daraus ergibt sich in der Praxis für die Parteien, wie für die Schiedsgerichte ein etwas größerer Spielraum.

In der weit überwiegenden Zahl der Schiedsgerichtsverfahren vor dem ICSID, haben die Schiedsgerichte im Einklang mit den zugrundeliegenden Investitionsschutzabkommen auf die Inkorporations- oder Sitztheorie abgestellt, um die Staatszugehörigkeit juristischer Personen zu bestimmen.[1037] Diese Theorien dürfen insoweit als allgemein anerkannt gelten.

Eine immer wiederkehrende Diskussion, die unter dem Schlagwort „*Piercing the Corporate Veil*" geführt wird und bis auf den *Barcelona Traction*-Fall des IGH[1038] zurückgeht, ist die Frage, ob Schiedsgerichte darüber hinaus, über die Trennung zwischen Unternehmen oder juristischer Person und Eigentümern oder Teilhabern hinweg, den Blick auf Letztere richten sollen.

Soweit BITs nach der Inkorporationstheorie allein auf das Kriterium der Inkorporation abstellen, haben Schiedsgerichte sich regelmäßig geweigert, darüber hinaus die Eigentümer oder Anteilseigner und deren Nationalität mit in Betracht zu ziehen: So klagte in *Tokios Tokelés v. Ukraine*[1039] eine nach litauischem Recht gegründete Gesellschaft gegen die Ukraine. Ihre Anteilseigner waren jedoch weit überwiegend, zu 99 %, ukrainische Staatsangehörige. Der BIT zwischen Litauen und der Ukraine definiert in Art. 1 Abs. 2 b den Begriff „Investor" in Bezug auf Litauen als „*any entity established in the territory of the Republic of Lithuania in conformity with its law and regulations*". Die Ukraine versuchte daraufhin geltend zu machen, dass die Klägerin tatsächlich kein litauisches Unternehmen sei, da sie mehrheitlich im Eigentum und unter der Kontrolle von ukrainischen Staatsangehörigen stand. Das Schiedsgericht stellte jedoch allein auf die Inkorporationstheorie ab und entschied, dass die Klägerin ein „Investor" im Sinne des BITs und auch ein „*national of another Contracting State*" gem. Art. 25 des ICSID-Abkommens sei.[1040] Selbst wenn es sich bei dem ordnungsgemäß gegründeten

---

1037 *Schlemmer* in: Muchlinski/Ortino/Schreuer, International Investment Law, S. 77.

1038 *Case concerning the Barcelona Traction, Light and Power Co., Limited (Belgium v. Spain)*, Judgment (Second Phase), 5. Februar 1970, ICJ Reports 1970, S. 3.

1039 *Tokios Tokelés v. Ukraine*, ICSID Case No. ARB/02/18, Decision on Jurisdiction, 29. April 2004.

1040 Ebd., Rn. 21–71. Die Entscheidung war jedoch nicht unumstritten; der Vorsitzende des Schiedsgerichts, Prosper Weil, verfasste ein Minderheitsvotum in dem er ausführte, dass die Entscheidung zunächst die Zuständigkeit nach Art. 25 des ICSID-Abkommens hätte prüfen müssen. Dieser sei nach Art. 31 WVK nach seinem Sinn und Zweck auszulegen. Sinn und Zweck des ICSID-Abkommens sei jedoch unbestritten nicht die Streitschlichtung zwischen Investoren und ihrem eigenen Heimatstaat,

Unternehmen lediglich um eine „Strohfirma“ handelt und keine echte Beziehung zum Heimatstaat besteht, bleibt die Entscheidung der Vertragsparteien, auf das Kriterium der Inkorporation abzustellen, demnach maßgeblich.

In *Saluka v. Czech Republic*[1041] klagte eine nach niederländischem Recht gegründete Gesellschaft. Die Tschechische Republik machte geltend, die Klägerin sei lediglich eine „Strohfirma“ und werde vollständig von ihren japanischen Eigentümern kontrolliert. Das BIT zwischen der Tschechischen Republik und den Niederlanden definiert „Investor“ unter anderem als *„legal persons constituted under the laws of (The Netherlands)“*.[1042] Das Schiedsgericht zeigte zwar Verständnis für den Einwand der Tschechischen Republik und sagte zunächst:

> „The Tribunal has some sympathy for the argument that a company which has no real connection with a State party to a BIT, and which is in reality a mere shell company controlled by another company which is not constituted under the laws of that State, should not be entitled to invoke the provisions of that treaty.“[1043]

Entscheidend sei aber letztlich nur die Tatsache, dass die Klägerin formal eine niederländische Gesellschaft sei, da die Vertragsparteien des BIT nur dies zum Kriterium gemacht hätten:

> „The Tribunal cannot in effect impose upon the parties a definition of ‚investor‘ other than that which they themselves agreed. That agreed definition required only that the claimant-investor should be constituted under the laws of (in the present case) The Netherlands, and it is not open to the Tribunal to add other requirements which the parties could themselves have added but which they omitted to add.“[1044]

Ähnlich entschied das Schiedsgericht in *AES v. Argentina*[1045], das die Vorlage der Gründungsurkunde nach dem Recht des Staates Delaware ausreichen ließ, da der BIT den Begriff „Company“ allein nach der Gründungstheorie definierte.[1046]

Tokios Tokelés v. Ukraine, ICSID Case No. ARB/02/18, Dissent of Prosper Weil attached to the Decision on Jurisdiction, 29. April 2004, insb. Rn. 17–20.

1041 *Saluka Investments BV (The Netherlands) v. The Czech Republic*, PCA (UNCITRAL), Partial Award, 17. März 2006.

1042 Ebd., Rn. 1, 73, 183–186, 197.

1043 Ebd., Rn. 240.

1044 Ebd., Rn. 241.

1045 *AES Corporation v. The Argentine Republic*, ICSID Case No. ARB/02/17, Decision on jurisdiction, 26 April 2005.

1046 Ebd., Rn. 75–79 und Rn. 80 („In the present case, the Tribunal is satisfied that AES, already at the stage of it Request for Arbitration, has indicated, and convincingly proved, to be incorporated in the State of Delaware with headquarters in Arlington, Virginia (USA). This was in particular evidenced by the production of a certificate

In *Aguas del Tunari v. Bolivia*[1047] berief sich die Klägerin, eine nach bolivianischem Recht gegründete und dort tätige Gesellschaft, auf den BIT zwischen den Niederlanden und Bolivien, mit dem Argument, sie selbst sei zwar bolivianisch, werde aber mehrheitlich von niederländischen Gesellschaften kontrolliert. Bolivien wandte demgegenüber ein, dass die niederländischen Gesellschaften wiederum von US-amerikanischen Gesellschaften kontrolliert würden. Das Schiedsgericht stellte fest, dass die niederländischen Gesellschaften keineswegs lediglich „Strohfirmen" waren, die zum Zweck der Anwendung des Abkommens mit den Niederlanden gegründet worden waren und entschied, dass die Klage zulässig sei.[1048]

Auch in *Yaung Chi Oo v. Myanmar*[1049] stellte das Schiedsgericht im Ergebnis auf die formalen Kriterien der Investordefinition des ASEAN IGA ab, nach der kumulativ die Elemente der Inkorporations- und der Sitztheorie vorliegen müssen und daher zu untersuchen war, ob die in Singapur gegründete Klägerin auch tatsächlich effektiv von dort gesteuert wurde.[1050] Dies war zunächst unstreitig; Myanmar argumentierte jedoch, dass nach dem Umzug der Direktorin der Klägerin nach Myanmar, die Klägerin keinen effektiven Verwaltungssitz mehr in Singapur unterhielt.[1051] Das Schiedsgericht wies den Einwand ab und ließ formale Anhaltspunkte als Indikatoren für einen Verwaltungssitz ausreichen. So die Tatsache, dass nach lokalem Recht ein lokaler Direktor eingesetzt war

---

signed by Mr. Leith Mann, AES' Assistant Secretary, attaching a true copy of AES' Certificate of Incorporation authenticated by Delaware's Secretary of State, in conformity with Delaware legislation."); s. oben Abschnitt C.II.3.b)bb).

1047 *Aguas del Tunari, S.A. v. Republic of Bolivia*, ICSID Case No. ARB/02/3, Decision on Respondent's Objections to Jurisdiction, 21. Oktober 2005.

1048 Ebd., Rn. 206–323, insb. Rn. 321–322 („*On the basis of the evidence available, IWH B.V. is not simply a corporate shell set up to obtain ICSID jurisdiction over the present dispute. […] The Tribunal finds it noteworthy, from the oral and written submissions of the Parties and a review of the 2000 and 2001 Annual Report for IWH B.V., that in 2000, IWH B.V. had a ‚portfolio of 8 contracts plus two additions in early 2001', ‚IWH and its consolidated subsidiaries employed an average of 55 employees', and ‚IWH generated net turnover of €8.6 million from its principal development and operations services activities.'*"),

1049 *Yaung Chi Oo Trading Pte Ltd v. Government of the Union of Myanmar*, ASEAN I.D. Case No. ARB/01/1, Award, 31. März 2003.

1050 Ebd., Rn. 46–52.

1051 Ebd., Rn. 51.

und jährliche Buchprüfungen stattfanden - unbeschadet der Tatsache, dass die Handlungsanweisungen aus Myanmar erteilt wurden.[1052]

b) Mehrfache Staatszugehörigkeit

Mehrfache Staatszugehörigkeiten können auch bei juristischen Personen auftreten. Fallen Gründungsort, Ort des tatsächlichen Sitzes oder Verwaltungssitzes und Staatsangehörigkeit der kontrollierenden Anteilseigner auseinander, kann eine juristische Person je nach dem jeweiligen Recht der betroffenen Staaten mehrfache Staatszugehörigkeiten besitzen.[1053] Der Umgang mit dieser Konstellation ist unterschiedlich. Eine ausdrückliche Regelung findet sich in den meisten Investitionsschutzinstrumenten hierzu nicht.

Im Rahmen des ICSID-Abkommens kommt es im Falle mehrfacher Staatszugehörigkeiten nur darauf an, dass eine der unterschiedlichen Staatszugehörigkeiten die eines Vertragsstaates ist und auf nachvollziehbaren tatsächlichen Anknüpfungspunkten basiert. So klagte in *Champion Trading v. Egypt*[1054] eine in den USA gegründete Gesellschaft, deren Eigentümer mehrheitlich die ägyptische und die amerikanische Staatsangehörigkeit hatten, gegen Ägypten. Das Schiedsgericht entschied, dass die Klage zulässig sei, da der BIT keine ausdrückliche Einschränkung für Anteilseigner mit mehrfacher Staatsangehörigkeit vorsah.[1055]

Mehrfache Staatszugehörigkeiten können allerdings auch zu unerwünschten Folgen führen. So ist im Rahmen des ICSID-Abkommens gem. Art. 27 Abs. 1

1052 Ebd., Rn. 52.

1053 Vgl. *Schreuer*, The ICSID Convention, Art. 25 Rn. 472.

1054 *Champion Trading Company, Ameritrade International, Inc., James T. Wahba, John B. Wahba, Timothy T. Wahba v. Arab Republic of Egypt*, ICSID Case No. ARB/02/09, Decision on Jurisdiction, 21. October 2003.

1055 Ebd., Abschnitt 3.4.2 („*It is not disputed that Champion Trading Company was incorporated in the State of Delaware on 24 July 1995 and Ameritrade International Inc. was likewise incorporated in the State of Delaware on 20 May 1992. According to the uncontested statement of the Claimants, the shareholders of both companies are the natural persons Mahmoud Wahba, Susanne Patterson Wahba, James T. Wahba, John B. Wahba and Timothy T. Wahba and each of these five individuals holds 20 % of the capital of each company (C29). Neither the Treaty nor the Convention contain any exclusion of dual nationals as shareholders of companies of the other Contracting State, contrary to the specific exclusion of Article 25 (2)(a) of the Convention regarding natural persons. The Respondents did not adduce any precedents or learned writings according to which dual nationals could not be shareholders in companies bringing an ICSID action under the Treaty. The Tribunal therefore holds that it does have jurisdiction over the claims of the two corporate Claimants.*“).

eigentlich dem jeweiligen Heimatstaat eines Investors die Ausübung diplomatischen Schutzes neben dem ICSID-Schiedsgerichtsverfahren untersagt. Dies gilt jedoch naturgemäß nur für ICSID-Vertragsstaaten. Soweit eine juristische Person daher neben der Staatszugehörigkeit zu einem Vertragsstaat auch die Staatszugehörigkeit eines Nicht-Vertragsstaates hat, kann letzterer zusätzlich diplomatischen Schutz gewähren.[1056] Dies sollte im Fall der Streitbeilegung nach dem ICSID-Abkommen eigentlich vermieden werden.

c) *Wechsel der Staatszugehörigkeit*

Auch bei juristischen Personen kann es zu einem Wechsel der Staatszugehörigkeit kommen, der bei der Zuständigkeit Fragen aufwirft. Wie bei natürlichen Personen auch, steckt dahinter letztlich die Frage, zu welchem Zeitpunkt die relevante Staatszugehörigkeit vorliegen muss.

Im Rahmen des ICSID-Abkommens kommt es anders als bei natürlichen Personen nicht auf zwei unterschiedliche Zeitpunkte an, sondern gem. Art. 25 Abs. 2 b lediglich auf die Staatszugehörigkeit zum Zeitpunkt der Schiedsvereinbarung („*on the date on which the parties consented to submit such dispute to conciliation or arbitration*").[1057] Der Zeitpunkt der Schiedsvereinbarung ist dabei, wie bei der entsprechenden Regelung für natürliche Personen, derjenige Zeitpunkt, zu dem alle Voraussetzungen für eine effektive Schiedsvereinbarung erfüllt sind.[1058] Liegt die erforderliche Staatszugehörigkeit zu diesem Zeitpunkt vor, ist der spätere Wechsel der Staatszugehörigkeit für die Zuständigkeit des Schiedsgerichts nach dem ICSID-Abkommen ohne Belang.[1059] Der Investor kann sogar die Staatszugehörigkeit des Gaststaates erwerben.

1056 Vgl. *Schreuer*, The ICSID Convention, Art. 25 Rn. 746.

1057 Vgl. *Schlemmer* in: Muchlinski/Ortino/Schreuer, International Investment Law, S. 76. Während der Entstehung des ICSID-Abkommens wurde zunächst einheitlich für natürliche und juristische Personen nur auf den Zeitpunkt der Schiedsvereinbarung abgestellt. Nachdem Bedenken aufkamen, natürliche Personen könnten ihre Staatsangehörigkeit ändern, wurde für sie zusätzlich der Zeitpunkt der Registrierung eingeführt. Für juristische Personen wurde kein Bedarf gesehen, auf einen zweiten Zeitpunkt zu schauen, da es für unwahrscheinlich gehalten wurde, dass eine juristische Person ihre Staatszugehörigkeit wechseln könne ohne aufgelöst und neu gegründet zu werden; vgl. im Einzelnen *Schreuer*, The ICSID Convention, Art. 25 Rn. 491.

1058 *Schreuer*, The ICSID Convention, Art. 25 Rn. 754.

1059 Vgl. *Amerasinghe*, Indian J. Int' L. 1979, 166, 223.

Teilweise wird allerdings angeführt, es könne nicht sein, dass der Investor die Staatszugehörigkeit eines Staates erwerbe, der kein Mitgliedsstaat des ICSID-Abkommens sei, da dann die Durchsetzung des Schiedsspruches erschwert sei und der Drittstaat nicht an der Ausübung diplomatischen Schutzes gehindert werde (Art. 27 Abs. 1 ICSID-Abkommen).[1060] Dies überzeugt letztlich nicht, schon auf Grund des klaren Wortlauts, der für juristische Personen allein auf die Staatszugehörigkeit zum Zeitpunkt der Schiedsvereinbarung abstellt.[1061] Außerdem besteht das Problem der Ausübung diplomatischen Schutzes durch Drittstaaten ohnehin auch außerhalb von Fällen des Wechsels der Staatszugehörigkeit, etwa bei mehrfachen Staatsangehörigkeiten. Auch die Durchsetzung des Schiedsspruches wird nicht durch einen Wechsel der Staatszugehörigkeit zu einem Drittstaat gefährdet, da ohnehin alle Mitgliedsstaaten und nicht nur der Heimatstaat zur Durchsetzung von Schiedssprüchen verpflichtet sind und mit dem Wechsel der Staatszugehörigkeit auch nicht notwendigerweise eine Verlagerung von Vermögenswerten einhergeht.

Für den ECT ergibt sich implizit aus Art. 26 Abs. 4 ECT, dass der Investor zum Zeitpunkt der Einreichung der Schiedsklage (in der Regel wird dies auch der Zeitpunkt sein, in dem damit die Schiedsvereinbarung zustande kommt) die Voraussetzungen des Investorbegriffs erfüllen muss.[1062] Ausdrückliche Regelungen über den Zeitpunkt der Prüfung des Investorbegriffs enthält der ECT im Übrigen lediglich für den Ausnahmefall des Art. 26 Abs. 7 ECT, nach dem unter bestimmten Voraussetzungen auch eine im Gaststaat inländische Gesellschaft ein zulässiger Investor sein kann. In diesem Fall muss die Staatszugehörigkeit zum Gaststaat der Investition im Zeitpunkt der Einreichung der Schiedsklage vorliegen.

Darüber hinaus muss der Investor auch im Zeitpunkt der rechtsverletzenden Maßnahme Investor im Sinne des ECT-Investorbegriffs gewesen sein, um sich auf den materiellen Schutz des ECT berufen zu können. Denn auch dieser knüpft an den Investorbegriff an. Soweit ein ECT-Schiedsgerichtsverfahren vor dem ICSID durchgeführt wird, ist ggf. zusätzlich der relevante Zeitpunkt nach dem ICSID-Abkommen zu berücksichtigen. UNCITRAL oder SCC Verfahren stellen insofern keine besonderen Anforderungen. Ein Wechsel der Staatszugehörigkeit

---

1060 *Schreuer*, The ICSID Convention, Art. 25 Rn. 757; *Hirsch*, Arbitration Mechanism, S. 95/96.

1061 So *Schreuer*, The ICSID Convention, Art. 25 Rn. 758.

1062 Art. 26 Abs. 4 ECT lautet: „*In the event that an Investor chooses to submit the dispute for resolution under subparagraph (2)(c), the Investor shall further provide its consent in writing for the dispute to be submitted to:* […]"

nach den damit jeweils relevanten Zeitpunkten ist daher auch im ECT ohne Belang.[1063]

In anderen Investitionsschutzabkommen wird auf andere Zeitpunkte abgestellt. So wird im Rahmen des NAFTA die völkergewohnheitsrechtliche *continuous nationality rule* angewandt, nach der ein Anspruchssteller vom Zeitpunkt der Rechtsverletzung bis zum Zeitpunkt des Schiedsspruchs die Staatsangehörigkeit des ausländischen Staates besitzen muss.[1064]

In *Loewen v. USA*[1065] strengte die ursprünglich kanadische Investorgesellschaft ein Schiedsgerichtsverfahren gegen die USA an. Während des laufenden Verfahrens wurde die Klägerin zu einer US-amerikanischen Gesellschaft; die streitgegenständlichen Ansprüche trat sie an eine nur zu diesem Zweck neu gegründete kanadische Gesellschaft ab. Das Schiedsgericht wies die Klage daraufhin ab, u. a. unter Berufung auf die *continuous nationality rule*, insbesondere aufgrund der nunmehr fehlenden für das NAFTA aber notwendigen Staatszugehörigkeit zu einem anderen NAFTA-Staat.[1066]

Das Schiedsgericht im *Hamester v. Ghana*[1067] entschied hingegen, dass die Staatsangehörigkeit juristischer Personen zu einem anderen Staat zu dem Zeitpunkt existieren musste, zu dem das Schiedsgerichtsverfahren eingeleitet wird.

1063 Vgl. *Wolfgram*, Investitionsschiedsgerichtsbarkeit, S. 25.

1064 *Schlemmer* in: Muchlinski/Ortino/Schreuer, International Investment Law, S. 76 Fn. 104.

1065 *The Loewen Group, Inc. and Raymond L. Loewen v United States of America*, 26. Juni 2003, ICSID ARB(AF)/98/3, Award, 26. Juni 2003.

1066 Ebd., Rn. 220–239; zur Anwendung der völkergewohnheitsrechtlichen *continuous nationality rule*, die das Schiedsgericht damit begründet, dass das NAFTA keine ausdrückliche Regelung der Abkehr von diesem Prinzip enthielt, vgl. insb. Rn. 230 („*As with most hoary international rules of law, the requirement of continuous nationality was grounded in comity. It was not normally the business of one nation to be interfering into the manner in which another nation handled its internal commerce. Such interference would be justified only to protect the interests of one of its own nationals. If that tie were ended, so was the justification. As international law relaxed to allow aggrieved parties to pursue remedies directly, rather than through diplomatic channels, the need for a rigid rule of dies ad quem also was relaxed. But as was previously noted, such relaxations came about specifically in the language of the treaties. There is no such language in the NAFTA document and there are substantial reasons why the Tribunal should not stretch the existing language to affect such a change.*“).

1067 *Gustav F W Hamester GmbH & Co KG v. Republic of Ghana*, ICSID Case No. ARB/07/24, Award, 18. Juni 2010.

Der dort erfolgte anschließende Verkauf der Anteile an der Investition ist daher jedenfalls im Rahmen der Zuständigkeit ohne Belang.[1068]

In *Yaung Chi Oo v. Myanmar*[1069] ging das Schiedsgericht darüber hinaus davon aus, dass eine Vermutung dafür bestehe, dass die einmal etablierte Staatszugehörigkeit nicht ohne weiteres verloren gehen kann.[1070]

d) Unternehmensübernahmen und Joint Ventures

Eine weitere besondere Konstellation sind Fälle der Unternehmensübernahme und *Joint Ventures*.[1071] Die Übernahme eines Unternehmens durch ein ausländisches Unternehmen kann eine Investition darstellen, sodass die ausländische Muttergesellschaft zum Investor wird.

In *Phoenix Action v. Czech Republic*[1072] hat ein ICSID-Schiedsgericht allerdings missbräuchliche Fälle abgegrenzt und die Zuständigkeit für sie verneint. Auch wenn formal eine Investition vorliegt, fehlt es an der Zuständigkeit internationaler Schiedsgerichte, wenn die Übernahme mit dem missbräuchlichen Ziel erfolgt, in einem innerstaatlichen Streit eine Zuständigkeit für ein ICSID-Schiedsgerichtsverfahren zu schaffen. Dies sei vom Schutzzweck des ICSID-Abkommens nicht umfasst und liege daher außerhalb der Zuständigkeit des Schiedsgerichts.[1073]

1068 Ebd., Rn. 95 („*It is not contested that the Claimant was a German national on the date of consent to arbitration. Nor can the Claimant's jus standi be affected by the fact that it no longer owns the shares. As noted in El Paso v. Argentina, ‚no continuous ownership is required, as the ICSID Convention was meant, among other things, to protect against nationalisations and expropriations, i.e. in cases where the national no longer owns the investment but seeks compensation for having been deprived of it by the host State.' Consequently, although the Tribunal recognizes that there may be legal implications concerning issues of quantum in a case in which the claimant no longer owns the investment, it concludes that its jurisdiction is unaffected in this case.*").

1069 *Yaung Chi Oo Trading Pte Ltd v. Government of the Union of Myanmar*, ASEAN I.D. Case No. ARB/01/1, Award, 31. März 2003.

1070 Ebd., Rn. 52. Entscheidend war dort allerdings die Frage des Bestehens eines effektiven Verwaltungssitzes. Das Ergebnis lässt sich daher insofern möglicherweise nicht verallgemeinern.

1071 Zu *Joint Ventures* im Investitionsschutzkontext s. *Clasen*, Foreign Trade and Investment, S. 223 ff.

1072 *Phoenix Action, Ltd. v. The Czech Republic*, ICSID Case No. ARB/06/5, Award, 15. April 2009.

1073 Ebd., Rn. 106–113, 135–144.

Innerhalb des ECT und des NAFTA werden nach dem nationalen Recht des Gaststaates gegründete *Joint Ventures* grundsätzlich nicht als Investoren zugelassen, selbst wenn die Gesellschafter nicht Staatsangehörige des Gaststaates sind.[1074]

e) Konzerne, Muttergesellschaften und verbundene Unternehmen

Bei juristischen Personen, insbesondere Unternehmen, stellen sich in Bezug auf den Umgang mit Konzernen, Mutter- und Tochtergesellschaften und verbundenen Unternehmen, die gleichen Fragen wie bei natürlichen Personen in Bezug auf Anteilseigner, Gesellschafter und Aktionäre. Zunächst kann natürlich auch eine juristische Person wie eine natürliche Person Anteile an einem Unternehmen halten oder Gesellschafter oder Aktionär eines Unternehmens sein. In diesen Fällen gilt zunächst nichts anderes, als bei natürlichen Personen, soweit es darum geht, festzustellen, ob die jeweilige Anteilseigner-, Gesellschafter- oder Aktionärsgesellschaft selbst als Investor zu qualifizieren ist.

Fraglich kann bei der Bestimmung der Staatszugehörigkeit allerdings werden, welches Recht auf einen grenzüberschreitenden Konzern anzuwenden ist. Grundsätzlich regiert das Recht der hauptbetroffenen Gesellschaft die Konzernbeziehung, d. h. im Fall des Unterordnungskonzerns, dass das Statut des abhängigen Unternehmens die Konzernrechtsbeziehung zum herrschenden Unternehmen bestimmt; das gleiche gilt auch für abhängige Gesellschaften im Rahmen von Beherrschungsverträgen.[1075]

Die Einordnung ist jedoch auch davon abhängig, welches Recht zur Bestimmung der Staatszugehörigkeit in den jeweils betroffenen Staaten gilt. Oft werden Tochtergesellschaften im Gaststaat gegründet und sind dann nach der Gründungstheorie diesem zuzuordnen. Die Muttergesellschaft wird dann je nach dem jeweils anwendbaren Recht einem anderen Staat zugeordnet. Im Ergebnis werden transnationale Unternehmen damit in der Regel mehreren Staaten zugerechnet werden.[1076] Gegen dieses Ergebnis ist auch nichts einzuwenden, soweit letztlich auf jedes Unternehmen bezogen eine Einzelfallprüfung vorgenommen und das Vorliegen der Investoreneigenschaften festgestellt wird.

1074 S. oben Abschnitt C.II.2.b) und C.II.2.c); vgl. *Kreutzfeld*, Investitionsschutz in Südafrika, S. 102; *Karl*, RIW, 1994, 809, 811.

1075 *Großfeld/König*, RIW 1992, 433, 439.

1076 Vgl. *Happ*, Schiedsverfahren nach Art. 26 ECT, S. 35.

f) Staaten, staatliche Unternehmen und Staatsfonds

Auch wenn das internationale Investitionsschutzrecht grundsätzlich private ausländische Investoren schützen will, können auch Unternehmen oder juristische Personen, die staatlicher Kontrolle unterliegen, als Investor qualifiziert werden, solange sie kommerziell und nicht hoheitlich handeln.[1077] So sehen bspw. die untersuchten BITs der USA diese Möglichkeit ausdrücklich vor.[1078]

Nach Art. 25 Abs. 1 des ICSID-Abkommens sind zwar reine Streitigkeiten zwischen Staaten ausgeschlossen, da es insoweit am „Angehörigen" eines anderen Vertragsstaates mangeln würde. Damit sind jedoch ganz oder teilweise in staatlichem Besitz stehende Unternehmen nicht vom Anwendungsbereich des ICSID-Abkommens ausgeschlossen.[1079] In *CSOB v. Slovakia*[1080] war die Klägerin eine staatliche Bank. Das Schiedsgericht ließ die Klage unbeschadet dessen zu und stellte fest, dass maßgeblich sei, ob ein Staatsunternehmen privatwirtschaftlich agiere oder wie ein Regierungsvertreter mit hoheitlicher Regierungsfunktion.[1081]

Die Herkunft der Mittel für Investitionen ist damit insgesamt kein relevantes Unterscheidungsmittel für die Zuständigkeit internationaler Schiedsgerichte im internationalen Investitionsschutzrecht. Angesichts der verbleibenden staatlichen

1077 Vgl. auch *Broches*, Selected Essays, S. 201 f.; Das ICSID-Abkommen sah diese Möglichkeit von Anfang an vor, *Broches*, History of the ICSID Convention, Bd. II Teil 1, S. 11.

1078 S. oben Abschnitt C.II.3.b).

1079 Vgl. *Belling*, Jurisdiktion rationae materiae, S. 127; *Shihata/Parra*, ICSID Rev.-FILJ 1999, 299, 315.

1080 *Československa Obchodní Banka, A.S. v. The Slovak Republic*, ICSID Case No. ARB/97/4, Decision of the Tribunal on Objections to Jurisdiction, 24. Mai 1999.

1081 Ebd., Rn. 16 ff. („*The legislative history of the Convention does provide some answers, however, that bear on the issues presented in this case. It indicates that the term „juridical persons" as employed in Article 25 and, hence, the concept of ‚national,' was not intended to be limited to privately-owned companies, but to embrace also wholly or partially government-owned companies. This interpretation has found general acceptance.*") und Rn. 21 ff. („*Although these activities were driven by State policies, as was true generally of economic activities during the country's command economy, the banking transactions themselves that implemented these policies did not thereby lose their commercial nature. They cannot therefore be characterized as governmental in nature. Moreover, even if one were to conclude that the non-performing assets derived from activities conducted by CSOB as an agent of the State, the measures taken by CSOB to remove them from its books in order to improve its balance and consolidate its financial position in accordance with the provisions of the Consolidation Agreement, must be deemed to be commercial in character.*").

Beteiligung an ehemaligen Staatsunternehmen, die trotzdem wie rein privatwirtschaftliche Konkurrenten am Markt agieren, erscheint dies auch sinnvoll.

g) Non-Profit-Organisationen

Inwieweit auch *Non-Profit*-Organisationen als Investoren gelten, hängt im Einzelfall von deren konkreten Aktivitäten ab.[1082] Viele BITs beziehen ausdrücklich alle Arten von juristischen Personen in ihren Anwendungsbereich mit ein. Die deutschen BITs definieren juristische Personen regelmäßig unabhängig davon, ob ihre Tätigkeit auf wirtschaftlichen Gewinn ausgerichtet ist.[1083] Die Inanspruchnahme solcher BITs durch *Non-Profit*-Organisationen erscheint grundsätzlich möglich.

Größere Investitionen von *Non-Profit*-Organisationen werden in der Praxis jedoch eher selten sein. Denkbar wären relevante Fälle möglicherweise im Bereich der Entwicklungshilfe, indem gemeinnützige Organisationen in anderen Ländern größere Anlagen, wie beispielsweise Flüchtlingslager mit den entsprechenden Einrichtungen, Krankenhäuser oder Wasseraufbereitungsanlagen aufbauen. Vor ein internationales Schiedsgericht ist ein derartiger Fall jedoch - soweit bekannt - bislang noch nicht gelangt.

h) Investoren in der Insolvenz

Eine weitere Frage, die letztlich mit der Frage zusammenhängt, zu welchem Zeitpunkt die Voraussetzungen des Investorenbegriffs erfüllt sein müssen, ist, welche Auswirkungen der zwischenzeitliche Untergang des Investors, beispielsweise in einem Insolvenzverfahren hat.

Nach den bereits erörterten Grundsätzen wird es auch in diesen Fällen zunächst allein darauf ankommen, dass die juristische Person zu den jeweils relevanten Zeitpunkten noch existiert. Geht sie danach unter, kann dies jedoch auch Auswirkungen auf die weitere Prozessführung haben, da sich die Frage stellt, inwieweit sie überhaupt noch wirksam vertreten werden kann.[1084] Auch

---

1082 Vgl. auch *Gallus/Peterson*, Arb. Int. 2006, 527, 535–536 die darlegen, dass Nicht-Regierungs-Organisationen denselben Gefahren ausgesetzt sind, wie kommerzielle Auslandsinvestoren (S. 529 ff.) und sich dafür einsetzen, sie in den Schutzbereich des Investitionsschutzrechtes einzuschließen (S. 543 ff.).

1083 S. oben Abschnitt C.II.3.a).

1084 Nach deutschem Recht gelten insoweit §§ 85, 85 InsO. Der Schuldner verliert nach § 80 InsO die Verwaltungs- und Verfügungsbefugnis und damit auch die Prozessführungsbefugnis; der Insolvenzverwalter wird in seiner Eigenschaft als

ein gegebenenfalls erstrittener Schaden, kann dem insolventen und nicht mehr existenten Investor nicht mehr erstattet werden.

In dem bereits erwähnten NAFTA-Verfahren *Loewen v. USA*[1085] versuchte eine Klägerin (TGLI) zu argumentieren, dass die im Insolvenzverfahren befindliche Ursprungsgesellschaft weiterexistiere, obwohl ihr Vermögen und ihr gesamtes Geschäft in einer neuen (amerikanischen) Gesellschaft reorganisiert worden waren. Das Schiedsgericht musste sich mit den Folgen des Insolvenzverfahrens nicht im Einzelnen auseinandersetzen, da die streitgegenständlichen Ansprüche ohnehin unstreitig abgetreten waren. Es ließ aber deutliche Zweifel daran anklingen, dass die insolvente Gesellschaft das Verfahren weiter führen könnte, da die Ansprüche inzwischen im Rahmen des Insolvenzverfahrens auf die restrukturierte Gesellschaft übergegangen seien.[1086]

5. Zusammenfassung und Zwischenergebnisse

In den untersuchten Abkommen und BITs wird für juristische Personen als Investor ganz überwiegend eine der klassischen Theorien zur Staatsangehörigkeit juristischer Personen im Völkerrecht zugrunde gelegt, in der Regel die Sitz- oder Inkorporationstheorie oder eine Verbindung aus beiden Theorien.[1087] Die Inkorporationstheorie wird neben den USA auch von England und der Schweiz vertreten.[1088] In den deutschen BITs wird die Sitz- oder Inkorporationstheorie verwendet.

Darüber hinaus wird oftmals von juristischen Personen zusätzlich verlangt, dass sie auch ihren Sitz im Hoheitsgebiet einer der beiden Vertragsparteien haben, teilweise auch, dass sie dort tatsächlich wirtschaftlich tätig sind.[1089] So verlangt das aktuelle deutsche Muster-BIT neben der Gründung auch eine Registrierung oder Niederlassung in Deutschland.

Insolvenzverwalter über das Vermögen des Schuldners Partei des Rechtstreits, *Kroth*, in: Braun, Insolvenzordnung, Vorb. vor §§ 85–87, Rn. 1.

1085 *The Loewen Group, Inc. and Raymond L. Loewen v United States of America*, 26. Juni 2003, ICSID ARB(AF)/98/3, Award, 26. Juni 2003.

1086 Ebd., Rn. 237 („*Even if TLGI has some kind of ethereal existence, it sought to place any remaining NAFTA marbles in the Nafcanco ring.*").

1087 Vgl. auch *Dolzer/Schreuer*, Principles of International Investment Law, S. 49; *Sidhu*, Direktinvestitionen in der WTO, S. 47.

1088 Vgl. *Sidhu*, Direktinvestitionen in der WTO, S. 48.

1089 Vgl. *Metje*, Investitionsschutz, S. 77; *Dolzer/Bloch*, in: Kronke/Melis/Schnyder, Handbuch, Teil J, Rn. 68.

Die Kontrolltheorie hat demgegenüber eine geringere Verbreitung und findet insbesondere auch als Negativkriterium Anwendung, d. h. zum Ausschluss von ausländisch kontrollierten Unternehmen. Die eine solche Kontrolle ausübenden Personen oder Gesellschaften können hinsichtlich einer Beeinträchtigung des kontrollierten Unternehmens allerdings ggf. selbst eigene Ansprüche geltend machen, wenn sie auch unter den Investorbegriff fallen.

III. Konflikte zwischen unterschiedlichen Definitionen

Es hat sich gezeigt, dass BITs, internationale Investitionsschutzabkommen und nationale Investitionsschutzgesetze teilweise unterschiedliche Definitionen des Begriffs „Investor" verwenden. Es kann daher dazu kommen, dass auf denselben Sachverhalt mehrere der genannten Instrumente Anwendung finden und hinsichtlich der Anwendbarkeit zu unterschiedlichen Ergebnissen kommen.

Nach den deutschen BITs müssen beispielsweise juristische Personen in aller Regel keine Rechtspersönlichkeit besitzen, um ein Investor zu sein, während das ICSID-Abkommen die Rechtspersönlichkeit in jedem Fall voraussetzt.[1090] Erhebt nun eine deutsche Gesellschaft ohne Rechtspersönlichkeit, etwa eine Erbengemeinschaft, BGB-Innengesellschaft oder Bruchteilsgemeinschaft unter einem entsprechenden BIT Schiedsklage vor dem ICSID, kollidieren die unterschiedlichen Definitionen.

Auch bei der Bestimmung der Staatszugehörigkeit juristischer Personen können unterschiedliche Definitionen in unterschiedlichen Investitionsschutzinstrumenten miteinander kollidieren und im Ergebnis zu unterschiedlichen Staatszugehörigkeiten gelangen. Vor diesem Hintergrund stellt sich die Frage, wie die Konflikte zwischen unterschiedlichen Definitionen zu lösen sind.

Dies hängt zunächst davon ab, ob die unterschiedlichen Definitionen tatsächlich miteinander unvereinbar sind. In Bezug auf die Staatszugehörigkeit juristischer Personen macht das ICSID-Abkommen keine ausdrücklichen Vorgaben, auch wenn in der Regel von den ICSID-Schiedsgerichten auf die Gründungs- oder Sitztheorie abgestellt wird. Soweit nationale Investitionsschutzgesetze oder völkerrechtliche Investitionsschutzabkommen ausdrückliche Bestimmungen über die Staatszugehörigkeit enthalten, werden sie Teil der Schiedsvereinbarung zwischen den Parteien, und sind daher im Rahmen des Art. 25 Abs. 2 ICSID-Abkommen entsprechend zu berücksichtigen.[1091] So lange zur Bestimmung der

1090 S. oben Abschnitt C.II.3.a). und Abschnitt C.II.2.a).

1091 *Schreuer*, The ICSID Convention, Art. 25 Rn. 723.

Staatszugehörigkeit an nachvollziehbare Kriterien angeknüpft wird, werden Schiedsgerichte in der Regel der Regelung in der Schiedsvereinbarung folgen.[1092]

Anders verhält es sich bei der Frage der Rechtspersönlichkeit, in der das ICSID-Abkommen das Vorhandensein ebendieser für juristische Personen voraussetzt.[1093] Eine juristische Person ohne Rechtspersönlichkeit würde zwar unter den Anwendungsbereich eines deutschen BITs fallen und nach diesem auch das ICSID anrufen können. Bei der Prüfung der objektiven Zuständigkeitsvoraussetzung durch das Schiedsgericht müsste jedoch festgestellt werden, dass diese juristische Person mangels Rechtspersönlichkeit kein *„national of another Contracting State“* i. S. d. Art 25 ICSID-Abkommen ist und daher keine Zuständigkeit des ICSID besteht.

Hier liegt also eine tatsächliche Unvereinbarkeit zwischen beiden Definitionen vor, die im Bereich des ICSID-Abkommens dazu führt, dass der Investor letztlich kein ICSID-Verfahren durchführen kann, weil insofern kumulativ zum Anwendungsbereich des Investitionsschutzvertrags auch der des ICSID-Abkommens erfüllt sein muss.[1094] Die Zuständigkeitsvoraussetzungen des ICSID-Abkommens werden insofern durch die Zulässigkeitsvoraussetzungen aus dem jeweiligen Investitionsschutzabkommen ergänzt.[1095]

Erfüllt er die Voraussetzungen des ICSID-Abkommens nicht, bleibt dem Investor insofern nur, soweit der Investitionsschutzvertrag dies zulässt, eine andere Schiedsinstitution oder Art des Schiedsgerichtsverfahrens zu wählen, bei der er auf keine weiteren Voraussetzungen trifft, die er nicht erfüllen kann. Letztlich sind diese Fälle vergleichbar mit denjenigen Fällen, in denen zwar ein BIT auf das ICSID verweist, aber nicht beide Staaten, Gast- und Heimatstaat, Mitglieder des ICSID-Abkommens sind. Auch in diesem Fall kann kein ICSID-Verfahren durchgeführt werden.

Nichts anderes gilt auch in den Fällen, in denen von vornherein unterschiedliche Definitionen zur Anwendung kommen. Investitionen europäischer und osteuropäischer Unternehmen in anderen europäischen oder osteuropäischen Ländern werden beispielsweise oft BITs und dem *Energy Charter Treaty* unterliegen. Hier kann es bei der Bestimmung der Staatszugehörigkeit zu unterschiedlichen Ergebnissen kommen, wenn beispielsweise nach dem deutschen BIT ein im Gaststaat sitzendes oder dort gegründetes Unternehmen aus dem Anwendungsbereich fällt, während es gem. Art. 26 Abs. 7 ECT, soweit es unter Kontrolle

---

1092 *Schreuer*, The ICSID Convention, Art. 25 Rn. 723.

1093 Vgl. *Schreuer*, The ICSID Convention, Art. 25 Rn. 689–690.

1094 So für das Kriterium der „Investition“ *Wälde*, JWIT 2004, 373, 410.

1095 Vgl. *Krajewski*, Wirtschaftsvölkerrecht, § 3 Rn. 664.

einer deutschen Muttergesellschaft steht, im Rahmen des ECT als Investor eigene Rechte geltend machen kann. Die logische Folge kann nur sein, dass in diesem Fall zwar nach dem ECT, aber eben nicht nach dem BIT vorgegangen werden kann.

Art. 16 ECT stellt insoweit vorsorglich klar, dass der ECT und ein etwaiger früherer oder späterer BIT nicht zur gegenseitigen Auslegung zum Nachteil des Investors herangezogen werden können. Im Ergebnis gelten damit die jeweils günstigsten Bestimmungen, soweit parallel zum ECT auch ein BIT anwendbar ist.[1096]

Zusammenfassend lassen sich damit zwei unterschiedliche Konstellationen festhalten: Zu unterscheiden sind diejenigen Konstellationen, in denen kumulativ auf einen Sachverhalt zwei unterschiedliche Definitionen nacheinander anwendbar sind, von denjenigen Konstellationen, in denen zwei unterschiedliche Definitionen nebeneinander anwendbar sind. In beiden Fällen gilt, dass für jedes einzeln anwendbare Investitionsschutzinstrument alle Anwendungsvoraussetzungen erfüllt sein müssen. Stehen mehrere Instrumente nebeneinander, kommen nur diejenigen zur Anwendung, deren Voraussetzungen vorliegen.

Sind nacheinander Anforderungen eines BITs und weitere Anforderungen der Schiedsgerichtseinrichtung zu erfüllen, beispielsweise die Zuständigkeitsvoraussetzungen des ICSID-Abkommens, müssen jeweils alle Anforderungen erfüllt werden, um aus dem BIT vor der Schiedsgerichtseinrichtung vorgehen zu können. Fällt ein Investor in diesen Fällen nicht unter die Definition des BITs, liegt schon keine Schiedsvereinbarung im Sinne des ICSID-Abkommens vor. Mangelt es nur an den weiteren Voraussetzungen des ICSID-Abkommens, bleibt dem Investor nur das ICSID-Verfahren versperrt, je nach zugrundeliegender Schiedsvereinbarung aber der Weg zu anderen Schiedsgerichten offen.

Im Ergebnis verändert sich der Begriff des Investors damit durch Konflikte zwischen unterschiedlichen Definitionen nicht. Der Investorbegriff ist insofern ein anwendungs- oder vertragsbezogener Begriff. Er geht vom jeweils anzuwendenden Instrument aus und nicht von der Person des Investors.

IV. Entwicklung eines völkergewohnheitsrechtlichen Investorbegriffs

Nach alledem stellt sich die Frage, ob nicht faktisch doch die Existenz eines völkergewohnheitsrechtlichen Investorbegriffs angenommen werden muss. Auch

---

1096 Vgl. *Swaak-Goldman*, Am. Rev. Int'l Arb. 1995, 317, 334.

in der Literatur wird daher jedenfalls vereinzelt durchaus diskutiert, ob sich aus den BITs völkergewohnheitsrechtliche Grundsätze ableiten lassen.[1097]

1. Gibt es einen völkergewohnheitsrechtlichen Investorbegriff?

Die Entstehung von Völkergewohnheitsrecht setzt nach allgemeiner Auffassung ein objektives und ein subjektives Element voraus: Erforderlich ist eine regelmäßige und einheitliche Übung bestimmter Regelungen und die Anerkennung dieser Praxis als rechtlich verpflichtend (*opinio juris*).[1098]

Grundsätzlich können unter diesen Voraussetzungen auch bilaterale Verträge Völkergewohnheitsrecht begründen. Die bloße Tatsache, dass mehrere Verträge in bestimmten Punkten übereinstimmen, reicht hierzu jedoch nicht aus.[1099] Die vielfältigen Unterschiede die die existierenden BITs trotz aller Gemeinsamkeiten aufweisen, sprechen daher schon gegen die Annahme einer gemeinsamen Übung.[1100]

Selbst wenn alle BITs den gleichen Standard gewährleisten würden, ließe sich allein daraus noch nicht zwingend folgern, dass eine entsprechende allgemeine Rechtsüberzeugung besteht.[1101] Wenn überhaupt, finden sich im Investitionsschutzrecht lediglich völkergewohnheitsrechtliche Regelungen mit passivem Charakter, etwa diejenige, dass es keinem Staat untersagt ist, auf seinem Gebiet zu enteignen.[1102]

Gegen die Anerkennung der Grundsätze des Investitionsschutzrechtes, wie sie in den bilateralen Investitionsschutzverträgen niedergelegt sind, als rechtlich verbindend spricht auch, dass die Staaten sich bislang nicht auf ein umfassendes multilaterales Investitionsschutzabkommen einigen konnten und die hierzu unternommenen Versuche an den bestehenden Differenzen scheiterten.[1103] Aufgrund des mangelnden Konsenses konnten sich daher für das internationale Investitionsschutzrecht insgesamt bislang kaum Völkergewohnheitsrecht oder

1097 Vgl. etwa *Sornarajah*, Foreign Investment, S. 89.

1098 Vgl. bspw. *Shaw*, International Law, S. 70 f.

1099 *Verdross/Simma*, Universelles Völkerrecht, S. 365/366, § 580.

1100 *Sidhu*, Direktinvestitionen in der WTO, S. 67; Vgl. zu einzelnen Unterschieden allein in den deutschen BITs, *Karl*, ICSID Rev.-FILJ 1996, 1, 6 ff.

1101 *Häde*, AVR 1997, 181, 199.

1102 *Zamora*, GYIL 1989, S. 25.

1103 Vgl. *Sidhu*, Direktinvestitionen in der WTO, S. 68; *Weber*, in: Oppermann/Petersman (Hrsg.), Reforming the International Economic Order, S. 40: „*states may voluntarily bind themselves because of far reaching interests of cooperation without accepting a general non-contractual rule of this extent.*"

allgemeine Rechtsgrundsätze bilden.[1104] Die Bestätigung einiger Grundsätze findet sich zwar in der Resolution der UN-Generalversammlung *Permanent sovereignity over natural ressources.*[1105] Diese betreffen aber nicht den Investorbegriff. Die völkergewohnheitsrechtlichen Regeln des internationalen Investitionsschutzrechts beziehen sich in erster Linie auf Enteignungen und Verstaatlichungen von ausländischem Vermögen.[1106]

Hinzu kommt, dass die Staatenpraxis sich auf die Verhandlung neuer Abkommen und deren Durchführung konzentriert hat.[1107] Ebenso liegt auch der Fokus der Wissenschaft eher auf den aktuellen völkervertraglichen Entwicklungen, als auf dem vergleichsweise historisch anmutenden völkergewohnheitsrechtlichen Teil des internationalen Investitionsschutzrechts.

In diesem Zusammenhang stellt sich regelmäßig auch das völkerrechtsquellentheoretische Problem, welche Bedeutung die vertragsrechtlichen Regelungen für den Inhalt des Gewohnheitsrechts haben, insbesondere, ob der erreichte hohe vertragliche Schutzstandard als Indiz für die Existenz entsprechenden Völkergewohnheitsrechts zu werten ist, oder im Gegenteil gerade dagegen spricht.[1108]

Es stellt sich auch die Frage, ob die Vielzahl der schiedsgerichtlichen Entscheidungen Einfluss auf völkerrechtliche Normen ausüben können. Nach Art. 38 Abs. 1 IGH-Statut zählen Gerichtsentscheidungen jedenfalls nicht zu den primären Quellen des Völkerrechts. Gem. Art. 38 Abs. 1 lit. d können internationale Gerichtsentscheidungen jedoch ein Hilfsmittel zur Ermittlung des geltenden Völkerrechts sein. Nach ganz überwiegender Auffassung zählen zu den Gerichtsentscheidungen i. d. S. grundsätzlich auch die Entscheidungen internationaler Schiedsgerichte im Bereich des materiellen Völkerrechts.[1109]

1104 *Zagel*, Auslandsinvestitionen, S. 39; *Häde*, AVR 1997, 181, 199.

1105 UN General Assembly Resolution 1803 (XVII) vom 14. Dezember 1962, UNYB 1963, S. 498 ff.; s. auch *Zamora*, GYIL 1989, S. 10 ff.

1106 *Krajewski*, Wirtschaftsvölkerrecht, § 3 Rn. 540; *Häde*, AVR 1997, 181, 186.

1107 *Dolzer/Schreuer*, Principles of International Investment Law, S. 16.

1108 *Reinisch*, in: Tietje, Internationales Wirtschaftsrecht, § 8 Rn. 17. Der IGH hat im *North Sea Continental Shelf Case (Germany v. Denmark)*, Judgment, 20. Februar 1969, ICJ Reports 1969, S. 3, Rn. 76–78 ausgeführt, dass die Tatsache allein, dass Staaten übereinstimmend eine bestimmte Praxis pflegen, kein Indiz dafür ist, dass sie dies tun, weil sie von der Existenz einer entsprechenden völkergewohnheitsrechtlichen Regel ausgehen.

1109 *Schäfer*, RIW 1998, 199, 204; *Verdross/Simma*, Universelles Völkerrecht, S. 397/398, §§ 619–621. Vgl. auch Vgl. *Böckstiegel*, Arb. Int. 2006, 165, 172, der den Beitrag der Schiedsgerichte zur Klärung der Bedeutung der völkervertragsrechtlichen Vereinbarungen hervorhebt.

Ob einer Entscheidung im Einzelfall tatsächlich eine derartige rechtsbeschreibende und, angesichts der Unsicherheit, die über den Inhalt der völkergewohnheitsrechtlichen Norm besteht, auch rechtsgestaltende Wirkung zukommt, hängt allerdings von Faktoren, wie der Überparteilichkeit und Qualifikation der Schiedsrichter, der öffentlichen Zugänglichkeit der Entscheidungsgründe, der Folgerichtigkeit der Begründung und der Art und Weise der Entscheidungsfindung ab.[1110] Für die in dieser Arbeit besprochenen Entscheidungen, insbesondere auch der institutionellen Schiedsgerichte, werden diese Voraussetzungen häufig erfüllt sein.

Für den Entschädigungsstandard und die Durchsetzung des angemessenen Entschädigungsstandards hat die internationale Schiedsgerichtsbarkeit damit einen wichtigen Beitrag geleistet.[1111] Die Schiedssprüche spiegeln insoweit jedenfalls das geltende Völkergewohnheitsrecht wieder.[1112]

2. Auswirkungen auf die Rechtssubjektelehre des Völkerrechts

Auch wenn ein völkergewohnheitsrechtlicher Investorbegriff nach den vorangegangenen Ausführungen zu verneinen ist, stellt sich die Frage nach den Auswirkungen des völkerrechtlichen Auftretens von Investoren im internationalen Investitionsschutzrecht für die allgemeine Rechtssubjektelehre des Völkerrechts.

Investoren agieren im Investitionsschutzrecht als Völkerrechtssubjekte. Sie treten gegenüber Staaten gleichberechtigt auf und berufen sich auf unmittelbare völkerrechtliche Rechte materieller und prozessualer Natur. Schon bei der Entstehung des ICSID-Abkommens wurde daher diskutiert, ob durch die Möglichkeit der Investor-Staat-Schiedsgerichtsverfahren, Investoren auf eine Ebene mit Staaten gehoben würden und ob dies notwendig sei.[1113] Lässt sich aus der Stellung von Investoren im Investitionsschutzrecht heute eine partielle Völkerrechtssubjektivität ableiten?

Die Völkerrechtssubjektivität von Investoren setzt voraus, dass der Kreis der Völkerrechtssubjekte nicht von vornherein begrenzt ist. Dies wurde früher im Rahmen der klassischen Völkerrechtslehre vom Völkerrecht als Recht der zwischenstaatlichen Beziehungen vertreten. Dem widerspricht jedoch, dass es schon lange eine ganze Reihe atypischer Völkerrechtssubjekte gab und der Kreis damit nicht so begrenzt ist, wie von der klassischen Lehre vertreten. Letztlich gibt es

1110 *Schäfer*, RIW 1998, 199, 204.
1111 *Schäfer*, RIW 1998, 199, 204.
1112 *Häde*, AVR 1997, 180, 202.
1113 *Broches*, History of the ICSID Convention, Bd. II Teil 1, S. 256, 259.

keine ausdrückliche oder völkergewohnheitsrechtliche Regel, dass der Kreis der Völkerrechtssubjekte *a priori* begrenzt ist. Prinzipiell können daher auch weitere Subjekte, und damit auch Investoren Völkerrechtssubjekt sein.[1114]

Zutreffend ist zwar, dass die Völkerrechtssubjektivität atypischer Völkerrechtssubjekte - wie etwa dem Malteser Orden - auf ihrer Anerkennung durch Staaten beruht. Diese könnten jedoch auch Investoren für sich in Anspruch nehmen, die unmittelbar Vertragspartei eines Investor-Staat-Vertrags sind. Eine gewisse, indirekte Anerkennung privater Investoren ergibt sich auch aus der Tatsache, dass diesen in BITs gegenüber den Vertragsstaaten eigene Rechte gewährt werden, bis zur Inanspruchnahme der Streitschlichtungsklausel direkt gegenüber den Vertragsstaaten. Eine hieraus resultierende Völkerrechtssubjektivität wäre indes in jedem Fall nur eine partielle, denn sie würde sich auf das konkrete Vertragsverhältnis beschränken.[1115]

Gegen die Ableitung beschränkter Völkerrechtssubjektivität privater Investoren (Unternehmen) spricht allerdings, dass diese gar nicht notwendig ist, da das internationale Investitionsschutzrecht Investoren die Möglichkeit gibt, ihre Rechte geltend zu machen ohne Völkerrechtssubjektivität in Anspruch nehmen zu müssen. Dogmatisch überzeugender ist es daher wohl anzunehmen, völkerrechtliche Rechte, die eigentlich den Heimatstaaten zustünden, werden - durch die souveräne Entscheidung der Staaten in den Investitionsschutzabkommen - den Investoren zur prozessstandschaftlichen Geltendmachung zugewiesen.[1116]

Auch wenn die Entwicklung des internationalen Investitionsschutzrechtes Hand in Hand mit der steigenden Bedeutung transnationaler oder multinationaler Unternehmen gehen mag, die insoweit als nicht-staatliche Akteure heutzutage bereits „an der Schwelle“ zur Völkerrechtssubjektivität stehen, bleibt das internationale Investitionsschutzrecht letztendlich ein „Inselrecht“.[1117] Es ruht auf seinen eigenen bilateralen und multilateralen vertraglichen Grundlagen. Für den Bereich des ICISD Abkommens ergibt sich aus der Vielzahl schiedsgerichtlicher Entscheidungen zu den Begriffen der Investition und des Investors möglicherweise ein durch die Schiedssprüche geprägter Bereich partiellen Völkergewohnheitsrechts. Innerhalb des Investitionsschutzrechts lässt sich auch partielle Völkerrechtssubjektivität von Unternehmen und privaten Investoren feststellen. In diesem Bereich erfolgt ganz klar eine Abkehr vom traditionellen völkerrechtlichen Konzept

1114 *Happ*, Schiedsverfahren nach Art. 26 ECT, S. 147.

1115 *Seidl-Hohenveldern*, International Economic Law, S. 45–46.

1116 *Görs*, Internationales Investitionsrecht, S. 78 f.

1117 Vgl. *Reinisch*, in: Tietje, Internationales Wirtschaftsrecht, § 8 Rn. 1.

der Mediatisierung des Individuums.[1118] All dies bleibt jedoch im Ergebnis ohne feststellbare Auswirkungen auf die allgemeinen Lehren des Völkerrechts.

V. Übergang zu einem europäischen Investorbegriff

Der Prozess der immer weiter fortschreitenden europäischen Einigung und die Neureglung der Außenwirtschaftskompetenzen durch den Vertrag von Lissabon könnten in den nächsten Jahren dazu führen, dass das bisherige System des Investitionsschutzes der EU-Mitgliedsstaaten durch individuelle BITs stückweise durch ein einheitliches europäisches Investitionsschutzrecht abgelöst wird. Das Investitionsschutzrecht würde auf die europäische Ebene verlagert werden. In Bezug auf den Investorbegriff stellt sich dann die Frage, ob und mit welchem Inhalt ein europäischer Investorbegriff die unterschiedlichen nationalstaatlichen Regelungen ablösen wird.

Hintergrund dieser Entwicklung ist die Neuordnung der Gemeinsamen Handelspolitik der EU durch den Vertrag von Lissabon im fünften Teil des AEUV geregelt (Art. 205–222). Diese umfasst nunmehr das gesamte auswärtige Handeln der EU mit Ausnahme der Gemeinsamen Außen- und Sicherheits- sowie der Verteidigungspolitik.[1119] Insbesondere werden der Gemeinsamen Handelspolitik mit Art. 207 AEUV erstmals ausdrücklich auch der Bereich der ausländischen Direktinvestitionen unterstellt.[1120]

Die Stärkung der EU in multilateralen Verhandlungen über internationale Investitionen war ein erklärtes Ziel bei der Schaffung des ursprünglichen Europäischen Verfassungsvertrags.[1121] Die EU möchte selbst über Enteignungsstandards und Investitionsschutzmöglichkeiten verhandeln und den Investitionsschutz in zukünftigen Handelsabkommen mit einbeziehen.[1122]

1118 Dies wurde bei der Entstehung des ICSID-Abkommens ausdrücklich erörtert, vgl. z. B. *Broches*, History of the ICSID Convention, Bd. II Teil 1, S. 527 („*It had been felt that as a consequence the traditional rights of espousal of his claim by his State should disappear.*“).

1119 *Bungenberg*, in: Schwarze/Hatje, Der Reformvertrag von Lissabon, S. 202.

1120 Vgl. (noch zum Entwurf) *Ceyssens*, LIEI 2005, 259, 272 ff.; *Mola*, Which Role for the EU in the Development of International Investment Law? SIEL Working Paper No. 26./08, S. 1 f., abrufbar unter http://papers.ssrn.com/sol3/papers.cfm?abstract_id=1154583 (zuletzt abgerufen am 13. Februar 2013).

1121 *Ceyssens*, LIEI 2005, 259, 269.

1122 Commission Staff Working Document SEC (2006) 1230, S. 14, 18; Vgl. *Bungenberg*, in: Schwarze/Hatje, Der Reformvertrag von Lissabon, S. 208.

Noch gibt es aber keine europäischen Investitionsschutzabkommen. Auch ein europäisches Musterinvestitionsschutzabkommen wurde bislang noch nicht erarbeitet, obwohl die Kommission schon vor einiger Zeit erklärt hatte, dies zu beabsichtigen.[1123] Kernelemente eines europäischen Musterabkommens sollen demnach die materiellen Standards der fairen und billigen Behandlung (*fair and equitable treatment*), Nicht-Diskriminierung (*non-discriminatory treatment*) und des vollen Schutzes (*full protection and security*), sowie dem Schutz vor unrechtmäßigen Enteignungen (*unlawful expropriation*) und dem freien Transfer von Geldmitteln (*free transfer of funds*) sein; in prozessualer Hinsicht sollen Investor-Staat-Schiedsgerichtsverfahren vorgesehen werden.[1124] Einzelheiten zur Definition von Investor und Investition wurden indes bislang nicht veröffentlicht.

In einzelnen europäischen Handelsabkommen hat die Kommission bereits versucht, Investitionsschutzaspekte mit einfließen zu lassen. So hat die Kommission bereits 2006 in einer *Minimum platform on investment for EU FTAs* für die Freihandelsabkommen der EU einige Klauseln zum Investitionsschutz vorgeschlagen, einschließlich des Grundsatzes der Meistbegünstigung und der Inländergleichbehandlung.[1125] Dort finden sich auch Vorschläge zur Definition natürlicher und juristischer Personen:

> „‚natural person' means a national of one of the Member States of the Community or of [COUNTRY][A ‚REGION' COUNTRY] according to their respective legislation;
>
> „a ‚Community juridical person' or a ‚[COUNTRY] [REGION] juridical person' means a juridical person set up in accordance with the laws of a Member State of the Community or of [COUNTRY] [A ‚REGION' COUNTRY] respectively, and having its registered office, central administration, or principal place of business in the territory of the Community or of [COUNTRY] [A ‚REGION' COUNTRY], respectively;
>
> Should the juridical person have only its registered office or central administration in the territory of the Community or [COUNTRY] [A ‚REGION' COUNTRY] respectively, it shall not be considered as a Community or [COUNTRY][REGION] juridical person

1123 Presseinformation der EU Kommission *Q&A: Commission launches comprehensive European international investment policy*, 7. Juli 2010, abrufbar unter http://trade.ec.europa.eu/doclib/press/index.cfm?id=590 (zuletzt abgerufen am 12. Februar 2013).

1124 Ebd.

1125 *Minimum platform on investment for EU FTAs – Provisions on establishment in template for a Title on „Establishment, trade in services and e-commerce"*, abrufbar unter http://www.iisd.org/pdf/2006/itn_ecom.pdf (zuletzt abgerufen am 12. Februar 2013).

respectively, unless its operations possess a real and continuous link with the economy of the Community or [COUNTRY] [A ‚REGION' COUNTRY], respectively;"

Für natürliche Personen wird, wie in vielen BITs, auf die nationale Gesetzgebung zur Staatsangehörigkeit verwiesen. Für juristische Personen wird auf eine Kombination aus Gründungs- und Sitztheorie abgestellt, wobei beide Kriterien erfüllt sein müssen. Die Definition ist damit strenger, als die Definitionen der deutschen BITs die entweder auf die Gründungs- oder auf die Sitztheorie abstellen, aber in der Regel nicht die gleichzeitige Erfüllung beider Kriterien verlangen.

Es liegt nahe, dass diese Definitionen auch Ausgangspunkt einer europäischen Investordefinition werden könnten. Dies bleibt indes noch abzuwarten.

Eine der gravierendsten Konsequenzen des Vertrags von Lissabon ist, dass die Mitgliedsstaaten schon jetzt nicht mehr ohne weiteres eigenständig bilaterale Investitionsschutzverträge abschließen könnten. Die alleinige Kompetenz zum Abschluss von Abkommen über Direktinvestitionen liegt bei der EU, da die Einbeziehung in die Gemeinsame Handelspolitik insoweit eine Kompetenzsperre für die Mitgliedsstaaten begründet.[1126] Die Mitgliedsstaaten sind lediglich zu beteiligen, soweit Portfolioinvestitionen betroffen sind oder die Investitionsschutzregeln in Abkommen aufgenommen werden, die auch andere Themen umfassen, welche die mitgliedsstaatliche Beteiligung erforderlich machen.[1127]

Darüber hinaus sind die Mitgliedsstaaten auch gemäß Art. 351 AEUV i. V. m. Art. 4 Abs. 3 EUV analog verpflichtet, ihre bisherigen Investitionsschutzverträge dem europäischen Recht anzupassen.[1128] Soweit ein BIT geeignet ist, die Anwendung der europäischen Verträge zu beeinträchtigen, müssen die Mitgliedsstaaten alle geeigneten Mittel ergreifen, um die Unvereinbarkeit zu beseitigen und das Abkommen trotz seiner völkerrechtlichen Gültigkeit ändern oder notfalls sogar kündigen.[1129]

Sollte die EU tatsächlich völkerrechtliche Investitionsschutzabkommen abschließen, welche die bisherigen BITs der Mitgliedsstaaten ersetzen sollen, ergeben sich eine Reihe von bislang ungelösten Folgeproblemen hinsichtlich der

---

1126 Vgl. *Bungenberg*, in: Schwarze/Hatje, Der Reformvertrag von Lissabon, S. 208 f.; *Tietje*, in: Fastenrath/Nowak, Der Lissaboner Reformvertrag, S. 246; s. auch schon *Görs*, Internationales Investitionsrecht, S. 273 f.

1127 *Tietje*, in: Fastenrath/Nowak, Der Lissaboner Reformvertrag, S. 248 f.

1128 *Ceyssens*, LIEI 2005, 259, 287–288; *Bungenberg*, in: Schwarze/Hatje, Der Reformvertrag von Lissabon, S. 209.

1129 Vgl. bspw. EuGH, Urt. v. 4. Juli 2000, Slg. 2000, I-05171 - Kommission/Portugal, Rn. 41–52; *Bungenberg*, in: Schwarze/Hatje, Der Reformvertrag von Lissabon, S. 202.

Streitschlichtung, der Verwendung von Meistbegünstigungsklauseln und der Frage der völkerrechtlichen Verantwortung:[1130]

Hinsichtlich der Streitschlichtung wäre es EU-BITs derzeit nicht möglich, auf Investor-Staat-Schiedsgerichtsverfahren vor dem ICSID zu verweisen, denn nach Art. 25 des ICSID-Abkommens können nur Streitigkeiten zwischen Investoren und Vertragsstaaten des ICSID-Abkommens vor dem ICSID durchgeführt werden.[1131] Nach derzeitigem Stand ist die EU aber weder Mitgliedsstaat des ICSID-Abkommens, noch könnte sie die Mitgliedschaft erwerben. Denn nach Art. 67 des ICSID-Abkommens können Vertragsstaaten nur die Mitgliedsstaaten der Weltbank sein. Mitglieder der Weltbank sind gem. Art. II Abs. 1 a und b der IBRD *Articles of Agreement* jedoch wiederum nur die Mitglieder des IMF, dessen Mitgliedschaft gemäß Art. II Abs. 1 und 2 der IMF *Articles of Agreement* wiederum nur Ländern offen steht.[1132] Die EU hat dort - in Form der Europäischen Zentralbank - lediglich Beobachterstatus.[1133] Voraussetzung für eine Mitgliedschaft der EU wäre eine Änderung der IMF *Articles of Agreement* oder der IBRD *Articles of Agreement*. Diese würde die Zustimmung aller Vertragsstaaten erfordern. Da andere Staaten an einem gebündelten Auftreten der EU vielfach kein Interesse haben, dürfte die Zustimmung zu solchen Änderungen nicht ohne Weiteres zu erlangen sein.[1134]

In Bezug auf die in Investitionsschutzabkommen üblicherweise enthaltene dynamische Meistbegünstigungsklausel, nach der ein Investor sich gegenüber dem Gaststaat jeweils auf die günstigsten Regelungen berufen kann, würde der Abschluss europäischer Investitionsschutzabkommen dazu führen, dass Investoren sich auch auf die jeweils günstigsten Verträge unter der Vielzahl der Altverträge der europäischen Staaten berufen könnten. Der daraus resultierende Schutzstandard wäre kaum überschaubar und nur nach sorgfältiger Prüfung

1130 Vgl. *Bungenberg*, in: Schwarze/Hatje, Der Reformvertrag von Lissabon, S. 210; *Mola*, Which Role for the EU in the Development of International Investment Law? SIEL Working Paper No. 26./08, S. 20, abrufbar unter http://papers.ssrn.com/sol3/papers.cfm?abstract_id=1154583 (zuletzt abgerufen am 13. Februar 2013), hatte daher noch den Abschluss gemeinsamer Verträge der Mitgliedsstaaten und der EU empfohlen.

1131 Vgl. *Karl*, JWIT 2004, 413, 424 und 436.

1132 IBRD Articles of Agreement, 27 Juni 2012, abrufbar unter http://go.worldbank.org/0GG68FJ820 (zuletzt abgerufen am 5. März 2013); IMF Articles of Agreement, 3. März 2011, abrufbar unter http://www.imf.org/external/pubs/ft/aa/index.htm (zuletzt abgerufen am 3. März 2013).

1133 *Hoffmeister*, CML Rev. 2007, 41, 48.

1134 *Bungenberg*, in: Schwarze/Hatje, Der Reformvertrag von Lissabon, S. 210 f.

hunderter Verträge überhaupt festzustellen. Um diese Situation zu vermeiden, müsste entweder die Einbeziehung der Altverträge durch entsprechende Klauseln verhindert werden oder vorher sichergestellt werden, dass alle Altverträge beendet werden. Letzteres dürfte schon aus praktischen Gründen kaum umzusetzen sein.

Schließlich wäre in Bezug auf die völkerrechtliche Verantwortung problematisch, dass die EU als Vertragspartner dritter Staaten umfassend völkerrechtlich verantwortlich wäre, aber die einzelnen angegriffenen Eingriffe in der Regel von den Mitgliedsstaaten vorgenommen werden würden. Insoweit käme es zu einer Verlagerung der völkerrechtlichen Haftung von den Mitgliedsstaaten auf die EU, für die jedenfalls ein entsprechender Ausgleich im Innenverhältnis geschaffen werden müsste. Andernfalls entfiele für die Mitgliedsstaaten der Anreiz sich vertragstreu zu verhalten und die EU (und damit letztlich alle anderen Mitgliedsstaaten) würde für Verhalten haften, dass sie nicht beeinflussen kann.

Diese Situation ist zwar grundsätzlich mit der innerstaatlichen Problematik in föderal organisierten Staaten vergleichbar. Dort sind aber in aller Regeln innerstaatliche Ausgleichsmechanismen vorgesehen.

D. Der Investorbegriff als Ausgangspunkt gezielter Investitionsgestaltung

Die bisherige Untersuchung der Rolle des Investors im internationalen Investitionsschutzrecht hat gezeigt, dass, abhängig von der Person des Investors, der Schutz internationaler Investitionen und die Rechtsschutzmöglichkeiten im Falle von Beeinträchtigungen sehr unterschiedlich ausgestaltet sind. Es liegt auf der Hand, dass Investoren daher versuchen, innerhalb des bestehenden rechtlichen Rahmens den bestmöglichen Schutz ihrer Investitionen zu erlangen.[1135]

Tatsächlich ist mittlerweile übliche Praxis bei der Planung von Auslandsinvestitionen oder beim Erwerb ausländischer Gesellschaften, nicht nur unter steuerrechtlichen, sondern auch aus investitionsschutzrechtlichen Gesichtspunkten, die gesellschaftsrechtlichen Strukturen möglichst vorteilhaft zu gestalten. Diese Praxis der gezielten Investitionsgestaltung, die in der Regel am Investorbegriff ansetzt, soll nachfolgend untersucht werden.

I. Gezielte Investitionsgestaltung durch „*treaty shopping*"

Der Schutz von Investitionen im Völkerrecht hängt, wie gezeigt, wesentlich davon ab, ob diese unter den Anwendungsbereich günstiger Investitionsschutzabkommen mit entsprechenden effektiven Rechtsschutzmöglichkeiten fallen. Gezielte Investitionsgestaltung beabsichtigt, die Investition durch die gesellschaftsrechtliche Gestaltung der Eigentümerstruktur im Wege des „*treaty shopping*" so zu gestalten, dass sie in den Anwendungsbereich des oder der im Einzelfall günstigsten Abkommen fällt.[1136]

Die Gestaltung der Art und Weise der Investition selbst eignet sich dabei in der Regel nicht zu diesem Zweck, da sie zum einen durch wirtschaftliche Überlegungen und Zwänge bestimmt wird und zum anderen nur eingeschränkten Einfluss auf die Anwendbarkeit des einen oder anderen Abkommens hat.[1137]

1135 Vgl. zum Beispiel mit Bezug auf eine mögliche Verschlechterung des Investitionsschutzstandards in Europa *Bungenberg*, in: Schwarze/Hatje, Der Reformvertrag von Lissabon, S. 210 m. w. N.

1136 Vgl. *Herdegen*, Internationales Wirtschaftsrecht, § 21 Rn. 9.

1137 Vgl. zur aus der Art und Weise der Investition selber folgenden Zuständigkeit *ratione materiae* oben Abschnitt B.III.2.c)bb).

Geeigneter Ansatzpunkt für die gezielte Investitionsgestaltung ist vielmehr der Investorbegriff und die Person des Investors. Speziell für den Zweck der Investition wird dazu ein neues Unternehmen in einem Staat gegründet, der Vertragspartei eines besonders günstigen und im Verhältnis zum Zielland der Investition anwendbaren Investitionsschutzabkommens ist und der Inkorporations- oder unter Umständen auch der Sitztheorie folgt.[1138] Sodann wird dieses Unternehmen als Investitionsvehikel genutzt und die gesamte Investition über dieses Unternehmen durchgeführt. Kommt es zur Auseinandersetzung zwischen Investor und Staat über die Investition kann sich der Investor auf das für ihn günstige Abkommen berufen und seine Ansprüche ggf. in einem internationalen Schiedsgerichtsverfahren geltend machen.

Die hierdurch erzielbare Verbesserung des Schutzstandards, lässt sich an folgendem Beispiel illustrieren:

Ein amerikanischer Investor möchte in einem Industrieprojekt in Marokko investieren. Das Industrieprojekt muss aufgrund örtlicher Bestimmungen und Lizenzen von einem lokalen *Joint Venture*-Unternehmen betrieben werden. Aus steuerrechtlicher Sicht sollen die Eigentumsanteile des amerikanischen Investors nicht direkt von der amerikanischen Muttergesellschaft, sondern von einer Zwischengesellschaft in den Niederlanden oder Luxemburg gehalten werden.

Ein Vergleich der anwendbaren BITs zwischen den Niederlanden und Marokko einerseits und Luxemburg und Marokko andererseits offenbart erhebliche Unterschiede: So enthält der Niederlande-Marokko BIT von 1971[1139] zwar Regelungen zum Schutz vor Enteignungen, eine Meistbegünstigungsklausel und eine Inländergleichbehandlungsklausel.[1140] Es fehlen allerdings eine Klausel zum Schutz der Investition (*full protection and security*) und eine sog. *Umbrella*-Klausel, die Verpflichtungen und Zusagen des marokkanischen Staates in den Rang von Verpflichtungen aus dem BIT erheben würde. Demgegenüber gewährt der Luxemburg-Marokko BIT von 1999[1141] einen besseren materiellen Schutzstandard, der auch alle diese Klauseln beinhaltet.

1138 Vgl. *Dolzer/Schreuer*, Principles of International Investment Law, S. 54.

1139 *Agreement on economic co-operation between the government of the Kingdom of the Netherlands and the Government of the Kingdom of Morocco*, 23. Dezember 1971, UNTS 1978 (Bd. 1107), 95.

1140 Ebd., Art. VII, IX, XI.

1141 *Agreement between the Belgo-Luxembourg Economic Union and the Government of the Kingdom of Morocco on the reciprocal promotion and protection of investments*, 13. April 1999, UNTS 2004 (Bd. 2198), 130 ff., englische Übersetzung ebd., 163 ff.

Auch im Investorbegriff unterscheiden sich beide Abkommen. So sind nach Art. 1(2)(b) des Luxemburg-Marokko BITs auch juristische Personen in Drittländern und im Gastland selbst als mögliche Investoren geschützt, soweit sie von einer juristischen Person aus dem jeweils anderen Vertragsstaat, die dort tatsächlich wirtschaftlich tätig ist, kontrolliert werden im Sinne von jedenfalls einer erheblichen Anteilseigentümerschaft (*significant degree of ownership*). Hiernach könnte unter Umständen also auch die in Marokko geschaffene *Joint Venture*-Gesellschaft als Investor in Betracht kommen. Diese Möglichkeit sieht der Niederlande-Marokko BIT nicht vor.

Weitere Unterschiede gibt es schließlich bei den Streitschlichtungsinstrumenten. Während beide Abkommen Investor-Staat-Schiedsgerichtsverfahren vorsehen, lässt der Wortlaut des Abkommens mit den Niederlanden unklar, ob der BIT selbst bereits das bindende Angebot der Staaten zur Durchführung des Schiedsgerichtsverfahrens beinhaltet.[1142]

Hinzu kommt, dass der direkte Schutz der letztlich am Ende der Eigentümerstrukturen stehenden amerikanischen Muttergesellschaft problematisch ist. Der USA-Marokko BIT von 1985 gewährt zwar in Teilen einen guten materiellen Schutzstandard. Mit dem Inkrafttreten des Freihandelsabkommens von 2004[1143] zwischen den USA und Marokko trat jedoch sein Streitschlichtungsmechanismus außer Kraft.[1144] Dieser lehnt sich in Teilen an das Muster-BIT der USA an, enthält aber keine *Umbrella*-Klausel und eine Reihe von im Investitionsschutzrecht vergleichsweise neuen und möglicherweise für Investoren problematischen Regelungen, etwa Transparenzgebote und eine Verjährungsregelung.[1145]

Sowohl der bessere materielle Schutzstandard als auch die sicherere Streitschlichtungsklausel sprechen daher für eine Strukturierung der Investition über Luxemburg. Diese Variante lässt zudem die Möglichkeit zu, die Gesellschafts- und Anteilsinhaberstrukturen im Einzelnen so zu gestalten, dass auch die lokale

---

1142 Art. XIII des Niederlande-Marokko BITs („*The Contracting Party in the territory of which a national of the other Contracting Party makes or intends to make an investment <u>shall agree</u> to any demand on the part of such national to submit, for conciliation or arbitration, to the International Centre for Settlement of Investment Disputes established by the Convention of Washington of 18 March 1965* [Fußnote], *any dispute which might arise in connection with this investment.*“ Unterstreichung hinzugefügt.).

1143 *United States-Morocco Free Trade Agreement*, 15. Juni 2004, abrufbar unter http://www.ustr.gov/trade-agreements/free-trade-agreements/morocco-fta (zuletzt abgerufen am 16. Februar 2013).

1144 Ebd., Art. 1.2(3).

1145 Ebd., Art. 10.17, 10.20.

marokkanische Gesellschaft selbst als Investor in Betracht kommt. Soweit gleichzeitig noch die Inanspruchnahme des USA-Marokko Freihandelsabkommens durch die amerikanische Muttergesellschaft erreicht werden kann, kämen alle drei Gesellschaften als geschützte Investoren in Frage: Die lokale marokkanische Gesellschaft und die luxemburgische Zwischengesellschaft unter dem Luxemburg-Marokko BIT und die amerikanische Muttergesellschaft nach dem Freihandelsabkommen. Sowohl in materieller als auch in prozessualer Hinsicht bestünde dann auf jeder Ebene ein erheblich besserer Schutz, als er etwa bei der Einschaltung einer niederländischen Zwischengesellschaft bestehen würde. Im Streitfall bestünde zudem die Wahl von welcher Ebene, mit welcher Gesellschaft und unter welchem Abkommen der Streit geführt werden soll.

Diese beispielhaften Möglichkeiten belegen, dass mit verhältnismäßig geringem Aufwand bei internationalen Investitionen teilweise erhebliche Verbesserungen des Investitionsschutzes erreicht werden können, sowohl in materieller Hinsicht als auch in Bezug auf die Rechtsschutzmöglichkeiten.

II. Abwehrmaßnahmen gegen unerwünschtes *„treaty shopping"*

So attraktiv und erfolgreich *„treaty shopping"* im Einzelfall für einen Investor sein mag, so ärgerlich kann es für einen Staat sein, der in der Regel ganz bewusst Investitionsschutzabkommen mit unterschiedlich weitgehendem Schutz mit verschiedenen Staaten oder Gruppen von Staaten abgeschlossen hat. *„Treaty shopping"* umgeht dies und wird daher von vielen Staaten als unerwünscht angesehen.[1146] Um es zu verhindern, haben Staaten daher inzwischen bei der Formulierung des Investorbegriffs einige Abwehrmaßnahmen gegen unerwünschtes *„treaty shopping"* entwickelt.

Eine Möglichkeit besteht darin, die Nationalität juristischer Personen nicht allein nach der Inkorporationstheorie oder Sitztheorie zu bestimmen, sondern darüber hinaus weitere Kriterien, wie eine ausreichende wirtschaftliche Verbindung zwischen dem Investor-Unternehmen und dem Heimatstaat, zu verlangen.[1147] Diese kann in der ausreichenden Beteiligung von natürlichen Personen des Heimatstaates oder in der tatsächlichen wirtschaftlichen Tätigkeit im Heimatstaat liegen. Eine solche Klausel findet sich beispielsweise in der Investordefinition des im vorhergehenden Abschnitts diskutierten Luxemburg-Marokko BITs. Hiernach können auch in Drittstaaten oder im Gaststaat niedergelassene juristische

1146 *Dolzer/Schreuer*, Principles of International Investment Law, S. 54.
1147 Vgl. hierzu bereits oben Abschnitt C.II.

Personen Investoren sein. Voraussetzung ist aber neben dem Sitz in einem Vertragsstaat, dass dort auch tatsächlich eine wirtschaftliche Tätigkeit ausgeübt wird:

> „The term ‚investor' shall mean: [...] (c) The legal entities established in the territory of any country, in accordance with its laws, which are controlled, directly or indirectly, by nationals of one of the Contracting Parties or by legal entities having their head office, and actual economic activities, in the territory of that Contracting Party; it shall be understood that control entails a significant degree of ownership."[1148]

Die Einrichtung einer nur zu diesem Zwecke eingerichteten Zwischengesellschaft mit Sitz in einem Vertragsstaat dürfte dann in der Regel nicht ausreichen.

Eine andere Möglichkeit stellen *Denial of benefits*-Klauseln dar. Die Einfügung derartiger Klauseln in Investitionsschutzabkommen gibt den Vertragsstaaten die Möglichkeit, einem Investor die Rechte aus dem Abkommen zu verweigern (*denial of benefits*), wenn dieser keine ausreichende wirtschaftliche Verbindung zum Heimatstaat hat. Ein Beispiel für eine solche Regelung enthält Art. 17 Abs. 1 ECT:

> „Each Contracting Party reserves the right to deny the advantages of this Part to: (1) a legal entity if citizens or nationals of a third state own or control such entity and if that entity has no substantial business activities in the Area of the Contracting Party in which it is organized;"

Auch hier wird wieder auf die Ausübung einer tatsächlichen wirtschaftlichen Aktivität abgestellt. Dieses Kriterium ist nicht ganz unproblematisch, da es weitgehend unbestimmt ist. Dass bloße Zweckgesellschaften hiervon ausgeschlossen werden, dürfte jedoch klar sein. Vergleichbare Klauseln finden sich inzwischen in vielen BITs, so etwa auch im Muster-BIT der USA (Art. 17) und bspw. auch in Art 113 NAFTA.

III. Gezielte Investitionsgestaltung in der Schiedsgerichtspraxis

In der Schiedspraxis wird die gezielte Gestaltung von Investitionen, solange die entsprechenden Voraussetzungen für die Anwendbarkeit der Investitionsschutzabkommen und die Zuständigkeit der Schiedsgerichte formal vorliegen, bislang weitgehend akzeptiert.

1148 Art. 1(2) des *Agreement between the Belgo-Luxembourg Economic Union and the Government of the Kingdom of Morocco on the reciprocal promotion and protection of investments*, 13. April 1999, UNTS 2004 (Bd. 2198), 130 ff., englische Übersetzung ebd., 163 ff. Unterstreichung hinzugefügt.

In *Soufraki v. United Arab Emirates*[1149] hatte der Kläger, der sich auf das BIT zwischen Italien und den Vereinigten Arabischen Emiraten berief, nach den Feststellungen des Schiedsgerichts seine italienische Staatsangehörigkeit verloren. Das Schiedsgericht wies die Klage daher ab und erteilte dem Kläger recht unverblümt den Hinweis, dass dies nicht der Fall gewesen wäre, wenn der Kläger „*treaty shopping*" gegangen wäre:

> „[...] had Mr. Soufraki contracted with the United Arab Emirates through a corporate vehicle incorporated in Italy, rather than contracting in his personal capacity, no problem of jurisdiction would now arise".[1150]

In *Aguas del Tunari v. Bolivia*[1151] akzeptierte das Schiedsgericht sogar die zwischenzeitliche Verlagerung des Investor-Unternehmens.[1152] Die Beklagte hatte geltend gemacht, die Verlagerung des Unternehmens und die Änderung der Unternehmensstruktur seien betrügerisch und rechtsmissbräuchlich. Das Schiedsgericht entschied jedoch unter ausdrücklichem Verweis auf die übliche Praxis der gezielten Investitionsgestaltung:

> „It is not uncommon in practice, and - absent a particular limitation - not illegal to locate one's operations in a jurisdiction perceived to provide a beneficial regulatory environment in terms, for examples of taxation, or the substantive law of the jurisdiction, including the availability of a BIT. [...] The language of the definition of national in many BITs evidences that such national routing of investments is entirely in keeping with the purpose of the instruments and the motivations of the state parties."[1153]

Auch die Versuche der Staaten, Abwehrmaßnahmen in Form von *Denial of benefits*-Klauseln zu ergreifen, haben bereits Eingang in die Schiedspraxis gefunden.

In *Plama v. Bulgaria*[1154] klagte ein formal in Zypern gegründetes und dort ansässiges Unternehmen unter Berufung auf den ECT. Bulgarien sendete, nachdem das Schiedsgerichtsverfahren anhängig gemacht war, ein Schreiben an das

1149 *Hussein Nuaman Soufraki v. The United Arab Emirates*, ICSID Case No. ARB/02/07, Award, 7. Juli 2004.

1150 Ebd., Rn. 83; vgl. dazu auch *Schlemmer* in: Muchlinski/Ortino/Schreuer, International Investment Law, S. 74; *Sinclair*, Int. A.L.R. 2004, 191, 194.

1151 *Aguas del Tunari, S.A. v. Republic of Bolivia*, ICSID Case No. ARB/02/3, Decision on Respondent's Objection to Jurisdiction, 21. Oktober 2005.

1152 Ebd., Abs. 160–180.

1153 Ebd., Rn. 330, 332.

1154 *Plama Consortium Limited v. Republic of Bulgaria*, ICSID Case No. ARB/03/24, Decision on Jurisdiction, 8. Februar 2005.

ICSID in dem es geltend machte, die *Denial of benefits*-Klausel des Art. 17 Abs. 1 ECT auszuüben. Zur Begründung führte Bulgarien an, die Klägerin unternehme keinerlei wirtschaftliche Aktivitäten in Zypern und werde vollständig von Angehörigen von Staaten kontrolliert, die nicht Vertragspartei des ECT seien. Das Schiedsgericht lehnte diesen Einwand jedoch ab und entschied, dass die weitgefasste *Denial of benefits*-Klausel nicht automatisch zur Unzulässigkeit der Klage führe, sondern dass der verklagte Staat im Einzelfall dieses Recht ausüben muss.[1155] Dies hatte Bulgarien zwar getan, allerdings zu spät. Das Recht aus der *Denial of benefits*-Klausel könne nur für zukünftige Investitionen geltend gemacht werden und nicht rückwirkend für Investitionen die bereits getätigt worden waren.[1156]

In *TSA v. Argentina*[1157] wollte die argentinische Klägergesellschaft sich auf Art. 25(2)(b) des ICSID-Abkommens und den BIT zwischen den Niederlanden und Argentinien stützen und trug vor, mehrheitlich unter ausländischem Einfluss einer niederländischen Muttergesellschaft zu stehen und daher ein geschützter Investor zu sein.[1158] Argentinien wandte demgegenüber ein, dass die niederländische Mutter eine reine Zweckgesellschaft sei und dass das Schiedsgericht über die Gesellschaft hinaus auf die tatsächlichen Eigentümer schauen müsse.[1159]

Das Schiedsgericht entschied, dass die ausländische Kontrolle (*foreign control*) in Art. 25(2)(b) ICSID-Abkommen ein objektiver Standard sei, dessen Voraussetzungen vom Schiedsgericht zu ermitteln seien; dabei müsse hinter die formale Eigentümergesellschaft geschaut und festgestellt werden, wer die tatsächliche Kontrolle ausübe.[1160] Zum Zeitpunkt der Einleitung des Schiedsgerichtsverfahrens seien die Anteile an der niederländischen Gesellschaft vollständig im Eigentum eines argentinischen Staatsangehörigen gewesen; das Schiedsgericht lehnte es daher ab, die argentinische Gesellschaft gemäß Art. 25(2)(b) ICSID-Abkommen als ausländische Gesellschaft und Investor zu betrachten und verneinte seine Zuständigkeit daher.[1161]

1155 Ebd., Rn. 152–158.

1156 Ebd., Rn. 159–165; Kritisch hierzu *Sinclair*, ICSID Rev.-FILJ 2005, 357, 385.

1157 *TSA Spectrum de Argentinia S.A. v. Argentine Republic*, ICSID Case No. ARB/05/5, Award, 19. Dezember 2008.

1158 Ebd., Rn. 124–132.

1159 Ebd., Rn. 116. Argentinien wies u. a. darauf hin, dass am Firmensitz der Muttergesellschaft 225 Unternehmen registriert waren, es sich mithin nicht um einen echten Firmensitz handele, ebd., Rn. 120.

1160 Ebd., Rn. 133 ff.

1161 Ebd., Rn. 160–162.

E. Ein Vorschlag für einen neuen Investorbegriff

Die bisherige Untersuchung hat gezeigt, dass die in der Staatenpraxis verwendeten Definitionen des Investorbegriffs teilweise zu Problemen und Konflikten führen. Es liegt daher nahe, zu versuchen, einen verbesserten Investorbegriff zu entwickeln.

Im folgenden Abschnitt soll auf der Grundlage der bisherigen Untersuchung insoweit beispielhaft die bereits ausführlich erörterte bilaterale Vertragspraxis Deutschlands kritisiert und ein verbesserter Investorbegriff vorgeschlagen und diskutiert werden. Ziel des verbesserten Investorbegriffs soll zu einen sein, den Missbrauch durch *treaty shopping* zu verhindern, zum anderen soll im Sinne größtmöglicher Rechtssicherheit eine möglichst einfach und streitfrei anwendbare Regelung gefunden werden.

I. Kritik der deutschen Vertragspraxis

Zur Kritik der bisherigen deutschen Vertragspraxis in Bezug auf die Definition des Investorbegriffs sollen die wesentlichen Elemente zunächst zusammengefasst und sodann die bestehenden Probleme aufgezeigt werden.

1. Zusammenfassung der bisherigen Vertragspraxis

In der bisherigen deutschen Vertragspraxis wird in der Regel für jeden der beiden Vertragsstaaten eine eigene Definition des Investorbegriffs verwendet. Die Definitionen des ausländischen Investorbegriffs richten sich nach den jeweiligen Besonderheiten des anderen Vertragsstaats. Die Definition des deutschen Investors entstammt dem Musterabkommen.

Grundsätzlich wird in der Definition der deutschen Seite zwischen natürlichen und juristischen Personen unterschieden. Erst im aktuellen Muster-BIT werden die beiden bislang vollständig getrennten Definitionen durch gemeinsame allgemeine Anforderungen an beide Arten von Personen stärker verklammert.

In Bezug auf natürliche Personen wird auf Deutsche im Sinne des Grundgesetzes abgestellt, nicht auf deutsche Staatsangehörige. Daneben werden teilweise Ausnahmen gemacht, die deutsche Staatsangehörige, die über längere Zeit im Gaststaat leben, vom Anwendungsbereich ausnehmen. Regelmäßig wird zur Bestimmung der Staatsangehörigkeit auf den Reisepass, teilweise auch auf andere Ausweispapiere verwiesen.

Die Definition juristischer Personen ist denkbar weit. Sie umfasst auch Gesellschaften oder Vereinigungen ohne Rechtspersönlichkeit. Ausreichend ist die Organisation (Gründung) in Deutschland oder einem EU- oder EWR-Mitgliedsstaat, die Eintragung in ein öffentliches Register in Deutschland oder der „Genuss“ von Niederlassungsfreiheit nach Art. 49, 54 AEUV (vormals Art. 43, 48 EGV) in Deutschland.

Sowohl natürliche als auch juristische Personen müssen im Rahmen einer unternehmerischen Tätigkeit im Hoheitsgebiet des anderen Vertragsstaates Eigentümerin, Inhaberin oder Teilhaberin einer Kapitalanlage (Investition) sein. Die unternehmerische Tätigkeit muss allerdings nicht auf Gewinn ausgerichtet sein.

2. Probleme der bisherigen Vertragspraxis

Vorab ist festzuhalten, dass die Interessen eines Staates bei der Definition des Investorbegriffs für seine eigenen Staatsangehörigen und der Definition des ausländischen Investorbegriffs grundsätzlich gegenseitig sind. Während bei den eigenen Investoren eine möglichst weite Definition möglichst viele Investoren umfassen soll, besteht bei der ausländischen Investordefinition ein erhöhtes Interesse an einer möglichst engen Definition, die vor Missbrauch schützt. In beiden Fällen dürfte allerdings dasselbe Interesse an Rechtsklarheit und Verlässlichkeit bestehen, denn unklare und nicht sicher anwendbare Regeln würden den eigenen Investoren genauso schaden, wie ihrem Heimatstaat.

Hinzu kommt ein weiterer Gesichtspunkt: Auch wenn die deutschen BITs bislang unterschiedliche Definitionen für die eigenen und die ausländischen Investoren pflegen, muss grundsätzlich davon ausgegangen werden, dass der ausländische Vertragsstaat versucht, eine ähnlich weite Definition für sich in Anspruch zu nehmen. Wenn nach der deutschen Definition beispielsweise auch juristische Personen ohne Rechtspersönlichkeit geschützt werden, dürfte es schwer fallen, dem anderen Vertragsstaat die Aufnahme solcher juristischen Personen in seine eigene Definition zu verweigern.

Es erscheint daher sachgerecht und für die Zwecke der vorliegenden Arbeit und der weiteren Diskussion auch praktikabel, von einer einheitlichen Definition für beide Vertragsstaaten auszugehen.

Zur Begrifflichkeit ist zunächst anzumerken, dass die mit dem jüngsten Muster-BIT begonnene einheitliche Verwendung des Begriffs „Investor“ für natürliche, wie für juristische Personen sinnvoll erscheint. Dies entspricht dem international gebräuchlichen Terminus und Standard. Eine einheitliche Definition ermöglicht darüber hinaus erforderlichenfalls das einheitliche Definieren gemeinsamer Erfordernisse, wie der unternehmerischen Tätigkeit im Gastland.

a) Natürliche Personen

Im Hinblick auf natürliche Personen stellt sich zunächst die Frage, ob das Festhalten am Begriff des Deutschen im Sinne des Grundgesetzes gegenüber dem Abstellen auf die Staatsangehörigkeit nach dem Staatsangehörigkeitsgesetz zu empfehlen ist.

Das Abstellen auf Art. 116 GG soll auch den sogenannten Statusdeutschen erlauben, sich auf den Schutz der BITs zu berufen. Soweit in den veröffentlichten Schiedsgerichtsentscheidungen ersichtlich, hat es noch keinen Fall eines Statusdeutschen gegeben, der sich auf einen deutschen BIT berufen hat. Es ist nicht auszuschließen, dass in so einem Fall eine Zuständigkeitseinrede erhoben werden würde, um den Begriff des Deutschen im Sinne des Grundgesetzes und die Investoreigenschaft zu testen. Dieses Risiko ist dem Abstellen auf die grundgesetzliche Definition immanent. Der deutsche Gesetzgeber ist allerdings insoweit gebunden. Er darf nicht allein auf den Staatsangehörigen abstellen, denn eine Differenzierung zwischen deutschen Staatsangehörigen und Statusdeutschen ist dem (einfachen) Gesetzgeber nach Art. 3 Abs. 3 S. 1 GG verboten.[1162]

Denkbar wäre inzwischen allerdings eine Präzisierung durch das Abstellen auf das Staatsangehörigkeitsgesetz. Nach §§ 3 Abs. 1 Nr. 4 a, 40 a StAG haben alle Statusdeutschen, die am 1. August 1999 Statusdeutsche waren, ohne die deutsche Staatsangehörigkeit zu besitzen, die deutsche Staatsangehörigkeit erworben. Spätaussiedler die nach diesem Zeitpunkt nach Deutschland zugezogen sind, erwerben mit der Bescheinigung ihrer Spätaussiedlereigenschaft nach dem Bundesvertriebenengesetz die Staatsangehörigkeit nach §§ 3 Abs. 1 Nr. 4, 7 StAG i. V. m. § 15 BVFG. Eine Präzisierung durch das Abstellen auf die Staatsangehörigkeit im Sinne des Staatsangehörigkeitsgesetzes, würde daher allenfalls geringe, zeitlich begrenzte Schutzlücken in den Fällen entstehen lassen, in denen Statusdeutsche, die nach den vorgenannten Reglungen (noch) nicht deutsche Staatsangehörige sind, ein Investor-Staats-Schiedsgerichtsverfahren einleiten.

Letztlich handelt es sich hierbei um eine politisch geprägte Diskussion des Vertriebenenrechts und weniger um eine Frage des Investitionsschutzrechtes, sodass diese Frage hier nicht weiter vertieft werden soll. Aus Sicht des Investitionsschutzrechtes wäre ein Abstellen auf die Staatsangehörigkeit gemäß dem Staatsangehörigkeitsgesetz vorzugswürdig. Hierdurch würde auch die Frage des

1162 Dies wäre eine Diskriminierung aufgrund der „Heimat", vgl. *Hillgruber*, in: Epping/Ders., BeckOK GG, Art. 116 Rn. 20.

Nachweises der Staatsangehörigkeit klar geregelt werden.[1163] Die deutschen BITs stellen hierzu bislang lediglich eine auf den Besitz eines Reisepasses oder Personalausweises gestützte Vermutung auf. Diese Möglichkeit des einfacheren Nachweises durch den Reisepass könnte zwar im Interesse der Verfahrenseffizienz beibehalten werden. Für streitige Fälle kann und sollte aber durch den Verweis auf das Staatsangehörigkeitsgesetz Klarheit geschaffen werden.

Weitere Merkmale, die gleichermaßen für natürliche und für juristische Personen gelten, sind die unternehmerische Tätigkeit im Gastland, unabhängig davon, ob diese auf Gewinn gerichtet ist oder nicht, und die Eigentümer-, Inhaber- der Teilhaberschaft an einer Kapitalanlage. Das Merkmal der unternehmerischen Tätigkeit (*entrepreneurial activity*) wirft Fragen auf. Es war in früheren deutschen BITs nicht enthalten und wurde, soweit ersichtlich, in der Schiedsgerichtspraxis bislang noch nicht erörtert. Sein Inhalt ist daher ungeklärt. Das Erfordernis der unternehmerischen Tätigkeit gehört auch nicht zu den in der Schiedsgerichtspraxis anerkannten allgemeinen Voraussetzungen einer Investition nach dem *Salini*-Test, nach denen das Projekt eine gewisse zeitliche Dauer aufweisen muss, der Investor ein Risiko eingehen muss, der Investor einen erheblichen Einsatz leisten muss, das Projekt zur wirtschaftlichen Entwicklung des Gaststaates beiträgt und mit dem Ziel der regelmäßigen Abschöpfung eines Gewinns unternommen wird.[1164]

Es besteht mithin ein Risiko, dass hierin ein zusätzliches Erfordernis gesehen wird. Ein Investor müsste dann nicht nur eine natürliche (oder juristische) Person im Sinne der Regelung sein, die eine Kapitalanlage hält. Er müsste ferner nachweisen, dass dies „im Rahmen einer unternehmerischen Tätigkeit“ erfolge. Zwar könnte der Begriff der unternehmerischen Tätigkeit durchaus auch so ausgelegt werden, dass er sich mit den anerkannten Kriterien der Investition deckt, etwa hinsichtlich der Übernahme eines Risikos oder der Erwartung eines Gewinns. Hier besteht aber eine erhebliche Unsicherheit. Zumal das Erfordernis der Gewinnerwartung im nächsten Halbsatz ausdrücklich ausgeschlossen wird. Ob eine Tätigkeit unternehmerisch sein kann, ohne auf Gewinn ausgerichtet zu sein, erscheint indes fraglich.

1163 § 30 StAG regelt hierzu das Verfahren zur Feststellung des Bestehens oder Nichtbestehens der deutschen Staatsangehörigkeit und das Ausstellen eines Staatsangehörigkeitsausweises.

1164 Vgl. *Johannsen*, Der Investitionsbegriff nach Art. 25 Abs. 1 der ICSID-Konvention, S. 13 ff. unter Verweis auf *Salini Construttori S.p.A and Italtrade S.p.A. v. Kingdom of Morocco*, ICSID Case No. ARB/00/4, Decision on Jurisdiction, 23. Juli 2001, Rn 39; *Schreuer*, The ICSID Convention, Art. 25 Rn. 154 f.

Im Ergebnis liegen in diesem Merkmal daher erhebliche Unsicherheiten. Zugleich bleibt unklar, welcher Vorteil durch die Einfügung dieses neuen Merkmals erlangt werden soll.

Auch die Begriffe der Eigentümerschaft (*owner*), Inhaberschaft (*possessor*) oder Teilhaberschaft (*shareholder*) an einer Kapitalanlage werfen Fragen auf. Auch dieses Merkmal ist, soweit ersichtlich, bislang in der Schiedsgerichtspraxis noch nicht konkret erörtert worden. In Verbindung mit dem Begriff der Kapitalanlage, der das Eigentum an Sachen und die Inhaberschaft von Rechten näher definiert, erscheinen jedenfalls die Eigentümerschaft und Inhaberschaft unproblematisch. Der Begriff der Teilhaberschaft ist hingegen mit dem im englischen Mustertext verwendeten Begriff *shareholder* (Anteilseigner) nicht vollständig übersetzt. Der Begriff des Teilhabers kann weiter gehen und etwa auch Innengesellschaften oder Erbengemeinschaften umfassen. Es ist fraglich, ob das beabsichtigt war.

Nicht weniger problematisch ist allerdings die Vertragspraxis, die sich noch in den BITs der ersten Generation und dem überwiegenden Teil der BITs der zweiten Generation findet, nach der im BIT gar keine ausdrückliche Verknüpfung zwischen Investition und Investor definiert wird. Insoweit besteht nach dem Wortlaut der Regelungen die Möglichkeit, dass eine „Investition" und ein „Investor", die in keinem Zusammenhang stehen, aber jeder für sich, die jeweiligen Definitionen des BITs erfüllen, in einer Schiedsklage kombiniert werden. Auch das ist vermutlich nicht beabsichtigt und sollte in diesem Fall durch klarere Regelungen vermieden werden.

b) Juristische Personen

Bei juristischen Personen stellen sich in Bezug auf die allgemeinen Merkmale der unternehmerischen Tätigkeit und der Eigentümer-/Inhaber-/Teilhaberschaft zunächst die gleichen Probleme wie bei natürlichen Personen.

Darüber hinaus stellt sich insbesondere die Frage nach den Kriterien zur Bestimmung der Staatszugehörigkeit juristischer Personen. Das strenge Abstellen auf die Sitztheorie in der ganz überwiegenden, jüngeren Vertragspraxis deutscher BITs führt hier zum Ausschluss von Investitionen, die von in Drittstaaten ansässigen Gesellschaften getätigt werden. Der Verzicht auf den Einbezug von juristischen Personen in dritten Ländern, die unter der Kontrolle deutscher Staatsangehöriger stehen, lässt darüber hinaus eine eigentlich unnötige Schutzlücke entstehen. Zumal die getrennte Definition des Investorbegriffs für beide Vertragsstaaten dem anderen Vertragsstaat den Einbezug solcher Investoren offen lässt.

Vor dem Hintergrund, dass die Definition des aktuellen Musterabkommens nunmehr auch im europäischen Ausland gegründete Gesellschaften schützt, die sich in Deutschland niedergelassen haben, erscheint diese Einschränkung umso unverständlicher. So kann sich jetzt etwa eine französische Gesellschaft mit einer Niederlassung in Deutschland auf den BIT berufen, nicht aber die 100 %ige-Tochtergesellschaft einer deutschen Gesellschaft mit Sitz in Frankreich. Diese neue Regelung, dürfte kaum den Interessen deutscher Investoren entsprechen. Schon in der Vergangenheit wurde daher der Einbezug der Kontrolltheorie in den deutschen BITs gefordert, jedenfalls soweit ein Interesse der „Hintermänner" besteht.[1165]

Problematisch erscheint ferner die Ausweitung auf juristische Personen ohne Rechtspersönlichkeit. Ihr steht jedenfalls für die Investor-Staat-Schiedsgerichtsbarkeit nach dem ICSID-Abkommen entgegen, dass Art. 25 ICSID-Abkommen eine Rechtspersönlichkeit voraussetzt. Jedenfalls für diesen Bereich läuft die Investorklausel dann in Bezug auf den Streitbeilegungsmechanismus leer. Ein Investor ohne Rechtspersönlichkeit könnte sich zwar darauf berufen Investor im Sinne des BITs zu sein, er könnte aber nicht in einem ICSID-Schiedsgerichtsverfahren Ansprüche wegen der Verletzung seiner Rechte geltend machen. Ob ein Investor ohne Rechtspersönlichkeit erfolgreich ein Schiedsgerichtsverfahren nach ICC, LCIA oder SCC Regeln oder ein *ad hoc*-Schiedsgerichtsverfahren nach UNCITRAL-Regeln führen kann, ist ebenfalls fraglich.

Auch die Beschränkung auf direkt gehaltene Investitionen wurde vor dem Hintergrund der tatsächlichen Wirtschaftspraxis, die von der zunehmenden multinationalen Verflechtung von Gesellschaften und transnationalen Konzernen gekennzeichnet ist, kritisiert.[1166] Zwar erwähnt das aktuelle Muster-BIT in Art. 1 Nr. 1 bei der Definition des Begriffs der „Kapitalanlage" die direkte oder indirekte Anlage von Kapitalanlagen. Der Begriff des Investors erwähnt eine indirekte Eigentümer-, Inhaber- oder Teilhaberschaft indes nicht. Auch hier entstehen daher jedenfalls Unsicherheiten, möglicherweise sogar erhebliche Schutzlücken.

1165 Eine Ergänzung des Muster-BITs unter diesem Gesichtspunkt soll daher bereits 1996 in der Diskussion gewesen sein, vgl. *Karl*, ICSID Rev.-FILJ 1996, 1, 8. Sie hat sich aber augenscheinlich nicht durchgesetzt; vgl. auch *Bader*, Sicherungspotentiale, S. 94.

1166 Vgl. *Bader*, Sicherungspotentiale, S. 94.

II. Ein Vorschlag für einen verbesserten Investorbegriff

Den aufgezeigten Problemen soll nunmehr ein eigener Definitionsvorschlag für einen verbesserten Investorbegriff gegenübergestellt werden.

1. Vorschlag

Vorgeschlagen wird Artikel 1 Nr. 3 des Musterabkommens durch folgende Klausel zu ersetzen:

> „Im Sinne dieses Vertrags
> […]
> 3. bezeichnet der Begriff ‚Investor' eine natürliche oder juristische Person einer Vertragspartei, die direkt oder indirekt eine ‚Investition' im Hoheitsgebiet der anderen Vertragspartei zu tätigen beabsichtigt, tätigt oder getätigt hat.
>   a. ‚Natürliche Personen einer Vertragspartei' sind alle natürlichen Personen, die Staatsangehörige im Sinne des nationalen Staatsangehörigkeitsrechts dieser Vertragspartei sind. Natürliche Personen, die mehrfache Staatsangehörigkeiten besitzen, gelten dabei ausschließlich als Staatsangehörige ihrer beherrschenden und effektiven Staatsangehörigkeit.
>   b. ‚Juristische Personen einer Vertragspartei' sind alle juristischen Personen, die nach dem Recht dieser Vertragspartei gegründet und organisiert sind und dort wirtschaftlich tätig sind, oder im Hoheitsgebiet dieser Vertragspartei ihren Verwaltungssitz haben und dort wirtschaftlich tätig sind."

2. Begründung und Diskussion

Die vorgeschlagene Definition orientiert sich an der Definition des aktuellen amerikanischen Muster-BITs. Sie stellt zunächst einheitlich auf den Begriff des Investors ab und verknüpft diesen mit dem (gesondert definierten) Begriff der Investition. Die Formulierung soll dabei klarstellen, dass keine weiteren Voraussetzungen zu erfüllen sind; erforderlich ist lediglich, dass eine Investition des Investors vorliegt. Dabei werden ausdrücklich auch indirekt getätigte Investitionen in den Schutzbereich aufgenommen. Um den zeitlichen Anwendungsbereich der materiellen Regelungen des BITs auszuschöpfen, wird ferner ausdrücklich klargestellt, dass die Investoreigenschaft auch vor, während und nach der Tätigung der Investition bestehen kann. Der Vorschlag beabsichtigt und erreicht an dieser Stelle mithin eine möglichst weitreichende und klare Regelung. Auf die unklare Begrifflichkeit der Inhaber- und Teilhaberschaft wird verzichtet.

Bei natürlichen Personen wird für beide Vertragsstaaten einheitlich auf das jeweilige nationale Staatsangehörigkeitsrecht abgestellt. Das entspricht der tatsächlichen Praxis und schafft auch insofern Klarheit. Darüber hinaus wird für mehrfache Staatsangehörigkeiten ausdrücklich das in der Schiedsgerichtsbarkeit ohnehin verwendete Kriterium der effektiven Staatsangehörigkeit festgeschrieben. Der Vorschlag zielt auch insoweit vor allem auf Rechtsklarheit ab.

Für juristische Personen wird gleichberechtigt auf die Inkorporations- und Sitztheorie abgestellt. Dadurch sind auch ausländische Gesellschaften mit Verwaltungssitz in Deutschland in den Schutzbereich einbezogen. Dies entspricht der wirtschaftlichen Wirklichkeit. So gibt es in Deutschland etwa eine nicht unerhebliche Anzahl englischer *Limited* Gesellschaften, aber auch ausländische Aktiengesellschaften oder Partnerschaftsgesellschaften.

Mit dem zusätzlichen Erfordernis der wirtschaftlichen Tätigkeit soll dem Missbrauch durch nur zu diesem Zweck gegründete Zweckgesellschaften entgegengewirkt werden, sowohl in den Fällen der Gründungstheorie als auch in den Fällen der Sitztheorie. Eine Gesellschaft, die ihren Gründungsstaat verlässt und nur noch in einem ausländischen Staat wirtschaftlich tätig ist, gilt daher nach der ersten Variante der lit. b. nicht mehr als juristische Person ihres Gründungsstaates. Sie muss vielmehr weiter im Gründungsstaat wirtschaftlich tätig sein, um sich auf seinen Schutz berufen zu können. Eine französische S.A., die nach ihrer Gründung nur im Ausland tätig ist, könnte sich demnach nicht auf den Schutz als französischer Investor berufen. Auch eine Gesellschaft, die nach der zweiten Variante der lit. b. lediglich ihren Verwaltungssitz im Vertragsstaat unterhält, aber darüber hinaus dort keine wirtschaftliche Aktivität betreibt, soll durch dieses zusätzliche Erfordernis vom Schutzbereich ausgeschlossen werden. Eine deutsche GmbH, die ihren Verwaltungssitz ins Ausland verlegt, bleibt daher vom Schutz als ausländischer Investor ausgeschlossen. Soweit das Unternehmen am Gründungs- oder Sitzort allerdings tatsächlich wirtschaftlich tätig ist, soll umgekehrt die Inanspruchnahme des Investorstatus möglich sein. Eine in Deutschland tatsächlich wirtschaftlich tätige englische *Limited* soll hinsichtlich ihrer Investitionen in Drittländer damit als deutscher Investor gelten können.

Die Regelung dieser Missbrauchsfälle direkt im Investorbegriff erscheint gegenüber der Ausschlussmöglichkeit in einer *Denial of benefits*-Klausel vorzugswürdig. Denn diese würde im Einzelfall eine vorherige Erklärung des Gaststaates erfordern, sich auf die Klausel zu berufen.[1167] Dass der Begriff im Hinblick auf das Ausmaß der erforderlichen wirtschaftlichen Tätigkeit unbestimmt bleibt, kann hingenommen werden. Die Regelung dient lediglich dem

1167 *Plama Consortium Limited v. Republic of Bulgaria*, ICSID Case No. ARB/03/24, Decision on Jurisdiction, 8. Februar 2005, Rn. 159–165; Kritisch hierzu *Sinclair*, ICSID Rev.-FILJ 2005, 357, 385.

Ausschluss allein zu diesem Zweck gegründeter Zweckgesellschaften. Jede Erhöhung der Schwelle, etwa durch das Erfordernis einer erheblichen (*significant*) wirtschaftlichen Tätigkeit, birgt eher wieder das Risiko der Rechtsunsicherheit.

Juristische Personen ohne Rechtspersönlichkeit werden nicht ausdrücklich erwähnt und sind damit ausgenommen. Damit werden die praktischen Probleme vermieden, die bei diesen Personen auftreten würden, etwa die Frage der Vertretung nach außen im Investor-Staat-Schiedsgerichtsverfahren. Eine echte Schutzlücke entsteht nicht, denn Gesellschafter, Teilhaber oder Mitglied einer solchen juristischen Person sind letztlich natürliche Personen oder juristische Personen mit Rechtspersönlichkeit die dann, im Interesse der Rechtssicherheit und Rechtsklarheit, ggf. selbst ein Investor-Staat-Schiedsgerichtsverfahren einleiten können und müssen.

Auf das Kriterium der unternehmerischen Tätigkeit wird verzichtet, um die aus dem unbestimmten Begriff resultierende Rechtsunsicherheit zu vermeiden. Die Aufgabe der Unterscheidung zwischen Investitionen und anderen internationalen Transaktionen soll dem Investitionsbegriff überlassen bleiben, zu dem es insoweit eine gefestigte Schiedsgerichtsrechtsprechung gibt.

Die vorgeschlagene Definition juristischer Personen versucht damit weitestgehend an die tatsächliche wirtschaftliche Tätigkeit der juristischen Person anzuknüpfen und weniger auf formale Kriterien, wie den Satzungssitz oder die Rechtsform abzustellen, die für eine gezielte oder missbräuchliche Gestaltung durch Zweckgesellschaften anfälliger sind.

Eine etwaige Diskriminierung natürlicher Personen gegenüber juristischen Personen im Hinblick auf den Schutz eingewanderter Personen kann im Ergebnis hingenommen werden, soweit sie überhaupt besteht. Zwar werden eingewanderte juristische Personen, also Gesellschaften, die ihren Verwaltungssitz in den Vertragsstaat verlegt haben und dort wirtschaftlich tätig sind, unproblematisch geschützt, während eingewanderte natürliche Personen nicht automatisch vom Schutzbereich umfasst sind. Allerdings führt das Abstellen auf das jeweilige nationale Staatsangehörigkeitsrecht auch für eingewanderte natürliche Personen jedenfalls dann automatisch zum Schutz, wenn sie die Staatsangehörigkeit des Vertragsstaates nach dem nationalen Recht erwerben. Eine gewisse Bevorzugung erhalten im Ausland gegründete Gesellschaften mit inländischem Verwaltungssitz dennoch. Das Abstellen auf den inländischen Verwaltungssitz ist insoweit allerdings vergleichbar mit dem Abstellen auf die effektive Staatsangehörigkeit bei natürlichen Personen mit mehrfacher Staatsangehörigkeit. Den Sitz der Hauptverwaltung jedenfalls dann ausreichen zu lassen, wenn im Sitzland auch tatsächliche wirtschaftliche Aktivitäten entfaltet werden, erscheint daher auch unter diesem Gesichtspunkt sachgerecht. Eine etwaige verbleibende

Ungleichheit in der Behandlung natürlicher und juristischer Personen wäre im Übrigen sachlich dadurch begründet, dass ein vergleichbar klares Kriterium wie das der Staatsangehörigkeit natürlicher Personen bei juristischen Personen fehlt, sodass zwangsläufig auf andere Kriterien ausgewichen werden muss, die unter dem Gesichtspunkt der möglichst klaren Bestimmung der Schutzwürdigkeit zur Abgrenzung geeignet sind.

F. Ergebnisse

Abschließend sollen die Ergebnisse der Untersuchung zusammengefasst und in Thesen auf den Punkt gebracht, sowie ein Ausblick auf zukünftige Entwicklungen versucht werden.

I. Zusammenfassung

Entscheidend für die Einordung der in dieser Arbeit erzielten Ergebnisse ist die Erkenntnis, dass das internationale Investitionsschutzrecht trotz seiner großen praktischen Bedeutung und seiner häufigen Anwendung und zunehmenden wissenschaftlichen Diskussion ein „Inselrecht" bleibt. Auswirkungen auf die allgemeinen Lehren des Völkerrechts oder über das Investitionsschutzrecht hinaus bedeutsame Ergebnisse konnten daher nicht festgestellt werden.

Mit dieser einleitenden Einschränkung versehen, kommt die Untersuchung innerhalb des Investitionsschutzrechtes dann allerdings durchaus zu greifbaren Ergebnissen und Erkenntnissen. Die, soweit ersichtlich, in dieser Form erstmalig unternommene, umfassende Untersuchung des Investorbegriffs zeigt ein angesichts der entscheidenden Bedeutung des Investorbegriffs als Zugangsvoraussetzung zu Investor-Staat-Schiedsgerichtsverfahren erstaunliche Vielfalt. Der Investorbegriff bleibt eine Sammlung divergierender Konzepte. Gleichzeitig ist bei den Kernmerkmalen des Begriffs eine bemerkenswerte Einigkeit zu beobachten.

Bei den amerikanischen und insbesondere bei den deutschen BITs ist zudem eine große historische Vielfalt zu beobachten, die aus der langen Laufzeit der BIT Programme resultiert und die Fortentwicklung des internationalen Investitionsschutzrechtes widerspiegelt. Die deutschen BITs der ersten Generation sind veraltet. Sie bieten insbesondere angesichts der fehlenden Möglichkeit zur Durchführung von Investor-Staat-Schiedsgerichtsverfahren keinen adäquaten Investitionsschutz und sollten modernisiert und durch neue BITs ersetzt werden.

Schon aus Gründen der einfacheren Anwendbarkeit für deutsche Unternehmen, empfiehlt sich darüber hinaus auch eine schrittweise Aktualisierung der übrigen BITs älteren Datums. Dabei könnten die in dieser Untersuchung erörterten Ansatzpunkte zur Verbesserung des Investorbegriffs als Anregung aufgegriffen werden. In den Kernelementen des Investorbegriffs besteht große Einigkeit. Ein verbesserter deutscher Investorbegriff sollte sich daher an der Entwicklung der internationalen Vertrags- und Schiedsgerichtspraxis orientieren und weniger an der Fortentwicklung des bisherigen deutschen Investorbegriffs.

Von Bedeutung sowohl für die Staaten- als auch für die Investorenseite ist der Investorbegriff insbesondere im Rahmen der gezielten Investitionsgestaltung und bei der Verhinderung der missbräuchlichen Investitionsgestaltung. Die Definition des Investorbegriffs ist sowohl der Ansatzpunkt für die Investitionsgestaltung als auch das Mittel zur Verhinderung ihrer missbräuchlichen Verwendung. Die gezielte Investitionsgestaltung kann teilweise zu erheblichen Verbesserungen des materiellen und prozessualen Investitionsschutzes führen. Gleichermaßen kann die unbedachte Investitionsgestaltung Investoren schutzlos dastehen lassen. Die sorgfältige Planung und Gestaltung der Investorentätigkeit ist vor diesem Hintergrund unbedingt empfehlenswert.

II. Thesen

Die einzelnen Ergebnisse dieser Untersuchung können auch in den folgenden 15 Thesen auf den Punkt zusammengefasst werden:

1. Die Begriffe der „Investition" und des „Investors" sind die Schlüsselbegriffe des internationalen Investitionsschutzrechtes (A).
2. Der Begriff der „Investition" ist in seinen Kernmerkmalen weitestgehend geklärt, auch wenn in Randbereichen in der Schiedsgerichtspraxis Abgrenzungsfragen auftreten (B.I).
3. Internationale Investitionen sind heute durch ein weit gespanntes Netz von völkerrechtlichen Abkommen und BITs völkerrechtlich umfassend geschützt (B.II).
4. Für den Erfolg und die Effektivität des völkerrechtlichen Investitionsschutzrechtes ist die Rechtsschutzmöglichkeit durch Investor-Staat-Schiedsgerichtsverfahren von großer Bedeutung; für den Zugang zu dieser Rechtsschutzmöglichkeit sind die Begriffe der Investition und des Investors entscheidend (B.III).
5. Eine konkrete, einheitliche Definition des Investorbegriffs gibt es im Investitionsschutzrecht nicht, auch wenn die in Verträgen und der Schiedsgerichtspraxis verwendeten Definitionen und Merkmale viele Übereinstimmungen und Ähnlichkeiten aufweisen; differenziert wird grundsätzlich zwischen natürlichen und juristischen Personen, die beide jeweils Investoren sein können (C).
6. Zur Definition natürlicher Personen als Investor wird ganz überwiegend auf das Merkmal der Staatsangehörigkeit nach dem jeweiligen nationalen Recht abgestellt. Im Einzelfall wird stattdessen oder ergänzend der Wohnsitz herangezogen (C.I).

7. Zur Definition juristischer Personen als Investor wird überwiegend auf das Merkmal der Staatszugehörigkeit in Anlehnung an die Inkorporations- oder Sitztheorie abgestellt, wobei Inkorporations- und Sitzerfordernisse teilweise auch kumulativ erfüllt werden müssen. In geringerem Umfang wird die Staatszugehörigkeit auch im Einklang mit der Kontrolltheorie bestimmt. Darüber hinaus richten sich die in der völkerrechtlichen Vertragspraxis verwendeten Definitionen nach uneinheitlichen nationalen Besonderheiten (C.II).
8. Konflikte zwischen unterschiedlichen Investordefinitionen werden nicht aufgelöst, denn jedes einzelne Investitionsschutzinstrument verlangt jeweils die Erfüllung seiner zwingenden Voraussetzungen. Unterschiedliche Definitionen sind daher in der Regel kumulativ zu erfüllen (C.III).
9. Ein völkergewohnheitsrechtlicher Investorbegriff existiert nicht (C.IV.1).
10. Die Erhebung internationaler Investoren zu völkerrechtlichen Akteuren im Bereich des internationalen Investitionsschutzrechts hat keine Auswirkungen auf die allgemeine Rechtssubjektelehre des Völkerrechts; das Investitionsschutzrecht bleibt mit seinen Besonderheiten in dieser Hinsicht ein „Inselrecht" (C.IV.2).
11. Ein europäischer Investorbegriff existiert nicht; er wird aber im Zuge der Umsetzung der neuen Kompetenzen der EU zum Abschluss von Investitionsschutzabkommen zu definieren sein, auch wenn sich bei diesem Umsetzungsprozess derzeit noch viele ungeklärte Fragen stellen (C.V).
12. Der Investorbegriff ist der Dreh- und Angelpunkt der gezielten Investitionsgestaltung im Hinblick auf die Erzielung des bestmöglichen Schutzes für internationale Investitionen. Eine gezielte Investitionsgestaltung ist und bleibt möglich und ist vor dem Hintergrund der bestehenden erheblichen Unterschiede im materiellen Schutzumfang und bei den zur Verfügung stehenden Rechtsschutzmöglichkeiten unbedingt zu empfehlen (D.I und D.III).
13. Der Missbrauch von Investitionsschutzabkommen durch unerwünschtes *„treaty shopping"* von nur zu diesem Zweck gegründete Zweckgesellschaften kann durch Anpassungen des Investorbegriffs weitestgehend verhindert werden (D.II und D.III).
14. Der Investorbegriff in der derzeitigen deutschen BIT-Vertragspraxis und im aktuellen Musterinvestitionsschutzabkommen von 2008 lässt noch eine weitere Optimierung zu (E.I).
15. Ein verbesserter deutscher Investorbegriff könnte in Einzelaspekten größere Rechtsklarheit und Rechtssicherheit schaffen (E.II).

III. Ausblick

Angesichts des vergleichsweise jungen Alters des internationalen Investitionsschutzrechtes stellt sich die Frage, ob der derzeitige Zustand des Investorbegriffs letztlich nur eine Momentaufnahme darstellt. Die Tatsache, dass in den Kernmerkmalen des Begriffs inzwischen bemerkenswerte Einigkeit besteht und nur noch in Randbereichen Unterschiede festzustellen sind, lässt einen einheitlichen umfassenden Investorbegriff nicht mehr unmöglich erscheinen. Der jetzige Stand des Investitionsschutzrechtes unterscheidet sich in dieser Hinsicht immerhin ganz erheblich von dem Stand bei der Verhandlung und Schaffung des ICSID-Abkommens. Über die seinerzeit ausdrücklich offen gelassene Definition des Investors (und der Investition) könnte heute vor dem Hintergrund der inzwischen entstandenen Vertrags- und Schiedsgerichtspraxis vermutlich mit überschaubarem Aufwand eine Einigung erzielt werden. Der jetzige Zustand wäre dann lediglich ein Zwischenstadium auf dem Weg zu einem einheitlichen, umfassenden Investorbegriff.

Ob die Entwicklung in diese Richtung geht, ist allerdings offen. Konkrete Bestrebungen zur Schaffung eines umfassenden internationalen Investitionsschutzabkommens oder zur Reform des ICSID-Systems stehen derzeit nicht auf der internationalen Tagesordnung.

Mit regionaler, aber sicher prägender Wirkung werden in den nächsten Jahren die Entwicklungen im Nachgang zur Übertragung der Kompetenzen im Investitionsschutzbereich von den Mitgliedsstaaten auf die EU und die jüngst angekündigten Verhandlungen über ein Freihandelsabkommen zwischen den USA und der EU sein.

Bei der Übertragung der Investitionsschutzkompetenzen auf die EU ist noch nicht absehbar, in welche Richtung die Entwicklungen gehen werden. Die gegensätzlichen Interessen der Mitgliedsstaaten und der EU werden konsolidiert werden müssen. Die Mitgliedsstaaten und insbesondere Deutschland, mit seiner langen Tradition auf dem Gebiet der BITs sind bemüht, ein vergleichbar hohes Schutzniveau auch auf europäischer Ebene durchzusetzen und sie sorgen sich um ihre nationalen Interessen. Die EU auf der anderen Seite ist gewillt, die ihr nun zustehenden neuen Kompetenzen auch auszufüllen. Wie möglicherweise ein EU-Musterinvestitionsschutzabkommen aussehen wird, und ob es dabei gar zur Definition eines europäischen Investorbegriffs kommen wird, bleibt daher abzuwarten.

Die Diskussion über ein Freihandelsabkommen zwischen den USA und der EU hat zum Zeitpunkt des Abschlusses dieser Arbeit gerade erst eingesetzt. Über konkrete Inhalte eines solchen Abkommens ist noch nichts bekannt. Der

Einbezug eines Abschnitts zum Investitionsschutzrecht ist vor dem Hintergrund des NAFTA und der bisherigen Freihandelsabkommenspraxis der USA und auch der EU naheliegend. Das Investitionsschutzkapitel eines Freihandelsabkommens zwischen den USA und der EU könnte so durchaus der erste wirklich europäische Investitionsschutzvertrag werden und möglicherweise der Ansatzpunkt zu einer Konsolidierung des internationalen Investitionsschutzrechtes.

Zum jetzigen Zeitpunkt bleiben diese Fragen letztlich noch Spekulation. Sicher ist allerdings, die Entwicklung und Fortentwicklung des internationalen Investitionsschutzrechtes wird auch in Zukunft ein für Wissenschaft und Praxis gleichermaßen spannendes Thema bleiben.

www.ingramcontent.com/pod-product-compliance
Ingram Content Group UK Ltd.
Pitfield, Milton Keynes, MK11 3LW, UK
UKHW021913290926
8980IPUK00015B/1226